1. Mai

Rochat telephoniert, Laval sei noch in Paris u. könne mich erst Dienstag empfangen. Er wünsche, dass ich betr. Nachfolge Bonds nicht vorher mit dem Marschall spreche. Ich sage zu.

Kurzer bei Ducroux, der immer noch im Bett u. mir nicht gefällt. 17ᵗᵉ Besuch bei Pétain. Ich beglückwünsche ihn zum 88. Geburtstag u. sage, der Bundesrat lasse ihm nochmals kondolieren beim Tode seines Botschafters Bond in Bern. Er unterbricht mich sofort u. sagt: ich weiss alles, was Sie mir sagen wollen. Die Schweiz findet, Frankreich sei so unterjocht, dass es keinen Botschafter in Bern mehr brauche. Das ist ja wahr, wenn auch sehr schmerzlich. Gut, ich bin einverstanden. Wir werden niemanden schicken u. ~~mir~~ mit einem Geschäftsträger beginnen. Ich betone sofort sehr energisch u. deutlich, dass ich nur aus Beileid für den verstorbenen Ambassadeur u. Gas nicht über diese Nachfolge gesprochen habe. "Ja, ja, ich weiss schon, aber ich kenne den Standpunkt der Schweizerregierung. Derart gezwungen gehe ich auf die Sache ein: wir wünschen lediglich, darauf aufmerksam zu machen, dass die Stellung des franz. Botschafters in der Schweiz seit Jahrhunderten eine ganz eigenartige ist u. dass ein neuer Botschafter bei den gegenwärtigen Verhältnissen eine sehr schwierige u. delikate Situation hätte. Wir glauben, dass es für Frankreich besser wäre, vorläufig mit der Ernennung zuzuwarten. Würde der Marschall aber trotz dieser Er-

NZZ **Libro**

Konrad Stamm

Der «grosse Stucki»

Eine schweizerische Karriere von weltmännischem Format
Minister Walter Stucki (1888–1963)

Verlag Neue Zürcher Zeitung

Mit freundlicher Unterstützung durch

Bibliografische Information der Deutschen Nationalbibliothek:
Die Deutsche Nationalbibliothek verzeichnet diese Publikation
in der Deutschen Nationalbibliografie; detaillierte bibliografische Daten
sind im Internet über http://dnb.d-nb.de abrufbar.

© 2013 Verlag Neue Zürcher Zeitung, Zürich

Satz und Umschlag: Atelier Mühlberg, Basel
Lektorat: Alexandra Korpiun, Zürich
Druck, Einband: Kösel GmbH, Altusried-Krugzell

Dieses Werk ist urheberrechtlich geschützt. Die dadurch begründeten Rechte, insbesondere die der Übersetzung, des Nachdrucks, des Vortrags, der Entnahme von Abbildungen und Tabellen, der Funksendung, der Mikroverfilmung oder der Vervielfältigung auf anderen Wegen und der Speicherung in Datenverarbeitungsanlagen, bleiben, auch bei nur auszugsweiser Verwertung, vorbehalten. Eine Vervielfältigung dieses Werkes oder von Teilen dieses Werkes ist auch im Einzelfall nur in den Grenzen der gesetzlichen Bestimmungen des Urheberrechtsgesetzes in der jeweils geltenden Fassung zulässig.
Sie ist grundsätzlich vergütungspflichtig. Zuwiderhandlungen unterliegen den Strafbestimmungen des Urheberrechts.

ISBN 978-3-03823-812-6

www.nzz-libro.ch
NZZ Libro ist ein Imprint der Neuen Zürcher Zeitung

Erfülle all' Tag deine Pflicht,
denn etwas Höheres gibt es nicht!

Walter Stuckis Motto aus dem Jahr 1935

Inhaltsverzeichnis

1 **Der Beste für einen unmöglichen Job**   8
In Washington allein gegen die drei Westmächte

2 **Student aus bescheidenen Familienverhältnissen**   18
Aus den Voraussetzungen das Beste gemacht

3 **Generalskretär im EVD**   36
Mit 29 Jahren auf dem Chefbeamtensessel

4 **Direktor der Handelsabteilung**   52
Der achte Bundesrat

5 **Als Unterhändler in Deutschland und beim Völkerbund**   73
Unter Druck von Nazis und Faschisten

6 **Bundesratskandidat**   91
Aus dem Berner beinahe einen Thurgauer gemacht

7 **Nationalrat**   103
Abstieg in die Niederungen der Innenpolitik

8 **Freisinniger Reformer**   116
Das Scheitern des «Stuckismus»

9 **Einsamer Wanderer zwischen Parlament und Diplomatie**   135
Im Netz von Lügen und Intrigen

10 **Gesandter in Paris**   148
Vom Krieg isoliert, dann aus dem Palais vertrieben

11 **Gesandter in Vichy**   181
Abenteuerliche Flucht in ein Provinznest

12	**Vermittler zwischen allen Fronten** Der Gesandte mit der Maschinenpistole	209
13	**Vertrauter von Marschall Pétain** Eine risikoreiche Beziehung	243
14	**Direktor der Abteilung für Auswärtiges im EPD** Le «grand Stucki» et le «Petit-Pierre»	267
15	**Regisseur «Guter Dienste» der Schweiz** Wie Stucki den Weltkrieg beendete	298
16	**Vom Abteilungschef zum Delegierten** In Washington den Zenit überschritten	319
17	**Stucki in der «Nach-Stucki-Ära»** Havanna – Diplomatie als Palaver	342
18	**Verspäteter Rentner** Golf und Coaching fürs Diplomatenkorps	364
19	**Epilog** Warum diese Biografie geschrieben werden musste	374

Anhang

Anmerkungen	391
Kurzbiografie	406
Stammbaum Familie Stucki	408
Personenverzeichnis	410
Quellen- und Literaturverzeichnis	414
Bildnachweis	416
Dank	417

1 Der Beste für einen unmöglichen Job
In Washington allein gegen die drei Westmächte

Über Neufundland tobte ein Schneesturm. Mühsam kämpfte sich die DC-4 der Trans World Airlines (TWA) Richtung Westen. Von heftigen Böen wurde sie wie ein Spielball hin und her, auf und ab geworfen. Weisse Vorhänge aus waagrecht vorbeirasenden Schneeflocken beschränkten die Sicht der Piloten auf wenige Meter. Im Gegenwind, der von Kanada her stürmte, wurden die vier Pratt & Whitney-Kolbenmotoren zu unersättlichen Treibstofffressern. Nach dem Start in Paris war die Maschine in Shannon im Südwesten Irlands nochmals gelandet und vollgetankt worden; ein Nordatlantik-Passagierflug war 1946 nur mit zwei Zwischenhalten zu machen. Die Piloten hätten, nachdem das längste Teilstück auf dem Flug nach New York jetzt zurückgelegt war, dringend Gander an der neufundländischen Ostküste anfliegen sollen. Doch an eine Landung war dort bei Sichtweite null nicht zu denken. Die nächste und letzte Möglichkeit zu einer Zwischenlandung bot der Militärflugplatz von Stephenville an der St. George's Bay im Südwesten Neufundlands. Von Passagierflugzeugen wurde er bloss im Notfall, das heisst sehr selten, angeflogen. Zivilpiloten waren nicht gewohnt, in Stephenville zu landen. Die Nerven der Cockpit-Besatzung waren deshalb aufs Äusserste angespannt. Der Funker sprach hektisch ins Mikrofon seines Geräts, das ihm jedoch nur mit Rauschen und Tosen antwortete. Es gab indessen keine Alternative mehr: auf der einzigen Piste von Stephenville musste die Maschine, koste es, was es wolle, zu Boden gebracht, gewartet und aufgetankt werden.

Die 50 Passagiere, auf ihren Sitzen eng angeschnallt, waren vom Kabinenpersonal frühzeitig darüber informiert worden, dass einige Turbulenzen bevorstünden; doch selbst hartgesottene Vielflieger unter ihnen hatten zuvor kaum je einen solchen Sturm auf

6000 Metern Höhe erlebt. Stucki, obwohl er nicht regelmässig im Flugzeug unterwegs war, verzog indessen keine Miene. In einem Bericht, den er einige Tage später an seinen Chef in Bern, Bundesrat Petitpierre, sandte, erwähnte er vor allem den Zeitverlust, den ihm der Sturm eingebracht habe: «Wir gingen dann an der Westküste dieser canadischen Insel auf einem Militärflugplatz nieder und mussten dort volle zwölf Stunden warten, da die Flugmannschaft nach einem amerikanischen Gesetz zwölf Stunden zu schlafen hatte, bevor sie weiterfliegen durfte.»[1] Noch etwas dürfte Stuckis Stimmung auf diesem abenteuerlichen Flug gedämpft haben: Er hatte Schmerzen. Er litt – und zwar an einer chronischen Kieferhöhlenentzündung. In seiner Tasche steckte ein medizinisches Zeugnis, ausgestellt von Professor Luzius Rüedi, Spezialarzt für Ohren-, Nasen- und Halskrankheiten am Lindenhofspital Bern, das ihm seine Arbeitsunfähigkeit bestätigte. Doch der Arzt war realistisch genug gewesen, um seinen Patienten richtig einzuschätzen: Der würde sich ganz sicher nicht zu Hause die Decke über die Ohren ziehen, wenn ihn der Bundesrat mit einer Spezialmission in die USA entsandte. Im Wissen um Stuckis Auftrag von nationaler Bedeutung und in Kenntnis von Stuckis Arbeitsdisziplin, die eine gesundheitsbedingte Vernachlässigung der Berufspflichten nicht zugelassen hätte, hatte sich der Professor am Schluss seines Gutachtens zur dringenden Empfehlung durchgerungen, «Herr Minister Stucki sollte sich deshalb in Washington ebenfalls sofort in spezialärztliche Betreuung begeben.»[2]

Während die meisten Leute eine allfällige Erkrankung als ihre Privatsache betrachten, war Stuckis Kieferhöhlenentzündung in der Schweiz schon seit Wochen Gegenstand öffentlichen Interesses. Am 12. Februar hatte die *Neue Zürcher Zeitung* – sonst nicht das Blatt, das mit Berichten aus dem Privatbereich Prominenter auftrumpft – gemeldet, Stucki habe sich in Spitalpflege begeben müssen. Später berichteten die Zeitungen, der wohl mit Abstand bestbekannte Chefbeamte der Bundesverwaltung habe einen Erholungsurlaub im Berner Oberland angetreten. Stuckis Kieferhöhlen rückten in den Mittelpunkt öffentlicher Aufmerksamkeit, denn die Zeit drohte nun knapp zu werden: Am 4. März sollten die für die Zukunft der Schweiz entscheidenden Verhandlungen in Washington beginnen, und es war nie diskutiert worden, sondern jedermann von Anfang an klar gewesen, dass nur der «grosse Stucki» auf fremdem Territorium und in nicht nur ungewohnter, sondern auch ausgesprochen unfreundlicher Umgebung den Standpunkt der Schweiz mit Aussicht auf Erfolg vertreten konnte. Er war der Einzige, dem man zutraute, in den bevorstehenden Vertragsverhandlungen, zu denen die schweizerischen Unterhändler mit denkbar schlechten Karten antreten mussten, die nötige Standfestigkeit an den Tag zu legen und in den beinharten Auseinandersetzungen den westlichen Siegermächten des Zweiten Weltkriegs, USA, England und Frankreich, die Stirn zu bieten. Wenn Regierung und Bevölkerung der Schweiz deshalb im Februar 1946 in einer Frage mit Bestimmtheit gleicher Meinung waren, dann war es bei der Ernennung Stuckis zum Delegationschef für Washington. Aber Stucki kam immer noch krank und fiebrig aus dem vermeintlichen Erholungsurlaub zurück und gelangte mit der Bitte an den Bundesrat, ihn von seinem schwierigen Auftrag zu entbinden. Doch das war für die Regierung unvorstellbar. Man hatte keinen anderen als Minister Walter Stucki, den Mann für alle schwierigen und unmöglichen Fälle, und es war klar, dass sich kein anderer als Stucki in der verfügbaren Zeit auf die Aufgabe hätte vorbereiten und sich mit derselben auf Erfahrung und unterhändlerischer Begabung beruhenden Kompetenz an den Washingtoner Konferenztisch hätte setzen können. Der einzige Ausweg für die Schweizer Regierung bestand darin, den Verhandlungsbeginn zu verschieben. Dazu brauchte man allerdings die Zustimmung der Regierungen in Washington, London und Paris, von denen man in Bern nicht unbedingt freundliches Entgegenkommen erwarten durfte. Wohl nicht zuletzt Stuckis Name, der auf dem internationalen Parkett höchstes Ansehen genoss, dürfte entscheidend dafür gewesen sein, dass sich die grossen und mächtigen Widersacher der Schweiz mit einer Verschiebung der Gespräche um zwei Wochen einverstanden erklärten. Ob der Bundesrat einen Plan B aus der Schublade hätte ziehen können, der eine Schweizer Delegation ohne Stucki vorgesehen hätte, wurde nie bekannt, ist aus den Akten nicht ersichtlich und somit unwahrscheinlich. Tatsache bleibt, dass Minister Stucki den Flug nach Washington krank und von Schmerzen geplagt angetreten hat.

Gewöhnlich ging Stucki optimistisch in Bezug auf die Durchschlagskraft der eigenen Argumente und voll überzeugt von den guten Chancen, dem eigenen Standpunkt zum Erfolg verhelfen zu können, in Vertragsverhandlungen; und aus dieser positiven inneren Haltung heraus entsprangen auch seine Überzeugungskraft sowie die Ausdauer, mit der er sein Ziel verfolgte, und darauf gründete schliesslich sein sprichwörtlicher Erfolg. Doch diesmal hielt sich sein Enthusiasmus in engen Grenzen. In Washington muss sich der erfolgsverwöhnte Schweizer Unterhändler ähnlich wie ein vorverurteilter Angeklagter in einem Schauprozess vorgekommen sein, denn die Stimmung im Gastgeberland war der Schweiz gegenüber ausgesprochen schlecht. Die amerikanischen Behörden hatten die Presse in Washington unter der Hand mit einem ebenso reich bestückten wie einseitigen Argumentationskatalog ausgestattet, der die USA und ihre Verbündeten im Zweiten Weltkrieg als edle Retter der Zivilisation, die kleine Schweiz hingegen als eigennützigen Bösewicht und ihre Neutralität als verräterische Doktrin zur Unterstützung der Feinde der Demokratie darstellte. Damit war im Vorfeld der Verhandlungen in den USA eine eigentliche Hetzkampagne gegen die Schweiz entfacht worden. Das kleine Land im fernen Europa war in der öffentlichen Meinung bereits schuldig gesprochen, als Stucki am 18. März mit seinem Eintretensreferat die Verhandlungen eröffnete. Seine damalige Gemütslage schilderte er später wie folgt: «Als ich, sozusagen direkt aus dem Spital heraus, sehr gegen meinen Willen und den meiner Ärzte, gezwungen wurde, die Leitung der Delegation zu übernehmen, habe ich dem Herrn Bundespräsident gegenüber erklärt: Ich gäbe mich keinen Illusionen hin, in jedem Falle werde ich nachher an einem Baum aufgeknüpft, an einen Apfelbaum oder an einen Birnbaum. Ich ziehe indes den Apfelbaum – ein unbefriedigendes Abkommen – dem Birnbaum – gar kein Abkommen – vor.»[3]

Vielleicht war es die unverheilte Entzündung der Kieferhöhlen, die Stucki so ungewöhnlich reagieren liess, vielleicht der Druck, den der Bundesrat ausgeübt hatte, um ihn ohne seine Zustimmung zu den schwierigsten von der Schweiz je geführten Verhandlungen in die USA zu schicken. Möglicherweise pflegte Stucki im Vorfeld der Washingtoner Runde aber auch nur einen öffentlich zur Schau gestellten Zweckpessimismus zur Schonung der eigenen Person vor der zu erwartenden Kritik am Verhandlungsresultat, und wahrscheinlich wäre er beleidigt und in seinen Erwartungen enttäuscht gewesen, wenn an seiner Stelle ein anderer dieses, wie er sich ausdrückte, «Himmelfahrtskommando» übernommen hätte. Vor allem mag es ihm indessen darum gegangen sein, die hochgeschraubten Erwartungen zu dämpfen. Denn einerseits war man von ihm gewohnt, dass er von Verhandlungen mit fremden Staaten stets gute Ergebnisse mit nach Hause brachte, und andererseits war ihm sehr wohl bewusst, dass die Schweiz, oder besser gesagt: er als Chefdelegierter der Schweiz, für die bevorstehende Verhandlungsrunde mit einem schlechten Startplatz vorliebnehmen und dann auch noch gegen drei übermächtige Widersacher gleichzeitig antreten musste. Kurz: Dieser Auftrag, diese Mission, die ihm der Bundesrat angehängt hatte, bereitete ihm keine Freude. Deshalb hatte man ihn in den Tagen vor seiner Abreise in die USA in einer ganz neuen Rolle, nämlich derjenigen des missgelaunten Griesgrams kennengelernt.

Als er jedoch am 18. März 1946 in der amerikanischen Hauptstadt ans Rednerpult schritt und die Konferenz eröffnete, welche für die drei westlichen Siegermächte zwar von grosser, für die Schweiz indessen von existenzieller Bedeutung war, straffte sich sichtbar sein Körper und er wuchs wieder über seine ohnehin markante Grösse von 187 Zentimetern hinaus. Mit seinem hoch erhobenen, durch scharf geschnittene Züge unverwechselbaren Kopf erschien er den Mitgliedern der eigenen Verhandlungsdelegation wieder als der «grosse Stucki» und den Angehörigen der amerikanischen, britischen und der französischen Delegation als der respektgebietende, durchschlagskräftige Unterhändler, dem auf internationalem Parkett der Ruf eines grossen Wirtschaftsdiplomaten vorauseilte.

Es mag sein, dass der Ton, den Stucki in seinen Voten anschlug, nicht ganz so mitreissend war wie früher, dass er beim Reden seine Schmerzen nicht überspielen konnte. Aber was er als Vertreter eines aus Sicht der Weltkriegssieger unbotmässigen, ja eigensinnigen kleinen Landes vortrug, war trotzdem von staatsmännischem Format, die Argumentation, zumindest aus Schweizer Sicht, überzeugend, wenn nicht gar zwingend. Stucki schloss seine Ausführungen mit dem folgenden Appell an die drei Siegermächte: «Wir wissen, dass in Ihren amtlichen Dokumenten ganz unverhüllt davon gesprochen wird, die wirtschaftlichen Druckmassnahmen gegenüber der Schweiz wenn nötig noch weiter zu verstärken. Sie haben gewiss die Möglichkeit, uns in die Knie zu zwingen, wie Hitler dies während des ganzen Krieges hätte tun können. Wir vermögen aber nicht zu glauben, dass Sie eine der schönsten und wichtigsten Erklärungen ihres verstorbenen grossen Präsidenten einfach vergessen haben!» Dann zitierte Stucki mit dem letzten Satz seiner Rede Franklin D. Roosevelt, der 16 Monate vor seinem Tod seinen Landsleuten in der Weihnachtsbotschaft 1943 zugerufen hatte: «Die Rechte jeder Nation, ob gross oder klein, müssen respektiert und bewahrt werden, und zwar ebenso sorgfältig wie die Rechte jedes Individuums in unserer eigenen Republik. Die Lehre, dass der Starke den Schwachen beherrschen soll, ist die Lehre unserer Feinde, und wir lehnen sie ab.»

Den Gegner mit dessen eigenen Worten zu überzeugen, war ein von Stucki gerne befolgtes Rezept. Es schien jedoch ungewiss, ob er damit auch auf dem Kampfplatz Washington Erfolg haben würde. Denn seit Roosevelts Plädoyer für die Kleineren und Schwächeren waren mehr als zwei Jahre vergangen, und in diesen zwei Jahren hatte sich die Welt verändert. Amerika war zur führenden Weltmacht aufgestiegen, das Tausendjährige Reich Hitlers lag in Trümmern und über dem Land der aufgehenden Sonne, das für sich die Vorherrschaft in Ostasien und im Pazifik in Anspruch genommen hatte, war die atomare Finsternis hereingebrochen. Die Siegermächte hatten Bilanz gezogen und präsentierten nun den Unterlegenen die Rechnung; sie schufen die rechtlichen Voraussetzungen, um bei den Besiegten ihre Kriegskosten einzutreiben. Und wie 1918/19 nach dem Ersten Weltkrieg versuchten sie auch 1945, die dazu nötige Rechtsordnung, das «Recht der Sieger», nicht nur bei den Verlierern des Weltkriegs, sondern auch auf dem Territorium der neutral Gebliebenen durchzusetzen. Das hätte für die Schweiz bedeutet, dass auf ihrem eigenen Boden fremdes Recht angewendet worden wäre und fremde Richter das Sagen gehabt hätten. Konkret ging es dabei in erster Linie um die Beschlagnahmung des deutschen Privateigentums – unter anderem eben auch in der Schweiz – und dessen Verwendung zur Bezahlung der immensen Kriegskosten der Alliierten. Zweitens, und da waren die reellen Zahlen und Fakten der schweizerischen Öffentlichkeit noch kaum bekannt, warfen die Alliierten der Schweiz vor, sie habe durch den Ankauf von gestohlenem Gold, das seither als «Raubgold» Scharen von Historikern beschäftigt, den Deutschen die zur Fortsetzung des Krieges dringend benötigten Devisen verschafft. Dafür, so der Standpunkt der Siegermächte, sollte die Schweiz nun teuer bezahlen. Als Druckmittel gegen die neutral gebliebene Eidgenossenschaft, die den Krieg heil und, wie die Alliierten argumentierten, ohne Blutopfer, ohne Zerstörungen und ohne eigene Kriegskosten überstanden hatte, nutzten die

Amerikaner ohne jegliche Skrupel und ganz offen zwei für die Schweizer Volkswirtschaft schmerzende Schwachstellen: erstens die in den USA schon vorsorglich blockierten schweizerischen Vermögenswerte, deren Freigabe die Amerikaner von einer befriedigenden Einigung mit der Schweiz abhängig machten, sowie zweitens die «schwarzen Listen», die den darin aufgeführten schweizerischen Firmen eine geschäftliche Tätigkeit auf dem Territorium der Alliierten praktisch verunmöglichten.

Die knallhart geführten Verhandlungen dauerten zwei Monate. Das Ergebnis war nach Stuckis eigenem Urteil «nur annehmbar, nicht mehr».[4] Die Schweiz war indessen dringend auf Stuckis Apfelbaum – oder auf den sprichwörtlichen Spatz in der Hand – angewiesen und konnte es nicht darauf ankommen lassen, ob im neu geordneten Europa auch ein Birnbaum, also ein Verzicht auf das Abkommen mit den Alliierten, Früchte tragen würde. Mit

Walter Stucki kehrt Ende Mai 1946 aus Washington in die Schweiz zurück, wo er in Genf-Cointrin aus dem Flugzeug ins Auto umsteigt und auf der Fahrt nach Bern die Aktenmappe mit den geheimen Papieren verliert.

Minister Stuckis geheime Verhandlungsunterlagen
«Eine verlorene und wiedergefundene Aktenmappe
Bern, 31. Mai. Der Landessender meldete gestern Abend, zwischen Genf und Bern sei eine wichtige Aktenmappe verloren gegangen. Die Meldung sollte die Aufmerksamkeit eines allfälligen Finders auf dieses Vorkommnis lenken. Heute früh vernahm man die beunruhigende Nachricht, es habe sich um die Mappe von Minister Stucki gehandelt, der in Genf mit dem Flugzeug eingetroffen war und von dort aus mit dem Auto nach Bern gefahren war. Einige Stunden später wurde bekannt, das wertvolle Stück sei durch ein Fräulein in Versoix gefunden worden und von dort der Genfer Gendarmerie zugeführt worden. Nach einer Version des Genfer Blattes *La Suisse* geschah das Missgeschick, weil wegen eines eingeklemmten Mantels während der Fahrt die Wagentüre geöffnet werden musste.»

Agenturmeldung, die am Tag nach der Rückkehr Stuckis von den Washingtoner Verhandlungen in verschiedenen Schweizer Zeitungen abgedruckt wurde.

anderen Worten: Weil sie – mit Blick auf die leeren Vorratslager – nicht abwarten konnte, ob ihr die Taube auf dem Dach schliesslich doch noch gebraten in den Mund fliegen würde, blieb ihr nichts anderes übrig, als dem ausgehandelten Vertrag zuzustimmen.

Auch Stucki musste das ihm selbst kaum als genügend erscheinende Resultat der Washingtoner Verhandlungen wohl oder übel akzeptieren und es dem schweizerischen Parlament zur Ratifikation empfehlen. Er war in Washington bis an die Grenzen des diplomatisch noch Zulässigen gegangen, hatte die Vertreter der drei Westmächte in den zwei vorangegangenen Monaten nicht nur mit guten Argumenten zu überzeugen versucht, sondern mit Unnachgiebigkeit, Renitenz, ja starrsinnigem Beharren auf dem schweizerischen Standpunkt hin und wieder bis aufs Äusserste gereizt und mit einem scheinbaren Verhandlungsabbruch, der sich dann bloss als dramatisch inszenierter Unterbruch erwies, für einen Eklat gesorgt. Er hatte sich, wo es geboten schien, nachgiebig und verbindlich gezeigt, um dann in wichtigen Fragen, vor allem wenn es ums Geld ging, um jede Million hartnäckig zu feilschen. Kurz: Er hatte alle Register gezogen, über die er als langjähriger und erfahrener Unterhändler verfügte – mit dem ernüchternden Ergebnis, dass die Schweiz gerade noch glimpflich davonkam.

Nur zwei, drei Jahre später interpretierte man das von Stucki in den Washingtoner Verhandlungen von 1946 erzielte Resultat nachträglich dann doch noch als Erfolg für die Schweiz. Allein die

Abschaffung der «schwarzen Listen» durch die Amerikaner und damit die Öffnung des Marktes in den USA für die betroffenen Schweizer Firmen rechtfertigte das Verhandlungsergebnis. Zu berücksichtigen ist, wenn man Stuckis unterhändlerische Leistung in Washington wertet, dass die «Raubgold»-Problematik, die 1946 in ihrem vollen Ausmass gegenüber der Öffentlichkeit «unter dem Deckel gehalten» werden konnte, die schweizerische Position in den Verhandlungen deutlich geschwächt und den Betrag, den die Schweiz den Alliierten als «Wiedergutmachung» entrichten musste, von den 100 Millionen, die Stucki angeboten hatte, auf 250 Millionen Franken hochgetrieben hatte. Immerhin fanden, zumindest gemäss Vertragstext, mit der Entrichtung dieser Summe alle auf das «Raubgold bezüglichen Fragen ihre Erledigung».[5]

Man war sich in der Schweiz sehr wohl bewusst, dass Voraussetzungen und Rahmenbedingungen für Stuckis Verhandlungsdelegation schlecht gewesen waren und niemand ein besseres Ergebnis aus Washington hätte zurückbringen können als Stucki, der aus seinen miserablen Karten das Bestmögliche herausgeholt hatte. Aber trotzdem war es nicht mehr der alles überstrahlende Triumphator, nicht mehr der glänzende Verhandlungssieger, nicht mehr der einzigartige «grosse Stucki», der da am 31. Mai 1946 aus den USA in die Schweiz zurückkehrte, sondern ein normaler Unterhändler mit einem auf den ersten Blick recht durchschnittlichen, ernüchternden Resultat. Für Stucki war das ein offensichtlicher Rückschlag in seiner Karriere. Dazu kam, dass im Eidgenössischen Politischen Departement (EPD), dem schweizerischen Aussenministerium und im Bundesrat inzwischen eine neue Generation von Diplomaten und Politikern am Werk war, die den «grossen Stucki» vor dem Weltkrieg auf dem frühen Höhepunkt seiner Karriere nicht mehr selbst erlebt hatten und nicht mehr gewillt waren, sich den Takt von einem Chefbeamten diktieren zu lassen, sei dieser auch noch so angesehen, erfahren und erfolgreich. Offensichtlich hatte «le grand Stucki» im vergangenen Jahr den im Berner «Beamtenbiotop» mit Spannung verfolgten Machtkampf gegen den «Petit-Pierre»[6] verloren beziehungsweise ihn gar nicht austragen können. Bundesrat Petitpierre hatte nämlich seinen (wenn auch älteren und erfahreneren, so ihm hierarchisch doch unterstellten) Rivalen im Kampf um die praktische Führung des Departements taktisch geschickt ins Leere laufen lassen, indem er ihn mit ehrenvollen Aufträgen an der Aussenfront ausstattete und ihn zum «Delegierten des Bundesrates für Spezialmissionen» ernannte, ihn in Wirklichkeit aber durch die gleichzeitige Enthebung vom Sitz des Direktors in der Abteilung für Auswärtiges entmachtete und departementsintern kaltstellte.

Washington 1946 war der letzte ganz grosse internationale und seither in die Geschichtsbücher eingegangene Auftritt Stuckis. Zwar sollte ihm die Eidgenossenschaft in den bevorstehenden Jahren noch manche wichtige Mission oder anspruchsvolle Aufgabe anvertrauen. Aber mit dem Washingtoner Abkommen vom 25. Mai 1946 hatte er den Höhepunkt seiner grossartigen Karriere erreicht – ja, er hatte eigentlich den Zenit seiner für Schweizer Verhältnisse einmaligen Laufbahn, die ihn auf höchste Gipfel geführt, aber auch in dunkle Tiefen gestürzt hatte, bereits überschritten. Stucki war jetzt 58 Jahre alt. Bevor wir jedoch seinen langsamen Abstieg in die Normalität eines geachteten Bundesbediensteten und schliesslich eines golfspielenden Rentners und liebevollen Grossvaters verfolgen, wollen wir uns ein Bild machen von Herkunft und Aufstieg dieses hervorragenden Schweizers.

Helvetia setzt dem «Helden von Washington», der die Schweiz nicht zuletzt auch in finanzieller Sicht vor dem Schlimmsten bewahrt hat, den Lorbeerkranz aufs Haupt.

2 Student aus bescheidenen Familienverhältnissen
Aus den Voraussetzungen das Beste gemacht

Am 26. Juni 1942, also mitten im Zweiten Weltkrieg, verfasste Walter Stucki, zu jenem Zeitpunkt schweizerischer Gesandter bei der Regierung des sogenannten freien Frankreichs, ein Antwortschreiben an Comte Stucky, Schlossherr von Château de Saint Marcel bei Marseille, in dem er Folgendes ausführte: «Die Familie Stucki stammt ursprünglich aus dem Kanton Glarus, wo der Name im 14. Jahrhundert erstmals in einer alten Chronik über die Schlacht von Näfels auftaucht. Ein Zweig der Familie hat sich bis ins 17. Jahrhundert im Kanton Zürich gut entwickelt, ist aber dann erloschen. Hingegen haben sich die Stucki im Kanton Bern weit verbreitet, wo alle Stucki seit dem 15. Jahrhundert entweder aus Gysenstein-Konolfingen (wie es bei mir der Fall ist) oder aus Diemtigen im Simmental stammen, wie es auf Sie zutrifft.»

Walter Stucki hat sich offensichtlich für seine Herkunft und Abstammung ebenso interessiert wie er auch darauf bedacht war, der Nachwelt die Eckpunkte seiner persönlichen Biografie zu hinterlassen, wobei er manchmal der Versuchung nicht ganz widerstehen konnte, sich selbst ein bisschen besser darzustellen, als er ohnehin schon war. Seinen eigenen Familienzweig hatte Stucki bereits sechs Jahre vor dem Brief an seinen Namensvetter und Schlossherrn von Saint Marcel erforschen und in Form eines Stammbaums darstellen lassen.[1] Der von ihm beauftragte Genealoge konnte Stuckis Familie in den einschlägigen Bürger- und Kirchenbüchern zurückverfolgen bis ins Jahr 1542, als des Ministers Vorfahr Adam Stucki, Landwirt in Hürselen (heute Ursellen bei Konolfingen), geboren wurde. Bis Anfang des 17. Jahrhunderts blieb die Familie dem Ort im unteren Emmental und dem angestammten Berufe treu. Erst den 1697 geborenen Niklaus Stucki, der sich als Sohn der zweiten Frau seines Vaters keine Hoffnung auf den elterlichen Bauernhof machen konnte, hielt es dann nicht mehr in der dörflichen Enge: Er liess sich als Weber in Bern nieder, wo sich die Stuckis nun drei Generationen oder 100 Jahre lang in der Seidenweberei betätigten. Der 1784 geborene Johann Emanuel, Urenkel des Niklaus Stucki, kehrte dann als «Lehenmann zu Bümpliz» wieder zur Landwirtschaft zurück.

Zunehmender Kinderreichtum bei gleichzeitig bescheidenen wirtschaftlich-finanziellen Verhältnissen kennzeichnet die nächsten Generationen. Walter Stuckis Grossvater Johann Emanuel zeugte nicht weniger als elf Nachkommen, von denen neun überlebten, darunter Walter Stuckis Vater Gottlieb, der 1854 als sechstes Kind in einem kleinen, armseligen, direkt an der Aare gelegenen Haus in Hinterkappelen das Licht der Welt erblickte.[2] Johann Emanuel, der als Kleinstbauer seine vielköpfige Familie nicht hätte ernähren können, übte, neben der Tätigkeit als Landwirt auf seinen paar Quadratmetern Ackerland, auch das Amt eines Dorfschullehrers in Uettligen aus, was ihm ein Zusatzeinkommen von 500 Franken pro Jahr einbrachte. Gottliebs Mutter Anna geborene Gerber war eine gelernte Zuckerbäckerin. Am Tisch der vielköpfigen Familie dürfte es indes angesichts der Armut, die ihren Ursprung auch im permanenten Kränkeln beider Elternteile und in den dadurch verursachten Kosten für Arzt und Arzneien hatte, eher hartes Brot als süsse Zuckerwaren zu essen gegeben haben. Mit fünf Jahren kam Gottlieb in Uettligen in die von seinem Vater unterrichtete Schulklasse. Mit zehn trat er in die Sekundarschule über. Intelligenz, Begabung und Fleiss machten ihn rasch zum Klassenprimus. Pfarrer Rettig von Wohlen drängte die Eltern zu vermehrter Förderung des aufgeweckten Knaben und erklärte sich bereit, Gottlieb auf seine Kosten zum Geistlichen ausbilden zu lassen. Doch Vater Johann Emanuel lehnte die pfarrherrliche Grosszügigkeit ab: Er wollte aus seinem Sohn lieber einen «halbwegs anständigen Primarlehrer» als einen Geistlichen machen. So blieb Gottlieb der Besuch des Gymnasiums in Bern verwehrt und er verbrachte die Jahre 1870 bis 1873 am Seminar Hofwil. Aber auch dort schuf er sich mit seinen Leistungen so viel Respekt bei den Lehrern, dass einer von ihnen aus der eigenen Tasche 15 000 Franken locker machen wollte, um dem begabten Jüngling doch noch ein Universitätsstudium zu ermöglichen. Und wieder war es der Vater Johann Emanuel, der sein Veto einlegte – sei es, weil er die Fähigkeiten seines Sohnes unterschätzte, sei es, weil er sich von

Das kleine, direkt an der Aare gelegene Haus in Hinterkappelen diente der Familie von Walter Stuckis Grossvater nicht nur als Wohnung. Hier sicherte sich Johann Emanuel, Dorfschullehrer in Uettligen, nebenbei ein schmales Zubrot als Kleinstbauer.

Gottlieb, wenn dieser einen Lehrerlohn verdiente anstatt Studienkosten zu verursachen, einen namhaften Beitrag in die stets gähnend leere Familienkasse versprach. Der junge Primarlehrer, der offensichtlich gerne Student geworden wäre, fügte sich ohne Aufbegehren der väterlichen Autorität und fand auch sogleich eine Stelle an der Oberschule Säriswil, einem Nachbardorf von Uettligen, wo sein Vater unterrichtete. Selbstverständlich hatte er in Säriswil neben dem Schulunterricht einige jener Ämter zu übernehmen, die in einem Bauerndorf gemeinhin dem Lehrer vorbehalten bleiben, wie zum Beispiel die Leitung der Theatergruppe oder des Gesangsvereins. Während zweier Winterhalbjahre versah Gottlieb nicht nur die eigene Stelle in Säriswil, sondern unterrichtete gleichzeitig auch für seinen kranken Vater in Uettligen.

Für sein privates Studium blieben ihm deshalb nur die Nachtstunden. Unter grossen Entbehrungen bereitete er sich auf das Sekundarlehrerexamen vor, das er 1875 mit Bravour bestand. Aber damit gab er sich noch lange nicht zufrieden. Er kündigte seine Stelle in Säriswil, um genügend Zeit für seine Weiterbildung zu gewinnen. Mit Privatstunden und als Aushilfslehrer in Nidau verdiente er knapp genug, um an der Universität Bern die Fächer Mathematik, Geometrie, Botanik und Chemie zu belegen. Doch mit diesem Mammutprogramm überforderte er seine Kräfte und seine vermutlich von den Eltern ererbte schwächliche körperliche Konstitution. Erschöpfungszustände und eine Nervenkrankheit zwangen ihn, im Hause eines Schwagers am Genfersee Erholung zu suchen. Es überrascht nicht, dass er seinen Aufenthalt in der Romandie weniger zum Ausruhen als vielmehr zum Besuch von Vorlesungen an der Universität Lausanne und damit gleichzeitig zur Vervollkommnung seiner Französischkenntnisse nutzte.

Kaum genesen und nach einem Zwischenspiel als Hauptlehrer am Institut Misteli in Kriegstetten wurde er im Herbst 1878 an die neu gegründete Sekundarschule Biglen gewählt. Die hier verbrachten vier Jahre zählte er später zu den schönsten seines Lebens. Nicht nur als Lehrer der begeisterungsfähigen Landjugend, sondern auch als Theaterleiter, Dirigent und Sekretär verschiedener Dorfvereine gewann er die Achtung und Sympathie der Bevölkerung. Doch selbst die hohe Wertschätzung, die ihm hier entgegengebracht wurde, vermochte seinen Bildungshunger nicht zu verdrängen. Ihm ging es nicht ums Geldverdienen, sein Streben galt nicht der Äufnung materieller Güter, er lechzte vielmehr nach

Walter Stuckis Vater Gottlieb wirkte nicht nur als Primarlehrer in Säriswil, sondern vertrat manchmal gleichzeitig seinen kranken Vater Johann Emanuel an der Primarschule in Uettligen, Gemeinde Wohlen bei Bern, wo er selbst als Fünfjähriger schon zur Schule gegangen war. Das Bild zeigt das 1860 erbaute Schulhaus von Uettligen.

Wissen und philosophischer Erkenntnis. Stellt man in Rechnung, dass Gottlieb erhebliche Zuschüsse in die elterliche Familienkasse leistete und dass er, wie die meisten Lehrer in bernischen Bauerndörfern, einen ansehnlichen Teil seines Lohnes in Naturalien, das heisst als Brennholz oder in Form von Speckseiten oder Brotmehl ausbezahlt bekam, kann man nur darüber staunen, dass es ihm gelang, in vier Jahren die nötigen finanziellen Mittel zu sparen, um an der Universität Heidelberg sein Wissen durch das Studium in den Fächern Philosophie, Pädagogik und Methodik zu vervollkommnen. Zurück in Bern befasste er sich mit Botanik, Zoologie und Geologie und verdiente seinen Lebensunterhalt quasi nebenbei als Hauslehrer. Seine Wissbegier kannte keine Grenzen, und man darf wohl annehmen, dass ihm das Idealbild des Universalgelehrten vorschwebte. Doch auch der genialste Wissenschaftler und Philosoph braucht ein Dach über dem Kopf und kommt nicht ohne Nahrung aus. Durch die Notwendigkeit des Geldverdienens wurde Gottliebs Drang nach einem alles umfassenden Wissen immer wieder zurückgebunden. 1883 fand er eine Anstellung an der Realschule Basel, wo er sich rasch die Anerkennung und Zuneigung von Lehrerkollegen und Schülern erwarb.

Vor allem aber blieb ihm hier neben der Lehrtätigkeit genügend Zeit, um das 500 Druckseiten starke Werk fertigzustellen, in dem er seine Erkenntnisse und Überzeugungen zusammenfasste. Der Buchtitel *Natur – Mensch – Gott* und der Text, eine Mischung aus naturwissenschaftlicher Abhandlung und philosophischem Essay, verdeutlichen Gottlieb Stuckis Anspruch, vom Universum und dem darüber waltenden göttlichen Geist das Essenzielle zu erkennen und zu Nutzen und Gewinn «für Lehrer und gebildete Laien aller Stände» zu Papier zu bringen. Über einen Erfolg, den der 30-Jährige mit seinem im schwülstigen Stil des 19. Jahrhunderts geschriebenen Werk erzielt hätte, ist nichts bekannt. Immerhin blieb sich der Autor – dank der von ihm selbst immer wieder beschworenen Tugend der Bescheidenheit – bewusst, dass er weder der Erste noch der Letzte sei, der sich mit den grossen Fragen des Menschseins auseinandersetzte: «Angeregt durch die mächtigsten und erhabensten Gefühle wird die Phantasie der Menschheit immer wieder ein einheitliches harmonisches Idealbild der Wirklichkeit aufbauen, damit sich die Seele an ihm erwärme und über die Herbheit des Daseins erhebe. Die Menschheit wird ewig dichten, kämpfen und streben, und dieses Dichten und Streben wird seine Früchte tragen.» So lautet eine der Schlussfolgerungen, die dem Verfasser zum abschliessenden Kapitel über «Die Ideale des Lebens» eingefallen ist.

Ob es das ausbleibende Echo auf sein Opus magnum war oder die Verbundenheit mit der betagten kranken Mutter, die ihn gerne in ihrer Nähe sehen wollte – sicher ist, dass Gottlieb Stucki dem für Wissenschaft und Bildung fruchtbaren Boden Basels (wenn auch, wie er selbst sagte, nur ungern) wieder den Rücken kehrte, indem er im Sommer 1886 einer Berufung nach Bern folgte, wo man ihm das Amt eines Schulinspektors anvertraute. Obwohl ihm das Unterrichten mehr Spass machte als die Inspektionstätigkeit, versah er auch diese Aufgabe mit grossem Pflichtgefühl und Gewissenhaftigkeit. Sein besonderes Augenmerk soll er bei seinen Inspektionen, wie sich bald einmal herumsprach, dem ärmlichen, aus schlichtem Tannenholz errichteten Landschulhaus von Oberscherli gewidmet haben. Zwar war das 3 Kilometer von der Hauptstrasse Bern–Schwarzenburg entfernt liegende Dorf nur in mühseligem Fussmarsch zu erreichen; dennoch tauchte der Schulinspektor auffallend häufig in dem etwas abseits am Waldrand gelegenen Schulhaus auf, um sich ein genaueres Bild von der einzigen Schulklasse – oder vielleicht eher von der dort unterrichtenden bildhübschen jungen Lehrerin zu machen. Maria-Luise Rothacher hiess sie und war das achte und jüngste Kind eines Gerbermeisters in Köniz. Sie hatte 1884 am Seminar Hindelbank das Lehrerinnendiplom erworben. Nach drei Jahren Schuldienst in Oberscherli wurde sie vom Schulinspektor Stucki ins gemeinsame Heim am Berner Muristalden entführt.

Der am 13. Oktober 1887 geschlossenen Ehe entsprossen innerhalb von zehn Jahren sechs Kinder, von denen eines schon dreieinhalb Monate nach der Geburt verstarb. Der am 9. August 1888 erstgeborene Walter Otto Stucki erlebte die ersten sechs Lebensjahre in der damals noch völlig ländlichen Umgebung des Wohnhauses am Muristalden, getrennt von der Berner Altstadt durch die Aare, die dort in einem engen Bogen die ältesten Quartiere der Stadt umfliesst. Vater Gottlieb, dessen angeschlagene Gesundheit schlecht mit der mühsamen Reiserei vereinbar war, die das Amt des Schulinspektors mit sich brachte, liess sich 1891 zum Lehrer für Deutsch, Geografie und Naturgeschichte an die städtische Mädchenschule wählen. Der Schule war ein Lehrerinnenseminar angegliedert, wo Stucki Methodik unterrichtete. Bald beschränkte er sich auf die Lehrtätigkeit am Seminar.[3]

Walter Stuckis Vater: Seminarlehrer und Schulinspektor Gottlieb Stucki (um 1890).

1894 war ein Höhepunkt in der Familiengeschichte der Stuckis: Vater Gottlieb unterzeichnete den Kaufbrief für ein eigenes Wohnhaus an der Schwarzenburgstrasse, die durch das aufstrebende Weissenbühlquartier führte. Dort siedelte sich unter verschiedenen neu gegründeten Unternehmen auch die Firma Wander an und begann einige Jahre später mit der Produktion der Ovomaltine. Von der «Baugenossenschaft Klein aber Mein» erwarb Vater Stucki ein Wohnhaus mit Hausplatz und Umschwung von 7,42 Aren, mit der Verpflichtung, darauf «nur anständige Gebäude», insbesondere «keine Wirtschaften oder Hüllen» für lärmende oder übelriechende Gewerbe zu erstellen.

Walter Stuckis Mutter: Maria-Luise Stucki-Rothacher, vormalige Lehrerin in Oberscherli, hier auf einer Fotografie um 1950.

Solches war aber auch keineswegs die Absicht Gottlieb Stuckis; ihn dürstete vielmehr nach Natur und Kreatur. Die Kindheitserinnerungen der fünf Stucki-Kinder seien geprägt worden von den vielen Bäumen, die der Vater im stattlichen Garten eigenhändig gesetzt habe, schrieb Walters Schwester Helene als Siebzigjährige.⁴ «Das Bild unseres Vaters bleibt unaufhörlich mit dem Garten verknüpft, und wie ergreifende Symbolik mutet es in der Rückschau an, dass die letzte Tat in seinem viel zu früh vollendeten Leben darin bestand, im Mai 1908 die Obstbäume vor dem kalten, schweren, ganz unerwartet in die Blütenpracht eingebrochenen

Das Ehepaar Gottlieb Stucki und Maria-Luise geborene Rothacher mit ihren ältesten Kindern (v.r.n.l.) Walter (geb. 1888), Max (geb. 1891) und Helena (geb. 1889).

Schnee zu befreien.» Vater Stucki war vom schreibenden Philosophen zum philosophierenden Gärtner geworden. Die stille Pflege der Pflanzen bescherte ihm – nach dem Lärm im beruflichen Umfeld der Schule – die dringend benötigte Entspannung. Graben und Anpflanzen, Beschneiden und Giessen war ihm nicht einfach Zeitvertreib, sondern praxisbezogene Umsetzung seiner früheren, im jugendlichen Übermut verfassten theoretischen Abhandlungen über *Wechselwirkungen und Harmonie in der Natur*. «Mit dreissig schreibt man ein Buch, mit siebzig pflanzt man einen Baum», soll er in der Abgeklärtheit des sich selbst genügenden Weisen gesagt haben. Der Garten, so schien es Helene Stucki rückblickend, war auch Pflanz- und Erziehungsstätte für die fünf Kinder: Der Vater lehrte sie die Ehrfurcht vor dem Wachsen und Gedeihen der Sträucher und Bäume, das Staunen vor der Wandlung der Raupe zum Schmetterling, das Mitgefühl für die hungernde oder leidende Kreatur. Dabei war Vater Stucki kein weltfremder Phantast; er galt als strenger und gelegentlich gefürchteter, mit natürlicher Autorität ausgestatteter Lehrer und Erzieher, der sowohl an seine Schülerinnen wie auch an seine eigenen Kinder höchste Forderungen und Ansprüche stellte, der unnachgiebig strafen, aber dann auch wieder grossmütig verzeihen konnte.

Mit seiner anfälligen Gesundheit und den in immer kürzeren Abständen auftretenden Krankheiten war es aber auch der Vater, der einen bedrückenden Schatten auf die Familie warf. Die häufigen Abwesenheiten vom Arbeitsplatz, verbunden mit den Kosten für Ärzte, Medikamente und Kuren, zwangen zu rigorosem Sparen. Als Kind besass man in der Familie Stucki je ein Sonntags- und ein Werktagskleid, die mit Schürzen und Ärmelschonern vor Flecken und übermässiger Abnützung geschützt und, wenn man ihnen entwachsen war, an die jüngeren Geschwister weitergegeben werden mussten. Da man sich keine langdauernden Ferien oder ausgedehnte Reisen leisten konnte, spielte der Garten für die Freizeitgestaltung eine wichtige Rolle. Geburts- und Feiertage wurden bei Stuckis in stillem, häuslichem Rahmen begangen, wobei weniger die materiellen Begleiterscheinungen wie kostspielige Geschenke oder aufwendige Festessen im Zentrum standen als vielmehr die Vermittlung und Bewusstwerdung des tieferen Sinnes eines solchen Anlasses. Das einzige Weihnachts- oder Geburtstagsgeschenk, das jedes Kind, eingewickelt in bereits mehrfach gebrauchtes Schmuckpapier, zum Festtag erhielt, erwies sich fast immer als von praktisch-nützlicher Natur: ein Paar Schuhe, ein Schulranzen oder ein Kleidungsstück. Zu den Familienritualen gehörten neben den gärtnerischen Exerzitien auch die Sonntagsspaziergänge durch den Bremgartenwald oder ins Belpmoos, die manchmal mit abenteuerlichem Überqueren der Aare mit der Fähre nach Reichenbach oder mit einer Fahrt im Pferdeomnibus nach Kehrsatz, manchmal sogar mit einem Sirup in einer Gartenwirtschaft erlebnismässige Höhepunkte setzten. Als Gegenleistung mussten die Kinder an der Aareböschung oder in Sümpfen nach seltenen Pflanzen oder nach Frosch- oder Krötenlaich für Vaters Naturkundeunterricht fahnden.

Eine wichtige Rolle spielten auch die Nachbarskinder, denen man sich nicht nur durch das Loch im Gartenzaun, sondern auch durch gemeinsame Naturliebe verbunden fühlte und deren künstlerisch begabter Vater die fünf Stucki-Kinder einmal in Kreidolf'scher Malart als personifizierte Blumen – den grossen Walter als Rittersporn, die kleinste Schwester als Vergissmeinnicht – zu Papier brachte. Der daruntergesetzte Vers illustriert besser als eine wortreiche Beschreibung die Atmosphäre in und um Walter Stuckis Elternhaus:

> Mag sich auch die Erde dehnen,
> soweit das Blütenauge geht,
> im Herzen bleibt das stille Sehnen
> ans enge, schmale Gartenbeet.

Diese Enge zu durchbrechen dürfte dem zukünftigen Diplomaten einiges Aufbegehren gegen die elterliche Autorität, Durchsetzungsvermögen und vielleicht auch taktisches Verhandlungsgeschick abverlangt haben. Zu Hilfe kam Walter Stucki bei der Emanzipation vom Elternhaus – nach vier Jahren Primarschule im Sulgenbachschulhaus und vier Jahren Progymnasium am Waisenhausplatz – der Übertritt ans Städtische Gymnasium Kirchenfeld, wo zum festen Schulprogramm Klassenbummel und Turnfahrten gehörten, die bald durch freiwillige Teilnahme an immer anspruchsvolleren Bergtouren ergänzt wurden. Die vergilbten Fotos im Familienalbum lassen darauf schliessen, dass aus dem jungen Stucki rasch ein gewandter und geübter Berggänger wurde, der an den Wochenenden die Gipfel des Breithorns, des Wildstrubels oder des Mittelhorns erklomm.

Eher überraschend für den Biografen ist ein Bild in einer Jubiläumsschrift des BSC Young Boys, das den 18-jährigen, ernst dreinblickenden Gymnasiasten Walter Stucki im dunklen Anzug als Vorstandsmitglied des Fussballclubs entlarvt. Ein Besuch im YB-Archiv bringt zutage, dass der Club 1898 als Schülermannschaft des Realgymnasiums Kirchenfeld gegründet und unter dem nachhaltigen Eindruck, den ein Gastspiel der Basler Old Boys gegen den späteren Stadtrivalen FC Bern hinterlassen hatte, «Young Boys» getauft worden war. Bereits vier Jahre nach der Gründung erkämpfte sich YB erstmals den Schweizer Meistertitel in der Serie A. Stuckis Karriere als aktiver Spieler war allerdings nicht ganz so erfolgreich wie die vereinspolitische. In der Saison 1906/07 musste die erste Mannschaft von YB nach dem Abgang mehrerer Leistungsträger fast vollständig neu aufgestellt werden. Der YB-Chronist hielt im Jahresbericht fest: «Höchst betrübend war es für den Berichterstatter und die ältern Spieler, dass wir diese Saison, was lange Zeit nicht mehr vorgekommen war, beide Spiele gegen unseren Stadtrivalen verloren. Dies schmerzt uns umso mehr, als wir seit Jahren sorgsam darauf bedacht waren, die Hegemonie im Fussball in der Bundesstadt unter allen Umständen aufrecht zu

Der 18-jährige Gymnasiast Walter Stucki (hinten Mitte, sitzend, 5. von links) als Vorstandsmitglied des Fussballclubs BSC Young Boys: Am Vorstandstisch war er erfolgreicher denn als Torwart.

erhalten.» Doch damals ging schon gleich das erste Heimspiel der Saison auf dem Spitalacker gegen den FC Bern 2:4 verloren, wobei das Matchblatt verrät, dass der «Versuchsmannschaft» erstmals Walter Stucki angehörte, und zwar auf dem spielentscheidenden Posten des Torhüters. Der Chronist nahm zwar keine Schuldzuweisung vor, sondern hielt lediglich fest: «Der Jubel bei unseren Gegnern und ihren Anhängern war ungeheuer.» Dem Spielbericht im offiziellen «Central-Organ» der Schweizerischen Football-Association kann indessen entnommen werden, dass im leidenschaftlich ausgetragenen Match vor allem die Fehler des Torhüters die Niederlage der Young Boys besiegelt hatten. Stucki figurierte nach diesem Debakel nie mehr in der Aufstellung der ersten Mannschaft. In einem Beitrag zur YB-Jubiläumsschrift von 1938, den er als Minister und Gesandter in Frankreich verfasste, schrieb er: «Es war im ersten Dezennium dieses Jahrhunderts, da mich alles, was die Young Boys anging, ihr Training, ihre Siege und Niederlagen, mindestens ebenso sehr bewegten, als heute die Probleme der hohen Politik. Ich erinnere mich noch jetzt daran, wie das Schicksal unserer Mannschaft, indem mir von den Spielern unseres traditionellen Rivalen FC Bern mehrmals ein Ball durch die Hände gejagt wurde, aus meinem Verschulden seinen verhängnisvollen Verlauf nahm. Ich habe mich damals mehr gegrämt als heute über einen politischen Zwischenfall. So ändern sich die Zeiten!»[5]

Am 17. September 1907 erhielt Walter Stucki das Maturitätszeugnis ausgehändigt. Der Notendurchschnitt von 5,6 trug ihm für seine schulischen Leistungen die Qualifikation «Sehr gut» ein. Für sein Betragen während der Schulzeit musste er sich mit einem «Gut» begnügen. Wenige Wochen zuvor hatte er sich in der Kaserne Bern zur militärischen Aushebung melden müssen. Hervorragende Benotungen in den theoretischen Prüfungen Lesen, Aufsatz, Rechnen und Vaterlandskunde, eine beschwerdefreie Gesundheit und die überdurchschnittliche Körperlänge von 187 Zentimetern bescherten ihm nicht nur den rot gestempelten Eintrag «Diensttauglich» ins graue Büchlein, sondern er entging dank seiner gymnasialen Ausbildung auch dem Schicksal, dem drei Viertel der Rekruten damals nicht entrinnen konnten, nämlich der Infanterie, das heisst den «Fussgängern» der Armee zugeteilt zu werden. Stucki wurde vielmehr Fahrer bei der Feldartillerie. Vom Militärdepartement erhielt er eine Sonderbewilligung, die es ihm erlaubte, als 19-Jähriger sogleich nach der Matur in die Rekrutenschule

Das Maturitätszeugnis von Walter Stucki: Seine schulischen Leistungen wurden höher bewertet als sein Betragen.

in Bière und anschliessend in die Unteroffiziersschule in Thun einzurücken. Nach 95 Diensttagen und bevor seine Alterskollegen das erste Mal eine Uniform trugen, wurde er Ende 1907 bereits als Korporal brevetiert.[6]

Das Jahr 1908 begann er mit der Immatrikulation an der juristischen Fakultät der Universität Bern. Daneben besuchte er Vorlesungen in Geschichte und Nationalökonomie. Fast gleichzeitig trat er auch dem Zofingerverein bei. In seinem Studium wurde er jäh unterbrochen, als am 26. Mai der gesundheitlich angeschlagene Vater, nach den vielen krankheitsbedingten Absenzen am Seminar, wo er seine Lehrerstelle in den letzten Jahren kaum mehr auszufüllen vermochte, nicht ganz unerwartet an einer Herzlähmung starb und neben seiner Frau fünf in Ausbildung stehende Kinder im Alter zwischen zehn und zwanzig Jahren hinterliess. Damit wuchs Walter Stucki als Ältester in eine neue Rolle und Verantwortung hinein. Hatte sich die Familie angesichts des geschmälerten Lohnes des Vaters schon bisher mehr schlecht als recht durchzuschlagen vermocht, so wurde die finanzielle Lage jetzt erst recht prekär. Von Walter und Tochter Helene – Letztere stand am Ende ihrer Ausbildung zur Lehrerin – wurde erwartet, dass sie nicht nur für den eigenen Unterhalt aufkamen, sondern auch ihr Scherflein zum Wohl der Familie beitrugen. Mutter Marie Luise reduzierte im Haus an der Schwarzenburgstrasse den von der Familie beanspruchten Wohnraum auf ein Minimum und vermietete die frei gewordenen Zimmer an junge Töchter, vornehmlich an Seminaristinnen, für die sie nicht nur Vermieterin, sondern oft auch Ratgeberin, wenn nötig Trostspenderin, Vertraute, ja mütterliche Freundin war.

Gemäss Dienstbüchlein beendete Walter Stucki seine militärische Karriere schon vorzeitig im Rang eines Oberstleutnants, denn er war im Kriegsfall an seinem zivilen Arbeitsplatz im Eidgenössischen Volkswirtschaftsdepartement unentbehrlich.

Walter Stucki erteilte neben seinem Studium Privatstunden und verdiente sich durch Stellvertretungen sowie als Aushilfe in der Verwaltung und am Amtsgericht Schlosswil das nötige Geld, um sich sogar längere Studienaufenthalte in Paris und London leisten zu können. Noch im Jahr 1908 absolvierte er die Aspirantenschule und erhielt am 31. Dezember das Offiziersbrevet ausgehändigt. Bei jeder sich bietenden Gelegenheit verbrachte er das Wochenende in den Bergen. Trotz dieser mannigfachen Beanspruchung stellte er sich der Zofingia zwei Semester lang als Präsident zur Verfügung. Wenn dem Chronisten in diesen Jahren der universitären Ausbildung Stuckis neben dem Fleiss, dem Lernwillen, der Selbstdisziplin, der Intelligenz und der Leichtigkeit, mit der er sich juristisches Fachwissen und berufliche Kompetenz aneignete, ein Detail ins Auge sticht, so ist es die unverhohlene Vorliebe für formelle Anlässe, bei denen er zu einem öffentlichen Auftritt kam, zum Beispiel als Bannerträger an Universitätsfeiern, als Redner an Trauerfeiern, als Repräsentant der Universität oder der Zofingia an Veranstaltungen verschiedenster Art. Die Selbstsicherheit, mit der er sich vor kleinem oder grossem Publikum bewegte, die Selbstverständlichkeit, mit der er als 22- oder 23-Jähriger Ansprachen und Reden hielt, blieb in Bern nicht unbemerkt, machte ihn bekannt und öffnete ihm die Tür zu jenen Kreisen, die in der Bundesstadt den Ton angaben. Er fiel auf, ohne dass er Auffallendes tat; es genügte, dass er, schlank und hochgewachsen, stets mit einer schweren Mappe unter dem Arm, manchmal in der Uniform des Artillerieutnants oder dann wieder mit der weissen Mütze der Zofinger, in der Stadt unterwegs war. Schon bald bemerkte man, dass er – zunächst hin und wieder, dann immer öfter und zuletzt regelmässig – von einer zierlichen Studentin begleitet wurde. Es war, die Spatzen pfiffen es von den Dächern, das einzige Kind des berühmten Berner Arztes Dr. Hermann Sahli, Professor für Innere Medizin, Chefarzt am Inselspital und Direktor der medizinischen Universitätsklinik.

Sahli, nach dem heute im Berner Inselspital ein Klinikgebäude und im Berner Länggassquartier, also im eigentlichen Universitätsviertel, eine Strasse benannt ist, genoss einen weit über die Schweizer Grenze hinausreichenden, ausgezeichneten Ruf als Arzt und Wissenschaftler. Bevor er festen Wohnsitz in seiner Heimatstadt Bern nahm, hatte er bei den besten Ärzten und in den berühmtesten Spitälern Europas gearbeitet, unter anderem in

«Zweck der Reise: Geschäfte» heisst es in Walter Stuckis Reisepass, in dem auch seine «Höhe: 187 Centimeter» festgehalten ist.

Links: Walter Stuckis
Schwiegervater
Prof. Dr. med. Dr. h. c. Hermann Sahli.
Rechts: Walter Stuckis
Schwiegermutter Olga Sahli.

London, Paris, Wien und Leipzig. Zahlreiche Universitäten von Dublin über Oslo, Brüssel und Berlin bis nach Madrid und Kairo hatten ihm schon den Titel eines Ehrendoktors oder eines korrespondierenden Mitglieds verliehen. Als Sahlis Hauptwerk galt das *Lehrbuch der klinischen Untersuchungsmethoden*, das in sechs Auflagen von 1894 bis 1912/13 über 20 Jahre lang europaweit die Medizinstudenten – vor allem während des praktischen Teils ihrer Ausbildung – begleitete und auch ins Englische, Italienische, Russische und Spanische übersetzt wurde. Weitere Titel, die unter Sahlis Namen erschienen, befassten sich mit der Gotthardtunnelanämie, mit der automatischen Temperaturregulierung für Brutöfen oder mit der Auswaschung des menschlichen Organismus' und mit der Bedeutung der Wasserzufuhr im Krankheitsfall.[7]

Die von einem weitläufigen Park umgebene Villa an der Seftigenstrasse, welche die Familie Sahli bewohnte, gehörte zu Berns besten Adressen. Die Tochter des Hauses, Gertrud Sahli, bestand als eines der ersten Mädchen überhaupt am städtischen Gymnasium in Bern die Griechisch-Matur und war dann eine der wenigen Studentinnen, die zu Beginn des 20. Jahrhunderts neben ein paar Ausländerinnen an der Universität Bern Naturwissenschaften, unter anderem Botanik, studierten. Als Ergänzung zur wissenschaftlichen Ausbildung, die damals selbst für «höhere Töchter» noch etwas Aussergewöhnliches darstellte, befasste sich Gertrud – was hingegen für die weibliche Jugend in den vornehmen Häusern Berns nicht unüblich war – ernsthaft mit einer Karriere als Pianis-

Professor Sahlis Weinflaschen-Infusionsgerät
Am Ärztetag 1906 präsentierte Professor Hermann Sahli in Bern einen von ihm entwickelten «einfachen, leicht und compendiös in der Rocktasche portablen, auch bei mehrfachem Gebrauch steril bleibenden und deshalb stets gebrauchsfertigen Infusionsapparat für subkutane und intravenöse Salzwasserinfusionen. Er verwendet dazu eine gewöhnliche Weinflasche. Schlauchleitungen und Injektionsnadel sowie ein normales Thermometer werden steril ausgekocht und in einer handlichen Glasröhre in Boraxlösung aufbewahrt. Der Druck wird mittels eines Gummischlauchs erzeugt, so dass die in der Praxis oft schwer erreichbare Hochstellung des Infusionsgefässes überflüssig wird. Die letztere Einrichtung hat sich wegen der Möglichkeit, die Infusionen möglichst rasch zu beenden, auch in der stationären Spitalpraxis bewährt.»

Ausschnitt aus einem Zeitungsartikel vom 8.12.1906, o.N., in BAR J.I. 131.

tin. Da es bei Sahlis nicht am nötigen Geld mangelte, um der Tochter auch musikalisch die bestmögliche Ausbildung angedeihen zu lassen, verbrachte sie zwei Semester in München, wo sie zu den Schülerinnen einer international bekannten Klavierlehrerin gehörte. Kurz: Gertrud war, um es etwas salopp auszudrücken, wohl die beste Partie, die ein heiratswilliger junger Mann in jenen Jahren in Bern machen konnte. Es ist bezeichnend für Walter Stucki, dass er sich offenbar mit grösster Selbstsicherheit und Selbstverständlichkeit den Zugang zu dieser obersten Gesellschaftsschicht der Bundesstadt, zu der sich die Sahlis zählten, erschloss und, unbesehen seiner Herkunft aus wesentlich bescheidenerem Hause, auch anstandslos akzeptiert wurde.

Man darf annehmen, dass Walter Stucki die Beziehung zu Getrud Sahli nicht zweckgerichtet gesucht hat, um seine Karriere zu fördern; er hat seine zukünftige Gattin sicher geliebt und war ihr, soweit Stucki seine Gefühle in den überlieferten schriftlichen Dokumenten überhaupt preisgab, zeitlebens zugetan.

Nichtsdestotrotz verstand er es trefflich, sich das neu erschlossene gehobene gesellschaftlich-soziale Umfeld zunutze zu machen. Nachdem er 1912 mit Bravour das Staatsexamen bestanden hatte, trat er als frischgebackener 24-jähriger Fürsprecher nicht in irgendein Berner Anwaltsbüro ein, sondern in die renommierte Kanzlei des nachmaligen Berner Regierungsrates Leo Merz, die zwei Jahre zuvor bereits Karl Scheurer die berufliche Abstützung und den nötigen Rückhalt zur Eroberung eines Sitzes in der

Berner Kantonsregierung geboten hatte. (Scheurer wurde übrigens 1919 in den Bundesrat gewählt.) Die Tätigkeit in der Kanzlei Merz bot Gewähr für wertvolle Kontakte und gute berufliche Beziehungen zu einflussreichen Persönlichkeiten. 1912 erhielt Stucki vom Firmenchef auch bereits das erste Zwischenzeugnis, wonach er «sich durch Fleiss und durch scharfsinnige Behandlung der von ihm bearbeiteten Geschäfte ausgezeichnet hat». Stuckis Tätigkeit als Anwalt wechselte ab mit der Leistung von Militärdiensten; 1914 absolvierte er die Zentralschule I in Thun, was ihm den Rang eines Hauptmanns eintrug.

Die Beziehung zu Getrud hatte sich inzwischen so weit entwickelt, dass im Januar 1914 die Verlobung der beiden bekannt gegeben und Walter Stucki von seinen zukünftigen Schwiegereltern zu gemeinsamen Osterferien in Vitznau am Vierwaldstättersee eingeladen wurde. Im Sommer schloss er den Mietvertrag für das erste gemeinsame Heim ab: Für 2000 Franken pro Jahr (man erinnert sich: sein Grossvater hatte als Lehrer 500 Franken im Jahr verdient) mietete er per 1. November an der Monbijoustrasse 28 im zweiten Stock eine Fünf-Zimmer-Wohnung mit verschiedenen Nebenräumen – für damalige Verhältnisse eine grosszügige Wohnsituation für ein junges Paar. Die Hochzeitsvorbereitungen wurden dann allerdings jäh unterbrochen durch den Ausbruch des Ersten Weltkriegs. Anlässlich der allgemeinen Mobilmachung An-

Vom Schwiegervater Professor Sahli in Auftrag gegebene Porträts von Gertrud und Walter Stucki (um 1919).

fang August musste Stucki das Kommando der Feldartillerie-Batterie 30 übernehmen. Zur Hochzeit, die am 14. September, nach der zivilrechtlichen Eheschliessung in Bern, in Ouchy gefeiert wurde, erhielt er zwei Tage Urlaub.

Im Jahr seiner Vermählung leistete Stucki 124 Tage Grenzdienst im Berner Jura. Dazwischen kehrte er für jeweils kurze Zeit an seinen Arbeitsplatz zurück. Zeitraubende Mandate konnte er unter den obwaltenden Umständen nicht übernehmen. Immerhin schaffte er es, als Pflichtverteidiger im viel Aufsehen erregenden «Fall Murad» erstmals «namentlich in der Presse erwähnt zu werden», wie er selbst mit Befriedigung festhielt. Im Übrigen aber

Zwei Tage Urlaub vom Aktivdienst erhielt der Batteriekommandant Walter Stucki, um am 14. September 1914 Gertrud Sahli, die Tochter des renommierten Berner Arztes Hermann Sahli, zu heiraten.

entsprach die Verteidigung Murads, eines armenischen Händlers, der in Frankreich bereits wegen Betrug und Fälschung verurteilt worden war und mit dem der Staatsanwalt angesichts der Vorstrafen und den unbestrittenen neuen Betrügereien leichtes Spiel hatte, kaum den Wünschen und Vorstellungen Stuckis von seiner künftigen beruflichen Tätigkeit. Denn die Ausgangslage für eine erfolgreiche Karriere hatte sich mit der Anstellung in der Kanzlei Merz und der Heirat mit Gertrud Sahli ganz wesentlich verbessert. Zudem brauchte er sich über seine finanzielle Situation keine Sorgen mehr zu machen; seine Schwiegereltern würden die Familie ihrer einzigen Tochter nicht darben lassen, vor allem nachdem ihnen das junge Paar ein Jahr nach der Hochzeit mit der im August 1915 geborenen Evy eine erste Enkelin geschenkt hatte. Doch die Monate vergingen; der Erste Weltkrieg zog sich in die Länge, Walter Stucki verbrachte über ein Drittel seiner Zeit im Aktivdienst. Es brauchte ein Ereignis, das die politische Schweiz wie ein Erdbeben erschütterte, um ihm einen Weg aus der Sackgasse, in die er geraten war, zu bahnen.

3 **Generalskretär im EVD**
Mit 29 Jahren auf dem Chefbeamtensessel

Das Ereignis, das Walter Stucki endlich die Tür zum nächsten Karriereschritt öffnen sollte, trat im dritten Jahr des Ersten Weltkriegs, genau am 18. Juni 1917, ein und bestand im unfreiwilligen Rücktritt von Bundesrat Arthur Hoffmann. Hoffmann hatte sich von Nationalrat Robert Grimm, der dem revolutionär gesinnten, linksradikalen Zimmerwalder Flügel der SP angehörte, in eine einseitige, neutralitätswidrige Friedensinitiative verwickeln lassen. Grimm erhoffte sich nämlich von einem Frieden zwischen Russland und Deutschland bessere Chancen für die Verbreitung der bolschewistischen Revolution. Er reiste deshalb nach St. Petersburg, um einen Waffenstillstand an der Ostfront voranzutreiben. Nach fast drei Jahren mörderischem Krieg fand indessen auch Bundesrat Hoffmann (als Vorsteher des Politischen Departements gleichsam schweizerischer Aussenminister) Gefallen an der Idee, von der Schweiz aus das Terrain für den Frieden zu ebnen. In Kenntnis gesetzt von Grimms Russlandreise versprach er sich vertrauliche Informationen über den Friedenswillen der verschiedenen Parteien im politisch und sozial tief gespaltenen Russland.

Der freisinnige Bundesrat beauftragte deshalb den revolutionsfreundlichen Grimm mit entsprechenden Sondierungen bei der provisorischen Regierung Kerenskis. Grimm schickte ihm am 26. Mai ein Telegramm aus St. Petersburg, in dem er darlegte, das Friedensbedürfnis in Russland werde von den einzelnen Parteien unterschiedlich beurteilt und dabei spiele eine grosse Rolle, wie die Deutschen ihre Kriegsziele gegenüber Russland formulierten. Bundesrat Hoffmann, der zuvor die deutsche Gesandtschaft in Bern kontaktiert und eine von Berlin autorisierte Antwort erhalten hatte, antwortete Grimm in einem von ihm, wie man annehmen muss, offenbar heimlich eigenhändig redigierten, chiffrierten und spedierten Telegramm des Inhalts, dass man in Deutschland zurzeit keine Offensive gegen Russland plane und dass deshalb die Aussichten für einen Frieden eigentlich günstig stünden. Hoffmanns Telegramm gelangte dann aber auf Umwegen und in entstellter Form in die Spalten der schwedischen Zeitung *Socialdemokraten*. Die Publikation zeitigte die Wirkung einer Sprengbombe: Die westlichen Alliierten, die an der Aufrechterhaltung einer Kampffront im Osten grösstes Interesse hatten, weil der Zweifrontenkrieg Deutschlands militärische Kräfte strapazierte und die Front im Westen entlastete, warfen Hoffmann sogleich Neutralitätsbruch und einseitige Begünstigung ihres Kriegsgegners vor. Der St. Galler Freisinnige geriet dermassen unter Druck, dass er am 18. Juni (das war übrigens sein 60. Geburtstag!) im Bundesrat seinen Rücktritt bekannt gab und diesen auch sofort vollzog.

Bereits eine Woche später wurde in der Person des 72-jährigen Genfer Liberalen Gustave Ador der Nachfolger Hoffmanns gewählt. Damit geriet einiges in Bewegung: Mit einer Regierungs- und Verwaltungsreform wurde die Leitung der Aussenpolitik mit dem Amt des Bundespräsidenten verknüpft und, um diesen zu entlasten, die Handelsabteilung aus dem Politischen Departement herausgelöst und ins Volkswirtschaftsdepartement (EVD) eingegliedert. Dessen Vorsteher, der Aargauer Freisinnige Edmund Schulthess, brauchte deshalb dringend kompetente wirtschaftskundige Beamte. Mit der Berufung bernischer Fürsprecher hatte er, wie sich an der Besetzung verschiedener Chefposten ablesen lässt, bereits früher gute Erfahrungen gemacht.[1] Jetzt war ihm im Advokaturbüro Merz der erst 29-jährige Walter Stucki aufgefallen und von Parteifreunden empfohlen worden. Über das, was an jenem Tag Ende Juni 1917 wirklich geschah, gibt es mindestens zwei Versionen: Stucki sollte später sagen, ein Telefonanruf des nervösen Bundespräsidenten, der ihm zwar 24 Stunden Bedenkzeit eingeräumt, aber gleichzeitig gedroht habe, er akzeptiere keine Absage, sei es gewesen, der ihn bewogen habe, seiner Anwalts- und Offizierslaufbahn eine völlig neue Richtung zu geben und sich für das neu geschaffene Amt des EVD-Generalsekretärs zur Verfügung zu stellen. Gemäss der Darstellung von Schulthess war es eine Besprechung in seinen bundesrätlichen Amtsräumen, in deren Verlauf er Stucki den Posten des Generalsekretärs angeboten und ihm erklärt habe, es gebe keine Ablehnung, das Land brauche ihn «hic et nunc». Schulthess, der oft und gerne mit lateinischen, hin und

Bundesrat Arthur Hoffmann:
Sein Rücktritt veränderte die Organisationsstruktur der Bundesverwaltung und verhalf damit Walter Stucki zu einer Kaderstelle im Volkswirtschaftsdepartement.

wieder auch mit französischen Zitaten argumentierte, soll sich übrigens zeitlebens dieser Berufung gerühmt haben, mit der es ihm gelungen sei, einen der fähigsten Männer überhaupt für den Bundesdienst zu rekrutieren. Für Stucki indessen sollte sich der rasch getroffene Entscheid für den Staatsdienst, der eigentlich nur für eine absehbare Zeit von ein paar wenigen Jahren gedacht war, als wahrlich schicksalhaft erweisen.

Die Generalsekretäre, im Rahmen der erwähnten Verwaltungsreform neu institutionalisiert, erfüllten in den sieben Departementen der Bundesverwaltung von Anfang an die Aufgabe eines Stabschefs und waren in der Zeit, in der die Bundesräte weder über persönliche Mitarbeiter noch über Pressesprecher verfügten, in den meisten Fällen auch deren engste Vertraute. Sie koordinierten den Geschäftsablauf, befassten sich einerseits mit sämtlichen Dossiers, die bis auf den Tisch des Departementschefs gelangten, und wurden andererseits mit wichtigen Aufgaben betraut, für die keine andere Verwaltungsstelle zuständig oder kompetent genug war. In den meisten Fällen wurden als Generalsekretäre erfahrene Beamte ausgewählt, die sich in jahrelanger Verwaltungstätigkeit für diese anspruchsvolle Aufgabe qualifiziert hatten und die das uneingeschränkte Vertrauen ihres Chefs genossen. Die Ernennung des erst 29-jährigen Quereinsteigers Stucki kam deshalb innerhalb der Bundesverwaltung einer kleinen Sensation gleich.

Stucki blieb nicht viel Zeit, um in der Anwaltskanzlei seine Dossiers zu liquidieren und sich auf seine neue Aufgabe vorzubereiten, denn unmittelbar nach der Wahl musste er sein Amt im EVD auch schon antreten. Weniger als einen Monat nach Hoffmanns Rücktritt aus dem Bundesrat, nämlich schon am 11. Juli 1917, nahm er seine Tätigkeit als Bundesbeamter auf. Erst knapp vier Wochen später erhielt er, anstelle eines Anstellungsvertrages, ein zwölf Zeilen langes Schreiben datiert vom 4. August, in dem seine Wahl zum Generalsekretär bestätigt und seine Monatsbesoldung auf 675 Franken festgesetzt wurde. Auf ein Pflichtenheft oder einen Aufgabenkatalog wartete Stucki vergeblich. Dem kurzen Schreiben konnte er als Stellenbeschrieb einzig die nebulöse Formulierung entnehmen, er habe sich «mit der Leitung der juristischen und auch mit allen anderen Arbeiten zu befassen»; im Übrigen liege «es in der Natur der Sache, dass eine genaue Kompetenzausscheidung nicht möglich ist und dass wir auf ein ver-

Der Neuen Zürcher Zeitung ein paar wenige Zeilen wert
«Durch Bundesratsbeschluss vom 26. Juni 1917 wurde die Handelsabteilung mit allen mit ihr in Verbindung stehenden Geschäften dem Volkswirtschaftsdepartement zugeteilt. Um der durch diese Massregel verursachten Arbeitslast Rechnung zu tragen, hat der Bundesrat in der Organisation des EVD eine Reihe von wichtigen Änderungen beschlossen (...) Im Volkswirtschaftsdepartement wird ein Generalsekretariat geschaffen, welches bestimmt ist, den Kontakt der einzelnen Abteilungen unter sich zu erleichtern, die Geschäfte des Departementsvorstehers vorzubereiten und namentlich gewisse rechtliche Aufgaben zu übernehmen. Dem Generalsekretär können auch weitere Aufgaben zugeteilt werden, unter anderem solche, die bis anhin von der Handelsabteilung bearbeitet wurden. In das Generalsekretariat werden die Herren Dr. Bleuler, bisher Adjunkt des Vorstehers der Handelsabteilung, und Herr Fürsprecher Walter Stucki in Bern eintreten.»
NZZ, Nr. 1291, 14.7.1917.

ständnisvolles Zusammenarbeiten aller Herren, die in der Abteilung tätig sind, zählen müssen.» Während die Wahl Stuckis der Neuen Zürcher Zeitung immerhin ein paar Zeilen wert war, befanden es die meisten übrigen Schweizer Blätter nicht für nötig, die Ernennung, und sei es auch nur in einem Satz, zu erwähnen.

Stucki, dem als Ideal eine freie Anwaltstätigkeit mit eigener Kanzlei vorgeschwebt hatte, sah sich – jetzt plötzlich und unvorbereitet im Staatsdienst auf einem neu geschaffenen, noch unklar definierten Posten, mit Misstrauen und Konkurrenzneid beäugt von manchen altgedienten Beamten – förmlich ins kalte Wasser geworfen. Niemand konnte ihn in sein Amt einführen, da niemand seine Zuständigkeiten und Kompetenzen kannte. Bei aller Unklarheit schien ihm aber, im Vergleich mit der freien Anwaltstätigkeit, trotzdem manches eng und streng reglementiert, sei es durch einfache Dienstanweisungen, sei es durch Beamtenhierarchien, Verordnungen der Verwaltung oder Gesetze. Doch Stucki lernte rasch schwimmen, und er verstand es, die noch unbesetzten Freiräume, die ihm das neue Amt bot und seine Position, die ihm jederzeit Zugang zum Chefbüro gewährleistete, zu nutzen. Nach wenigen Wochen war er der tonangebende Beamte im Volkswirtschaftsdepartement, der in allen wichtigen Geschäften die Fäden in der Hand hielt: Kein Dossier gelangte mehr auf den Tisch von Bundesrat Schulthess, ohne dass es zuvor von Stucki geprüft, bewertet und gutgeheissen oder allenfalls, wenn es den Intentionen Stuckis nicht entsprach, an den Absender retourniert wurde.

Im Zentrum von Stuckis Tätigkeit stand von Beginn an die vom Staat in allen Beziehungen restriktiv organisierte Kriegswirtschaft, die im Grunde genommen nicht gerade der bisher gehegten freiheitlichen Überzeugung des jungen Juristen entsprach. Umso mehr förderte er, sobald das Ende des Krieges absehbar war, deren schrittweise Überführung in die Friedenswirtschaft.

Im August 1917, einen Monat nach Amtsantritt, nahm Stucki Einsitz in die für die Bewahrung der Unabhängigkeit und das Überleben der Schweiz vermutlich wichtigste Kommission der Bundesbehörden: in die Kommission für wirtschaftliche Fragen. Einen Monat später war er bereits deren Präsident. Zu den Aufgaben der Kommission gehörte unter anderem die aus sozialen Gründen wichtige Festlegung von Höchstpreisen vor allem für Nahrungsmittel, aber zum Beispiel auch für Tabak; denn hohe Tabakpreise führten die Landwirte in Versuchung, die ihnen zugestandene Tabakanbaufläche heimlich zu vergrössern. Die Kommission nahm ferner massgeblichen Einfluss auf die Urlaubserteilung für Armeeangehörige, denn für die Getreide- oder Obsternte war das nötige landwirtschaftlich qualifizierte Personal unentbehrlich. Da vor allem von Deutschland für fast jede Art von Lebensmitteln hohe Preise bezahlt wurden, regelte die Kommission den Nahrungsmittelexport durch Kontingente oder Ausfuhrverbote. Die Vorschriften gingen so weit, dass zum Beispiel für Deutsche, die in ihre Heimat zurückkehrten, die genaue Menge des zulässigen Reiseproviants definiert wurde, und zwar je nach Entfernung des Reiseziels und Reisedauer bis maximal 500 Gramm frisches Obst, 250 Gramm Fleisch und eine Tagesration Brot. Weil die Fleisch- bzw. Futterproduktion auf den Ertrag umgerechnet mehr Land beansprucht als der Anbau von Ackerfrüchten, liess die Kommission für jeden Betrieb die Grösse des erlaubten Viehbestandes festlegen, wobei der im Sommer zugestandene Höchstbestand für die Überwinterung jeweils drastisch reduziert werden musste. Eine Verordnung gegen Wucher wurde ebenso verabschiedet wie der Beschluss zur Einsetzung von Lohnkommissionen, denen unter anderem die Aufgabe zufiel, «die Lage der arbeitenden Klasse im Vergleich mit der ausser Kontrolle geratenden Teuerung zu verbessern». Bei vielen dieser Entscheide war Stucki mit seiner Kommission dem Streit der Interessengruppen oder dem Druck bestimmter Industriezweige ausgesetzt, etwa der Kartonindustrie, wenn es um die Reduktion der als zu aufwendig beurteilten Verpackungen von Lebensmitteln und Gebrauchsgegenständen ging, oder des Pâtissiergewerbes, wenn die Kommission das Mehl vermehrt zur Brotproduktion in die Backstuben der Bäcker umleiten wollte.

Als Kommissionspräsident wurde Stucki rasch zur Zielscheibe derjenigen, die durch die Entscheide der Kommission in negativem Sinne betroffen wurden. Erstmals schuf er sich durch seine berufliche Tätigkeit namhafte Feinde, die ihm seine in der Beamtenfunktion getroffenen Entscheide noch über das Kriegsende hinaus nachtragen sollten. Aber nicht überall griff das inzwischen im Volksmund von der Wirtschaftskommission zur «Kommission Stucki» mutierte Gremium regulierend und verbietend ein. Nicht opportun erschien der Kommission zum Beispiel ein Bierverbot, wie es unter anderem die Frauenvereine forderten, weil nach deren Meinung Malz sinnvoller zur Brotproduktion als zur Herstellung eines Genussmittels herangezogen werden sollte. Anfang 1918 beschloss die Kommission hingegen durch Mehrheitsentscheid, die Abgabe von «Volksschuhen» an Minderbemittelte durch den Bund zu subventionieren. Fortan standen in den Schuhgeschäften vier offiziell definierte Kategorien von Schuhen zum Verkauf: «1. gebrauchte und wieder in Stand gestellte Volksschuhe für Armengenössige; 2. neue, aber zweckmässig-einfache, subventionierte Volksschuhe für Minderbemittelte; 3. einfache Volksschuhe ohne Bundessubvention; 4. alles übrige Schuhwerk.»[2]

Ein Problem, mit dem sich die Kommission schwertat, war die Brenn- und Treibstoffversorgung. Anfang 1918 stellte Stucki fest, dass die Schweiz noch über eine Reserve von 150 Wagenladungen an Treibstoffen verfügte. Davon wurden monatlich 50 Wagenladungen an die Verbraucher abgegeben, aber es konnten pro Monat nur 35 Wagenladungen importiert werden. Zudem nahm der Treibstoffverbrauch laufend zu, weil die Fuhrwerke und die pferdebespannten Schneepflüge wegen Unterernährung der Pferde in rascher Kadenz durch Lastwagen ersetzt wurden und weil die Post aus demselben Grund im Personentransport zunehmend Autobusse statt Postkutschen zur Beförderung der Passagiere verwendete. Auf Antrag Stuckis wurde deshalb dem Bundesrat eine Verordnung vorgelegt, die ein «Verbot des Fahrens mit Luxusautos», gemeint waren damit alle Arten von privaten Motorfahrzeugen, vorsah.

Die Schaffung eines Eidgenössischen Ernährungsamtes, wie ein Postulat des Nationalrates es verlangte, hiess die Kommission zwar grundsätzlich gut, verschob jedoch dessen Verwirklichung auf den Zeitpunkt der Reorganisation der Bundesverwaltung mit der gleichzeitig geplanten Erhöhung der Zahl der Bundesräte (auf die man bekanntlich heute noch wartet).

Natürlich mussten die meisten Beschlüsse der Kommission jeweils noch von der Landesregierung abgesegnet werden, aber Walter Stucki, der sein Büro quasi im Vorzimmer des Volkswirtschaftsministers eingerichtet hatte, sorgte dafür, dass die Kommissionsanträge vom Bundesrat meist schlankweg durchgewinkt wurden. Er hatte innerhalb kurzer Zeit das umfassende Vertrauen seines bundesrätlichen Chefs gewonnen und erhielt deshalb immer anspruchs- und verantwortungsvollere Aufgaben zugewiesen. Hatte er anfänglich Bundesrat Schulthess noch zu zahlreichen Sitzungen und Konferenzen im In- und Ausland begleitet, so übernahm er, jetzt 30-jährig, immer öfter die Leitung einer Verhandlungsdelegation. Es konnte niemandem entgehen, dass er ein hervorragender Unterhändler war, der alle Mittel der Verhandlungstaktik zielgerichtet und meist erfolgreich anzuwenden verstand. Von der schneidend scharf vorgetragenen Drohung mit dem Gesprächsabbruch im Konferenzsaal bis zur Einladung und Bewirtung der Verhandlungspartner in seiner Privatwohnung beherrschte er die ganze Klaviatur der Methoden, die sich zur Erreichung des vorgegebenen Ziels als nützlich und sinnvoll erweisen konnten. Als selbstverständlich erachtete er, dass ihm der adäquate äussere Rahmen, das heisst Mittel, Bühne und Requisiten für seine Tätigkeit zur Verfügung gestellt wurden. Er bestand mit Nachdruck darauf, zu Verhandlungen mit einem Titel antreten zu können, der ihn klar als Delegationschef und Repräsentanten der Schweizer Regierung kennzeichnete; er zögerte nicht, seinen Protest einzulegen, wenn er an einem Bankett nicht den ihm rangmässig zustehenden Platz am Tisch zugewiesen erhielt. Auch privat schuf er sich ein Umfeld, das ihn befähigte, hochrangige Gäste zu Hause zu empfangen, indem er zum Beispiel nach nur zwei Jahren von seinem Fünfzimmerlogis im Monbijouquartier ins Nachbarhaus umzog, wo ihm künftig eine repräsentative Sieben-Zimmer-Wohnung mit einem zusätzlichen Gäste- und einem Dienstbotenzimmer zur Verfügung stand, für die er – «Illuminationsgebühr und Wasserzins inbegriffen» – einen jährlichen Mietzins von 2600 Franken aufzubringen hatte. Die Wohnungsvergrösserung drängte sich übrigens auch aus weiterem Grund auf: Für Februar 1918 kündigte sich die Geburt des zweiten Kindes an.

Beruflich stand für Stucki indessen ein alles andere überschattendes Thema im Vordergrund: Die Schweiz brauchte Kohle, viel Kohle, noch mehr Kohle. Doch damit war sie nicht allein, überall brauchte man dringend mehr vom «schwarzen Gold», und es herrschte Kohlenmangel in ganz Europa. In den Wirtschaftsteilen der Zeitungen vom *Economist* bis zur *Zürcher Post* wurde schon seit 1914 eine «Weltkohlenkrisis» diagnostiziert, die sich laufend zuspitzte. Monatsberichte der Grossbanken wurden von Berichten und Analysen zum Kohlenmangel dominiert. England und Deutschland, die wichtigsten Kohlenlieferanten für die europäische Wirtschaft, hatten die Bergwerke durch die militärische Mobilisierung der Arbeiter in einen verheerenden Personalnotstand gestürzt, der sich in massiv reduzierten Produktionszahlen auswirkte. Zudem benötigten die auf Hochtouren laufenden Kriegsindustrien der in den Weltkrieg verwickelten Mächte immer mehr Energie, die fast ausschliesslich in Form von Kohle zur Verfügung stand. Streiks der Grubenarbeiter, Zechenschliessungen aus Protest gegen angedrohte Verstaatlichungen und Vernachlässigung der technischen Infrastruktur infolge der neuen volkswirtschaftlichen Prioritäten, welche die Rüstungsindustrien bevorzugten, hatten zur Folge, dass die Förderleistung pro Arbeiter merklich zurückging (in England etwa um 17 Prozent). Die Regierungen erliessen Rationierungsmassnahmen, Ausfuhrbeschränkungen und schliesslich Ausfuhrverbote für Kohle und Kohlenprodukte. Die Schweiz sah sich zusehends vom Nachschub abgeschnitten.

Der Kohlenmangel drohte sich gegen Ende des Krieges katastrophal auszuwirken, denn nicht nur die schweizerische Industrie war auf Kohle angewiesen, auch die Schweizerischen Bundesbahnen SBB brauchten Kohle zum Betrieb der Lokomotiven, die Privathaushalte benötigten Kohle zum Heizen und Kochen, die Bäcker zum Befeuern der Backöfen – kurz, Kohle war unentbehrlich. Nachdem man sich in den ersten Kriegsjahren durch eine äusserst strikt gehandhabte Zuteilung aufs Konto der glücklicherweise rechtzeitig angehäuften Vorräte und mit einzelnen, oft mehr durch Zufall als durch zielgerichtete Politik zustande gekommenen Importen knapp hatte über Wasser halten können, versprach man sich vom nahenden Kriegsende zunächst eine Verbesserung der Versorgungslage. Doch dann zeigte sich rasch, dass die durch den Krieg in Trümmer gelegten Staaten keineswegs in der Lage waren, ihre Kohlenproduktion hochzufahren. Es fehlte an allem, um die Förderung wieder auf den Umfang der Vorkriegszeit zu steigern: an qualifiziertem Personal, an Abbaumaschinen und Fördertechnik, an Wagen und Lokomotiven zum Abtransport der Kohle und nicht zuletzt an Investitionskapital. Während man in der Schweiz in den anderen Wirtschaftszweigen von der Kriegs- zur Friedensordnung überging und die staatlichen Vorschriften und Einschränkungen zu lockern begann, kam man nicht umhin, dem Raubrittertum, das sich in der Kohlenverteilung auszubreiten begann, durch rigorose staatliche Bewirtschaftung zu begegnen und darüber hinaus den Staat mit dem Einkauf von Kohle zu beauftragen. Das hiess konkret, seine besten Unterhändler für den Abschluss von Kohlelieferungsverträgen ins Ausland zu entsenden. Die Oberaufsicht und damit Verantwortung für diese alles andere als einfache, aber für das Gedeihen der schweizerischen Wirtschaft entscheidende Aufgabe fiel Walter Stucki zu. Sein Chef, Bundesrat Edmund Schulthess, hatte die wichtigsten Vertreter der Importeure, der Händler und der Verbraucher auf den 24. Februar 1919, morgens um halb sieben, zu einer Konferenz in den Ständeratssaal nach Bern eingeladen und hielt dort das Einführungsreferat, in dem er die äusserst prekäre Versorgungslage der Schweiz darlegte und die zurückhaltenden bis ablehnenden Reaktionen der Produzentenländer auf schweizerische Kaufangebote schilderte. Sein Referat endete mit dem Vorschlag, eine Genossenschaft für den Kohlenimport und für die sachgerechte Kohlenverteilung an die inländischen Interessenten ins Leben zu rufen. Dann übernahm EDV-Generalsekretär Stucki die Regie der Konferenz. Um 10.30 Uhr waren die Genossenschaft gegründet, die Statuten verabschiedet, der Genossenschaftsvorstand gewählt und der Präsident ernannt. Letzterer hiess, niemanden wunderte es, Walter Stucki. Eine halbe Stunde später trat der Vorstand unter dem Präsidium Stuckis zur ersten Sitzung zusammen. Als wirksamste Massnahme zur Kohlenbeschaffung, die noch gleichentags beschlossen wurde, sollte sich in den kommenden Jahren die finanzielle Beteiligung an der Wiederinbetriebnahme, Modernisierung und Erweiterung von Zechen im Ausland erweisen, mit der man sich – anstelle von

«Geld oder keine Kohle!» Erpressung in der Zeit des Mangels

Kohle bezog die Schweiz nach dem Ersten Weltkrieg unter anderem von der Becker AG im französisch besetzten Saarland. Die Firma musste den deutschen Behörden eine Steuer von 30 Prozent des Wertes der in die Schweiz exportierten Kohle abliefern. Es war ihr unter Androhung strengster Strafe verboten, irgendwelche Abgaben an die Franzosen zu bezahlen; dasselbe galt für die Schweiz. 1923 verlangten die französischen Besatzungsbehörden aber plötzlich eine Kohlensteuer von 40 Prozent. Sowohl die Becker AG als auch die Schweiz verweigerten derartige Zahlungen mit Hinweis auf die bestehenden Verträge. In Bern war man zudem nicht gewillt, die hoch angesetzte Steuer doppelt zu berappen. Die deutschen Zechenarbeiter drohten mit Streik im Fall von Zahlungen an Frankreich; die deutschen Behörden stellten den sofortigen Lieferstopp in Aussicht. Daraufhin wollte der französische Botschafter in der Schweiz dem Bundesrat schmackhaft machen, die Steuer diskret, das heisst heimlich zu leisten, um die Lieferungen nicht zu gefährden. Als der Bundesrat Zahlungen an Frankreich weiterhin verweigerte, beschlagnahmten die Franzosen die gesamten für die Schweiz bestimmten Kohlenvorräte in den von ihnen besetzten Gebieten und unterbanden alle Kohlenlieferungen in die Schweiz. Da sich Holländer und Luxemburger indes – der Not gehorchend – dem französischen Diktat beugten und die deutsche Regierung nach intensiven Verhandlungen ihren Widerstand gegen die Zahlungen an Frankreich einstellte, «blieb uns nichts anderes übrig, als ebenfalls zu bezahlen», schrieb die mit der Kohleneinfuhr betraute Importgesellschaft Union.

Aus: Akten BAR, J. I., 131 (14/2), Schreiben der Union an das EVD vom Oktober 1923.

Dividenden – einen Anteil der geförderten Kohle sicherte. Mit dem Waffenstillstand vom November 1918, mit dem Deutschland die Kontrolle über die wichtigsten Produktionsbereiche entzogen und den alliierten Besatzungsbehörden übertragen wurde, fielen die deutschen Kohlenlieferungen für längere Zeit vollkommen aus und konnten später in nur bescheidenem Umfang wieder aufgenommen werden. Die Schweiz musste sich deshalb sofort nach neuen Lieferanten umsehen, wobei in erster Linie Frankreich in Betracht kam, das jetzt die Kontrolle über die ehemals deutschen Zechen im Saargebiet ausübte. Weil die neu ausgehandelten Vereinbarungen mit den Franzosen und, in kleinerem Umfang, mit den Belgiern bei Weitem nicht die benötigten Mengen Kohle sicherstellten, mussten offizielle Verhandlungen mit England und Amerika aufgenommen werden. Damit war die Kohlenversorgung endgültig nicht mehr Sache der privaten Händler, sondern Gegenstand staatlicher Diplomatie und zwischenstaatlicher Verträge. Zeitweise beschäftigte der Kohlenimport bis zu hundert Beamte, die zum Teil in neu gegründeten Agenturen im Ausland tätig waren, so zum Beispiel in New York, London, Brüssel und Mannheim. Die von Stucki präsidierte Genossenschaft arbeitete dabei eng mit den Schweizer Gesandtschaften zusammen. Kohlenbeschaffung war denn auch Gegenstand der ersten Verhandlungen, die Stucki in offizieller Funktion als Vertreter der Schweiz mit dem Ausland, unter anderem mit Deutschland, führte. Bald galt er als Spezialist für die stets besonders heiklen Kontakte zum nördlichen Nachbarland.[3]

Ein anderes Feld, das Stucki federführend beackerte, war der Abbau der Kriegswirtschaft bzw. deren Überführung in die Friedenswirtschaft. Anders als nach dem Zweiten Weltkrieg, dem in den freien, westlich orientierten Ländern Europas – nicht zuletzt dank dem Marshall-Plan – ein phänomenaler konjunktureller Höhenflug folgte, stagnierte die Wirtschaft nach dem Ersten Weltkrieg, weil sie von Handelsbarrieren, Zollmauern, Einfuhrbeschränkungen, Protektionismus und enormen Reparationszahlungen der Besiegten an die Sieger in ihrer Entfaltung behindert und in enge, mit nationalistischen Argumenten verteidigte Grenzen zurückgebunden wurde. Eine Expertenkommission mit dem Auftrag des Bundesrates, Rezepte für die Konkurrenzfähigkeit der Schweizer Wirtschaft auszuarbeiten und deren Umsetzung in die Praxis zu überwachen, trat im März 1919 – einmal mehr unter dem Vorsitz von Walter Stucki – zusammen. Die Vertreter von Industrie und Gewerbe forderten lautstark den Erlass von Einfuhrverboten, denn sie sahen ihre Chancen im in- und ausländischen wirtschaftlichen Wettbewerb sinken und schwinden, weil ausländische Halb- und Fertigfabrikate auf dem Schweizer Markt zu konkurrenzlos niedrigen Preisen angeboten wurden. Der Schweizer Fabrikant, so klagten sie, müsse oft für die im Ausland bezogenen Rohstoffe mehr auslegen, als der Schweizer Konsument für das entsprechende im Ausland hergestellte Fertigprodukt bezahle. Durch dieses systematische Dumping würden wichtigste Zweige in der einheimischen Industrie in kürzester Zeit in den Ruin getrieben.

Auf Stuckis Schreibtisch lagen über hundert Eingaben von Unternehmen und Verbänden aus Handel und Industrie, welche die Schliessung der Schweizer Grenze für Importe verlangten. Stucki bekundete in seinem Referat anlässlich der ersten Kommissionssitzung durchaus Verständnis für die Sorgen der Schweizer Produzenten und sprach den vielen Begehren nach Importhemmnissen und Zollbarrieren zum Schutz der Schweizer Wirtschaft die Berechtigung keineswegs ab. Er wollte indessen die verlangten schwerwiegenden Eingriffe in den freien Markt als allerletzten Pfeil im Köcher behalten. Der kleine Schweizer Inlandmarkt könne die in der Schweiz produzierten Güter bei Weitem nicht aufnehmen, argumentierte er. Man kämpfe deshalb – Produzenten und Verwaltung gemeinsam – in internationalen Verhandlungen dafür, dass die anderen Staaten ihre Einfuhrverbote wieder aufhöben, unter anderem mit dem Argument, dass die Schweiz ihre eigenen Grenzen offen lasse. Man könne aber nicht das eine sagen und das Gegenteil davon tun.[4] Zudem sei die Schweiz, zum Beispiel in der Lebensmittel-, Rohstoff- oder Treibstoff- und Kohlenbeschaffung, in hohem Masse auf den guten Willen der Nachbarstaaten angewiesen, führte Stucki weiter aus. Der hohe Frankenkurs habe ferner den Einkauf von lebenswichtigen Gütern im Ausland massgeblich erleichtert. Stucki plädierte deshalb für intensive Verhandlungen mit den umliegenden Staaten mit dem Ziel, deren Handelshemmnisse, sei es generell oder sei es im bilateralen Verkehr mit der Schweiz, abzubauen. So sei es zum Beispiel bereits gelungen, die deutschen Durchfuhrverbote zu eliminieren und den Warenverkehr mit den Staaten im Osten Europas wieder zu intensivieren. Ferner habe England, führte Stucki weiter aus, als Resultat solcher Verhandlungen die Einfuhr von Waren aus der Schweiz bereits freigegeben; Verhandlungen mit Frankreich und Italien stünden zwar erst am Anfang, doch seien die schweizerischen Wünsche und Begehren günstig aufgenommen worden.[5]

Stucki präsidierte nicht nur die Sitzungen der Kommissionen, er berief anschliessend auch Pressekonferenzen ein und erläuterte den Journalisten in gut verständlicher Form und Sprache Ablauf und Resultat der Diskussionen. Solche Öffentlichkeitsarbeit, die auch die französischsprachigen Journalisten bediente, war vor bald einem Jahrhundert alles andere als selbstverständlich und trug dem jungen Chefbeamten in den Zeitungskommentaren regelmässig gute Benotungen ein. Im Fall der oben erwähnten Tagung der Expertenkommission zur Erhaltung der Konkurrenzfähigkeit der Schweizer Wirtschaft erklärte Stucki den Pressevertretern anhand plausibler Beispiele, der Erlass von Importbeschränkungen oder gar Einfuhrverboten würde die Schweiz zu einer künstlichen Hochpreisinsel machen, was bei der Konsumentenschaft mit Sicherheit schlecht ankäme. Zudem benötige man zur Durchsetzung und Überwachung derart restriktiver Massnahmen einen bürokratischen Kontrollapparat in einem Umfang, vor dem selbst die Beamten im Volkswirtschaftsdepartement zurückschreckten. Mit solchen Argumenten stiess Stucki im breiten Publikum nicht nur auf Verständnis und sachlich begründete Zustimmung, er erntete auch persönliche Anerkennung und Sympathien. In den betroffenen Unternehmerkreisen, die sich vom Staat mehr protektionistischen Schutz für ihre spezifischen Interessen gewünscht hätten, schuf er sich jedoch auch Feinde, die bei allen möglichen Gelegenheiten Stuckis wirtschaftsliberale Haltung kritisierten, mit der, wie sie behaupteten, dem Produktionsstandort Schweiz das Grab geschaufelt werde.

Zu diesen mehrheitlich aus wirtschaftlichen Kreisen stammenden Kritikern gesellten sich Politiker und Beamte, die Stuckis kometenhaften Aufstieg, seine Unbekümmertheit, mit der er sich an die Öffentlichkeit wandte, und seine Selbstsicherheit, die er gegenüber Autoritäten und Hierarchien ausspielte, mit Misstrauen verfolgten und ihm seine Erfolge neideten. Dass Stucki zum gefragten und gefeierten Referenten avancierte, der es verstand, an Tagungen von Handels- und Industrievereinen ebenso wie an Volkshochschulen oder in Frauenvereinen, abgestimmt auf die jeweilige Zuhörerschaft, informativ, verständlich und ein Stück weit – was ihm offensichtlich ein bisschen mehr Mühe bereitete – auch unterhaltsam und mit Humor seine Sicht zu den grossen aktuellen politischen und wirtschaftlichen Problemen darzustellen, machte die Sache in den Augen seiner Gegner auch nicht besser.

Zunächst schien die Kritik Stucki wenig zu beeindrucken. Nach aussen liess er jedenfalls kaum erkennen, dass ihm die zunehmenden Anfeindungen zusetzten. Sein Kündigungsschreiben an seinen Chef und väterlichen Förderer seiner Karriere, Bundesrat Schulthess, das er am 14. März 1919, also nicht einmal zwei Jahre nach Amtsantritt, verfasste, kam deshalb für die meisten, die seine erfolgreiche Karriere verfolgten, völlig überraschend. Er sei ausserordentlich deprimiert von der Art, wie das Land die ihm geleisteten Dienste lohne, schrieb Stucki. Er formulierte zwar seine Empfindungen so, dass sie sich scheinbar auf Schulthess bezogen: «Wie Sie, Herr Bundesrat, der Sie unserem Lande die unschätzbarsten Dienste geleistet haben, auf die perfideste Art mit Schmutz beworfen werden, während andere, die zu Ihren Gunsten reden sollten, schweigen», könne er nicht weiter mit ansehen. Es ist indes offensichtlich, dass Stucki vor allem seiner eigenen Betroffenheit Ausdruck verlieh, wenn er weiter schrieb: «Meine Freude, im öffentlichen Interesse zu arbeiten, ist geschwunden, und ohne solche Freude kann die Arbeit auch kaum mehr erspriesslich sein.» Erst recht deutlich wurde er dann im folgenden Absatz seines Kündigungsschreibens, wo er seine persönlichen Motive für das Ausscheiden aus dem Bundesdienst offenlegte: «Unter diesen Umständen kann ich es einfach nicht mehr über mich bringen, der Öffentlichkeit weiter nicht unerhebliche Opfer an Freiheit, Gesundheit und Geld zu bringen.» Er schloss den Brief mit dem Wunsch, auf Ende Mai aus seinem Amt entlassen zu werden.

Erst nach dem Tode von Schulthess hat sich Stucki öffentlich etwas eingehender zu den Gründen geäussert, die ihn 1919 als EVD-Generalsekretär das Handtuch werfen liessen.[6] Die Kriegswirtschaft, führte er aus, habe zu immer tieferen Eingriffen nicht nur in liebgewordene Gewohnheiten, sondern auch in die Handlungsfreiheit aller Wirtschaftenden, ja jedes einzelnen Bürgers gezwungen. Mancher durch über hundert Jahre Frieden verwöhnte Schweizer habe aufzumucken begonnen. «Manche wollten nicht verstehen, dass man zum Beispiel auf Fondue und Raclette verzichten musste, weil der Käse zum Eintausch gegen Kohle gebraucht wurde.» Selbst in führenden Wirtschaftskreisen habe man nicht begriffen, dass die Ein- und Ausfuhr von Waren nicht mehr den Bedürfnissen des Einzelnen oder seines Unternehmens habe entsprechen können, sondern in den Dienst der Allgemeinheit habe gestellt werden müssen. Als der Widerstand gegen die staatlichen Eingriffe, insbesondere gegen die verhassten Freiheitsbeschränkungen, von der Presse aufgegriffen und plakativ breitgeschlagen worden sei und namentlich in der Westschweiz in stürmischen Rücktrittsforderungen, ja sogar in anonymen Todesdrohungen einen traurigen Höhepunkt gefunden habe, sei für ihn, Stucki, das Mass des Erträglichen mehr als erreicht worden. Nur wenige hätten gewusst, wie hart diese Bürde zu tragen gewesen sei. Umso höher, sagte Stucki weiter, sei die Standfestigkeit von Bundesrat Schulthess einzuschätzen und zu würdigen, der im tobenden Sturm unbeirrt seinen Weg gegangen sei, an der Spitze des

Volkswirtschaftsdepartements ausgeharrt und Volk sowie Parlament von der Notwendigkeit und Richtigkeit der unbeliebten Einschränkungen zu überzeugen gewusst habe.

Vergleicht man Stuckis dramatisierende Formulierungen mit der Berichterstattung in den Schweizer Zeitungen, wird man den Verdacht nicht ganz los, der EDV-Generalsekretär habe die für ihn gewiss ungemütliche Situation doch ziemlich überspitzt dargestellt. Stucki liess sich denn auch ohne grossen Widerstand zu einer Verlängerung seiner Tätigkeit im EVD um ein halbes Jahr und damit zu einer Verschiebung seines Rücktritts auf Ende November bewegen. Während die Westschweizer Presse kaum viel Aufhebens um sein Ausscheiden aus dem Bundesdienst machte, fanden sich in etlichen Deutschschweizer Zeitungen überaus positive Würdigungen seiner kurzen, aber von intensiver und meist auch erfolgreicher Arbeit geprägten Amtszeit. «Ruhige Überlegenheit und ein klares, gerechtes Urteil» wurden ihm ebenso attestiert wie die «hervorragende Weise der Mitarbeit» in den schwierigsten aussenpolitischen Verhandlungen, insbesondere jenen mit Deutschland.[7] Mehrmals wurde in den kommentierenden Abschnitten der Zeitungsartikel hervorgehoben, die Presse sei Stucki ganz besonders zu Dank verpflichtet, habe er doch wie kaum ein anderer Chefbeamter die Journalisten über die wichtigen Themen seiner aktuellen Tätigkeit, insbesondere über die kriegswirtschaftlichen Notwendigkeiten und Massnahmen informiert und aufgeklärt. Die *Neue Zürcher Zeitung* formulierte zusammenfassend: «Stuckis Rücktritt bedeutet für unsere Verwaltung einen fühlbaren Verlust.»[8]

Am 25. November 1919 liess Fürsprecher Hugo Mosimann in den bernischen Zeitungen ein Inserat folgenden Inhalts erscheinen: «Hiermit beehre ich mich, zur Kenntnis zu bringen, dass Herr Fürsprecher Walter Stucki nach zweieinhalbjähriger Tätigkeit als Generalsekretär des eidg. Volkswirtschaftsdepartements, als Socius in mein Advokaturbureau eingetreten ist. Wir halten uns damit zur Führung aller Advokatur-Geschäfte als bestens empfohlen.» Für seine Verdienste, die er sich als Bundesbeamter in leitender Funktion erworben hatte, erhielt Stucki eine goldene Uhr geschenkt. Noch wertvoller dürften indes die zahlreichen Mandate gewesen sein, die er dank seiner Tätigkeit als EVD-Generalsekretär an seinen privatwirtschaftlichen Arbeitsplatz mitnehmen konnte oder beim Austritt aus dem Bundesdienst neu angeboten erhielt – vom Amt des Rechtskonsulenten der Portlandzement und des Verwaltungsrats der Stickerei-Treuhand-Genossenschaft bis zu den Mitgliedschaften in den Expertenkommissionen zur Prüfung der Lage der Hotelindustrie, zum Mieterschutz, zur Förderung des Aussenhandels oder zur Beschränkung der Wareneinfuhr.

Nach zweieinhalb Jahren im Bundesdienst war Stucki – nicht ganz 32-jährig – als Teilhaber einer renommierten Anwaltskanzlei mit internationalem Tätigkeitsfeld dort angelangt, wo er seit jeher das Ziel seiner beruflichen Wunschvorstellungen geortet hatte. Doch er hatte seine Rechnung ohne den Wirt gemacht. Dieser «Volkswirt» sollte ihm, erneut in der Person von Bundesrat Edmund Schulthess, der bis zu seinem Rücktritt aus dem Bundesrat im Jahr 1935 das Volkswirtschaftsdepartement leitete, schon bald wieder in die Quere kommen.

4 Direktor der Handelsabteilung
Der achte Bundesrat

«Austritt aus der Advokatur, Rücktritt von allen privaten Ämtern. Grosses finanzielles Opfer», notierte Stucki rückblickend auf das Jahresende 1924. Was war geschehen? Im Herbst 1924 war der Zürcher Nationalrat Alfred Frey, Präsident des Schweizerischen Handels- und Industrievereins (HIV), des einflussreichsten Wirtschaftsverbandes, gestorben. Er habe, so wird überliefert, noch auf dem Sterbebett den Wunsch ausgesprochen, Walter Stucki möge seine Nachfolge antreten, und angeblich bereits an seiner Beerdigung ist der von ihm favorisierte Stucki von Freys nächsten Mitarbeitern kontaktiert und über den Wunsch des Verstorbenen ins Bild gesetzt worden. Stucki hätte dem Ersuchen gerne stattgegeben, denn das Präsidium des HIV war nicht nur eine mit hohem Prestige und Ansehen, sondern auch mit Macht und Einfluss verbundene Position, und Stucki sah sich ja immer gerne in Ämtern und Funktionen, in denen er direkt etwas bewegen konnte. Allerdings hätte er dazu an den Hauptsitz des HIV, das heisst nach Zürich ziehen müssen, und dazu war er aus familiären Gründen nicht bereit, denn nicht nur hatte ihm seine Frau nach der Tochter Evy (1915) und dem Sohn Jürg (1918) mit Lorenz (1922) noch ein drittes Kind geboren, sondern er war eben im Begriff, in Bern an der Kirchenfeldstrasse 28 – genau vis-à-vis des städtischen Gymnasiums, wo er 1907 die Maturität erlangt hatte – ein schönes Haus mit Garten an ruhiger Wohnlage zu erwerben. Zudem hatte er sich um seine verwitwete Mutter und seine in die Jahre gekommenen Schwiegereltern zu kümmern. So glaubte er sich ausserstande, Bern zu verlassen und verzichtete auf die ihm eigentlich auf den Leib geschnittene Stelle in der Wirtschaftsmetropole Zürich.

An Stuckis Stelle wechselte deshalb Ernst Wetter an die Limmat, jener Ernst Wetter, der Anfang 1920 Stuckis Nachfolge als Generalsekretär des EVD angetreten hatte und nur zwei Jahre später zum Leiter der Handelsabteilung im EVD befördert worden war. (1939 wurde Wetter sogar noch Bundesrat.) Sein Chef, EVD-Vorsteher Edmund Schulthess, wollte den profilierten Handelspolitiker indessen nicht wegziehen lassen, bevor für die Leitung der Handelsabteilung ein kompetenter Nachfolger gefunden war. Schulthess wusste auch ganz genau, wen er auf diesem Posten haben wollte: niemand anderen als seinen Protegé Walter Stucki. Mit der ihm nachgesagten «douce violence», der Überzeugungskraft des väterlichen Freundes, und dem Appell an das in Stucki tief verwurzelte Verantwortungsgefühl für Staat und Öffentlichkeit gelang es ihm, seine eigene «passion d'état» auf den erfolgreichen, aber widerborstigen jungen Rechtsanwalt zu übertragen und ihn zur Rückkehr an den Schreibtisch im Bundeshaus-Ost zu bewegen. Allerdings musste er dazu seine verbal vorgetragenen Argumente mit jeden bisherigen Rahmen sprengenden materiellen Versprechungen ergänzen, indem er Stucki einen für Beamte damals ungewöhnlich hohen, vom Besoldungsgesetz nicht vorgesehenen Lohn in Aussicht stellte. Der Chef des Eidgenössischen Finanzdepartements, Bundesrat Jean-Marie Musy, der sich persönlich mit dem Anstellungsvertrag für Stucki befasste, schrieb in seinem Mitbericht vom 19. Dezember 1924 an die Landesregierung in geschraubt umständlichem Verwaltungsjargon: «Wir halten es für richtiger, die Besoldung des zur Wahl vorgeschlagenen Herrn Stucki entsprechend den heute geltenden Bestimmungen des Besoldungsgesetzes festzusetzen, das heisst sie in einer Grundbesoldung und den entsprechenden Teuerungszulagen zu fixieren. Dabei hätte es die Meinung, dass der sich gestützt auf die gesetzlichen Bestimmungen ergebende Betrag auf die Höhe der in Aussicht genommenen Besoldung durch Gewährung einer festen Zulage ergänzt würde (…) Wir möchten nichtsdestoweniger darauf hinweisen, dass eine solche Ordnung Berufungen zur Folge haben und dass sie die Finanzkommission der eidg. Räte zu Beanstandungen veranlassen könnte.»

Kurz: Die 20 000 Franken Jahreslohn, mit denen Schulthess seinen Favoriten für das Amt des Direktors der Handelsabteilung köderte, lagen um fast 100 Prozent über dem gesetzlich vorgesehenen maximalen Grundlohn von 10 300 Franken. Indem er Stucki vom ersten Arbeitstag an eine Teuerungszulage, ferner eine Ortszulage sowie eine im Gesetz nicht vorgesehene und nicht näher definierte «feste Zulage» von 4500 Franken gewährte, mogelte sich der Bundesrat mit einer formaljuristisch allenfalls knapp vertretbaren Lösung am eigentlichen Sinn und Geist des Besoldungsgesetzes vorbei und musste eine Rüge des parlamentarischen Aufsichtsorgans über die Bundesfinanzen gewärtigen. Dass sich die Landesregierung zu einem derartigen verwaltungsrechtlich angreifbaren Entscheid hinreissen liess, beweist besser als jedes Arbeitszeugnis, wie hoch Stuckis Mitarbeit eingeschätzt wurde. Stucki beharrte ferner auf einem auf fünf Jahre befristeten Anstellungsvertrag, der übrigens noch eine weitere Besonderheit enthielt: Der neu gewählte Direktor liess sich angesichts der zeitlichen Befristung seiner Anstellung von den Beitragszahlungen an die eidgenössische Versicherungskasse dispensieren, denn er fühlte sich nun materiell auch ohne allfällige Rente des Bundes genügend gut abgesichert.

Am 1. März 1925 nahm Stucki seine Tätigkeit als Direktor der Handelsabteilung auf, und zwar mit der festen Absicht, in fünf Jahren die durch den Ersten Weltkrieg hinfällig gewordenen langfristigen Handelsverträge mit den wichtigsten Abnehmerstaaten für schweizerische Produkte und Dienstleistungen neu auszuhandeln. Dann beabsichtigte er wieder in die Privatwirtschaft zu wechseln, wo er als Wirtschaftsanwalt eine glänzende berufliche Zukunft vor sich sah. So oder so wollte er aber spätestens mit sei-

Walter Stucki mit seinem Vorgesetzten, väterlichen Freund und Mentor Bundesrat Edmund Schulthess in dessen Büro.

nem Chef, Bundesrat Schulthess, dem er sich nicht nur beruflich, sondern auch durch private freundschaftliche Beziehungen verbunden fühlte, aus dem Bundesdienst zurücktreten. Doch einmal mehr wurde Stuckis Laufbahnplanung von der Realität einer völlig aus den Fugen geratenen Weltwirtschaft durchkreuzt. Aus den vorgesehenen fünf Jahren an der Spitze der Handelsabteilung wurden elf, und dennoch sollte es Stucki nicht gelingen, auch nur einen einzigen, nach Vorkriegsmuster langfristig angelegten Handelsvertrag zur Unterschriftsreife zu bringen.[1] Doch niemandem wäre es eingefallen, ihn deswegen zu kritisieren; denn Stucki hätte allfällige Kritik zu Recht mit einem Zitat aus der just zu jener Zeit uraufgeführten *Dreigroschenoper* von Bertolt Brecht zurückweisen können, nämlich mit den Worten, «(...) die Verhältnisse, sie sind nicht so!» Es waren Mitte der 1920er-Jahre in der Tat exakt dieselben Verhältnisse, mit denen sich der Räuber Macheath aus Brechts Theaterstück und Walter Stucki herumschlagen mussten – bloss die Perspektive war verschieden: Der Räuber aus der Londoner Unterwelt betrachtete sie notgedrungen von unten, während der Direktor der Handelsabteilung von oben her Einfluss auf sie zu nehmen suchte.

Und so präsentierten sich diese Verhältnisse nach dem Ende des Ersten Weltkriegs: Die von den Anhängern der freien Marktwirtschaft erhoffte rasche Öffnung der Märkte liess auf sich warten, der zwischenstaatliche Handel stagnierte, die Industrieproduktion kam nicht auf Touren, der Konjunkturmotor stotterte. Deutschland, der wichtigste Handelspartner der Schweiz, ächzte unter der Riesenlast der Reparationszahlungen, welche die Siegermächte der Weimarer Republik im Vertrag von Versailles auferlegt hatten. Als Deutschland mit seinen Lieferungen in Verzug geriet und die deutsche Regierung die Alliierten um ein Zahlungsmoratorium bat, liess Frankreichs Ministerpräsident Poincaré als Antwort französische Truppen ins Ruhrgebiet einmarschieren und schürte damit das Feuer der nie ganz erloschenen Animositäten und Feindseligkeiten zwischen den Weltkriegsgegnern. Extremisten linker und rechter Couleur, die einen kommunistisch, die anderen nationalistisch eingefärbt, bedrohten die politische Stabilität der fragilen Nachkriegsordnung. Ein Jahr bevor Stucki zum Chef der eidgenössischen Handelspolitik berufen wurde, kam es zum dramatischsten Währungszerfall der Wirtschaftsgeschichte: Anfang 1923 wurde der Dollar noch mit 7000 Mark gehandelt; im

November 1923, als Hitler in Bayern den Marsch auf Berlin plante, war 1 Dollar noch 4 Milliarden Mark wert; bald danach wurden die Fremdwährungen in Deutschland mit Billionen und Trillionen aufgewogen. Eine Währungsreform, bei der die sogenannte «Rentenmark» im Verhältnis von einer Billion zu eins gegen die neue Reichsmark eingetauscht wurde, und der Dawes-Plan (benannt nach Charles G. Dawes, dem späteren Vizepräsidenten der USA), der die Reparationsleistungen der Deutschen auf ein tragbares Mass zurückschraubte, bescherten Deutschland – und in der Folge ganz Europa – ab 1924 einen kurzen Konjunkturaufschwung. Hingegen wurde die Wirkung des Young-Planes, der diese günstige Entwicklung weiter hätte fördern sollen, 1929 durch den «Schwarzen Freitag» an der New Yorker Börse endgültig zunichte gemacht. Die sich seit 1926 abzeichnende Weltwirtschaftskrise trieb nun ihrem Höhepunkt zu. Die Kaufkraft der von der Inflation am stärksten betroffenen Länder sank gegen null, andere Länder, die sich zunächst wirtschaftlich noch in besserer Verfassung befunden hatten, konnten ihre viel zu teuren Produkte auf dem Weltmarkt nicht mehr verkaufen. Mit Einfuhrbeschränkungen und Einfuhrverboten errichteten die einzelnen Staaten nationale Abwehrdispositive, um die eigene Produktion zu schützen, und mit Schutzzöllen bauten sie Dämme, um nicht von billiger Auslandware überschwemmt zu werden. 1930 errichteten die USA mit dem Smoot-Hawley-Gesetz eine Zollmauer von rekordverdächtiger Höhe, die über 20 000 Positionen wichtiger Importwaren umfasste.

In diesem weltwirtschaftspolitischen Umfeld hatte Stucki 1925 die Verantwortung für die schweizerische Handelspolitik übernommen. Der Schweiz, die einerseits auf die Einfuhr von Rohstoffen angewiesen war und sich andererseits als Exportland von Industrieprodukten stets für den freien Welthandel stark gemacht hatte, blieb in der sich von der Wirtschaftskrise zur Wirtschaftskatastrophe entwickelnden Situation keine andere Wahl, als nun selbst mit just jenen protektionistischen Massnahmen nachzuziehen, die sie bei den anderen jahrelang an vorderster Front bekämpft hatte. Im Auftrag des Parlaments, das sich im Dringlichkeitsverfahren zum entsprechenden Beschluss durchgerungen hatte, entwarf der Bundesrat, wie es die meisten anderen Staaten bereits getan hatten, ein Abwehrdispositiv mit einer Schutzmauer aus hohen Importzöllen, mit denen eine Überschwemmung der Schweiz durch ausländische Billigware verhindert werden sollte.

Die aktuellen wirtschaftsstatistischen Zahlen mahnten zu grösster Eile, sodass ein paar wenige Fachleute im Rahmen einer «Feuerwehrübung» einen neuen Gebrauchszolltarif erstellten, der zusammen mit den vom Bundesrat verfügten Einfuhrbegrenzungen 1921 in Kraft gesetzt wurde. Im Bemühen, die handelspolitische Praxis der Schweiz wieder ihrem liberalen wirtschaftspolitischen Credo anzunähern, wurden die Begrenzungen vier Jahre später wieder aufgehoben. Noch nicht verzichten mochte man hingegen auf das «Spiel auf der Klaviatur der Zolltarife»: Anstelle der durch den Krieg obsolet gewordenen langfristigen Handelsverträge behalf man sich mit einem Geflecht aus kurzfristigen bilateralen Zolltarif- und Meistbegünstigungsabkommen.

Kaum im Amt, führte Stucki seine ersten Vertragsverhandlungen, mit Österreich zuerst in Zürich und Wien, dann in Budapest und Prag, mit Deutschland in Baden-Baden und München, im Januar 1926 mit Frankreich in Paris und Bern, später wieder mit Deutschland in Berlin, Dresden und Prag, 1927 neu mit Polen, Jugoslawien und Italien. Da die Verträge nur kurzfristiger Natur waren, das heisst meistens bloss für die Dauer von einem Jahr abgeschlossen wurden und dann ohne lange Fristen gekündigt werden konnten, mussten sie laufend erneuert, angepasst, ganz oder teilweise neu verhandelt und ersetzt werden. Stucki war deshalb mehr an ausländischen Verhandlungstischen als an seinem Schreibtisch im Bundeshaus anzutreffen.

Die Verantwortung als Abteilungschef in Bern und die hektische Reisediplomatie, die ihn in fast alle europäischen Hauptstädte und in Kontakt mit den meisten europäischen Staatsmännern brachte – 1929 sass er zum Beispiel mit dem späteren Bundeskanzler Konrad Adenauer am Verhandlungstisch –, zehrten an seinen Kräften. Erste Anzeichen von körperlicher Überforderung äusserten sich in nicht näher definierten Erkrankungen, die er in seinen persönlichen Notizen mit einem knappen lakonischen «erkrankt» oder auch mal «schwer erkrankt» vermerkte. Umso wichtiger wurden dafür Erholungsurlaube und Ferien mit der Familie, für die er gute Hotels, vorerst der gehobenen Mittelklasse, in Rosenlaui, Leukerbad und 1927 erstmals in Sils-Maria im Engadin auswählte. Im folgenden Jahr kaufte er sich das erste eigene Auto, selbstverständlich ein Modell schweizerischer Provenienz, nämlich einen Martini-Six. Das war ein komfortabler, über 100 Kilometer pro Stunde schneller Tourenwagen, dessen Dreiliter-

Sechszylinder-Motor 70 PS leistete. Stucki, der kein grosser Techniker war und sich kaum die Hände an einem Automotor schmutzig gemacht hätte, zeigte sich indes sehr interessiert an technischen Neuerungen und liess sich einen modernen, grossen und starken Wagen auch gerne etwas kosten. Seine neu erworbene Reiselimousine verfügte über einen elektrischen Anlasser und – für jene Zeit sehr fortschrittlich – über Servobremsen an allen vier Rädern. Die Fahrprüfung bestand Stucki im ersten Anlauf; den Experten, der es gewagt hätte, ihn durchfallen zu lassen, hätte man zuerst finden müssen! Für die Herbstferien fuhr die Familie, jetzt natürlich im Auto, nach Baveno in der Provinz Verbano am italienischen Teil des Lago Maggiore.

Am Arbeitsplatz in Bern erhielt Stucki in der Person von Jean Hotz einen Stellvertreter, der ab 1928 während der häufigen Abwesenheiten des Direktors «pour la bonne marche des affaires» verantwortlich war. Das Personal der Handelsabteilung dürfte diese Entlastung des Direktors kaum bedauert haben, denn Stucki war, wie er selbst freimütig gestand, für seine Mitarbeiter kein umgänglicher oder gar bequemer Chef. Anlässlich der Feier zu seiner Verabschiedung Ende 1935 entschuldigte er sich dafür bei seinem Personal in einer launigen und sogar humorvollen Rede, wie er sie nur ganz selten hielt, mit der Selbstbezichtigung, er habe sich im Beruf stets als steif und unnahbar gezeigt; das sei ein Mangel, den er nie loswerde; das kollegiale Gespräch im Treppenhaus oder im Korridor des Bundeshauses habe nie zu seinen Tugenden gehört. Deshalb sei er als Beamter wohl völlig unbrauchbar und wolle um keinen Preis noch länger ein solcher bleiben. Beim gleichen Anlass nahm auch Stuckis Stellvertreter und Nachfolger kein Blatt vor den Mund, was den Führungsstil des Zurückgetretenen anbetraf: «Herr Stucki war ein Chef, der viel von seinen Mitarbeitern verlangte, der aber nur selten seiner Befriedigung über das Geleistete Ausdruck verlieh», lautete die Qualifikation von Jean Hotz, der seinem Vorgänger dafür «energisches und unerschrockenes Auftreten in Wort und Schrift» attestierte.[2]

Entlastung brachte dem Vielbeschäftigten neben der Ernennung eines Stellvertreters auch der Rücktritt als Kommandant der Feldartillerieabteilung 11, den er allerdings nur mit grossem Bedauern vollzog. Stucki hatte gern Militärdienst geleistet; die Rolle des Kommandanten, der strategische Ideen und Absichten in Be-

Mit dieser Urkunde hatte der Bundesrat 1928 den Major Stucki zum Oberstleutnant der Artillerie befördert.

fehle umsetzen und diese dann unmittelbar ausführen lassen konnte, war ihm auf den Leib geschrieben. Doch dann musste er sich aus beruflichen Gründen sowohl von einem Wiederholungskurs als auch von den Baranoff-Übungen[3] dispensieren lassen, denn das wirtschaftliche Wohlergehen der Schweiz hatte Vorrang vor den Sandkastenspielen in der Kaserne Thun und den praktischen Schiessübungen im Wiederholungskurs. Die von ihm auszuhandelnden Verträge waren für das Land wichtiger als die Kanonen, die er in den Wiederholungskursen in Stellung bringen und abfeuern liess. Zudem vermochte er auch den administrativen Aufgaben eines Bataillonskommandanten kaum mehr nachzukommen.

Dermassen von einigen beruflichen und militärischen Pflichten befreit, stürzte sich Stucki wieder in die Vertragsverhandlungen, von denen die wichtigsten und intensivsten, aber auch schwierigsten diejenigen mit dem Deutschen Reich waren, dem Haupthandelspartner der Schweiz. Nach der Währungskatastrophe war der schweizerische Export ins nördliche Nachbarland mit 113 Millionen Franken auf einen Bruchteil des früheren Handelsvolumens zusammengeschrumpft. Erschwert wurde Stuckis Aufgabe durch den Umstand, dass vor jeder Verhandlungsrunde, sei es mit Deutschland, sei es mit anderen Staaten, jeweils die heiklen Interessengegensätze zwischen den betroffenen Gruppen in der Schweiz ausgeräumt werden mussten, denn bei fast jedem Vertragsabschluss gab es auch im Inland Gewinner und Verlierer. Manchmal musste in den Verhandlungen mit dem Ausland ein Vorteil für die eine Gruppe von schweizerischen Produzenten mit einer Konzession zulasten einer anderen Gruppe erkauft werden. Das führte bisweilen zu Unmut bei den Benachteiligten, und solchem Ärger wurde dann etwa in angriffigen Artikeln in der Presse, oft auch in brieflichen Beschimpfungen direkt an Stuckis Adresse Ausdruck verliehen. Aber meistens erntete Stucki Anerkennung und Dankbarkeit für seine aufreibende Tätigkeit. Zeitungen und Radio sorgten mit Berichten und Erfolgsmeldungen dafür, dass sich die Schweizer Bevölkerung, geschüttelt von den Auswirkun-

Die Handelsabteilung als «Wanderniere» der Verwaltung
Die Handelsabteilung, als deren Direktor Walter Stucki von 1925 bis 1935 amtete, wurde mitunter etwas spöttisch als die «Wanderniere» der Bundesverwaltung bezeichnet. Als Büro für Handelswesen wurde sie 1882 dem Wirtschaftsdepartement zugeteilt, 1888 als Abteilung Handel ins Politische Departement (EPD, später EDA) verschoben, kam 1896 wieder ins Volkswirtschaftsdepartement (EVD) zurück, um 1914 wieder ins Politische Departement zu wechseln und drei Jahre später erneut – und jetzt endgültig – dem EVD einverleibt zu werden. Die Diskussion, wo die Handelsabteilung, die später in Bundesamt für Aussenwirtschaft umgetauft wurde und 1999 im Staatssekretariat für Wirtschaft aufging, richtigerweise hingehöre, ebbte jedoch nicht ab. In einem ausführlichen Bericht plädierte Stuckis Nachfolger Jean Hotz erfolgreich für den Verbleib im EVD. Stucki hat sich offenbar nicht vertieft mit der Frage der Zugehörigkeit seiner Abteilung befasst. Hingegen wird ihm das Bonmot zugeschrieben: «Die Frage ist nicht, wohin die Handelsabteilung gehört, sondern welches Departement ihr zugeordnet wird.»

gen der Weltwirtschaftskrise, der Wichtigkeit der Handelsverträge bewusst wurde und Stuckis Auslandmissionen mit Interesse und Anteilnahme verfolgte.

Noch 1927 überwog der Wille, die Handelsschranken endlich auf multilateralem Weg abzubauen. Im Schoss des Völkerbundes wurde deshalb eine Weltwirtschaftskonferenz nach Genf einberufen, deren Vorsitzender, der Belgier Georges Theunis, den Konferenzverlauf am Schluss mit den Worten zusammenfasste, die Delegierten hätten sich einhellig zur Wiederherstellung des liberalen Welthandels durch Abbau der bestehenden Hindernisse und Hemmnisse bekannt. Stucki als Leiter der Schweizer Delegation tat die positive Bilanz des belgischen Konferenzpräsidenten in einer privaten Notiz indessen kurz als «Illusion» ab. Zwar kämpfte er in den folgenden Monaten im Verein mit einigen wenigen weitsichtigen Politikern mit Nachdruck und Hingabe für das von der Konferenz vorgegebene Ziel. Er liess sich im In- und Ausland als Vortragsredner verpflichten, um vor verschiedenstem Publikum das Hohelied des freien Welthandels anzustimmen; doch er tat dies wohl vor allem aus beruflicher Verpflichtung, es fehlte ihm die innere Überzeugung. Die wohlklingenden Bekenntnisse der Welthandelskonferenz erwiesen sich denn auch bald als in den Wind gesprochen. In der Praxis griff man in fast allen Ländern zu den nächstliegenden, von kurzsichtigem Egoismus diktierten und meist von den nationalistisch gesinnten Politikern geforderten restriktiven Massnahmen. In der Aussenhandelspolitik wurden wieder Mauern und Dämme gebaut. Jedes Land stützte sich so weit wie möglich auf die eigene Abwehrkraft. Wirtschaftsverhandlungen wurden zu Abnützungsschlachten, in denen jede Seite ihre schwere Artillerie in Form von Kampfzöllen auffuhr.

Stucki, der seit 1927 die Schweiz im Wirtschaftskomitee des Völkerbundes vertrat, war einer der ersten und offensichtlich der prominenteste Aussenhandelsspezialist, der von den rhetorischen Pflichtübungen zugunsten der freien Weltwirtschaftsordnung Abstand nahm und in einer aufsehenerregenden Kehrtwendung die Abkehr der Schweiz von den multilateralen Illusionen und den Übergang zu einer rein bilateralen Kompensationspolitik ankündigte. Für seine Rede, in der er die gängigen Bekenntnisse zum liberalen Welthandel als hohle Floskeln entlarvte und den schleichend überhandnehmenden wirtschaftlichen Chauvinismus und Protektionismus beim Namen nannte, wählte er ein Forum, in dem ihm grösste Aufmerksamkeit gewiss war: Die Vollversammlung des Völkerbundes von 1931 in Genf. Das Echo auf Stuckis Demaskierung der wirtschaftspolitischen Heuchler, die immer noch das Gegenteil dessen predigten, was sie in der Praxis anordneten oder vollzogen, war im In- und Ausland enorm. Es hagelte Kritiken und Beschimpfungen, nicht zuletzt aus Deutschland, mit dem die Schweiz nach wie vor in schwierigen Wirtschaftsverhandlungen stand. Im eidgenössischen Parlament reichte Nationalrat Grimm eine in scharfem Ton gehaltene Interpellation ein, in der er Stucki vorwarf, den Völkerbund, insbesondere dessen Empfehlungen von 1927, zu diskreditieren, das Verhältnis der Schweiz zu Deutschland zu unterhöhlen, indem er einen Zollkrieg provoziere und mit seinen Ankündigungen betreffend die wirtschaftlichen Abwehrmassnahmen die Zuständigkeit des Parlaments zu missachten. Stucki musste sich in einem Papier zuhanden des Bundesrates rechtfertigen.[4]

Aber falls einige – vor allem politisch links angesiedelte – Volksvertreter geglaubt hatten, Stucki sei nun in seiner Selbstherrlichkeit zu weit gegangen und werde entweder zurücktreten oder zu Kreuze kriechen, so hatten sie sich einmal mehr gründlich getäuscht. Stucki bekundete keinerlei Respekt vor den Parlamentariern, sondern stellte fest, die eidgenössischen Räte hätten gar nicht die Kompetenz, sich in dieser Frage einzumischen; zuständig sei allein der Bundesrat, dessen Standpunkt (und das schrieb er zwar nicht expressis verbis, sondern liess es bloss zwischen den Zeilen durchblicken) ohnehin vom Direktor der Handelsabteilung, also von ihm selbst, definiert und öffentlich vertreten werde. Dann holte er noch zum gezielten Schlag gegen den Interpellanten aus: «Wenn Herr Grimm darauf hinweist, das Ausland werde schweizerische Abwehrmassnahmen mit Repressalien beantworten, so ist das mehr als naiv: Fast alle wichtigen in Betracht kommenden Staaten haben in einem dadurch bewirkten Wirtschaftskrieg mehr zu verlieren als wir. Alle diese Staaten haben heute schon auf industriellem Gebiet bedeutend höhere Zölle als die Schweiz. Sie haben trotzdem noch, entgegen den bestehenden Verträgen, weitere Einfuhrbeschränkungen erlassen; so z. B. Frankreich (...)».

Der Bundesrat zögerte nicht, sich hinter seinen Chefbeamten zu stellen und ihn gegen Angriffe an der «Heimatfront» in Schutz zu nehmen, denn in der Schweiz konnte sich Stucki nicht selbst verteidigen, weil er fast gleichzeitig Verhandlungen in Paris, Rom und Berlin führte. Quasi nebenbei knüpfte er in der deutschen Hauptstadt erste, gegenüber der schweizerischen Öffentlichkeit noch geheim gehaltene, vor allem wirtschaftlich begründete Kontakte zu sowjetischen Diplomaten, die erst zwei Jahre später von der Presse aufgedeckt wurden.[5] Im selben ereignisreichen Jahr 1931 reiste er auch erstmals in die USA – eine Reise, die ihren Niederschlag in Stuckis nachgelassenen Papieren weniger in Form von Dokumenten über die schwierigen Verhandlungen in Washington fand, als vielmehr in persönlichen Erinnerungen: von der Speisekarte bis zur Quittung für ein Bier an der Bordbar hat Stucki fast alles aufbewahrt.

Wenn man die meist mit intensiven Vorgesprächen in der Schweiz und mit bisweilen wochenlangen Auslandaufenthalten verbundenen Vertragsverhandlungen in Stuckis ersten Amtsjahren als Direktor der Handelsabteilung in Rechnung stellt, so mutet es fast unglaublich an, was der umtriebige Chefbeamte sonst noch an Aufträgen und und Arbeiten bewältigte:

- Er war einer der ausschlaggebenden Initianten zur Schaffung der Schweizerischen Zentrale für Handelsförderung, deren Aufbau er selbst in die Wege leitete und überwachte;
- unter seiner Ägide entstand das neue Bundesgesetz über die Handelsreisenden;
- er war Mitglied in der Schweizer Delegation für Verhandlungen über die Genfer Freizone;
- er beteiligte sich intensiv an den Verhandlungen über die Vorarlberg-Frage und redigierte 1933 den Vertragsentwurf;
- er hatte seinen Sitz im Komitee für den Wiederaufbau der zentral- und osteuropäischen Staaten;
- er repräsentierte die Schweiz zusammen mit seinem Chef Bundesrat Schulthess und als dessen Stellvertreter an der (erfolglos gebliebenen) Zollfriedenskonferenz in Genf;
- er vertrat die Schweiz als Delegierter an der Getreidekonferenz in Rom, die sich mit dem Anbau und der Verteilung des Brotgetreides befasste;
- er war, neben den Bundesräten Schulthess, Motta und Musy sowie dem Direktor der Nationalbank, Mitglied der regelmässig tagenden Konferenz, die sich auf höchster Ebene mit der schweizerischen Handelspolitik und Zahlungsbilanz auseinandersetzte;

- auf seine Initiative und Vorarbeit hin und auf der Grundlage der von ihm erfolgreich geführten Verhandlungen wurde in La Chaux-de-Fonds eine Produktionsstätte der Philips Radiowerke gebaut;
- er widmete sich der Reorganisation der schweizerischen Uhrenindustrie;
- er befasste sich mit den Problemen der schweizerischen Stickereiindustrie und namentlich mit ihrer Konkurrenzierung durch österreichische Produzenten;
- er erreichte durch ein von ihm verfasstes Gutachten über die Ansiedlung der Automobilindustrie in Biel und durch persönliche Interventionen, dass General Motors in der von der Wirtschaftskrise schwer getroffenen Stadt eine Zweigniederlassung errichtete;
- er eröffnete, was sonst einem Mitglied der Landesregierung vorbehalten war, im Jahr 1934 den Automobilsalon in Genf und würdigte in seinem Referat «die Einfuhr von Automobilen und der für ihren Betrieb notwendigen Brennstoffe als eine wirksame Waffe im wirtschaftlichen Existenzkampf unseres Landes, denn diese Importe, für die wir im Jahre 1933 eine Summe von 100 Millionen Franken an das Ausland bezahlt haben, sollen mithilfe der Kompensations- und Kontingentierungspolitik in den Dienst unseres notleidenden Exports gestellt werden»;[6]
- er befasste sich grundsätzlich mit Verkehrsfragen und hielt deshalb am Schweizerischen Verkehrskongress im Mai 1934 in Bern das Hauptreferat;
- er engagierte sich – in engem Kontakt mit Walter Mittelholzer – für die Verkehrsfliegerei;
- und immer wieder hielt er Vorträge, in denen er die schweizerische Handelspolitik erklärte und plausibel machte.

Obwohl seine Vortragsthemen auf den Plakaten und in den Zeitungsinseraten meist eher eine trocken-theoretische Abhandlung ankündigten (wie zum Beispiel «Probleme der schweizerischen Wirtschaftspolitik»), strömten die Leute in Massen zu Stuckis Referaten. So berichtete das *Berner Tagblatt* auf einer halben Zeitungsseite «aus dem übervoll besetzten Parterresaal des Restaurants ‹Bürgerhaus›» in Bern: «Die gewaltige Beteiligung mag zum guten Teil der markanten Persönlichkeit des Referenten gegolten haben, dessen Voten sich sowohl durch Klarheit des Aufbaues wie durch glänzende Formulierung auszuzeichnen pflegen.» Und *Der Bund* schloss seinen Bericht über dieselbe Veranstaltung mit den Worten: «Dem ausgezeichneten, klaren und inhaltsreichen Vortrag folgte der grosse und langanhaltende Beifall der über 700 Zuhörer.»[7]

Natürlich förderte solch vielseitige Tätigkeit den Bekanntheitsgrad Stuckis – zunächst in den Kreisen der Verwaltung, Politik und Wirtschaft, wo man den erfolgreichen Chefbeamten und Unterhändler nicht selten mit Neid oder Misstrauen beobachtete. Aber sein Name drang bald auch in die breitere Öffentlichkeit, wo man ihm weniger Vorbehalte entgegenbrachte als im Berner «Politkuchen». Stucki wurde für viele Schweizer zur überragenden Figur in der eidgenössischen Politik schlechthin, populärer als mancher Bundesrat und der Einzige, dem man erfolgreiches Verhandeln zutraute, wenn irgendwo auf der Welt vitale Interessen der Schweiz auf dem Spiele standen. Dabei war Stucki alles andere als anbiedernd oder kumpelhaft. Er achtete auf Distanz, spielte im Umgang mit anderen schonungslos seine Überlegenheit aus und liess nicht die geringste Anstrengung erkennen, irgendjemandem gefallen zu wollen. Es grenzte an Überheblichkeit, wenn er auf die Schmeichelei, man sehe in ihm den achten Bundesrat, ohne die Miene zu verziehen, antwortete: «In diesem Gremium wäre ich sicher nicht der achte ...»

Seine Leistungen fanden zunehmend auch in der gesellschaftlichen Rang- und Hackordnung ihren Widerhall. Als im Sommer 1929 der ägyptische König Fuad I. der Schweiz einen dreitägigen Besuch abstattete, war Stucki bei allen wichtigen Verhandlungen, aber auch bei den Empfängen und offiziellen Essen dabei, und zwar in der protokollarischen Reihenfolge, die sich in Sitzordnungen und Autozuteilung bei Ausflügen niederschlug, stets unmittelbar nach den Bundesräten. Sein gleichrangiger Gesprächspartner in der ägyptischen Delegation war der erste Minister des königlichen Kabinetts. Die anderen Beamten der Schweizer Abordnung sowie die Vertreter der Kantone oder der Armee mussten hinter Stucki anstehen. Er begleitete den ägyptischen Herrscher, der in seiner Heimat ein Jahr zuvor in einem Staatsstreich von oben das Parlament aufgelöst hatte und seither diktatorisch regierte, fast während des ganzen Besuchsprogramms, unter anderem zur Firma Sulzer in Winterthur und zur ETH in Zürich, und er dinierte am Tisch des Königs im Berner Bellevue Palace. Bezeichnend für Stucki war aber auch, dass er sich als Vertreter einer musterhaften Demokratie in seinen Notizen und Erinnerungen an die Königsvisite jeder Bemerkung über die autoritären Verhältnisse im Land des Gastes enthielt. Er befolgte grundsätzlich das Prinzip der Nichteinmischung in die inneren Verhältnisse der Staaten seiner Gesprächs- und Verhandlungspartner; das heisst, er legte kaum je missionarischen Eifer an den Tag, die Repräsentanten anderer Staaten zum Besseren zu bekehren. Solche Einmischung, wie sie heute im Rahmen der Good Governance an der Tagesordnung ist, lag ihm fern und wäre ihm als unprofessionell erschienen. Altruismus jenseits der Schweizer Grenze war nicht seine Sache. Er verstand sich als Diener seines Vaterlandes; ihm ging es stets darum, in jeder Situation die Vorteile für die Schweiz zu erkennen und zu nutzen und das Beste für sein Land daraus zu machen. Hätte er den ägyptischen Würdenträgern ihr undemokratisches Denken und Handeln vorgehalten und damit des Gesprächsklima beeinträchtigt, so hätte er seine eigene Mission, nämlich in Gesprächen und Verhandlungen optimale Resultate für die Schweiz zu erzielen, gefährdet und seinen Auftrag nicht erfüllt.

1930 durfte Stucki die Schweiz bei der Eröffnung der Weltausstellung in Lüttich vertreten, wo er wiederum zu Tisch, nämlich zu einem Bankett an die Tafel des belgischen Königspaares, geladen wurde und sogar die Tischrede hielt. Ein Jahr später, im Juni 1935, reiste er zum zweiten Mal zu Verhandlungen in die USA, wo er im Weissen Haus von Präsident Roosevelt und Staatssekretär Hull empfangen wurde. Für die Hinreise buchte er auf dem Dampfer «Europa» für seine Frau und sich eine Suite 1. Klasse. Die Ehre, einen schweizerischen Minister von Cherbourg nach New York befördern zu dürfen, liess sich die Lloyd etwas kosten: Sie gewährte Stucki auf den Minimalfahrpreis von 245 Dollar einen Rabatt von 25 Prozent. Extravaganzen wie eine 1.-Klasse-Suite leistete sich Stucki in der Regel auf eigene Kosten, denn in der Bundesverwaltung wurde zu jenen Zeiten das Sparen grossgeschrieben: Wie die NZZ am 21. Mai zu berichten wusste, sollte Stucki seine schwierige Mission in den USA, die mit der Kontaktaufnahme zu den amerikanischen Amtsstellen und den zuständigen Ministern Mitte Juni begann, aus Kostengründen allein, das heisst ohne Begleitung von weiteren schweizerischen Unterhändlern oder Beamten erfüllen. Dabei stand ihm angesichts der stark divergierenden handelspolitischen Auffassungen der beiden Länder einmal

Im Juni 1935 reist Stucki zum zweiten Mal in die USA: Stolz posiert er neben dem Kapitän der «Europa» – auf den Auslöser der Kamera gedrückt hat vermutlich seine mitgereiste Gattin Gertrud.

mehr eine äusserst schwierige Aufgabe bevor. Man muss sich einmal vorstellen, wie der Vertreter des Kleinstaates Schweiz, allenfalls eskortiert von einem Sekretär der Schweizer Botschaft in Washington, der mindestens zwei Dutzend Köpfe starken, zumeist von einem Regierungsmitglied geleiteten Verhandlungsdelegation der Grossmacht USA als Einzelkämpfer entgegentrat. Wenn man einerseits die zur Arroganz neigende Selbstsicherheit Stuckis im direkten Umgang mit seinen Mitarbeitern oder auch Vorgesetzten in Bern nicht unbedingt schätzte, so war man jetzt andererseits wieder einmal froh und dankbar dafür, dass man zu solchen Verhandlungen einen Mann vom Format Stuckis entsenden konnte, von dem man sicher wusste, dass er sich nicht einschüchtern und der sich auch von den Vertretern der Grossmacht nichts diktieren liess, sondern auf Verhandlungen auf Augenhöhe bestand.

Nach Stuckis Rückkehr in die Schweiz wurde auf den 4. Juli eine Sondersitzung des Bundesrates einberufen, an der Stucki die Landesregierung ohne jede Schönfärberei, die ohnehin bloss Selbstbelobigung gewesen wäre, über den relativen Erfolg seiner Mission in Kenntnis setzte. Zwar hatte Stucki in einer ganzen Reihe von Punkten eine Einigung mit seinen Gastgebern erzielt, aber es war ihm nicht gelungen, den Amerikanern Zugeständnisse bei den Zöllen für die schweizerischen Exporte in die USA abzuringen.

Getrud Stucki-Sahli, die ihren Mann auf die zweite Reise in die USA begleitete, auf einer Porträtaufnahme von 1935, aufgenommen in Washington.

Als einen Höhepunkt seiner Karriere im Bundesdienst empfand Stucki viel später rückblickend das Jahr 1933. Zuerst wurde ihm das Amt des Generalberichterstatters für die Weltwirtschaftskonferenz in London angetragen, was jedermann klarmachte, dass der Schweizer jetzt auch auf dem internationalen diplomatischen Parkett zu den wichtigen und geachteten Persönlichkeiten gehörte. Angesichts der Aussichtslosigkeit, die Konferenzziele zu erreichen und in Erinnerung an die Vorgängerkonferenz von 1927 in Genf, deren Beschlüsse in der Praxis geradezu ins Gegenteil verdreht wurden, verzichtete Stucki auf die Annahme der ehrenvollen Berufung. Damit wollte er sich auch die Freiheit wahren, die Konferenzbeschlüsse kritisch zu kommentieren und nicht für die Verhandlungsergebnisse und ihre Durchführung in irgendeiner Weise verantwortlich gemacht zu werden. Der Konferenzverlauf und insbesondere die Entwicklung der darauffolgenden Jahre sollten ihm Recht geben: Die Londoner Konferenz mündete von der Sache her in ein Fiasko. Umso mehr fühlte sich Stucki, dessen Persönlichkeit durch helvetische, wenn nicht gar calvinistische Nüch-

68

Die offizielle schweizerische Erinnerungskarte an die Weltwirtschaftskonferenz 1933 in London zeigt Stucki (2. von links) im Kreis der Mitglieder der Schweizer Delegation.

ternheit geprägt war, in der britischen Metropole an den Wiener Kongress von 1815 erinnert, der seinerzeit vom belgischen Fürsten Charles Joseph de Ligne wie folgt qualifiziert worden war: «Le congrès danse beaucoup, mais il ne marche pas!» Auch in London löste ein gesellschaftliches Ereignis das andere ab; der Reigen glitzernder, glänzender Veranstaltungen, die in absolutem Widerspruch zu den offensichtlich auf einen grandiosen Misserfolg hinsteuernden Verhandlungen standen, gipfelte in einem Empfang durch die britische Königsfamilie auf Schloss Windsor. Stucki fand dafür in seinen persönlichen Erinnerungen nur noch den Ausdruck «fabelhaft!».

Kaum war Stucki wieder in Bern, erfuhr er, der sich sonst kaum durch Ehrungen und Schmeicheleien beeindrucken liess, eine ihn zutiefst berührende Auszeichnung: Der Bundesrat adelte ihn durch die Verleihung des Ministertitels. Es war das erste Mal, dass die Landesregierung diese protokollarische Ehrung an einen Bundesbediensteten verlieh, der nicht zum diplomatischen Korps des Politischen Departements gehörte. Für Stucki muss diese rangmässige Hervorhebung sehr viel bedeutet haben, und zwar in zweierlei Hinsicht: Erstens konnte ihm der Bund als Arbeitgeber die Erfolge und Verdienste, die er sich vor allem bei seiner Verhandlungstätigkeit im Ausland erwarb, nicht angemessen mit Geld lohnen, insbesondere auch, weil sich Stucki ohnehin in einer materiell komfortablen Lage befand. Den Ministertitel konnte man jedoch nicht kaufen. Deshalb war er für Stucki, der sich sonst fast alles leisten konnte, wohl das wertvollste Geschenk, das der Bundesrat ihm machen konnte. Zweitens hob ihn der Titel, von dem er mit nüchterner Selbstverständlichkeit Gebrauch machte, über die meisten seiner Landsleute hinaus, kennzeichnete ihn als zur höchsten Elite des Staates gehörend. Stucki setzte den Titel von nun an vor seinen Namen, er liess sich als Herr Minister ansprechen, erwartete, dass man über ihn als über den Minister Stucki redete, er unterzeichnete selbst Dokumente oft mit dem um den Titel ergänzten Namen. Kurz: Aus dem Direktor und Doktor iur. Walter Stucki war für den Rest seines Lebens und sogar in der Erinnerung vieler seiner Zeitgenossen schlicht und unverwechselbar der Minister Stucki geworden.[8]

Daran änderte selbst die nächste Ehrung, die ihm noch im Spätherbst desselben Jahres zuteil wurde, nichts mehr, nämlich die Verleihung des «Ehrendoktors der volkswirtschaftlichen Fakultät der Universität Basel». Mit dem Dr. h. c. bezeuge man ihm den Respekt, der ihm angesichts seiner schwirigen Aufgabe zukomme, die darin bestehe, die qualifizierte einheimische Arbeit vor der Flut billiger Auslandware zu schützen und gleichzeitig den Export qualitativ hochstehender, aber auf dem Weltmarkt auch entsprechend teurer schweizerischer Industrieerzeugnisse zu fördern, hiess es in der Laudatio.[9] Es war eine Auszeichnung für die Ausführung eines unmöglichen Spagats zwischen Protektionismus und freiem Welthandel.

Familienbild mit Walter Stuckis Schwiegereltern Hermann und Olga Sahli.

Das Ehepaar Stucki mit ihrer Ältesten, der auf diesem Bild 13-jährigen Evy.

In die Freude über die Erfolge mischte sich indes auch Trauer: Im April 1933 verstarb Stuckis Schwiegervater Hermann Sahli; im August folgte die Schwiegermutter ihrem Mann. Sie hinterliessen ihrer Tochter und deren Familie unter anderem die Villa an der Seftigenstrasse 11 in Bern, ein altes Berner Patrizierhaus in einem grossen, von hohen Bäumen bestandenen Park. Der May-Weg, der am südlichen Rand des damals noch riesigen Grundstücks vorbeiführt, liefert einen Hinweis auf die Geschichte des Hauses. Die Familie von May – ein altes Berner Burgergeschlecht – hatte ihren Wohnsitz knappe 1500 Meter südwestlich des Stadtzentrums, wie an einer Seitenwand in Stein gemeisselt vermerkt ist, im Jahr «MDCCCLXXXVI» (1886) errichten lassen. 1912 erwarben Stuckis Schwiegereltern die Liegenschaft; Professor Sahli richtete im Parterre seine Praxis ein und modernisierte das Heizsystem, denn das Anfeuern der einzelnen Zimmeröfen von den Gängen her war ihm zu mühsam und zeitraubend. Die sanfte Renovation beliess dem Haus den Charme zurückhaltend zur Schau gestellten grossbürgerlichen Wohlstands. Mit den in kunstvoller Hafnerarbeit erbauten Kachelöfen, den Cheminées, den Tapeten mit Mustern von bunten Vögeln und Blumenbouquets, den Parkettböden und Holztäfelungen, den Gipsdecken mit Schnörkeln und Rosetten zeugte die Ausstattung aber nicht nur vom Geld, sondern auch vom guten Geschmack der Besitzer. Neben und zwischen den zahlreichen Herrschaftszimmern und Gesellschaftsräumen gab es Dutzende von Nischen, kleinen, abgeschrägten Estrichräumen und verwinkelten Gängen, die zu Balkonen oder zu versteckten Mansarden führten. Sogar ein altes Läutwerk blieb unversehrt, überdauerte die Jahrzehnte und weckte das Entzücken von Hunderten von Besuchern: Wenn Madame oder Monsieur nach einem Dienstboten klingelten, fiel eine kleine Metallklappe herunter und im Gang neben den Zimmern der Mägde konnte abgelesen werden, wohin sich der dienstbare Geist zu wenden hatte: ins «chambre en rose» oder in den «salon des fumeurs».[10] Kurz: Die Villa Stucki verbreitete Geist und Geschichte ihrer Bewohner.

Stucki zögerte nicht lange: Er liess die Villa seiner Schwiegereltern für seine Bedürfnisse herrichten und zog mit der Familie 1934 in das herrschaftliche Haus an der Seftigenstrasse 11. Die Liegenschaft an der Kirchenfeldstrasse, einige Nummern kleiner und deutlich weniger repräsentativ, vermietete er an Bundesrat Philippe Etter. Der Innerschweizer aus dem Kanton Zug war am 28. März

1934 als Vertreter der Katholisch-Konservativen in die Landesregierung gewählt worden und brauchte deshalb in Bern dringend ein Dach über dem Kopf – nicht nur für sich selbst, sondern auch für seine Gattin und seine zehn Kinder. Mit dem damals 45-jährigen, also um drei Jahre jüngeren Bundesrat hatte Stucki einen langjährigen Mieter gefunden. Erst nach seinem Rücktritt im Jahr 1959, also nach mehr als einem Vierteljahrhundert, zog der an der Basler Fasnacht als «Bundesrat Eternel» auf die Schippe genommene Etter von der Kirchenfeldstrasse an den nahegelegenen Dalmazirain, wo er nach seinen zehn Kindern die vierzehn Enkel um sich scharte.[11]

Im Jahr 1933 scheint sich Stucki aber auch erstmals richtig bewusst geworden zu sein, dass er mit seinem Arbeitsstil Raubbau an seiner Gesundheit trieb. In seinem Tagebuch häufen sich die Einträge, die auf krankheitsbedingte Absenzen vom Arbeitsplatz hinweisen, wie zum Beispiel am 4. März: «Wegen Leibschmerzen Arbeitsfähigkeit stark beeinträchtigt», und tags darauf: «Gründliche Untersuchung meines Bauchdruckes durch Prof. Schüpbach: nervös, Ferien nötig, weniger rauchen, Badekur». Zwei Tage später verzeichnete er bereits eine «neue Untersuchung durch Schüpbach und Matti: Colitis. Drei Tage im Bett. Wärme.» Allzu ernst scheint Stucki die Signale seines Körpers und die Mahnungen der Ärzte indes nicht genommen zu haben, denn knapp drei Wochen später, am 31. März/1. April notierte er: «Fremdenverkehrskongress

BERN, SEFTIGENSTRASSE 11

Die Villa Stucki an der Seftigenstrasse gehört inzwischen der Stadt Bern, die darin ein Quartierzentrum betreibt. Teile des früheren Parks sind als Bauland verkauft worden.

Zürich: ganze Nacht gefestet. Kater.» Aber auch Zahnschmerzen machten ihm zu schaffen: «Fast den ganzen Tag bis ein Uhr nachts heftiges Zahnweh», vertraute er im Januar dem Tagebuch an, und kurz darauf hielt er fest: «Von 9.30 bis 15.30 beim Zahnarzt. Einsetzen der grossen Brücke. Sehr schmerzhaft, ich bin ganz erledigt.»

Stucki absolvierte zwar noch immer ein 120-Prozent-Pensum, und er lebte und arbeitete nach wie vor gemäss seinem Leitsatz, der in seinem Büro an der Wand hing: «Erfülle all'Tag deine Pflicht, denn etwas Höheres gibt es nicht!»[12] Aber man wird den Eindruck nicht los, dass er an Motivation und Tatkraft einbüsste und, wenn auch nur andeutungsweise und auf den ersten Blick kaum erkennbar, von einer gewissen physischen und in der Folge auch psychischen Müdigkeit befallen wurde; irgendwie zeichnete sich ab, dass hier schon bald wieder einmal eine prägende Epoche seiner Karriere ihren Abschluss finden würde – vielleicht auch nur deshalb, weil Stucki nach elf Jahren an der Spitze der Handelsabteilung eine neue Herausforderung brauchte.

Weil Stucki berufsbedingt mehr im Ausland als in Bern weilte, war seine Frau Gertrud (hier mit Sohn Jürg und Tochter Evy) oft allein für die Erziehung der Kinder verantwortlich.

Als Unterhändler in Deutschland und beim Völkerbund
Unter Druck von Nazis und Faschisten

Bevor wir uns dem nächsten Lebensabschnitt Stuckis zuwenden, ist zunächst noch ein Blick auf zwei Themen zu werfen, welche die zweite Hälfte seiner Amtszeit als Direktor der Handelsabteilung besonders stark prägten, nämlich erstens die schwierigen Wirtschaftsverhandlungen mit Deutschland und Frankreich und zweitens die Politik der Schweiz im Völkerbund. Die spätestens seit der Londoner Konferenz von 1933 mit den Nachbarländern, wie mit jedem anderen Land, ausschliesslich bilateral geführten Verhandlungen waren durch die Einführung des gebundenen Zahlungsverkehrs noch komplizierter geworden. Seit Beginn der Weltwirtschaftskrise litten zahlreiche Länder unter Devisenmangel. Um ihre Auslandschulden nicht auf existenzgefährdende Höhe anwachsen zu lassen, führten sie für Importe und Exporte staatlich überwachte Zuteilungssysteme ein. Das heisst: nach allfälligen Vertragsabschlüssen musste der Handel zwischen den zwei beteiligten Ländern genau kontrolliert und quantifiziert werden. Das sogenannte Clearingverfahren, das zu diesem Zweck unter Stuckis Anleitung auch in der Schweiz im Detail ausgearbeitet und installiert wurde, erwies sich in der Praxis als derart kompliziert, dass das Parlament resignierte und auf sein Mitbestimmungsrecht beim Abschluss der entsprechenden Verträge mit dem Ausland verzichtete; dies nicht zum Leidwesen Stuckis, der sich in seiner Effizienz durch die Einflussnahme der Politiker ohnehin bloss gebremst fühlte.

Die aufwendigsten und weitaus härtesten Wirtschaftsverhandlungen spielten sich zwischen Bern und Berlin ab. 1926 war zwischen der Schweiz und Deutschland ein Handelsvertrag besiegelt worden, der sich auf die Import- und Exportzahlen wie folgt auswirkte: Die schweizerischen Einfuhren aus Deutschland wuch-

Clearing – oder wie man den einfachen Warenaustausch komplizierte
Das Clearingverfahren ersetzte im Warenaustausch zwischen zwei Staaten die grenzüberschreitenden Direktzahlungen mit Devisen durch einen komplexen Verrechnungsapparat. Konkret: Schweizer Schuldner – primär Warenimporteure – bezahlten ihre ausländischen Lieferanten nicht mehr direkt oder via Geschäftsbanken, sie führten vielmehr den geschuldeten Betrag an die hiesige Nationalbank ab. Mit den von schweizerischen Schuldnern einbezahlten Geldern wurden die schweizerischen Gläubiger abgefunden, die Waren in das betreffende Land geliefert hatten. Der komplizierte Vorgang wurde ab 1934 von der Schweizerischen Verrechnungsstelle kontrolliert. Von ihr wurden die Einzahlungen registriert und dem jeweiligen Partnerinstitut im Ausland gemeldet. Daraufhin wurden die dortigen Gläubiger in deren Landeswährung mit dem von den dortigen Schuldnern einbezahlten Geld abgefunden. In den beiden Vertragsstaaten wurde also dasselbe Prozedere spiegelbildlich vollzogen, ohne dass das Geld über die Landesgrenzen verschoben wurde. Somit entstanden zwei parallel betriebene geschlossene Zahlungskreisläufe. Voraussetzung für das Funktionieren solcher Clearingsysteme war die Ausgewogenheit der Leistungen und Gegenleistungen in den beiden beteiligten Ländern. Um kein Ungleichgewicht entstehen zu lassen, musste der Staat den exportierenden Dienstleistern und Produzenten Kontingente zuteilen, wobei in der Schweiz aus beschäftigungspolitischen Gründen der Exportindustrie bis 1937 der Vorrang vor den Kapitalinteressen eingeräumt wurde.

Nach: René Bondt, *Der Minister aus dem Bauernhaus*, S. 85 f.

sen innerhalb von fünf Jahren wertmässig von 550 auf 700 Millionen Franken; in umgekehrter Richtung nahm die Ausfuhr nach Deutschland von 400 auf 200 Millionen ab. Die Zahlen über den Warenverkehr lassen jedoch unberücksichtigt, dass die Schweiz für ihren nördlichen Nachbarn zu den wichtigsten Gläubigerländern gehörte und die meistberücksichtigte Tourismusdestination war. Die der Schweiz aus dem Kapitalverkehr zustehenden Leistungen konnte Deutschland praktisch nur in Form von Warenlieferungen kompensieren. Deutschland war folglich, wollte man die Zahlungsbilanz zwischen den beiden Ländern ausgeglichen gestalten, darauf angewiesen, in die Schweiz exportieren zu können. Doch angesichts der sich bereits am Horizont abzeichnenden Weltwirtschaftskrise und der Rückkehr zum Bilateralismus in der Handelspolitik griff die Schweiz nicht nur zu importhemmenden Schutzzöllen, sondern der Bundesrat verfügte zur Verringerung des Einfuhrüberschusses gegenüber den einzelnen Handelspartnern auch eine Kontingentierung der Importe. Das war juristisch indes nur möglich, indem er unter anderem den Handelsvertrag mit Deutschland auf den 5. Februar 1932 kündigte.

Der vertragslose Zustand wurde am 15. November 1933 beendigt, indem ein neues, in den nachfolgenden Jahren laufend durch Zusätze und Ergänzungen dem Stand der Dinge angepasstes Handelsabkommen in Kraft gesetzt wurde. Damit erreichte die Schweiz zwar ihr Ziel: Das Ungleichgewicht im Warenaustausch mit Deutschland reduzierte sich in den Jahren 1932 bis 1935 von 400 auf 170 Millionen Franken. Entsprechend weniger erfreut zeigte man sich indessen in Berlin, wo der Präsident der Deutschen Reichsbank und Wirtschaftsminister Hjalmar Schacht, ein in der Wolle gefärbter Nationalsozialist, die Entwicklung mit unverhohlenem Ärger verfolgte. In einer in Basel gehaltenen Rede, die er mit den Worten «Die Welt ist aus den Fugen» begann, polemisierte Schacht am 11. Dezember 1933 gegen die Schweiz und ihre Handelspolitik und richtete unverhohlene Vorwürfe und Beschuldigungen an die Adresse des Bundesrates, der mit seiner angeblich deutschfeindlichen und konservativen Politik die Zeichen der Zeit nicht erkenne. Drei Tage später antwortete ihm Stucki – und nicht etwa ein Bundesrat! – in einem zweieinhalbstündigen Vortrag, den die NZZ auf der Frontseite als «Rede eines Staatsmannes von wahrhaft bedeutendem Format» würdigte. «Nach echter Schweizerart in ruhigem Ton, der die Unumstösslichkeit des schweizerischen Standpunktes umso plastischer hervortreten liess», habe Stucki mit formvollendeter Höflichkeit einige «Bemerkungen» zu Schachts «Tiraden» angebracht. In lückenloser Geschlossenheit sei ihm das in Scharen aufmarschierte Publikum gefolgt, und dem Dank, den es Stucki in Form eines langanhaltenden Applaus' ausgedrückt habe, dürfe sich das ganze Schweizervolk anschliessen.[1]

In gespannter Atmosphäre wurden nun in beinahe ununterbrochenen Verhandlungen mehrere Teilabkommen oder Ergänzungsvereinbarungen zwischen Bern und Berlin ausgehandelt. Am 22. März 1935 informierte Stucki den Gesamtbundesrat an dessen wöchentlicher Sitzung über die sich rasant verschlechternden Beziehungen zu Deutschland sowie über das Exposé, das ihm der deutsche Gesandte auf den Tisch gelegt hatte und mit dem die Deutschen wieder einmal ultimativ neue Verhandlungen forderten. Die Neuregelung der Handelsbeziehungen, erläuterte Stucki der

Regierung, müsse «unter allen Umständen so gestaltet werden, dass eine Erhöhung der deutschen Verschuldung vermieden und darüber hinaus durch eine Steigerung der deutschen Ausfuhr die Tilgung der aufgelaufenen Warenschulden ermöglicht wird.» Stucki war also von vornherein bereit, den Deutschen in den bevorstehenden Verhandlungen entgegenzukommen. Er hatte zwei Tage vor seinem Auftritt im Bundesrat hochrangige Beamte und Vertreter des Finanz- und des Volkswirtschaftsdepartementes, der Wirtschaft, der Nationalbank, der Bankiervereinigung und der Tourismusverbände zu einer Besprechung aufgeboten, um zusammen mit den wichtigsten inländischen Interessenvertretern den schweizerischen Standpunkt gegenüber Deutschland zu definieren. Doch «die Herren konnten sich nicht auf gemeinsame Vorschläge einigen». Stucki machte deshalb dem Bundesrat seine eigenen Vorstellungen schmackhaft, denen die Regierung nach kurzer Diskussion wie folgt zustimmte: Ein vertragsloser Zustand mit Deutschland müsse vermieden werden, Stucki solle deshalb in Verhandlungen eintreten, aber grundsätzlich am bisherigen Verrechnungssystem festhalten.[2]

In den darauffolgenden Tagen wurde in Bern intensiv verhandelt, und am Montag, 1. April referierte Stucki wiederum im Bundesrat über die in höchst angespannter Atmosphäre verlaufenen Gespräche, die am Freitag, 29. März dank wesentlichen Zugeständnissen vonseiten der Schweiz – darunter eine Kompensationszahlung an die Deutsche Reichsbank in der Höhe von 4,1 Millionen Franken – abgeschlossen und mit einem offiziellen Nachtessen zu Ehren der deutschen Delegation im Nobelhotel Bellevue besiegelt worden waren. Am Samstag, 30. März wollte man den entsprechenden Vorvertrag unterzeichnen. Die Einigung schien endgültig unter Dach, als um 17 Uhr der Chef der deutschen Delegation plötzlich erklärte, es seien ihm soeben bindende neue Instruktionen aus Berlin zugekommen, wonach alle bisher gültigen Abmachungen, einschliesslich des soeben ausgehandelten neuen Vertrags, hinfällig und die Verhandlungen abgebrochen würden. Vorbedingung für die Wiederaufnahme der Gespräche sei die Erhöhung der schweizerischen Zahlung an die Reichsbank von 4,1 auf 6,5 Millionen Franken. Stucki sah sich ausserstande, auf dieses Ultimatum einzugehen und nahm damit kaltblütig die sofortige Ausserkraftsetzung aller bilateralen Abmachungen mit Deutschland in Kauf. Am Samstagabend, es war bereits dunkel, läutete der Geschäftsträger der deutschen Gesandtschaft in Bern an Stuckis Haustüre an der Seftigenstrasse und versuchte, dem verdutzten schweizerischen Verhandlungsführer zu erklären, die deutsche Delegation sei von den Instruktionen aus Berlin ebenso überrumpelt worden wie die Schweizer; er habe noch am Donnerstag von seinen Vorgesetzten in Berlin «pleins pouvoirs» zum Abschluss des Abkommens erhalten, und zwar genau so, wie man es in den vergangenen Tagen ausgehandelt habe. Niemand von den deutschen Delegierten habe auch nur die geringste Ahnung gehabt, dass man von Berlin aus alle Verhandlungsergebnisse wieder umstossen und für nichtig erklären werde. Stucki, so scheint es, wurde vom überraschenden abendlichen Besuch in seinem Privathaus auf dem falschen Fuss erwischt, wusste er doch dem deutschen Diplomaten nur zu erwidern, er solle «den ausserordentlich peinlichen Eindruck dieses Verhaltens Deutschlands nach Berlin melden».

Dem Bundesrat jedoch empfahl er dann in der Sitzung vom 1. April ganz dezidiert: «Wir stehen vor einem brutalen Ultimatum und können jetzt den Deutschen nicht nachspringen und dürfen erst recht nicht nachgeben!» Die Schweiz könne sich diese Behandlung, bei der man sie erst zu Konzessionen zwinge, um nachher – entgegen dem Einverständnis der nach Bern entsandten, angeblich für den Vertragsabschluss autorisierten Delegation – alle Verhandlungsergebnisse wieder über Bord zu werfen, nicht gefallen lassen. Stucki befürchtete vor allem, dass die deutschen Behörden ihre Bürger anweisen würden, alles deutsche Kapital (im Umfang von rund 550 Millionen Franken) aus der Schweiz abzuziehen, und er forderte die Landesregierung auf, sofort Schutzmassnahmen – zum Beispiel in Form eines beschränkten Auszahlungsverbots für deutsche Guthaben auf Schweizer Banken – zu erlassen. Wenn der Bundesrat dazu nicht bereit sei, müsse man, wenn auch zähneknirschend, die Deutschen um neue Verhandlungen bitten.

Nach einer Mittagspause diskutierte die Regierung Analyse und Vorschläge Stuckis, bis dieser wieder im Sitzungszimmer erschien und den Bundesräten eröffnete, er habe von einem Vertreter der deutschen Regierung soeben die Aufforderung erhalten, morgen Dienstag mit einer Delegation in Berlin zu erscheinen; die Kündigungsfrist der Abkommen mit Deutschland werde dann um eine Woche, das heisst bis zum 8. April, hinausgeschoben, falls sich die Schweiz, quasi als Vorbedingung für die Wiederaufnahme der Gespräche, mit der Zahlung von mindestens 6 Millionen Franken einverstanden erkläre. Bei Annahme dieses neuen Ultimatums hätten die Schweizer Unterhändler – was damals noch nicht an der Tagesordnung war – sofort mit dem Flugzeug nach Berlin reisen müssen, um dort rechtzeitig zu den Verhandlungen zu erscheinen. Doch solch unverhohlen blanke Erpressung ging nun selbst den gutwilligsten Mitgliedern der Regierung zu weit. Im Einvernehmen mit Minister Stucki beschlossen die sieben Landesväter einstimmig, vorläufig nichts zu tun, sondern abzuwarten, was der deutsche Geschäftsträger in Bern, der einen baldigen Besuch bei Bundesrat Schulthess angekündigt hatte, an Neuigkeiten aus Berlin mitzuteilen habe.

Sechs Tage später, am Sonntag, 7. April, trat der Bundesrat wieder zu einer kurzfristig anberaumten Sitzung zusammen, in deren Verlauf Stucki und Nationalbankpräsident Bachmann im Beratungszimmer erschienen. Stucki hatte – gemäss seinen eigenen Notizen – soeben fünf Stunden lang «private Verhandlungen mit Schacht in Basel geführt, die zehn Tage später ein neues anständiges Abkommen» zeitigten. Im Protokoll der Bundesratssitzung ist vermerkt, Stucki habe am Vortag in einer fünfstündigen Besprechung mit Reichsbankpräsident Schacht alle weitergehenden deutschen Begehren abgelehnt. Schliesslich habe er aber doch eine Annäherung im Rahmen der ihm vom Bundesrat erteilten Kompetenz erreicht. Das Einverständnis des Bundesrates vorausgesetzt, werde Stucki morgen Montag zusammen mit dem Chef der deutschen Verhandlungsdelegation ein Protokoll abfassen. Stuckis Vorgesetzter, Bundesrat Schulthess, ergänzte, das Verhandlungsergebnis respektiere zwar die von der Landesregierung beschlossenen Instruktionen, der Entwurf sei aber nicht etwa befriedigend, sondern müsse aus Schweizer Sicht eher als schlecht bezeichnet werden. Eine Fortführung des Konflikts mit Deutschland, gab Schulthess zu Protokoll, erachte er jetzt aber trotzdem nicht als angezeigt. Daraufhin beschloss die Regierung, «es sei die Abrede des Herrn Minister Stucki (mit Schacht) zu genehmigen und dieser zur Unterzeichnung des angekündigten Protokolls zu ermächtigen».

Am 18. April trat Stucki im Bundeshaus vor die Presse und gewährte den Journalisten einen Einblick in die hektische Verhandlungstätigkeit der vorangegangenen Wochen. Mehrere Male habe er den Bundesrat zu ungewohnter Zeit, das heisst an Wochenenden oder spätabends, über den momentanen Stand der Ver-

Als regelmässiger Gast an den Bundesratssitzungen informiert Stucki die Landesregierung wieder einmal über seine Wirtschaftsverhandlungen mit Deutschland. Auf die Dauer scheint das Thema die Mitglieder der Landesregierung jedoch ermüdet zu haben.

«General Stuckis» Kontingente

Zum Thema Limitierung und Kontingentierung des Warenverkehrs wurde Stucki während den Verhandlungen mit Deutschland folgendes Gedicht eines anonymen Poeten zugesteckt:

> Hussa, hussa die Hatz ist los,
> es schimpft und jammert Klein und Gross,
> das droht und bittet gar behend,
> das kreischt und zetert ohne End.
>   Man denkt an Kontingente.
>
> Tauscht Touristen gegen Kohle ein,
> und hinterher kommt keiner rein.
> Hingegen braucht man deutsche Märker
> in Deutschland stets und immer stärker.
>   Das waren Kontingente.
>
> Herr Schulthess dreht sein Pince-nez um:
> Ei ei, wir sind doch nicht so dumm.
> Jetzt fahre hin, du gute Ruh,
> geh, Stucki, mach die Grenze zu!
>   Erst recht jetzt Kontingente.
>
> Von Edmund Schulthess angeführt
> und Bachmanns Goldsack aufgeschnürt,
> Direktor Stucki ist Profoss.
> Wer Waren kauft, der folgt im Tross.
>   So holt man Kontingente.
>
> Wir bieten Euch Kredit und Geld,
> wenn unsre Ware euch gefällt.
> Und was dann durch die Sperre kann,
> bringt in der Schweiz ihr an den Mann.
>   Wir fordern Kontingente!
>
> Oh gutes Land, es steht recht miese:
> so musst du durch die schwere Krise.
> es regiert im Palais fédéral
> statt Oberst Schulthess: Stucki, General.
>   Er herrscht mit Kontingenten.

handlungen informieren müssen, führte er aus; dreimal sei die Kündigungsfrist der bisherigen Abkommen verlängert worden; noch nie in den über zehn Jahren, in denen er ununterbrochen Handelsvertragsverhandlungen geführt habe, sei der Bundesrat vor schwierigere Entscheide gestellt worden: «Für die Schweiz war zum vornherein klar, dass ein neues Abkommen eine Verbesserung für Deutschland und eine Verschlechterung für die Schweiz bedeuten würde. Der Bundesrat sah sich deshalb vor folgende schwierige Frage gestellt: Wenn sich die Gesamtlage für die Schweiz verschlechtert, wer von den schweizerischen Interessengruppen soll dann das Opfer bringen?»[3]

Es braucht hier nicht weiter auf die komplizierten Bestimmungen des Abkommens vom April 1935 eingegangen zu werden; denn als Stucki mit dem inzwischen zum Reichswirtschaftsminister avancierten Hjalmar Schacht in Meran im Südtirol zusammentraf, um die Frage des schweizerisch-deutschen Reiseverkehrs zu diskutieren, liess der deutsche Minister keine Zweifel daran, dass das im April erzielte Abkommen für Deutschland nicht haltbar sei. Stucki, der sich bestens an die Kämpfe um Kohle in der Zeit des Ersten Weltkriegs erinnerte, hatte seinem deutschen Gesprächspartner das Angebot unterbreitet, die deutschen Zahlungsrückstände im Reiseverkehr abzutragen, indem die Schweiz eine aus Deutschland zu importierende Kriegskohlenreserve von einer Million Tonnen anlege. Schacht lehnte den Vorschlag ab, weil Deutschland seinen Kohlenüberschuss nach Italien liefern könne und kein Interesse daran habe, der Schweiz Kohle zu verkaufen. «Die Auseinandersetzungen, die mit Dr. Schacht stattfanden, waren unangenehmer und heftiger denn je. Er musste sich jedoch durch ein Gutachten des Auswärtigen Amtes in Berlin belehren lassen, dass sein Rechtsstandpunkt nicht aufrechterhalten werden könne. Daraufhin drohte Schacht mit der Kündigung des Reiseabkommens», notierte Stucki, der rasch gemerkt hatte, dass es dem Deutschen ja gar nicht um das Reiseabkommen selbst ging, das nur geringe finanzielle Folgen zeitigte, sondern um die Neuregelung der gesamten deutschen Finanzforderungen.

Im März 1936 unterbreitete Schacht einen neuen Plan, mit dem er die Idee Stuckis betreffend die Kompensation durch Kohle, allerdings in einem für die Schweiz völlig unrealistischen Umfang, nun doch wieder aufnahm. Danach hätten die schweizerischen Finanzgläubiger ihre Forderungen herabsetzen sollen und das deutsche Reich hätte im Gegenzug 40 Jahre lang Kohle in die Schweiz geliefert. Ein Staatsvertrag, der sich auf eine Zeit von mehr als 15 Jahren bezog, musste jedoch in der Schweiz dem Stimmvolk zur Genehmigung vorgelegt werden. Zu einem Zeitpunkt, in dem Deutschland soeben den Locarnopakt von 1926[4] in der Luft zerrissen hatte und seine Truppen ins entmilitarisierte Rheinland einmarschieren liess, hatte ein solcher Vertrag jedoch nicht die geringste Chance auf Gutheissung durch den Schweizer Souverän.

In den mit Nazi-Deutschland geführten Wirtschaftsverhandlungen traf Stucki immer wieder auf den deutschen Reichswirtschaftsminister Hjalmar Schacht.

Dazu kam, dass die im deutschen Plan vorgesehene Kohlenmenge die Aufnahmekapazität der Schweiz weit überschritten hätte; ein Teil der Kohle hätte reexportiert werden müssen, und dazu verfügte die Schweiz weder über die nötige Organisation noch über Absatzkanäle und Abnehmer.

Schacht liess nach der Ablehnung seines Vorschlags nichts mehr von sich hören. Hingegen verlangte die deutsche Gesandtschaft in Bern mit Note vom 3. April 1936 Verhandlungen über das Reiseabkommen. Zwei Wochen später traf ein deutscher Unterhändler in Bern ein, der Stucki gegenüber darlegte, er habe keine Verhandlungsunterlagen mitgebracht, sondern sei bloss zu Sondierungen angereist, um in Berlin darüber zu referieren und dann mit konkreten Vorschlägen nach Bern zurückzukommen. Stucki hielt lakonisch fest: «Er reiste ab und kam nicht mehr zurück.»

Statt seiner traf kurz darauf ein Brief aus Berlin ein, der darlegte, die Verhandlungen (die gar nicht stattgefunden hatten) hätten zu keinem Ergebnis geführt und seien deshalb als gescheitert zu betrachten. Stucki antwortete im Auftrag des Bundesrates, in Bern sei man ziemlich erstaunt, da man doch nicht von einem Scheitern sprechen könne, bevor Deutschland überhaupt irgendwelche Vorschläge unterbreitet habe. Anstelle einer Antwort traf am 30. April die Kündigungsnote für das Reiseabkommen ein. Bei deren Überreichung ergänzte der deutsche Gesandte mündlich, wenn die von Deutschland angestrebten Verhandlungen nicht zur Einigung führten, werde sein Land auch von den verschiedenen Abkommen über den Verrechnungsverkehr, die Warenzahlung und den gegenseitigen Warenverkehr zurücktreten. Damit stand der Bundesrat einmal mehr vor der als äusserst bedrohlich empfundenen Situation, dass er entweder die deutschen Forderungen betreffend die gesamten wirtschaftlichen und finanziellen Beziehungen akzeptieren oder auf der ganzen Linie einen vertragslosen Zustand mit dem nach wie vor wichtigsten Handelspartner der Schweiz in Kauf nehmen musste.[5]

Da Letzteres, wie eine spontane Umfrage bei den wichtigsten Betroffenen zutage förderte, für die meisten unvorstellbar war, wurden die Verhandlungen erneut wieder aufgenommen. Am 6. Juli 1936 um 18 Uhr trat Stucki in Bern vor die Presse und kommentierte das gleichentags erzielte Abkommen: «Es braucht wenig Phantasie, um sich vorzustellen, wie schwierig und aufreibend diese Verhandlungen gewesen sind. Die Hauptinteressenten in der Schweiz, und diese umfassen so ziemlich unsere ganze Volks- und Finanzwirtschaft, waren der Meinung, ein vertragsloser Zustand könne nicht leichten Herzens hingenommen werden, und ein schlechter Vertrag, wenn er nicht allzu schlecht sei, würde dem Bruch der gesamten Wirtschafts- und Finanzbeziehungen zu Deutschland vorgezogen. Man hat nach unendlich vielem Hin und Her jetzt eine Grundlage gefunden, die weder dem deutschen noch dem schweizerischen Standpunkt entspricht, sondern eine Mittellösung darstellt. Das Wesentliche an dieser Lösung besteht darin, dass im System, in den grossen Linien, in der Struktur der Abrechnung und Verrechnung keine entscheidende Änderung eintritt.» Stucki erläuterte dann die technischen Details des ausgehandelten Vertrags. Im Bereich Reisen wurde neu das Prinzip der Limitierung und Kontingentierung verankert. Die limitierte Zahl in die Schweiz reisender deutscher Touristen, zu denen auch die Kunden von Sanatorien, Krankenanstalten und Erziehungsinstituten gezählt wurden, sollte sich aus den Erträgen der Einfuhr deutscher Kohle in die Schweiz berechnen lassen. Im Jahr 1935 waren das 42 Millionen Franken. Neu war auch das sogenannte Gutscheinsystem: Deutsche Reisende durften nur kleine Beträge an Bargeld aus Deutschland ausführen; zur Hauptsache kamen sie mit – bei schweizerischen Hotels oder Transportanstalten einlösbaren – Gutscheinen, die sie vor der Abreise in Deutschland mit deutscher Währung erwerben mussten. Das entsprach zwar dem Clearing-Verfahren im Warenverkehr, aber die Schweiz gab den (nationalsozialistischen) deutschen Behörden damit auch ein wirksames Kontrollinstrument zur Überwachung der Ausreisenden in die Hand. Juden wurde es praktisch unmöglich gemacht, unter Mitnahme von Vermögen oder Wertgegenständen in die Schweiz zu fahren.

Den Vertragsartikeln über den Reiseverkehr folgten die detaillierten Bestimmungen über den Waren- und Finanzverkehr. Der schweizerische Export nach Deutschland wurde mehr oder weniger auf dem Stand von 1935 eingefroren. Die Linderung der Arbeitslosigkeit im Inland, eines der Hauptziele schweizerischer Handelspolitik, blieb mit der Zustimmung zu diesem Vertrag weiterhin eine Fata Morgana oder ein vergeblich angestrebtes Ziel. Hingegen wurde im Vertrag eine wesentliche Steigerung des Warenimports aus Deutschland in die Schweiz verbindlich vorgeschrieben. Heftig gestritten wurde in den Verhandlungen über die Vertragsdauer. Auch hier vermochte sich die Schweiz nicht durchzusetzen: Die neuen Verträge (ausgenommen das Reiseverkehrsabkommen) blieben grundsätzlich bis zum Juni 1939 gültig, konnten aber von Deutschland, wenn sich die deutschen Erwartungen betreffend die Verringerung des Handelsbilanzdefizits nicht erfüllen sollten, bereits auf den 31. Dezember 1936, also auf Ende des laufenden Jahres, gekündigt werden. Die Gültigkeit des Reiseabkommens wurde von vornherein auf Ende 1936 beschränkt. «Es ist also damit zu rechnen», schloss Stucki seine Darlegungen vor den Journalisten mit einem von ihm selten angewandten Sarkasmus, «dass wir nur bis Ende Jahr Ruhe haben und dass auf Ende des Jahrs diese so ungeheuer ‹erfreulichen› und ‹angenehmen› Verhandlungen wieder losgehen werden und ich Sie erneut über ein alles andere als glänzendes Verhandlungsresultat werde orientieren dürfen». Doch seinen nächsten Auftritt vor der Presse, und davon ahnten die Journalisten noch nichts, würde Stucki in eigener Sache und unter ganz anderen Umständen absolvieren.

Wer sich ein bisschen in die Akten Stuckis – seien es Korrespondenzen, Protokolle oder Zeitungsausschnitte – jener Jahre vertieft, der schöpft bald den Verdacht, dass da am Verhandlungstisch zwischen Washington, Berlin oder Rom nicht einfach ein vom Bundesrat instruierter Abgesandter am Werk war, der sich damit begnügte, als Stimme seines bundesrätlichen Herrn und Vorgesetzten dessen Meinungen und Weisungen zum Durchbruch zu verhelfen. Stucki verstand sich vielmehr als – innerhalb gewisser Vorgaben – frei und nach seinem eigenen Drehbuch agierender Hauptdarsteller, der die schweizerische Handelspolitik selbstständig interpretierte, der stets ein bisschen Gefahr lief, seinen Spielraum bis an die äussersten Grenzen, wenn nicht sogar zwei, drei Schritte darüber hinaus, auszureizen, der aber auch konstruktiv die schweizerische Handelspolitik vorausschauend konzipierte, ausformulierte und dem Bundesrat zur Gutheissung vorlegte.

Bei seinen Missionen im Ausland wurde Stucki, was bei der oft langen Dauer der Verhandlungen unvermeidlich war, auch regelmässig mit bilateralen Fragen konfrontiert, die nicht sein primäres Fachgebiet, also die Aussenhandelsbeziehungen der Schweiz, betrafen. Es entstand dann manchmal eine zweite, an der Schweizer Gesandtschaft im betreffenden Land aussen herumführende Beziehungsschiene, die – im Rücken des zuständigen Schweizer Gesandten und ohne dessen Wissen – für besonders heikle Fragen genutzt wurde. Ein gutes Beispiel dafür ist die erfolgreiche Intervention, die Stucki auf Begehren seiner deutschen Verhandlungspartner beim Bundesrat unternahm, um den bei den Behörden im Gastgeberland unbeliebten, weil als kompromissloser Gegner des Nationalsozialismus geltenden Schweizer Gesandten Paul Dinichert von seinem Posten in Berlin zu entfernen. Dinichert wurde durch den anpassungsfähigeren Hans Frölicher ersetzt, der in Berlin bereits über gute Kontakte verfügte.

Stucki war es aber auch, der als Vorsitzender wichtiger Konferenzen, zum Beispiel mit den Spitzenvertretern der Schweizer Wirtschaftsverbände, öffentlich in Erscheinung trat, der Pressekonferenzen abhielt oder ausländische Gäste empfing, kurz: der die Rolle spielte, die in anderen Departementen der Bundesverwaltung das verantwortliche Regierungsmitglied wahrnahm und die heute, im Zeitalter medial geprägter Politik, erst recht kein Departementsvorsteher mehr seinen Beamten überlassen würde. Oft nahm Stucki, wenn es um handels- und wirtschaftspolitische Fragen ging, an der Sitzung des Bundesrates teil, und zwar, wie man sich in den Protokollen der Regierungssitzungen überzeugen kann, nicht etwa als stummer Zuhörer, sondern mit eigenen, auch kritischen Voten in die Diskussion der Regierung eingreifend und eigene Vorschläge unterbreitend. Es verwundert deshalb nicht, dass von Stucki immer öfter als vom «achten Bundesrat» gesprochen wurde und dass sich etliche Leute Gedanken machten, ob man ihm nicht die höchsten Weihen eidgenössischer Politik zukommen lassen sollte, indem man ihn in die Landesregierung wähle.

Fast mehr noch in der breiten Öffentlichkeit der politisch Interessierten als in den bürgerlichen Parteizentralen setzte man sich mit dem Gedanken auseinander, aus dem mit Abstand bestbekannten Beamten der Eidgenossenschaft ein Regierungsmitglied zu machen. Derweil reiste Stucki immer noch zu Verhandlungen von Hauptstadt zu Hauptstadt, zu Konferenzen nach New York oder – immer häufiger – in die internationale Stadt Genf. Parallel zu seiner Reise- und Verhandlungstätigkeit bilateraler Natur war Stucki nämlich nach wie vor nicht nur Mitglied der Schweizer Delegation beim Völkerbund, sondern er war 1927 auch in dessen Wirtschaftskomitee gewählt worden. 1933 präsidierte er das Komitee und vertrat in dieser Funktion den Völkerbund verschiedentlich an internationalen Konferenzen wie zum Beispiel am Kongress der Internationalen Handelskammer 1931 in Washington.[6] Auch in der Rohstoffkommission des Völkerbundes führte ihn seine aktive und konstruktive Mitgliedschaft 1937 auf den Sessel des Vorsitzenden. Ausnahmsweise mehr der allgemeinen Stimmung in der Schweizer Bevölkerung und im Bundesrat als der eigenen weitsichtigen Überzeugung entsprechend trug Stucki die – insbesondere von Pilet-Golaz betriebene – Politik der Ablehnung einer russisch-sowjetischen Mitgliedschaft im Völkerbund mit. Seinen wichtigsten Beitrag zur Schweizer Völkerbundpolitik leistete er 1935: Italien war soeben wegen seines militärischen Überfalls auf Abessinien und damit wegen offener Verletzung des Völkerbundpaktes gemäss Artikel 16 mit Sanktionen belegt worden. Stucki, der bereits der Schweizer Delegation, dem Wirtschaftskomitee und der Rohstoffkommission angehörte, wurde

Die Schweizer Delegation in der Wirtschaftskommission des Völkerbundes wurde im Alltag von Minister Stucki (stehend hinten Mitte), bei besonders wichtigen Sessionen manchmal formell auch von Bundesrat Edmund Schulthess geleitet.

auch in den «Völkerbunds-Koordinationsausschuss der 18 für die Sanktionen gegen Italien» gewählt. Er hatte es nämlich übernommen, den differenzierten Standpunkt der Schweiz in der heiklen Sanktionenfrage zu formulieren und war mit der Materie bestens vertraut. Seine Berufung in den Ausschuss lag deshalb nahe. Allerdings erwartete man von ihm dort eine über das nationale schweizerische Interesse hinausgehende, im Interesse aller VB-Mitglieder liegende Betrachtungsweise der Sanktionsanwendung. Als Vertreter der Schweiz hatte er hingegen zu berücksichtigen, dass Italien nicht nur ein traditionell befreundetes Nachbarland, sondern auch ein wichtiger Handelspartner der Schweiz war. Bundesrat Motta, jetzt als Chef des Politischen Departementes Hauptverantwortlicher für das Dossier «Italien-Sanktionen», war aufgrund seiner Tessiner Abstammung besonders darauf bedacht, die ihm am Herzen liegende italienisch-schweizerische Freundschaft nicht in die Brüche gehen zu lassen.

Auf dem Tisch des Völkerbundes lagen zwei Anträge betreffend die Wirtschaftssanktionen gegen den Vertragsbrecher: Frankreich schlug vor, über Italien ein Embargo für alle zur Kriegsführung wichtigen Rohstoffe zu verhängen, England wollte die Völkerbundmitglieder verpflichten, die Einfuhr aller italienischen Waren zu verbieten und zu verhindern. Das Koordinationskomitee der 18 empfahl den Regierungen der Mitgliedsländer, beide Anträge gleichzeitig in Kraft zu setzen. Stucki lag daran, die zu erwartenden Reaktionen der italienischen Regierung auf diese ihr Land brüskierende Empfehlung genau abschätzen zu können; er brachte deshalb seine Meinung zum Sanktionenproblem zu Papier und sandte das Dokument dem schweizerischen Gesandten in Rom, Minister Wagnière. Er bat Wagnière, zu den folgenden Überlegungen, die er mit Nachdruck als seine persönlichen und nicht als diejenigen Mottas oder des EPD ausgab, Stellung zu nehmen:

Weil die Schweiz anlässlich ihres Beitritts zum Völkerbund ausdrücklich auf ihre wirtschaftliche Neutralität verzichtet und nur an der militärischen festgehalten habe, nachdem sie sich ferner auch der Tatsache nicht habe entziehen können, dass der Völkerbundpakt von Italien offensichtlich und massiv gebrochen worden sei, müsse sie, wenn sie ihre Glaubwürdigkeit nicht aufs Spiel setzen wolle, nach A jetzt auch B sagen und bei den Sanktionen mitmachen. Es war laut Stucki nicht nur eine Frage der Vertragstreue, sondern es lag vielmehr auch im Interesse der Schweiz, dass der Artikel 16 des Pakts nicht toter Buchstabe blieb; denn der italienische Faschismus trug unverkennbar irredentistische Züge. Stucki zweifelte keinen Moment daran – auch wenn er es im Brief an Wagnière nicht ausdrücklich in Worte fasste –, dass Mussolini bei sich bietender Gelegenheit seine Truppen ohne Weiteres ins Tessin einmarschieren und die Südschweizer heim ins römische Reich führen würde.[7] Somit konnte die Schweiz nach seiner Auffassung durchaus in die Lage kommen, den Artikel 16 selbst einmal gegen einen Paktbrecher anzurufen. Sie musste sich deshalb davor hüten, dass man ihr dereinst in einem solchen Moment ihre jetzige Haltung vorwerfen und die Unterstützung verweigern konnte. Stucki stellte Wagnière in Aussicht, er werde dem Bundesrat folgende Handlungsweise empfehlen:

Die Sanktionen betreffend den Transitverkehr von Waffen- und Kriegsmaterial, die Restriktionen im Finanzbereich und das Rohstoff-Ausfuhrverbot anzunehmen, die von England postulierte Einfuhrsperre für alle italienischen Waren hingegen abzulehnen, und zwar weniger mit Rücksicht auf die traditionellen engen Wirtschaftsbeziehungen zu Italien, als vielmehr, weil damit der gegenseitige Handel auf null schrumpfen und auch Tausende von Werktätigen in der Schweiz von Arbeitslosigkeit betroffen würden. Es könne ja nicht Sinn und Zweck der Sanktionen sein, hielt Stucki fest, neben Italien auch die Schweiz für den italienischen Vertragsbruch zu bestrafen. Beschwichtigend fügte er dann bei, natürlich beabsichtige man in Bern keineswegs, aus den Sanktionen des Völkerbundes gegen Italien Profit zu schlagen. Vielmehr werde man sich verpflichten, den Handel mit dem Nachbarland auf dem bisherigen Stand einzufrieren. Durch die Anwendung des bereits im Warenverkehr mit anderen Staaten praktizierten Verrechnungs- und Clearingsystems könne man nicht nur den Warenaustausch auf den gewünschten Umfang beschränken, sondern auch wirksam verhindern, dass Italien in den Besitz von Schweizer Franken oder anderer Devisen komme. Abschliessend zeigte sich Stucki in seinem Brief überzeugt davon, dass die Völkerbundmitglieder für die spezielle Situation der Schweiz als Nachbar Italiens Verständnis bekunden und sich mit deren Anpassung der Sanktionen an die spezifisch schweizerischen Bedingungen und Bedürfnisse abfinden würden.[8]

Zwei Tage später holte sich Stucki die einstimmige Gutheissung seiner Überlegungen anlässlich einer Konferenz, an der 31

Bei Verhandlungen mit ausländischen Delegationen spielte Stucki virtuos auf der Klaviatur der ihm zur Verfügung stehenden Mittel: Von der Drohung mit Verhandlungsabbruch bis zum Ausflug mit Damen (hier im Januar 1935 auf die Kleine Scheidegg) wusste er als Gastgeber alle Methoden wirkungsvoll einzusetzen.

Präsidenten aller grossen Schweizer Wirtschaftsverbände und Gewerkschaften teilnahmen. Ende Oktober erhob der Bundesrat die Vorschläge Stuckis mit einigen wenigen Retuschen zum Beschluss. Und Stucki war es auch überlassen, den Standpunkt der Schweiz als Delegierter in Genf öffentlich zu machen. Er tat dies in einer Rede vor dem Völkerbundplenum, die weit über die Schweiz hinaus Beachtung fand. Die Reaktionen im In- und Ausland waren gespalten. In der Schweiz griffen insbesondere die Journalisten politisch links orientierter Blätter, die seit Langem vorbehaltloses Mitmachen bei den Sanktionen gefordert hatten, zum verbalen Zweihänder: Die Berner Tagwacht bedauerte die «Unterwürfigkeit» gegenüber Mussolini, die Volksstimme aus St. Gallen kommentierte unter dem Titel «Der Völkerbund wird sabotiert», die Haltung der Schweiz sei unwürdig, «Herr Stucki mag ein guter Unterhändler beim Aushandeln von Handelsverträgen sein, aber heute brauchen wir in Genf einen Mann, der Gefühl hat für Würde, Stolz und Unabhängigkeitssinn eines kleinen Volkes». Ganz grobes Geschütz mit Munition aus der Kiste des Klassenkampfs wurde in Basel und in der Westschweiz gegen Stucki aufgefahren: Der *Vorwärts* bezichtigte «die Herren Stucki und Motta der Komplizenschaft mit dem kleinen Häuflein schweizerischer Rüstungsindustrieller und Bankiers, die sich am Blut der gefallenen Soldaten mästen». In der Auslandpresse übten sich vor allem die britischen Blätter in Kritik; sie schrieben etwa von Stuckis «obstruktiver Haltung in der Sanktionenfrage» (*Daily Herald*); und der *Manchester Guardian* befand, die Schweiz werde im Genfer Völkerbundgebäude jetzt eher als Gastwirt denn als Mitglied betrachtet. Während auf der anderen Seite des politischen Spektrums der Schweiz die Frontisten und ihre Postillen den sofortigen Austritt der Schweiz aus dem Völkerbund forderten, fassten bürgerliche Zeitungen Stuckis Rede zumeist kommentarlos zusammen oder bekundeten laue Zustimmung.

Eines war indessen offensichtlich: Stucki war angreifbarer geworden; er war plötzlich nicht mehr der über der Politik stehende Unterhändler, der an den Brennpunkten des Geschehens für sein Land die Kastanien aus dem Feuer holte. Denn er war inzwischen auch nicht mehr Direktor der Handelsabteilung, dem man, wie es damals bei Beamten üblich war, parteipolitische Neutralität auferlegt und zuerkannt hatte. Stucki hatte vielmehr ein eindrückliches Kapitel seiner Biografie abgeschlossen und einen neuen Lebensabschnitt begonnen, indem er in die Niederungen der Innen- und Parteipolitik hinuntergestiegen war.

Zusammen mit seinem bundesrätlichen Vorgesetzten und Freund, Edmund Schulthess, hatte er im März 1935 seinen Rücktritt als Chef der Handelsabteilung bekanntgegeben. Weder das Zureden von Mitgliedern der Landesregierung noch die Beschwörungen in der Presse oder die Zuschriften aus Kreisen der Wirtschaft konnten ihn von seinem Entschluss abbringen, dem Staatsdienst den Rücken zu kehren; auch der vom Präsidium des Schweizerischen Handels- und Industrievereins (HIV) verfasste Appell, es sollte der Landesregierung doch möglich sein, Stucki seiner bisherigen Aufgabe zu erhalten, fand bei ihm selbst kein Echo. In elf Jahren hatte er 15 vollständig neue Wirtschaftsverträge mit anderen Staaten, darunter allein sechs unter besonders schwierigen Rahmenbedingungen mit Deutschland und drei mit Frankreich, ausgehandelt. Dazu kamen 33 Zusatzabkommen, Teil- oder Ergänzungsverträge, davon wiederum 17 mit Deutschland. Wenn es ums bilaterale Verhandeln ging, konnte ihm in der Schweiz keiner das Wasser reichen. Er hatte sich einen wertvollen Erfahrungsschatz angeeignet, der ihm, zusammen mit seinem Intellekt und seiner Debattierkunst, eine einmalige Fähigkeit als Unterhändler verlieh. Es gab in den beiden für Aussenpolitik und Wirtschaft zuständigen Departementen EPD und EVD kein wichtiges Dossier, das nicht auch über den Schreibtisch von Stucki gegangen wäre, es wurde kaum ein wichtiger Beschluss gefasst, ohne dass man zuvor seine Meinung eingeholt hätte. Stucki hatte den Zenit seiner Laufbahn erreicht; seine Stimme war von grösserem Gewicht als diejenige manchen Bundesrates, sein Bekanntheitsgrad reichte weit über den Radius der Bundespolitik hinaus – einerseits bis in die meisten europäischen Hauptstädte, andererseits bis an den Mittagstisch der Familie Schweizer, wo das Hören der 12.30-Uhr-Nachrichten von Radio Beromünster tägliches Ritual war, und in diesen Nachrichten wurde der Name von Minister Stucki fast täglich in irgendeinem Zusammenhang erwähnt.

Natürlich war sich Stucki seiner eigenen Bedeutung wohl bewusst, und er gab sich auch keine Mühe, bescheidener oder kleiner zu erscheinen, als er war. Aber er brauchte seine Wichtigkeit nicht einmal selbst herauszustreichen; seine Umgebung anerkannte ihn als den naturgegebenen Chef und brachte ihm unaufgefordert den erwarteten Respekt entgegen, den er gegenüber anderen manchmal vermissen liess, auch wenn er nicht alles, was er seinem Tagebuch anvertraute, auch öffentlich aussprach. Am 22. Februar 1933 notierte er zum Beispiel über den Schweizer Gesandten in Berlin: «Konferenz mit Dinichert – macht wieder einen entsetzlich mittelmässigen Eindruck.» Und am gleichen Abend: «Thee auf der Gesandtschaft; die mittelmässige Frau Heim aus Bern singt.» Oder zwei Tage später: «Verhandlungen mit Hagemann, Lunch auf der Gesandtschaft – wie fad ist der Minister!»

Dass es auch für ihn selbst persönliche Niederlagen, Abstiege und Tiefpunkte und damit beissend spöttische oder politisch vernichtende Urteile und Kommentare geben würde, ahnte er noch nicht, als er sich im Frühjahr 1935 entschloss, die innenpolitische Arena zu betreten.

Bundesratskandidat 6
Aus dem Berner beinahe einen Thurgauer gemacht

Kein Mensch hätte je bestritten, dass Walter Stucki das Format für den Bundesrat habe. Auch an Kompetenz und Fachwissen, insbesondere in wirtschaftlichen und aussenpolitischen Belangen, war Stucki jedem anderen Kandidaten ebenbürtig oder sogar überlegen. Nicht mit letzter Sicherheit beantworten lässt sich hingegen die Frage, ob Stucki selbst wirklich hätte Bundesrat werden wollen, ob er an den äusseren Verhältnissen gescheitert ist, die nicht so waren, dass sie seine Kandidatur begünstigt hätten oder ob er selbst zur Erkenntnis kam, dass ein Exekutivamt im Kollegialsystem nicht auf seine Persönlichkeit zugeschnitten sei und er deshalb nichts tat, was die Chancen seiner Wahl in die Landesregierung begünstigt hätte, ja dass er vielleicht sogar froh war, wenn die verfassungsmässigen und parteipolitischen Umstände seiner Wahl in den Bundesrat entgegenstanden. Dabei ging es nicht etwa um rein theoretische Erwägungen, vielmehr wurde er mehrere Male, erstmals 1934, mit der Möglichkeit einer Kandidatur konfrontiert.

Am 11. März 1934 wurde das Staatsschutzgesetz, das als «Lex Häberlin» in die Geschichte eingegangen ist, in der Volksabstimmung verworfen. Der höchst umstrittene Erlass hatte seine Wurzeln in den Unruhen von 1932, im Aufruhr in Zürich mit dem Sturm auf die Militärkaserne, und in Genf, wo das Eingreifen der auf innere Unruhen nicht vorbereiteten militärischen Truppen 13 Tote und 60 Verletzte zur Folge hatte. Angesichts der bis anhin vorwiegend linksradikalen, nun aber überhandnehmenden faschistischen Agitation gelangte der freisinnige Vorsteher des Justiz- und Polizeidepartements zur Überzeugung, die geltenden Bestimmungen gegen Aufruhr und Hochverrat aus dem Jahr 1853 seien «bestenfalls auf eine Biedermeierrevolution zugeschnitten» und genügten den Anforderungen des Staatsschutzes in keiner Weise mehr. Er legte deshalb ein modernes Staatsschutzgesetz vor; doch ungeschicktes Taktieren auf bürgerlicher Seite und eine unheilige Allianz aus Frontisten, Kommunisten, linken Sozialdemokraten und unzufriedenen Bauern brachten das als «Maulkorb» denunzierte Gesetz in der Referendumsabstimmung zu Fall. Am Tag nach der Abstimmungsniederlage gab Häberlin seinen Rücktritt bekannt, den er zwar ohnehin auf das Jahresende hin geplant hatte, der nun aber durch den Zeitpunkt der Bekanntgabe demonstrativen Charakter erhielt. In Wahrheit war Häberlin ganz einfach amtsmüde. Die ständigen Intrigen und Hegemonialkämpfe im Bundesrat, die fehlende Solidarität und die Missachtung des Kollegialprinzips in der Landesregierung hatten ihn zermürbt. 14 Jahre lang hatte er das Eidgenössische Justiz- und Polizeidepartement geleitet. Jetzt hatte er genug.[1]

Als am 13. März in Bern die Frühjahrssession der eidgenössischen Räte eröffnet wurde, sorgten der zwei Tage vorher erfolgte Rücktritt Häberlins und noch mehr die Wahl seines Nachfolgers für ausgiebigen Gesprächsstoff in der Wandelhalle des Bundeshauses. Im Vordergrund stand als Kandidat der Ständerat und frühere Ausserrhoder Landammann Johannes Baumann, dessen Name schon seit einigen Jahren für den Fall genannt wurde, dass im Bundesrat eine Vakanz entstünde. Ein ruhiger, unbestrittener Kandidat schien eine ruhige und unbestrittene Wahl zu gewährleisten. Doch im letzten Moment erwuchs dem Appenzeller unerwartete Opposition. Es waren nicht irgendwelche fehlenden Qualitäten des freisinnigen Bewerbers, die den Widerstand gegen den Kronfavoriten weckten, sondern das schwer definierbare Bauchgefühl, man könne angesichts der bedrohlichen weltpolitischen Entwicklung nicht auf den alten Trampelpfaden bisheriger eidgenössischer Politik weitermarschieren, vielmehr brauche es in diesen ausserordentlichen Zeiten aussergewöhnliche Persönlichkeiten in der Landesregierung. Die Idee, der neue Bundesrat müsse nicht unbedingt in den Reihen der eidgenössischen Räte gesucht werden, fand eine rasch wachsende Zahl von Anhängern. Damit schien das Feld der möglichen Kandidaten plötzlich unbegrenzt; neue Namen wurden in die Diskussion eingebracht, geprüft und wieder verworfen.

In diese aufgeregte Stimmung des ersten Sessionstages platzte eine kurze Meldung in der Abendausgabe der NZZ: «Um die

Mittagsstunde vernehmen wir noch eine neue Version», vermeldete der Berichterstatter aus dem Bundeshaus; «Minister Stucki, Direktor der Handelsabteilung des Volkswirtschaftsdepartements. Dass dieser hervorragende Eidgenosse ganz vorzüglich in den Bundesrat passen würde, steht ausser jedem Zweifel. Aber Dr. Stucki ist Berner, und der Stand Bern stellt bereits ein Bundesratsmitglied. Der Einwand ist den Parlamentariern, die seinen Namen nennen, natürlich nicht unbekannt, und sie reden davon, dass es ein Leichtes wäre, Minister Stucki das Bürgerrecht irgendeiner Gemeinde in einem anderen Kanton zu schenken, wodurch das verfassungsmässige Hemmnis beseitigt wäre.»

Stucki als Bundesratskandidat – das schlug ein wie eine Bombe: Kein National- oder Ständerat, der dazu nicht eine dezidierte Meinung hatte, keine Zeitung, die Stuckis Kandidatur am nächsten Tag nicht zur Schlagzeile machte, keine Redaktion, die nicht in einem Kommentar vehement für oder gegen Stucki votierte. Dabei fanden sich ausnahmsweise politisch Linke und Föderalisten, die aus unterschiedlichen Gründen eine Kandidatur Stuckis strikt ablehnten, im gleichen Boot:

«Die Verwirrung der Geister ist so gross, dass in NZZ und ‹Bund› als neueste liberale Weisheit die Idee auftaucht, ein Berner könne neben Herrn Minger ohne weiteres in den Bundesrat einziehen, er brauche bloss, keine Hexerei, mit Geschwindigkeit zum Ehrenbürger von Frauenfeld oder Küblis ernannt zu werden», empörte sich das Zürcher *Volksrecht*.

«Wo man hinhört, ist der Name von Minister Stucki in der Diskussion, und er wird als der gegebenste Mann für Häberlins Nachfolge erachtet», gab das *Langenthaler Tagblatt* zu bedenken. Eine «Staatskrise» witterte hingegen das *Solothurner Tagblatt*, das unter diesem alarmierenden Titel seiner Meinung kurz und bündig Ausdruck verlieh: «Stucki aus den Klauen des Mutzen befreien? Dafür sind wir schwer zu haben!» Das Konkurrenzblatt *Solothurner Zeitung* blies ins gleiche Horn: «Stucki ein anderes Bürgerrecht zu schenken, käme einer Komödie gleich.» Für die *Ostschweiz* war eine Kandidatur Stuckis mit neuem Bürgerrecht nicht mehr als «ein grotesker Gedanke». Der Berner *Bund* hingegen zeigte sich angetan von der Idee, Stucki zum Bundesrat zu küren: «Angesichts der überragenden Persönlichkeit, die hier zur Frage steht und in hohem Masse das Vertrauen des ganzen Landes hinter sich weiss, sollten sich die Schwierigkeiten, dass der Kanton Bern mit Bundesrat Minger bereits ein Mitglied der Landesregierung hat, aus dem Weg räumen lassen.»²

Die Ostschweizer, die ihren Sitz im Bundesrat bereits wackeln sahen, hatten verständlicherweise für die Kandidatur Stuckis wenig übrig: «Die NZZ hatte die Geschmacklosigkeit, ihren Lesern den Advokatenkniff zu servieren, mittelst welchem man den hemmungslosen Aufstieg Minister h.c. Stuckis mit der Bundesratswürde krönen könnte», ärgerte sich die *Thurgauer Zeitung*. Kurz und bündig war der Kommentar in den *Luzerner Neusten Nachrichten*, wo der Redaktor die Kandidatur Stuckis mit einem halben Dutzend Wörtern abtat: «Minister Stucki bleibe, wo er ist.»

In Zürich indessen hätte man sich offenbar, nicht nur in der NZZ-Redaktion, mit zwei Bernern im Bundesrat problemlos abfinden können: «Herr Minister Stucki ist in die vorderste Reihe der Kandidaten zu stellen. Selbst die Tatsache, dass der Kanton Bern bereits in der Exekutive vertreten ist, sollte für die Wahl Stuckis kein unüberwindbares Hindernis darstellen», sekundierten die *Neuen Zürcher Nachrichten* das grosse Schwesterblatt.

Die katholisch-konservativen Blätter aus der Innerschweiz wiederum hatten wenig übrig für den Kandidaten aus Bern, formulierten indes ihre Ablehnung, wie zum Beispiel das *Vaterland*, in eher gemässigtem, dafür sarkastischem Ton: Die Wahl Stuckis sei unwahrscheinlich, «ganz abgesehen davon, dass sich ein Minister h.c. und Dr. h.c. Walter Stucki dafür bedankt, von den Bürgern h.c. eines anderen Kantons in den Bundesrat hineingeschmuggelt zu werden. Es heisst sogar, man habe an eine Verschiebung der Bundesratswahl auf den Monat Juni gedacht, damit wahrscheinlich der Kandidat malgré lui im Eidgenössischen Volkswirtschaftsdepartement seinen Posten kündigen und nach den Ufern des Bodensees vorübergehend zur Niederlassung umziehen könnte, um erst so die Voraussetzungen zu verwirklichen, um als Thurgauer in die Weltgeschichte eingehen zu können.»

Die Verschiebung der Bundesratswahl mit dem Zweck, die Kandidatur Stuckis formal richtig vorbereiten zu können, wurde im Bundeshaus tatsächlich diskutiert, wie auch *Das Volk* zu berichten wusste: «Weil im Vordergrund als einzige ernsthafte Kandidatur die Nomination von Minister Stucki steht, wozu allerdings eine Verfassungsänderung nötig wäre, wollen die Bürgerlichen die Bundesratswahl erst an einer Sondersession im April durchführen.» Das Geheimnis, wie man in der Schweiz innerhalb eines

Monats eine Verfassungsänderung zustande bringe, gab der *Volk*-Redaktor allerdings nicht preis.

Sympathiekundgebungen verschiedenster Art legten offen, dass die Aktien Stuckis in der Bevölkerung höher im Kurs standen als bei der Kaste der Politiker und Journalisten. Rasch hatten weitherum alle politisch Interessierten ihre Meinung gemacht und in vielen Fällen auch kundgetan – sei es am Stammtisch oder in der Zeitung, sei es als Leserbrief oder sogar als bezahltes Inserat. Was fehlte, war einzig die Stimme des Betroffenen. Es dauerte knappe zwei Tage, bis Stuckis Reaktion an die Öffentlichkeit drang. Das mag in der Aufgeregtheit jener Tage als lang erschienen sein; wenn man jedoch die Fristen in Erinnerung ruft, die sich Bundesratskandidaten heutzutage ausbedingen, um zu entscheiden, ob sie sich «zur Verfügung stellen» wollen, hat Stucki rasch geantwortet. Am Donnerstag, 15. März, liess er durch die Schweizerische Depeschenagentur verbreiten, er sei nicht Kandidat und würde eine Wahl auf keinen Fall annehmen. Am nächsten Tag eröffnete er feierlich den Autosalon in Genf und erfüllte damit eine Repräsentationspflicht, für die bis heute normalerweise ein Bundesrat in die Rhonestadt entsandt wird. Da Stucki seine Nichtkandidatur entschieden und glaubhaft dargelegt und kommuniziert hatte, wurde am 22. März von der Vereinigten Bundesversammlung im dritten Wahlgang mit 141 von 222 Stimmen, wie ursprünglich vorgesehen, Johannes Baumann zum Nachfolger Häberlins gewählt.

Stucki hat die Beweggründe für seinen Verzicht nicht sofort publik gemacht. Sogar in seinen Notizen, die er rückblickend angefertigt hat, beschränkte er sich auf zwei banale Sätze: «Nach Rücktritt B.Rat Häberlin wird mir die Nachfolge angetragen. Ich lehne ab.» Hingegen macht ein späterer Briefwechsel mit Ständerat Löpfe-Benz aus Rorschach (SG), der 1945 aus der Kleinen Kammer zurücktrat, Stuckis Bedenken und Argumente gegen eine Bundesratskandidatur besser fassbar. In seinem Abschiedsbrief an Stucki schrieb Löpfe-Benz: «Sie haben mich einen Moment lang, aber nur einen Moment enttäuscht, nämlich als ich Ihnen die Frage vorlegte, ob ich Ihnen das Ehrenbürgerrecht von Rorschach vermitteln dürfe, um Ihren Eintritt in den Bundesrat nicht an einer Vorschrift scheitern zu lassen. Sie lehnten ab. Ich verstand dann rasch, dass Sie als Berner, nicht als St. Galler, in den Bundesrat hätten eintreten wollen. Wir St. Galler als ehemalige Untertanen des Fürstabts haben halt noch heute nicht das tiefverwurzelte Staatsbewusstsein wie die Berner.» Stuckis Antwort lässt darauf schliessen, dass die Kantonszugehörigkeit zumindest nicht der wichtigste Beweggrund für sein klares Nein zur Kandidatur gewesen war: «Sie irren sich», antwortete er dem St. Galler Ständerat, «ich habe Ihr Angebot viel weniger deshalb abgelehnt, weil ich Berner bin und bleiben wollte, als dass ich niemals durch eine ‹Ritzung› der Bundesverfassung in den Bundesrat eintreten wollte.»[3]

Um erfolgreich zu kandidieren, stammte Stucki indessen nicht nur aus dem falschen Kanton, es fehlte ihm auch das richtige Parteibuch. Der gemäss ungeschriebenem Recht fest dem Kanton Bern zustehende Sitz im Bundesrat wurde nämlich seit ihrer Aufnahme in den Kreis der Regierungsparteien im Jahr 1930 vom Vertreter der Bauern-, Gewerbe- und Bürgerpartei (BGB, heute SVP) gehalten. BGB-Bundesrat war damals der populäre «Rüedu» Minger, Urbild eines Berner Bauernführers, unter dessen Ägide sich die BGB 1918 von ihrer freisinnigen Mutterpartei abgespalten hatte, weil die FDP mit ihrem unbedingten Bekenntnis zum Freihandel den Bauern allzu einseitig auf die Interessen der Exportindustrie ausgerichtet war. Und Stucki, damals zwar noch ohne Parteibuch, gehörte, wie für jedermann ersichtlich war, eindeutig zum Kreis der Freihandelsbefürworter. In seiner Funktion als Direktor der Handelsabteilung hatte er mit den Vertretern des Bauernverbandes, die sich für einen vom Staat geschützten inländischen Agrarmarkt und damit für protektionistische Massnahmen stark machten, manchen Strauss ausgefochten; er wäre deshalb im Kreis der Berner BGB alles andere als willkommen gewesen und schon gar nicht für den Bundesrat vorgeschlagen worden. Aber auch in Wirtschaftskreisen war man übrigens gar nicht so unglücklich über Stuckis Verzicht auf eine Kandidatur. Der Direktor der Bally-Schuhfabriken dankte dem Direktor der Handelsabteilung ausdrücklich dafür, dass er als «bewährter Mann der Wirtschaft» seinen Platz nicht verlasse, «um einen höhern Kapitänsposten im Bundesrat anzutreten, denn das Schiff unserer Wirtschaft steuert durch die Charybdis, und der beste Mann an Bord hält das Steuer in der Hand. Unser Land muss ihm dafür dankbar sein.» Im Wirtschaftsteil der NZZ wurden etliche Zuschriften ähnlichen Inhalts und mit denselben Folgerungen abgedruckt. «Schuster, bleib bei deinem Leisten» lautete die Botschaft der schweizerischen Wirtschaftsführer. Offensichtlich war in deren Augen ein qualifizierter und kompetenter Unterhändler für Wirtschaftsverträge, der konkrete Resultate ablieferte, mehr wert als ein Bundesrat, der seine Zeit mit politischer Schaumschlägerei vertat: «Wir glauben, dass Minister Stucki der rechte Mann am rechten Platz ist (...) Minister Stucki kann sich aber nicht an zwei Verhandlungstische auf einmal setzen. Es scheint uns, dass man ihm, obwohl wir sonst nicht für eine Vermehrung des Staatspersonals sind, in diesen verhandlungsreichen Zeiten einige weitere kompetente Mitarbeiter zur Seite geben sollte, um ihn zu entlasten.»[4]

Trotz seiner klaren Absage stand Stucki ein Jahr später, anlässlich des Ausscheidens von Bundesrat Schulthess aus der Landesregierung, erneut als Bundesratskandidat im Rampenlicht. Schulthess, amtsmüde und von Asthmaanfällen geplagt, hatte 23 Jahre an der Spitze des Volkswirtschaftsdepartementes ausgeharrt, und Stucki, der sich bei seinem Amtsantritt als Direktor der Handelsabteilung öffentlich darauf festgelegt hatte, nach fünf Jahren, spätestens aber beim Rücktritt seines Chefs wieder in die Privatwirtschaft zu wechseln, hatte inzwischen nicht weniger als elf Amtsjahre absolviert. Nun traten die beiden praktisch gleichzeitig zurück; das heisst, Stucki liess seinem ihm in Freundschaft verbundenen Vorgesetzten zwei Tage Vorsprung, bevor er am 3. April 1935 seinen eigenen Rücktritt auf Ende Jahr bekanntgab. Umso grösser war das Echo auf seine Ankündigung: Die Anzahl und die offensichtliche Betroffenheit und Ernsthaftigkeit, die in den Pres-

Im Berner Bellevue gratuliert Walter Stucki seinem väterlichen Freund und Chef, Bundesrat Edmund Schulthess, am 2. März 1934 zum 66. Geburtstag.

sekommentaren zum Ausdruck kamen, waren deutlich grösser als zwei Tage zuvor bei Schulthess. Die Zeitungen interpretierten den Rücktritt des erfolgreichen Unterhändlers als schwerwiegenden Verlust für die Schweiz und meldeten ernsthafte Bedenken angesichts der Lücke, die er hinterlasse. Weit über den Kreis der Bundeshaus-Habitués hinaus äusserte man lebhaftes Bedauern über Stuckis unerwarteten Entscheid; in den Zeitungen wurden massenhaft Zuschriften besorgter Leser abgedruckt, welche die Hoffnung ausdrückten, der hoch geachtete Handelsdiplomat möge auf seinen Entscheid zurückkommen; das Präsidium des Schweizerischen Handels- und Industrievereins (HIV) erliess einen öffentlichen Appell an Stuckis Adresse, er möge doch weiter in seinem Amt ausharren; redaktionelle Kommentare in der Presse monierten, schwierige Zeiten riefen nach starken Persönlichkeiten, Stucki müsse deshalb zum Bleiben motiviert werden, denn sein Rücktritt, falls er Tatsache werden sollte, würde, wie etwa die *Neue Glarner Zeitung* prophezeite, «die nervöse Spannung in der ganzen Volkswirtschaft sichtlich verschärfen». Die NZZ versuchte, Stucki bei der Stange zu halten, indem sie ihm mit Gottfried-Keller-Zitaten über die Bewegung der Welt durch willensstarke Männer schmeichelte; denn Stucki hatte sich ja bei manchen Schweizern den Ruf erworben, aus dem Holz jener Männer geschnitzt zu sein, die – wenn nicht gerade die ganze Welt – so doch in Europa etwas zu bewegen vermochten.

«Es wird kaum gelingen, einen Mann vom Format von Minister Stucki für dessen Nachfolge zu finden, geschweige denn einen mit dieser reichen Erfahrung», fürchtete der Kommentator in der *Thurgauer Zeitung*. Deshalb «sollte alles unternommen werden, um Minister Stucki zum Bleiben zu bewegen; denn allein schon die bevorstehende Bundesratswahl zeigt deutlich genug, dass wir keinen Überfluss haben an geeigneten Persönlichkeiten für derart schwierige Aufgaben und Ämter», stellten die *Basler Nachrichten* fest. «Das Amt, welches Minister Stucki bekleidet, hat sich im Laufe der Zeit zum dornenvollsten, arbeitsschwersten und aufreibendsten der ganzen Bundesverwaltung entwickelt, das selbst für einen Mann von stärkster Willens- und Arbeitskraft, von grösster physischer und geistiger Energie zermürbend werden muss», schrieb *Der Bund*.[5] Sogar aus Deutschland, wo Stucki bei den bilateralen Verhandlungen mit der Schweiz als «harter Brocken» eingestuft wurde, waren Töne des Bedauerns zu vernehmen: «Stucki erfreut sich hier allgemein grosser Beliebtheit. Gerade diejenigen deutschen Regierungsstellen, die ihn als zähen und hartnäckigen Vertreter der schweizerischen Interessen in zahlreichen und langwierigen Verhandlungen kennen gelernt haben, heben seine Sachkenntnis und seinen Weitblick hervor sowie die angenehme Art des Verhandelns dieses Gegners, obgleich es ihnen nie leicht war, ihm gegenüber dem deutschen Standpunkt Geltung zu verschaffen.»[6] Die *Frankfurter Zeitung* hingegen machte Stucki als eigentlichen «Konstrukteur des neuen schweizerischen Interventionismus verantwortlich für das auf die Spitze getriebene Kontingentierungs- und Zollsystem, das auch von der schweizerischen Wirtschafts- und Finanzpolitik mit immer grösserer Besorgnis beobachtet wird.»

In verschiedenen Blättern wurde hervorgehoben, dass Stucki sein Rücktrittsschreiben mehrere Tage vor der Kandidatennominierung für die Bundesratswahl verfasst und überreicht habe, also zeitlich deutlich vor der Publikation der Liste mit den für die Nachfolge von Schulthess gemeldeten Kandidaten. Damit wollte Stucki offensichtlich jenen Stimmen den Boden entziehen, die gerüchteweise verbreiteten, er trete zurück, weil er sich eine Zusammenarbeit mit diesem oder jenem Bundesratskandidaten nicht vorstellen könne; denn das hätte beim Renommee Stuckis für den betreffenden Kandidaten ein beträchtliches Handicap dargestellt. Stucki betonte denn auch in seinem Rücktrittsschreiben an den Bundesrat, er gebe von seinem Entschluss, auf Ende Jahr zurückzutreten, schon Anfang März Kenntnis, damit seine Demission nicht als Demonstration gegen das zu wählende Regierungsmitglied aufgefasst werden könne. Im Übrigen glaube er, nachdem er doppelt so lange als geplant im Amt geblieben sei, seine Pflicht reichlich erfüllt zu haben.

Der Bundesrat legte das Demissionsschreiben Stuckis – auch das ein beispielloser Entscheid – unbehandelt und ohne dem Absender eine offizielle Antwort zukommen zu lassen, beiseite in der Hoffnung, «es werde gelingen, Herrn Minister Stucki zu bewegen, auf seinen Entschluss zurückzukommen.»[7]

Von den zahlreichen öffentlichen Belobigungen bis zur Idee, Stucki solle jetzt doch in den Bundesrat gewählt werden, war es nur noch ein kleiner Schritt, und ehe er sichs versah, wurde der scheidende Chefbeamte wieder zum Kreis der Kandidaten, diesmal für die Nachfolge Schulthess' gezählt. Gemeinden aus den

Kantonen Glarus, Graubünden und St. Gallen stritten sich darum, ihm mit der Verleihung des Ehrenbürgerrechts den Weg in den Bundesrat zu ebnen. «Erneute Ablehnung» war alles, was Stucki dazu in seinen Notizen festhielt. Erst im Brief, den er fünf Jahre später an einen Parteifreund richtete,[8] wurde er etwas deutlicher. Der entscheidende Satz in diesem Schreiben lautet: «Herr Minger hat mir damals nicht nur ein Nationalratsmandat in seiner Partei, sondern die dadurch gesicherte Nachfolgerschaft (als Bundesrat) angetragen.» Damit dürfte sich Minger allerdings weit aus dem Fenster gelehnt haben; denn die bernische BGB hatte nach wie vor wenig übrig für den Propagandisten des Freihandels und sie hätte Stucki kaum zum Kandidaten für den von ihr «verwalteten» Bundesratssitz gemacht. Stucki brachte sogar Verständnis dafür auf, dass ihm die Bauern-Partei die kalte Schulter zeigte: «Man konnte wirklich von den Berner Bauern nicht verlangen, einer Kandidatur von jemandem zuzustimmen, der es vor fünf Jahren ausdrücklich abgelehnt hat, sich wirtschaftlich und parteimässig an ihre Ziele und Interessen zu binden.»

Über die Gründe von Mingers – übrigens nie publik gewordenen – Avancen an Stuckis Adresse kann man nur spekulieren. Entweder wollte er seine Beziehungen zu Stucki verbessern, weil er dessen politisches Potenzial erkannt hatte und es für nützlich hielt, ihn auf seiner Seite zu wissen, wobei er aber gleichzeitig genau wusste, dass Stucki nie und nimmer der BGB beitreten und deshalb nie als BGB-Vertreter in die Landesregierung einziehen würde. Die andere Erklärung für Mingers geheim gebliebenes Gespräch mit Stucki ist jedoch plausibler: Bundesrat Minger hatte Angst – Angst, dass die Bundesversammlung bei der nächsten Gesamterneuerungswahl den Berner Sitz in der Regierung an den überall hoch geachteten Minister Stucki vergeben könnte und dass er als ungebildeter Bauer, dessen Popularität damals noch vor allem darin bestand, dass man Witze über ihn machte, über die Klinge springen müsste. Zudem waren kompetente Wirtschaftsfachleute mit internationaler Erfahrung in der Regierung jederzeit gefragt. Für den Posten des Wirtschaftsministers, den Minger selbst – bisher allerdings vergeblich – angestrebt hatte und der in den 1930er-Jahren mit viel mehr Ansehen und Prestige verbunden war als derjenige des EMD-Chefs mit seiner seit dem Kriegsende von 1918 zusehends verlotternden und nicht mehr zeitgemäss gerüsteten Armee, brachte Stucki eindeutig die besseren Voraussetzungen mit. Schliesslich darf man nicht vergessen, dass Minger den Höhepunkt seiner Bundesratslaufbahn, die ihm dann doch noch allgemeine Anerkennung und über die bernischen Kantonsgrenzen hinausreichende Beliebtheit eintrug, erst kurz vor Beginn des Zweiten Weltkriegs, also Jahre später, erreichte. Wäre es ihm aber gelungen, Stucki an die BGB und an einen Nationalratssitz der BGB zu binden, hätte er den prominenten Aufsteiger besser unter Kontrolle gehabt und Stucki hätte als Parlamentarier auf den Rücktritt Mingers warten müssen, um sich für dessen Nachfolge als Bundesrat bewerben zu können.

Nun hatte Minger allerdings Stuckis Geradlinigkeit und Charakter unterschätzt. Stucki war nicht der Mann, der sich eine Partei suchte, die ihm Aufstieg und Erfolg garantierte, und der dann seine Gesinnung dem Programm und den Parolen dieser Partei angepasst hätte. Er trug vielmehr eine feste Überzeugung mit sich herum und stellte dann fest, dass die Freisinnige Partei am ehesten seinen Grundsätzen entsprach. Deshalb trat er kurz nach dem Gespräch mit Minger der nach seiner eigenen Beurteilung «in Bern machtlosen ebenso wie unbeliebten» FDP bei. Damit hatte er seine allfälligen Bundesratsaspirationen eigenhändig und endgültig begraben: «Ich war mir selbstverständlich vollständig klar darüber, dass damit für normale Verhältnisse und bei der bei uns üblichen Conception der Weg in den Bundesrat verriegelt war.» Der Freisinn konnte sich im Kanton Bern nie als prägende politische Kraft durchsetzen und war deshalb, um überhaupt etwas bewirken und beeinflussen zu können, auf ein bürgerliches Bündnis mit der BGB angewiesen. Dieses Bündnis, dessen war sich Stucki wohl bewusst, würde die bernische FDP nicht aufs Spiel setzen, indem sie der BGB den Bundesratssitz streitig machte: «Dass der Freisinn nicht meinetwegen die Zusammenarbeit mit den Bauern gefährden wollte und konnte, halte ich nicht nur für begreiflich, sondern auch für richtig», schrieb er seinem Parteifreund.

Die rückblickend entscheidende Frage muss unbeantwortet bleiben, nämlich ob der Schweiz mit Stuckis letztlich selbstgewähltem Verzicht auf das höchste Exekutivamt ein ausserordentlich befähigter, sachlich höchst kompetenter Bundesrat vorenthalten wurde, oder ob vielmehr die nach dem Kollegialsystem arbeitende Landesregierung vor einem Mitglied verschont blieb, «dessen unbeugsame Entschlossenheit gegnerischen Ansichten, die den besten Weg zur Lösung einer verwickelten Frage zu verbauen schienen, mit Härte und Verachtung begegnete», wie Edgar Bonjour den Charakter Stuckis im Zusammenhang mit dessen verhinderter Kandidatur beurteilte. In heutiger Terminologie liesse sich die Frage nach Stuckis Bundesratsfähigkeit auch folgendermassen formulieren: Ist als Qualifikation für die Zugehörigkeit zur Landesregierung die fachliche oder die soziale Kompetenz höher zu gewichten? Wer dem Fachwissen den Vorrang einräumt, muss Stuckis Verzicht als Verlust für die Schweiz empfinden; wer hingegen die Meinung vertritt, Fachwissen müsse vor allem auf der Ebene der Chefbeamten vorhanden sein, in der Kollegialregierung brauche es in erster Linie Fähigkeit zur Diskussion und Bereitschaft zum Kompromiss, wird nicht bedauern, dass sich Stucki im Laufe seiner weiteren Karriere in anderen Funktionen als der eines Regierungsmitglieds bewährte. Bonjours Urteil ist in dieser Beziehung eindeutig; er hätte in Stucki einen hervorragenden Bundesrat gesehen: «Man fragt sich, ob Stuckis politischer Lebensertrag seiner grossen Veranlagung entsprach. Wohl erst in der obersten Landesbehörde hätte er sein volles Ausmass geben können.»[9]

Stucki sollte später nochmals mit einer Bundesratsersatzwahl in Zusammenhang gebracht werden. Doch bei dieser dritten Diskussion um seine allfällige Kandidatur handelte es sich um eine ohne öffentliche Teilnahme vorwiegend unter Magistraten und hochrangigen Parteiexponenten geführte Auseinandersetzung im Zusammenhang mit der Regierungsbeteiligung der Sozialdemokraten. Es wird später an geeigneter Stelle auf diese Episode zurückzukommen sein. Vorerst gilt es Stuckis Abstieg vom internationalen diplomatischen Parkett in die Niederungen der Innenpolitik auszuleuchten.

Nationalrat 7
Abstieg in die Niederungen der Innenpolitik

Elf Jahre war Stucki jetzt als Unterhändler in fast allen Ländern Europas sowie in Nordamerika unterwegs gewesen, war in den meisten Hauptstädten und Konferenzorten des Kontinents mit zahlreichen bekannten europäischen Politikern am Tisch gesessen, hatte in oft konfrontativen Diskussionen und zähen Verhandlungen die politischen Spielräume der Gegenpartei ausgelotet, die eigenen Möglichkeiten und Grenzen abgewogen und unter Anwendung diplomatischer Taktik sowie mit seiner Erfahrung als Unterhändler die beste Lösung für die Schweiz durchzusetzen versucht. Was er dabei, sei es am Konferenztisch, sei es beim anschliessenden Apéro oder Diner, alles gehört und erfahren hatte, erfüllte ihn indes mit tiefer Sorge. Wenn er sich seine Erkenntnisse aus bald einem Dutzend Jahren internationaler Handelspolitik in Erinnerung rief, sah er für die nächste Zukunft Schlimmes voraus, denn:

- im Gegensatz zu den für die Öffentlichkeit bestimmten schönen Worten über Kooperation und Zusammenarbeit wurde an beinahe jedem Verhandlungstisch von fast jedem Delegierten ausschliesslich der eigene kurzfristige Vorteil angestrebt,
- bei der tonangebenden Garde nationalistisch gesinnter Politiker triumphierte der blanke und rücksichtslose Egoismus über jeden Anstand, und
- auf Kosten von einvernehmlichen Lösungen zugunsten aller Beteiligten setzten sich zunehmend Macht und Gewalt durch. An den Sitzungen und Konferenzen wurde immer weniger verhandelt, dafür wurden immer mehr Ultimaten gestellt, gedroht und erpresst.

Diese Erkenntnisse aus der Handelspolitik liessen sich auch auf die zwischenstaatlichen Beziehungen im Allgemeinen übertragen. Mehr und mehr festigte sich in Stucki die Gewissheit, dass Europa einer schweren, ja existenziellen Prüfung entgegentaumelte.

Stucki war aber, so wie wir ihn bis jetzt schon kennengelernt haben, kein intellektueller Grübler, kein Unheilverkünder, Weltverbesserer oder Wolkenschieber; er war vielmehr ein politischer Praktiker, der machbare Lösungen suchte und verwirklichen wollte, ein mit beiden Beinen auf dem Boden stehender realistischer Patriot, der sich im Bewusstsein seiner Fähigkeiten und Grenzen dort einbringen wollte, wo er die Chance sah, mit seinem Einsatz und Engagement ein positives Resultat zu erzielen.

Nachdem er seinen Posten als Direktor der Handelsabteilung gekündigt hatte, wählte er als nächstes Wirkungsfeld bewusst die schweizerische Innenpolitik. Denn was er im Bundeshaus seit Jahren an politischen Aktivitäten beobachtete, gefiel ihm wenig. Er war überzeugt, dass sein Land, seine «Heimat», wie sich der Weitgereiste ohne Hemmungen auszudrücken pflegte, für die bevorstehenden Prüfungen nicht gewappnet war. Dabei dachte er weniger an die im Vergleich zu den Nachbarstaaten schlecht gerüstete Armee, die man in der Friedenseuphorie nach dem Ersten Weltkrieg lange vernachlässigt hatte, als vielmehr an den – wie ihm schien – mangelnden inneren Zusammenhalt der schweizerischen Bevölkerung und dessen Abbild in der polarisierten Parteienlandschaft. Stucki war überzeugt davon, dass nur ein innerlich geeintes und gefestigtes Land der sich abzeichnenden Bedrohung von aussen standhalten könne. Und er glaubte auch den Grund für die Zerwürfnisse in der eidgenössischen Politlandschaft zu kennen: Entgegen dem Grundsatz, dass erfolgreiches Regieren in einer Demokratie eine Mehrheit voraussetzt, verfügte – nach seiner Beurteilung – der Bundesrat über keine Mehrheit im Volk. Die Landesregierung stützte sich mit ihren Beschlüssen, die zunehmend mithilfe der Dringlichkeitsklausel und als Notrecht durchgesetzt, dem Referendum und damit der Mitwirkung der Bevölkerung entzogen wurden, einseitig auf die traditionellen bürgerlichen Parteien ab. Die innenpolitische Diskussion war in der ergebnislosen Konfrontation von Bürgertum und Arbeiterschaft erstarrt. Ein unheilvolles Blockdenken hatte überhandgenommen. Massgebend war nicht mehr, was man sagte und tat, sondern auf welcher Seite des Grabens man stand, welchem Block man sich angehörig fühlte.

Stucki, der als «selten in der Schweiz weilender Handelsreisender», wie er sich bisweilen spöttisch selbst zu bezeichnen pflegte, die entsprechenden fruchtlosen politischen Debatten quasi von aussenstehender Warte aus verfolgt und analysiert hatte, glaubte zu wissen, wie dieses unheilvolle Blockdenken überwunden und eine Mehrheit des Schweizer Volkes hinter der Landesregierung vereint werden konnte: Es galt, die vernünftigen, demokratischen Kräfte unter Einbezug neuer, bisher von der Regierung ausgeschlossener Teile der Bevölkerung in der politischen Mitte zusammenzuführen und auf eine gemeinsame, von der Mehrheit getragene Politik festzulegen. Konkret ging es ihm darum, die «vaterländisch eingestellten Kreise der Arbeiterschaft» – dazu zählte er vor allem die Sozialdemokratie – in die Regierungsverantwortung einzubinden. Die SPS hatte sich unter dem Eindruck der Machtergreifung Hitlers und der darauffolgenden Zerschlagung der deutschen Arbeiterbewegung sowie angesichts des «Frontenfrühlings» (das heisst: des Entstehens neuer, mit nationalsozialistischen Ideen sympathisierender Parteien in der Schweiz) bei der Programmerneuerung von 1935 zur militärischen Landesverteidigung bekannt und im selben Aufwisch das Ziel einer «Diktatur des Proletariats» aus dem Parteiprogramm gestrichen. Damit war sie in den Augen Stuckis regierungsfähig geworden. Als stärkste Partei liess sie sich ohnehin auf die Dauer nicht von der Teilhabe an der Regierungsmacht ausschliessen. Also musste man ihr nach demokratischen Grundsätzen die ihrer Stärke entsprechenden zwei Sitze im Bundesrat zugestehen, wobei Stuckis Pläne vorsahen – um neue Auseinandersetzungen über den dazu nötigen Verzicht der bisherigen Regierungsparteien zu vermeiden –, die Zahl der Bundesräte von sieben auf neun zu erhöhen.

Während er solche Überlegungen entwickelte und sie so weit zur Reife brachte, dass er sie öffentlich glaubte vortragen zu können, führte Stucki – wenn auch mit Sicht auf seinen Rücktritt Ende des Jahres sanft bremsend – noch immer fast ununterbrochene Wirtschaftsverhandlungen mit Deutschland, er reiste zu Vorgesprächen im Hinblick auf ein Handelsabkommen nach Washington und er führte in doppelter Funktion, nämlich als Mitglied des 18er-Komitees des Völkerbundes sowie gleichzeitig im Namen der Schweiz, intensive Verhandlungen über die Sanktionen gegen Italien. Nach wie vor war er dabei Adressat von täglich Dutzenden von Zuschriften und Appellen aus verschiedensten Kreisen – vom

Bundesrat über die Exponenten der Exportwirtschaft bis zu den Leserbriefschreibern –, die ihn dazu bewegen wollten, auf seinem aufreibenden Posten auszuharren. Als er wiederholt und glaubwürdig genug dargelegt hatte, dass er als Direktor der Handelsabteilung und damit als Chefbeamter des Bundes unwiderruflich zurücktreten werde, wurde er am 10. September mit der nächsten grossen Herausforderung konfrontiert: Die freisinnige Partei des Kantons Bern, deren Mitglied er seit einem Vierteljahr war, bot ihm den ersten Platz auf der FDP-Liste für die Nationalratswahlen vom bevorstehenden Herbst an. Ob er selbst der FDP entsprechendes Interesse signalisiert hatte oder ob man im Schosse der Partei zur Überzeugung gelangt war, angesichts der Popularität Stuckis könne man gar keinen zugkräftigeren Kandidaten finden als den erfolgreichen Aussenhandelsspezialisten, lässt sich anhand der vorliegenden schriftlichen Zeugnisse nicht mehr eruieren. Tatsache ist indessen, dass die Freisinnigen Stucki, der die Blamage einer Nichtwahl unbedingt vermeiden wollte, nicht nur den Spitzenplatz auf ihrer Liste anboten, sondern seinen Namen als einzigen schon von vornherein kumulierten. Erst an zweiter Stelle folgte als Bisheriger Otto Graf, der Sekretär des Lehrerverbandes, dann die übrige zum Teil langjährige Parteiprominenz, darunter der stadtbernische Schuldirektor Ernst Bärtschi, der spätere *Bund*-Chefredaktor Walter Egger, der schweizerische FDP-Parteisekretär Ernst Steinmann oder der bekannte Jurist Professor Eduard von Waldkirch. Es spricht für sich, dass die Bevorzugung Stuckis, der noch kein halbes Jahr Parteimitglied war, offenbar ohne grosse Diskussion und ohne Widerstand altgedienter Parteisoldaten akzeptiert wurde.

Stuckis Wahlkampf war, gemessen am heute betriebenen Aufwand, kurz und ohne grosse Kostenfolge. Als ohnehin bestens bekannter Kandidat hielt er zwei, drei Ansprachen, darunter eine am freisinnigen Volkstag im Gutenburgbad bei Langenthal, wo es zu einem noch nie gesehenen Massenaufmarsch kam, wie das *Burgdorfer Tagblatt* zu berichten wusste: «Denn man weiss im ganzen Schweizerlande, dass der Spitzenkandidat der bernischen Freisinnigen ein Mann von besonderer Währung ist, eine wahrhaftige Autorität in volkswirtschaftlichen Fragen, der hochverdiente Handelsvertragsunterhändler mit dem Ausland.» Ferner verfasste Stucki einige wenige Artikel, von denen einer im *Bernermarsch*, dem «freisinnigen Kampforgan für Demokratie und Aufbau» erschien. Stuckis Botschaft an die Wähler war jedes Mal dieselbe: Er distanzierte sich von den Parteien, die in ihrem selbstsüchtigen Gezänk vergässen, die Interessen des Volkes wahrzunehmen; wohingegen er selbst sich nicht aus Lust am politischen Getriebe bereit erklärt habe, für den Nationalrat zu kandidieren, sondern allein aus Pflichtgefühl dem Lande und seinen Bewohnern gegenüber. Lange habe er gezögert, einer Partei beizutreten, doch jetzt, da in den kommenden vier Jahren die Schicksalsstunde der schweizerischen Demokratie schlagen werde, könne man sich den Luxus, abseits zu stehen, nicht mehr leisten. Es brauche jedoch keine neuen Parteien, von denen gebe es in der Schweiz schon mehr als genug, nötig sei vielmehr, sich hinter denjenigen zu sammeln, die sich anstatt für Einzelinteressen für das Wohl des Ganzen stark machten. Und stets hob Stucki hervor, er lasse sich nicht als Vertreter einer Partei, sondern als Fürsprecher der Bevölkerung ins Parlament wählen.[1]

Auf der Welle seiner plakativ direkt an die Wähler gerichteten und vermutlich seine wirkliche Überzeugung stark überzeichnenden Parteienverdrossenheit wurde Stucki förmlich in den Nationalrat geschwemmt. Am 31. Oktober gab die bernische Staatskanzlei die endgültigen Wahlresultate bekannt: Die Berner Freisinnigen errangen drei Sitze, wobei Stucki mit 36 128 fast genau doppelt so viele Stimmen erhielt als der mit der zweitgrössten Stimmenzahl gewählte Fritz von Allmen, Hotelier von Trümmelbach-Scheidegg, und der an dritter Stelle rangierende Bisherige Otto Graf. Was auf den ersten Blick nach einem wahren Triumph von Minister Stucki aussieht, muss indes angesichts der Vorkumulierung und verglichen mit dem Resultat von Nationalrat Robert Grimm, der als Spitzenreiter auf der Liste der SP knapp 105 000 Stimmen verbuchen konnte, als bestenfalls mittelmässig glanzvoll bewertet werden. Stuckis Resultat belegt mehr als deutlich, dass sich die Wähler, beeinflusst von dem seit Jahren in den Köpfen verankerten Block-Denken, trotz ihrer Verdrossenheit über die bisherigen Parteienvertreter im Parlament strikt an die Parteidisziplin hielten und kaum panaschierten. Für Stucki, der es in seinem kurzen Wahlkampf ja ausgesprochen darauf angelegt hatte, sich nicht als Vertreter einer Partei, sondern als Fürsprecher des Volkes zu profilieren, dürfte diese Geringachtung durch die nicht freisinnigen Wähler die erste herbe Enttäuschung in seiner noch jungen innenpolitischen Karriere gewesen sein.

Während Stuckis politische Laufbahn in aller Öffentlichkeit einen verhaltenen Start verzeichnete, nahm hinter den Kulissen seine berufliche Karriere wieder einmal eine überraschende Wendung: Als er seinen Posten an der Spitze der Handelsabteilung kündigte, versicherte er – wie schon oft zuvor –, nach elf Jahren in Bundesdiensten werde er jetzt als Wirtschaftsanwalt in die Privatwirtschaft zurückkehren. Ob es die von ihm als ernst eingeschätzte internationale Lage war, ob das Pflichtgefühl gegenüber seinem Land, ob die zahlreichen Versuche, ihn umzustimmen, ob einmal mehr das väterlich-freundschaftliche Zureden von Schulthess oder ob es das Angebot war, das ihm der Bundesrat machte, weil sich die sieben ständig zerstrittenen Landesväter wenigstens in einem einig waren, nämlich dass sie Stucki um keinen Preis als Unterhändler für die lebenswichtigen Handelsverträge missen mochten: Wir müssen uns mit Mutmassungen begnügen, denn wieder einmal schwieg sich der Umworbene über die Gründe und Motive seiner Sinnesänderung aus; in seinen Notizen hielt er lediglich fest: «Ernennung zum Delegierten für den Aussenhandel».

Bundesrat Obrecht, Nachfolger von Schulthess als Vorsteher des eidgenössischen Volkswirtschaftsdepartements, hatte es sich, wie er seinen Bundesratskollegen unter dem Datum vom 27. Oktober schriftlich mitteilte, «angelegen sein lassen, eine Lösung zu finden, die es ermöglicht, uns Herrn Minister Stucki als Leiter der wirtschaftlichen Unterhandlungen mit dem Ausland zu erhalten, (...) damit die grosse Erfahrung und das internationale Ansehen des Herrn Minister Stucki dem Lande erhalten bleiben». Offensichtlich hatte sich Stucki in den vorangegangenen Gesprächen mit Obrecht bereit erklärt, künftig in einem rein privatrechtlichen Anstellungsverhältnis als «Delegierter für den Aussenhandel» für den Bundesrat tätig zu sein. Der Vertrag, der auf Stuckis Beharren formal zwischen ihm und dem Gesamtbundesrat (und nicht etwa nur dem EVD) abgeschlossen wurde, räumte dem Nicht-mehr-Bundesbeamten sehr weitgehende Kompetenzen ein: Stucki übernahm die Aufgabe (und die damit verbundene Verantwortung), alle Verhandlungen über den Abschluss sämtlicher Wirtschafts- und Handelsverträge mit dem Ausland sowie deren Erneuerung oder Abänderung selbst zu führen oder zu leiten oder durch Beamte des EVD unter seiner Überwachung führen zu lassen. Bei der Ernennung neuer Unterhändler wurde Stucki das Vorschlagsrecht eingeräumt. Daneben übernahm er die Vertretung der Schweiz an internationalen Konferenzen und behielt den Vorsitz in wichtigen Expertenkommissionen. Er erhielt für seine Tätigkeit neue Büroräumlichkeiten an der Junkerngasse (auf der von der Bevölkerung als privilegierte Wohnlage betrachteten, gegen Süden ausgerichteten Seite der Berner Altstadt) sowie das nötige Personal. Entschädigt wurde er wiederum mit einem Spitzenhonorar von 27 500 Franken (Repräsentationsauslagen inbegriffen), die vierteljährlich im Voraus bezahlt und von den damals für die gesamte Bundesverwaltung beschlossenen «Gehaltsabbaumassnahmen» ausdrücklich ausgenommen wurden. Um Stucki zu ermöglichen, sein Nationalratsmandat von der ersten Session der neuen Legislaturperiode an wahrzunehmen – Bundesbeamte sind gemäss Verfassung in der Grossen Kammer des Parlaments aus Gründen der Gewaltentrennung nicht geduldet –, wurde seine Entlassung aus dem Beamtenverhältnis um einen Monat vorgezogen und der privatrechtliche Anstellungsvertrag bereits auf den 1. Dezember 1935 in Kraft gesetzt.[2]

Man braucht diesen Vertrag nur oberflächlich zu lesen, um sofort festzustellen: Er trägt die unverkennbare Handschrift Stuckis! Der Minister hat dem Bundesrat seine Bedingungen diktiert. Das wird schon im Vertragstitel offensichtlich: Stucki weigerte sich wo immer möglich, einem einzelnen Bundesrat unterstellt zu werden. Bei der notorischen Zerstrittenheit der Landesregierung genoss er – nach dem Motto «sieben Herren sind kein Herr» – allergrösste Handlungsfreiheit, wenn er sich nur dem Gesamtbundesrat gegenüber verpflichtete. Auch die Umschreibung seiner Aufgaben und Kompetenzen macht deutlich, dass sich Stucki in seinen Tätigkeitsbereich von niemandem hineinreden lassen wollte: Beamte, welchen Grades auch immer, wurden ihm von Anfang an unbesehen unterstellt; der Bundesrat als übergeordnete politische Behörde war in seiner damaligen Zusammensetzung ausserstande, sich auf eine einheitliche Haltung gegenüber dem stets kompetent und bestimmt auftretenden Minister festzulegen.

Mit (Voraus-)Blick auf die weitere Karriere Stuckis lässt sich aber auch festhalten, dass der Vielumworbene und Hochgelobte Ende 1935 als Minister, Delegierter und Nationalrat den Zenit seiner Laufbahn erreicht hatte: Weder vorher noch nachher genoss er je wieder so grosse Popularität und so viel Einfluss auf den Gang der Dinge in der eidgenössischen Politik wie zum Zeitpunkt seiner

Wahl in den Nationalrat. Denn mit der Wahrnehmung seines Wählerauftrags im eidgenössischen Parlament betrat er die Arena der ihm bisher nur als Beobachter bekannten Innen- und Parteipolitik, und in dieser Arena war er längst nicht allen bisherigen Akteuren willkommen: Nicht wenige Vertreter seines eigenen, bürgerlichen Lagers fürchteten in ihm einen mächtigen und erfolgreichen Konkurrenten, und etliche von ihnen hatten dazu wohl guten Grund. Entschiedene Gegnerschaft gegen den neu gekürten Nationalrat formierte sich jedoch im Lager der Linken, insbesondere der radikalen Westschweizer Linken. Die Vertreter der Arbeiterschaft denunzierten Stucki als willfährigen Handlanger der Wirtschaft. Am lautstärksten von allen Gegnern machte sich indessen der ebenfalls neu gewählte Gottlieb Duttweiler mit seiner sechsköpfigen LdU-Fraktion bemerkbar. Stucki hatte als Direktor der Handelsabteilung das eine oder andere Gesuch und hin und wieder einen Rekurs Duttweilers oder der Migros ablehnen müssen, und das bekam er nun in Form anhänglicher Gegnerschaft des Migros-Gründers jahrelang zu spüren.

Am 4. Dezember hatte Stucki vor der Wahlprüfungskommission zu erscheinen, wo die Stucki-Kritiker die Vereinbarkeit seines Nationalratsmandats mit der Anstellung als festbesoldetem Delegierten des Bundesrates infrage stellten. Ganz unrecht hatten sie damit sicher nicht: Dass Stucki die beamtenrechtliche Anstellung als Direktor der Handelsabteilung aufgab und sich bei ähnlichem

In der Wandelhalle des Bundeshauses diskutiert Nationalrat Stucki auch mit seinem langjährigen politischen «Lieblingsgegner» Gottlieb Duttweiler.

Aufgabenkreis als Delegierter privatrechtlich anstellen liess, mochte allenfalls dem Buchstaben des Unvereinbarkeitsartikels der Bundesverfassung, nicht aber dem Sinn und Geist der verfassungsmässig garantierten Gewaltentrennung entsprechen. Schliesslich hatte ja derselbe Stucki wenige Monate vorher die Kandidatur für den Bundesrat mit einem kurzfristig verliehenen, nicht bernischen Bürgerrecht abgelehnt, angeblich weil er auf keinen Fall die Verfassung ritzen wollte. Nun hatte seine Verfassungstreue inzwischen offenbar merklich abgenommen, und er stürzte sich in das parteipolitische Getümmel, das er bis anhin so heftig kritisiert hatte.

Vor der Wahlprüfungskommission argumentierte Stucki nicht juristisch, sondern mit politisch-populistischen Argumenten: «Ich habe meinen Wählern ein einziges Versprechen abgegeben: nämlich in der gegenwärtigen Zeit gefährlichster Zerrissenheit mit allen Kräften für den Zusammenschluss im Interesse des ganzen Volkes einzutreten. Dieses Versprechen will und muss ich halten», sagte er vor der Kommission mit Nachdruck. «Ich sehe unser Land sehr oft von aussen und beurteile unsere Lage wahrscheinlich mit grösserer Besorgnis als die meisten von Ihnen. Umso mehr erachte ich es als meine Pflicht, den Versuch zur Rettung der Demokratie und damit des Landes zu unternehmen. Und wenn Sie, meine Herren von der Linken, deshalb den Wunsch haben sollten, mich nicht in diesem Rat zu sehen, so werde ich unter anderem gerade deshalb bleiben.» Stucki als selbsternannter Retter der schweizerischen Demokratie und der Schweiz überhaupt? Es schwammen im trüben Wasser der eidgenössischen Parteipolitik etliche stattliche Hechte herum mit grosser Erfahrung, was das Leben und Überleben im «Biotop Bundeshaus» anging; und einige von ihnen hatten sich die hochtrabenden Worte des Parlamentsneulings genau gemerkt. Stucki, so waren sie überzeugt, würde unter den alten Raubfischen nicht lange überleben, sondern ihnen rasch als Beute zufallen. Doch zunächst hielten sie sich zurück, denn «Schweigen und auf den richtigen Moment warten» lautete ihr bewährtes Rezept.

Am 9. Dezember trat das Parlament zu seiner Wintersession zusammen, und in der Berichterstattung der Zeitungen wird offensichtlich, dass alle im Nationalratssaal, Publikum, Räte und Presseleute, nur auf eines gewartet hatten: auf den ersten Auftritt Stuckis. Und Stucki enttäuschte seine Anhänger nicht. Wieder einmal griffen die Journalisten zu den leuchtendsten Farben, um

Stuckis Jungfernrede im Parlament gebührend hervorzuheben. Ein Ratskollege rapportierte mit unüberhörbar sarkastischem Unterton für die *Neuen Zürcher Nachrichten*: «Es war ein Bild, wie man es selten sieht: Hinten oben, ungefähr in der Saalmitte, der hochragende Minister, mit scharf geschnittenen Zügen, wie gemeisselt, und ringsum im dichten Halbkreis versammelt, der ganze Rat in atemloser Stille zuhörend. Jeder Satz aus des Redners Mund kurz, prägnant und scharf wie sein Profil, und jeder Satz aus tiefer Überzeugung, aus unerschütterlicher fester innerer Einstellung sozusagen heraufgewuchtet und in den Saal geschleudert. Hier stand man wieder einmal unter der Macht des Wortes (...)» Und weiter: «Oh ihr erbärmlichen Wichte, die ihr das Wort missbraucht, um anders zu reden, um vor euren Mitmenschen ein unwahres Theater aufzuführen: Das Parlament ist voll solchen Theaters. Darum so geringes Interesse für die meisten Reden. Wo aber einer seine warme Seele öffnet, so dass wie ein klarer Quell die Worte heraussprudeln, durch die Meisterschaft der Sprache zu einem wundervollen reichen Strahl zusammengehalten, da laufen sie herzu und öffnen die Ohren und öffnen die Herzen und können sich nicht satt horchen! Fast jubelnd war der Beifall, den Dr. Stucki erntete, als er mit dem Gelöbnis schloss, dass keine andere Triebfeder in ihm sei, als seinem Lande zu dienen. Und man vermag es kaum zu schildern, wie unsäglich die Reden abfielen, die nachher gehalten wurden.»[3]

Den Kern von Stuckis Antrittsrede im Nationalrat bildete wiederum das Versprechen, er werde «mit der ganzen Leidenschaft der Überzeugung in ernstester Stunde, im letzten Augenblick dafür eintreten, dass wir aufhören, uns zu zerfleischen, dass wir endlich einmal zusammenspannen. Lachen Sie über diese Illusionen des politischen Naivlings! Zucken Sie die Schulter des erfahrenen Parlamentariers! Das Volk lacht heute nicht mehr über diese Fragen – und deshalb bleibe ich hier!» Zwar bedankte er sich mit zwei, drei Sätzen beim Bundesrat, weil dieser ihn vor den ungerechtfertigten Angriffen seiner Kritiker in Schutz genommen habe; aber dann brach der echte, der originale Stucki durch: «Ich habe verflucht wenig Talent, verteidigt zu werden; ich kann das selber in die Hand nehmen!»[4] Nach Stuckis Rede hätte man gar nicht mehr abstimmen müssen: Der Antrag, mit dem die sozialdemokratische Fraktion den Ratsneuling zwingen wollte, entweder das politische Mandat oder das Amt des Delegierten niederzulegen, wurde mit dem voraussehbaren grossen Mehr verworfen.

Die Reaktionen auf Stuckis Jungfernrede fielen, wie zu erwarten war, dem politischen Frontverlauf entsprechend aus: Der Genfer PdA-Vertreter Léon Nicole erinnerte in sarkastischem Ton an die Kosten, die Seine Exzellenz, Minister Stucki, dem Staat schon verursacht habe und mit seinem fürstlichen Honorar weiter verursache, während er, Nicole, seinerzeit geglaubt habe, auf die kärgliche Besoldung als Postangestellter verzichten zu müssen, um seinen Sitz im Nationalratssaal einnehmen zu dürfen. Die NZZ fasste am nächsten Tag die Eindrücke und Meinungen auf bürgerlicher Seite zusammen: Endlich sei einer aufgestanden, der die Lage der Schweiz gründlich kenne und habe seinen Kollegen ins Gewissen geredet; «klar, sauber, energisch, unerschrocken hat er auf die Mätzchen der Oppositionsroutiniers Antwort gegeben, dass es nur so saust, alles mit blanker, aber feingeschliffener Waffe». In einem waren sich die Bundeshausjournalisten ausnahmsweise einig: Wer künftig in diesem Rat nach Stucki sprechen musste, würde es schwer haben. Das hatten auch Stuckis Ratskollegen gespürt: Als Stucki an einem Montagabend im darauffolgenden Januar im Zusammenhang mit den Völkerbundsanktionen gegen Italien bei vollbesetzter Diplomatentribüne eine Stunde lang zum Thema «Neutralität und Pakttreue» sprach, war das Interesse riesig; doch ahnend, was kommen würde, versuchte der als Nächster auf der Rednerliste eingetragene Nationalrat Hunziker mit einem Ordnungsantrag, sein Votum auf den folgenden Tag zu verschieben, was der Rat jedoch mit 62 gegen 37 Stimmen ablehnte. Somit musste Hunziker unmittelbar nach Stucki vor einem sich leerenden Saal und verlassenen Tribünen reden.[5] Am Dienstagmorgen suchte der gedemütigte Hunziker in der Presse vergeblich ein paar Zeilen über sein wohlvorbereitetes Referat; hingegen konnte er in der NZZ lesen: «Wiederum ein erstklassiger Vortrag als Höhepunkt der Diskussion – natürlich von Minister Stucki, der mit wissenschaftlicher Klarheit und hohem Talent zur plastischen Darstellung in die Debatte eingegriffen hat.»

Stucki pendelte zwischen dem Bundeshaus in Bern und dem Völkerbundpalast in Genf hin und her, führte daneben Vertragsverhandlungen in Berlin und Paris und fand nach kurzen Winterferien in Davos noch die Zeit, Vorträge zu halten. Thema war jetzt das neue eidgenössische Finanzprogramm. Stucki stürzte sich gewappnet mit klaren Argumenten und mit einer glänzenden Rhetorik in den Abstimmungskampf. In den FDP-Sektionen riss man sich ein Bein aus, um ihn an den Parteiveranstaltungen als Redner im Bären- oder Löwen-Säli engagieren zu können. An der Delegiertenversammlung der Freisinnigen Partei der Schweiz «erntete der überaus klare Vortrag Stuckis starken Beifall und hinterliess einen so geschlossenen Eindruck, dass eine Diskussion gar nicht mehr aufkam.»[6] Stucki mit seiner oratorischen Überlegenheit als Totschläger der politischen Diskussion? Nicht nur bei seinen politischen Gegnern, auch im eigenen Lager, bei den sogenannten Parteifreunden, begannen die Freundschaften mit Stucki angesichts seiner rednerischen Brillanz, mit der er alle Konkurrenten aus dem Wege räumte, zu bröckeln. Von Neid und Missgunst geprägte, zunächst noch hinter vorgehaltener Hand geäusserte Kritiken verbreiteten sich, vorerst wie ein heimlich mottendes, später als hell aufleuchtendes Buschfeuer.

Mehr Zustimmung und Begeisterung schlug ihm entgegen, wenn er sich mit seinen Reden nicht an die Politiker, sondern direkt ans Volk wandte. Am 2. August 1936 berichteten die meisten

Stets mit ausholenden Schritten unterwegs – vom Büro in den Konferenzsaal, ins Parlament, ins Bundesratszimmer, nach Genf, Berlin oder Paris – und dabei als Markenzeichen fast immer die Zigarette im Mundwinkel: Minister Stucki nähert sich dem Höhepunkt seiner Karriere.

Schweizer Zeitungen über die Bundesfeier in – Pontresina! Aber sicher nicht wegen der Kurmusik unter der Leitung von Kapellmeister Schulze-Reudnitz oder wegen der Darbietungen des Turnvereins. Die «nach Tausenden zählende Schar» von Einheimischen und von nah und fern angereisten Gästen, die sich schon Stunden vor Beginn der Feier auf dem Festplatz eingefunden hatten, war vielmehr herbeigeströmt, um der Ansprache Stuckis zu lauschen. «Der abendliche Festakt erhielt seine besondere Bedeutung durch die angekündigte Festrede von Minister Stucki, die schon vorher weiterum das Tagesgespräch gebildet hatte.» Stucki, der im Hotel Saratz seine Sommerferien verbrachte, verstand es, den «Tausenden von Zuhörern in einfachen, greifbaren, aber ans Herz gehenden Worten die heutige Zeit mit dem 1. August 1914 – dem Tag des Ausbruchs des Ersten Weltkriegs – abzuwägen; und wenn Herr Stucki auch grossen Pessimismus zeigte, dürften seine Ausführungen leider nur allzu wahr sein.» Stucki verglich das Schweizer Volk mit der Mannschaft eines Schiffes, das auf offenem Meer in Seenot gerät und wo jeder Einzelne der Mannschaft an einem anderen Seil in eine andere Richtung zieht, um das Schiff zu retten. «Wenn die Gefahr aber gross genug wird, dann gibt es eine kurze Beratung, ein Kapitän und ein Steuermann werden gewählt – Herr Stucki betonte: gewählt –, denn Ordnung und Disziplin müssen herrschen; dann plötzlich sind alle Mann an Bord einig, die eigenen Begehren werden zurückgedrängt, um später, in besseren Zeiten, wieder vorgebracht zu werden. Im Augenblick aber sind alle um das allgemeine Wohl besorgt (…) Zum Schluss erhob der Redner die Stimme und zitierte: ‹Wir wollen sein ein einig Volk von Brüdern, in keiner Not uns trennen und Gefahr›, worauf brausend die Vaterlandshymne einsetzte», so schrieb der beeindruckte Berichterstatter und schloss dann mit dem auf fast jede 1.-August-Feier-Reportage anwendbaren Satz: «Nach nicht enden wollendem Applaus für den Redner zeigte der Turnverein in bengalischer Beleuchtung einige sehr schöne Pyramiden, und bei langsam verlöschenden Feuern verzog sich die Festgemeinde in die gastlichen Stätten.»[7]

8 Freisinniger Reformer
Das Scheitern des «Stuckismus»

Bei seinem Ringen um die Konzentration der politischen Kräfte in der Mitte musste Stucki schon früh zur Kenntnis nehmen, dass das Terrain, das er reformierend zu beackern beabsichtigte, bereits besetzt war, nämlich durch die sogenannte «Richtlinienbewegung», eine Sammelbewegung aus gemässigten Linken, Gewerkschaften und Kirchen.[1] Der Bewegung war es jedoch nicht gelungen, wie ursprünglich angestrebt, liberale Kräfte des Bürgerblocks abzuholen und als überparteiliche lockere Gruppierung den Graben zwischen den politischen Blöcken zu überbrücken; denn bei den bürgerlichen Parteien wurde die Richtlinienbewegung als einseitig linke Organisation wahrgenommen, als trojanisches Pferd vor dem Tor des bürgerlichen Lagers diffamiert und mit strikter Nichtbeachtung bestraft. In der stark polarisierten Parteienlandschaft, wo der blosse Verdacht, man kollaboriere mit dem politischen Gegner, eine Karriere abrupt beenden konnte, hüteten sich bürgerliche Politiker mit grosser Umsicht davor, mit den «Richtlinien» in Kontakt gebracht zu werden. Natürlich war es Stuckis Parteikollegen aufgefallen, dass ihr Paradepferd im freisinnigen Stall, der Vertrauensmann des Bundesrates, der unbestritten populärste Politiker auf bürgerlicher Seite, in seinen Ansprachen verdächtig oft Gedankengut verbreitete, dass aus dem Argumentationsarsenal der Richtlinienbewegung hätte stammen können. Doch solange sich Stucki auf unverbindliches Reden beschränkte, ohne konkret zu werden oder gar Forderungen zu stellen, liess man den Neuling auf der innenpolitischen Eisfläche seine oratorischen Pirouetten drehen, und manch einer seiner Neider und Konkurrenten freute sich heimlich auf Stuckis, wie man annahm, eines Tages unvermeidlich werdenden Ausrutscher und Absturz.

Stucki war ja bekanntlich nicht der Mann, der sich längere Zeit mit schönen Worten zufriedengab; er wollte Nägel mit Köpfen machen. Im Juni 1936 berief er die Nationalräte Robert Grimm von der SP, Ernst Wetter von der FDP und Heinrich Roman Abt von der BGB, die alle drei in ihrer Fraktion über Einfluss und Gewicht verfügten, zu einem – rückblickend muss man sagen: geradezu konspirativ anmutenden – Treffen in seine Privatvilla ein. Über dieses Treffen gelangte kein Wort an die Öffentlichkeit. Erst viel später verfasste Stucki eine zweizeilige Notiz über die geheim gebliebene Zusammenkunft, wonach die vier Volksvertreter die Aussichten und Chancen einer Koalition der Mitte besprochen und über die Willensbildung im Parlament diskutiert hätten. Stucki, Abt und Wetter gingen bei diesem Treffen ein beträchtliches Risiko ein, denn Grimm galt bei vielen Bürgerlichen im eidgenössischen Parlament nach wie vor als rotes Tuch und «Klassenfeind», mit dem man sich unmöglich an einen Tisch setzen konnte.

Zwischen seinen Vertragsverhandlungsterminen, die er als Delegierter des Bundesrates – zu dieser Zeit vorwiegend in Berlin und beim Völkerbund in Genf – wahrzunehmen hatte, begann Stucki in mehreren Vorträgen vor ausgewähltem Publikum, wie zum Beispiel vor handverlesenen Mitgliedern der bernischen freisinnigen Partei oder in der FDP-Fraktion der Bundesversammlung, seine bisher allgemeinen theoretischen Ideen einer mehrheitsfähigen politischen Mitte im Hinblick auf eine praktische Umsetzung zu konkretisieren. Das geschah zunächst aus schwer nachvollziehbaren Gründen weitgehend unter Ausschluss der Öffentlichkeit, vor politisch unverdächtiger Zuhörerschaft und stets ohne Beisein von Journalisten. Vermutlich wollte sich Stucki eine «ideologische Leibgarde» zulegen oder eine Schar von Jüngern um sich sammeln, die ihn mit ihrer Unterstützung davor bewahren sollten, wegen seinen ketzerischen Ideen sogleich in der Luft zerrissen oder, was ihm ebenso schlimm erschien, in die Ecke der nicht ernst zu nehmenden Einzelkämpfer und Spinner gestellt und wenn möglich totgeschwiegen zu werden. Mit seiner Heimlichtuerei setzte er sich aber der Gefahr aus, im Bürgerblock als Verschwörer entlarvt und als Rebell abgestempelt zu werden. Seine von reformerischem Eifer zeugenden Ideen liessen sich denn auch nicht lange unter dem Deckel halten. Am Samstag vor Weihnachten veröffentlichte *Der Bund* den Text einer solchen ketzerischen Ansprache, den Stucki vor Delegierten des bernischen Mittelschullehrerverbands vorgetragen hatte. Grosses Aufsehen erregte dabei weniger der Inhalt der Rede als vielmehr die Tatsache, dass der Geschäftsführer des Lehrerverbandes, Nationalrat Graf, in der nächsten *Bund*-Ausgabe eine formelle Erklärung publizieren liess, wonach «diese Veröffentlichung weder mit Wissen des Vortragenden noch mit demjenigen des veranstaltenden Vereins» erfolgt sei; der Vortragende habe deshalb annehmen können, dass er in geschlossenem Kreise spreche. Es wurde nie aufgedeckt, wer dem *Bund* das Manuskript der Stucki-Rede zugesteckt hat; aber wenn es Stucki selbst darum gegangen wäre, seine Reformideen schweizweit zu verbreiten, hätte er kaum ein geschickteres Vorgehen wählen können; denn mit der entschuldigenden Erklärung Grafs war die Diskussion erst recht lanciert, und sie sollte monatelang andauern.

Das Echo auf Stuckis Vorschläge war in der Tat überwältigend. Eine Bombe im Bundeshaus hätte kaum nachhaltigere Wirkung zeitigen können, und der Stein, mit dem Gottlieb Duttweiler später ein Fenster des Parlamentsgebäudes zertrümmerte, löste im Pressewald nur ein laues Lüftchen aus verglichen mit dem Sturm, der jetzt über die innenpolitische Landschaft fegte, die Parteien zur Linken wie zur Rechten erfasste und heftige Reaktionen in Form pointierter Stellungnahmen provozierte. Während die konservative Rechte ihre Beisshemmung gegenüber dem bisherigen Publikumsliebling rasch ablegte und den Delegierten des Bundesrates, der immerhin bei zahlreichen Anlässen, Konferenzen und Verhandlungen als offizieller Vertreter der Landesregierung auftrat, wegen seiner offensichtlichen Affinitäten zu den «Richtlinien» kurzum als Verräter im bürgerlichen Lager brandmarkte, war man bei den Linken zunächst etwas unsicher, wie man mit der unerwarteten Schützenhilfe eines Repräsentanten des Grossbürgertums umgehen solle. Die sozialdemokratische *Berner Tagwacht* gab dann mit einem Leitartikel unter dem Titel «Eine politische Weihnachtsrede» den Ton vor.[2] Aus dem *Tagwacht*-Text liess sich leicht herauslesen, dass man von linker Warte aus beabsichtigte, einen Keil zwischen den als politisch einsichtig und vernünftig qualifizierten Stucki auf der einen und die angeblich unbelehrbare, ideologisch sture freisinnige Partei auf der anderen Seite zu treiben. Ab Anfang 1937 schaufelten linke Politiker und Journalisten emsig an einem Graben zwischen dem Minister und seiner FDP – und zwar nicht ohne Erfolg, wie sich bald zeigen sollte.

In freisinnigen Kreisen setzten sich die ersten Meinungsführer von Stucki ab, wobei sie es nicht an Argumenten fehlen liessen, die ebenso rasch Verbreitung fanden wie Stuckis Aufruf zur Sammlung in der Mitte: Der neue Nationalrat sei naiv und mit offenen Augen in die Falle der Linken gelaufen, seine Ideen kämen, wenn man sie für die praktische Politik überhaupt als tauglich bezeichnen könne, auf jeden Fall zu früh, das Bekenntnis der Sozialdemokraten zur militärischen Landesverteidigung und ihr Verzicht auf die Diktatur des Proletariats, also die programmatischen Neuerungen bei der SP, auf die sich Stucki berufe, seien nichts anderes als verbale Täuschungs- und Tarnungsmanöver, hinter den Kulissen betreibe die Arbeiterschaft nach wie vor unverhohlen den Klassenkampf. Stucki sah sich bald von eigenen Parteikollegen in die Defensive gedrängt, er erhielt Droh- und Schmähbriefe, musste sich erklären und verteidigen. Das war allerdings nicht die Rolle, die er sich eigentlich zugedacht hatte. Anstatt integrierend zu wirken, sah er sich genötigt, sich öffentlich von der Richtlinienbewegung – nicht aber von den «Richtlinien» selbst – zu distanzieren: Die Richtlinien seien schon richtig, aber ihre Anhängerschaft rekrutiere sich einseitig aus politisch links stehenden Kreisen; die FDP könne sich der Bewegung deshalb nicht anschliessen, argumentierte er mit dem Rücken zur Wand und zog sich mit diesem Versuch, bei der eigenen Partei wieder mehr Zustimmung zu finden, prompt die harsche Kritik jener gemässigten Linken zu, die ihn bisher in Schutz genommen hatten. Kurz: mit seinem Versuch, auf zwei Pferden gleichzeitig zu reiten, drohte Stucki in den Graben zwischen den beiden unversöhnlichen Blöcken zu fallen.

Die Diskussion hatte inzwischen ein Ausmass angenommen, das den Zentralvorstand der FDP Schweiz veranlasste, auf den 13. Februar 1937 eine Sitzung zum Thema «Grundsätze der schweizerischen FDP und Stellungnahme zur Richtlinienbewegung» nach Bern einzuberufen und Stucki zu dieser Sitzung ins Hotel Bristol ein- oder eher vorzuladen. Alle vier freisinnigen Bundesräte (Baumann, Obrecht, Meyer und Pilet-Golaz) waren anwesend. Stucki kam ausführlich zu Wort, blieb in der Sache jedoch recht unverbindlich. Ohne auf Einzelheiten einzugehen, beklagte er sich wortreich darüber, dass sich Europa verändere, dass Nachbarstaaten der Schweiz zu einer politischen Ordnung übergegangen seien, welche die demokratischen Grundsätze, wie sie in der Schweiz selbstverständlich seien, schlichtweg negiere, während man «bei uns annimmt, dass immer alles beim Alten bleibt». Er bekannte offen, die einseitige Bürgerblockpolitik, der sich die Freisinnigen angeschlossen hätten, sei ihm höchst unsympathisch, und er mahnte den Parteivorstand, die FDP müsse sich endlich mit den grossen Fragen der Gegenwart auseinandersetzen. Das Resultat dieser Überlegungen, so verlangte er ausdrücklich, müsse die gesamte schweizerische Bevölkerung miteinbeziehen; denn wenn man die Herausforderungen, die sich in Europa drohend bemerkbar machten, erfolgreich bestehen wolle, könne man 350 000 Mann der vaterländisch gesinnten Arbeiterschaft nicht einfach als «quantité négligeable» in der Opposition belassen. Abschliessend verlieh er, in Anwesenheit der Mehrheit der Landesregierung, seiner Überzeugung Ausdruck, dass die Schweiz auf die Dauer nicht mithilfe von Dringlichkeitsklausel und Notrecht, sondern nur nach demokratischen Prinzipien, das heisst abgestützt auf eine im Parlament repräsentierte Mehrheit, regiert werden könne.[3]

Die öffentlich geführte Diskussion, die sich thematisch zusehends auf die Frage der Regierungsbeteiligung der Sozialdemokraten konzentrierte, brach nicht mehr ab und erreichte im Vorfeld des freisinnigen Parteitags von Ende Mai in Luzern neue Höhepunkte. Stucki geriet zusehends in die Defensive; er musste sich gegen die Vorwürfe zur Wehr setzen, er handle aus persönlichem Ehrgeiz, habe seine Aspirationen auf das Amt eines Bundesrates noch nicht begraben, er wolle vom Volk auf einen Denkmalsockel gestellt und als Bruder Klaus verehrt werden. Er wurde beschuldigt, die bürgerliche Einheit aufs Spiel zu setzen, die Stellung des Bundesrates zu untergraben und mit seiner dilettantischen Einmischung im falschen Moment ein unverantwortliches politisches Sprengmanöver in die Wege zu leiten. Im günstigsten Fall wurde er von seinen Gegnern als Hirtenknabe, Idealist oder Wolkenschieber tituliert, in den Zeitungen wurde er vom früher respektvoll behandelten «Minister Stucki» zum «Fall Stucki». Teilweise dieselben Journalisten, die ihren Lesern den Unterhändler Stucki jahrelang als unentbehrlich und unersetzlich vorgestellt hatten, beteiligten sich nun am grossen Kesseltreiben gegen ihn. Man begann ihm öffentlich vorzurechnen, wie viel er dank seiner verschiedenen Mandate verdiene, während die breite Bevölkerung darben müsse. Stucki reagierte mit Briefen und Berichtigungen an die Zeitungsredaktionen – die zum Beispiel von der *Tat* Duttweilers grundsätzlich nicht abgedruckt wurden –, er liess zahlreiche Befragungen von politisch oft unbedarften Interviewern über sich ergehen; er publizierte eine Spendenliste, mit der er nachzuweisen versuchte, dass er alle Einnahmen ausser dem Delegiertenhonorar verschiedenen wohltätigen Organisationen zukommen lasse. Empfänger seiner Spenden waren vorab die bernische Winterhilfe, die er mit jährlich 1000 Franken unterstützte, die bernische Musikgesellschaft, die Geld für den Neubau des Konservatoriums brauchte, und später vor allem das Internationale und das Schweizerische Rote Kreuz.

Die warmen Frühlingstage wirkten befruchtend auf die Politiker- und Journalistenköpfe: Stuckis Ideen wurden zur politischen Doktrin erhoben und mit seinem Namen etikettiert. Plötzlich tauchte nämlich in der Debatte – zuerst in der welschen Presse – ein neues Schlagwort auf, das sich rasend schnell in den Zeitungen der ganzen Schweiz verbreitete: «le Stuckisme» oder auf Deutsch: «der Stuckismus». Aus dem in der Küche der Stucki-Gegner gekochten Schlagwort klang deutlich der Ärger darüber heraus, dass Stuckis reformerische Ideen seit Monaten die innenpolitische Agenda bestimmten. Mit dem als Schimpfwort in die Welt gesetzten «Stuckismus» gedachte der harte Bürgerblock dem Reformprogramm des abtrünnigen Freisinnigen zu Leibe zu rücken. Doch der Begriff verlor rasch an pejorativer Schärfe, weil er, wohl dank der Bequemlichkeit der Journalisten, die sich damit lange Umschreibungen ersparen konnten, bald ohne die Absicht zur negativen Klassierung des Stucki'schen Gedankengutes Anwendung und Verbreitung fand.

Selten dürfte ein freisinniger Parteitag so grosses Interesse und Echo ausgelöst haben wie derjenige vom 22./23. Mai 1937 in Luzern. Die meisten Kantonalsektionen waren, wie die NZZ notierte, «mit weit über die ihnen zustehende Zahl von Delegierten vertreten», die politischen Kommentatoren und Inlandredaktoren der Presseorgane waren lückenlos aufmarschiert und füllten mit ihren Berichten und Meinungen eine Rekordzahl von Zeitungsseiten. Stucki lief vor dem grossen Publikum zur Höchstform auf und buchte mit seiner Rede, die im Tagungsprogramm unter dem nüchternen Titel «Die politische Lage und unsere Aufgabe» angekündigt war, für Eingeweihte und regelmässige Zeitungsleser wenig Neues beinhaltete und trotzdem bei der Mehrheit der Delegierten Begeisterung auslöste, einen deutlichen Sieg nach Punkten. Er unternahm deshalb den Versuch, die ihm günstige Stimmung zu nutzen, indem er der Versammlung eine Resolution zum Beschluss vorlegte, die seine Ideen und Vorschläge in einigen wenigen Sätzen zusammenfasste. Praktisch alle Beobachter waren sich einig, dass Stucki, hätte er auf einer sofortigen Abstimmung beharrt, als klarer Sieger aus der Ausmarchung hervorgegangen wäre. Unartikulierte Opposition, die er als Murren und Knurren an den Tischen der Westschweizer Delegierten wahrnahm, veranlasste ihn jedoch dazu, dem Föderalismus, wie er meinte, Rechnung zu tragen und den Welschen die nötige Zeit einzuräumen, um sich mit der Resolution ohne Zeitdruck auseinanderzusetzen. Er unterstützte deshalb den Antrag des Parteivorstandes, Behandlung und Abstimmung über seine Resolution auf einen Sonderparteitag zu verschieben und gab sich mit der Formulierung zufrieden, die FDP könne zwar der Richtlinienbewegung nicht beitreten; eine sachliche Zusammenarbeit auch mit diesen Kreisen scheine ihr aber zur Lösung wichtiger Landesfragen möglich und nötig; sie sei hierzu, unter voller Wahrung ihrer politischen Selbstständigkeit, aufrichtig bereit.

Den nächsten Tag hätte Stucki gut und gern mit der Lektüre der Analysen und Kommentare in der Presse verbringen können, er wäre damit kaum fertig geworden. Die Meinungen der Zeitungskommentatoren waren vielfältiger und zum Teil nuancierter, als der Parteitagsverlauf hätte erwarten lassen. «Der Parteitag hat mit dem Referat Stuckis den absoluten Höhepunkt gefunden», hielt die *Thurgauer Zeitung* fest. «Eine Rede von historischem Wert, vergleichbar mit der Manifestation Carl Spittelers seligs zur Kriegszeit 1914», bejubelte die Basler *National-Zeitung* Stuckis Auftritt. «Ein Wort, das eine Tat war», schrieb die *Aargauer Zeitung*, den Redner bewundernd. «Die alten Routiniers spitzten mit Schrecken die Ohren, erkennend, dass Stucki die Mehrheit der Versammlung auf seiner Seite hatte», analysierte der *Flawiler Volksfreund* und fand in Stucki «endlich wieder einmal einen Mann, der es wagte, die Dinge beim richtigen Namen zu nennen». «Einen gewissen Linksrutsch der FDP» stellten die *Basler Nachrichten* schon eher kritisch fest, während sich die NZZ mit dem Titel «Die Sphinx der Mitte» geheimnisvoll gab. «Geheimnisvolle Mehrheit, die links und rechts der Mitte gesucht, aber nirgends gefunden wird», mokierte sich der Chefredaktor des *Bund*. Stucki als «Le Führer suisse», pöbelte der *Courrier de Genève*. «Nationale Erneuerungstendenzen in der Schweiz» glaubte die *Frankfurter Zeitung* erkannt zu haben.

Die Begeisterung, die Stucki bei der Mehrzahl der Delegierten am Parteitag entfacht hatte, nutzte sich indessen im politischen Alltag rasch ab. Die Preise für Brot und Fleisch beschäftigten den Bürger mehr und gingen ihm näher als die politischen Höhenflüge eines Mannes, der sich durch seine Tätigkeit und Stellung weit vom Durchschnittsschweizer abhebe, versuchten die Gegner Stuckis vom eigentlichen Thema abzulenken. Die Katholisch-Konservativen, die Stuckis Vorstoss zum Teil schon von Anfang an skeptisch aufgenommen hatten, warnten ein weiteres Mal vor der Machtbeteiligung der Sozialdemokraten und witterten bei den Freisinnigen die Absicht, wieder die uneingeschränkte Führung im Staat übernehmen zu wollen. Selbst ihm bisher freundlich gesinnte Blätter wie NZZ, *Bund* oder *Basler Nachrichten* liessen mit der Zeit mehr und mehr Distanz zu Stucki und seinem unermüdlichen, manchmal sogar seinen eigenen Anhängern übertrieben erscheinenden missionarischen Eifer erkennen. Mit Briefen an die Redaktionen[4] unternahm Stucki nochmals eine Anstrengung, um die von ihm sehr wohl erkannte Absetzbewegung seiner bisherigen Anhängerschaft zu bremsen, seinen Standpunkt noch besser zu erklären und die gegen ihn erhobenen Vorwürfe zu entkräften. Es waren immer wieder dieselben Beschuldigungen, mit denen man ihn zu diskreditieren suchte: Er strebe eine Volksfront nach französischem Vorbild, das heisst unter Einschluss der Kommunisten an; er arbeite auf den Sturz jenes Bundesrates (Obrecht) hin, der von der Sache her gesehen eigentlich sein Vorgesetzter sein müsste; er sei den Lippenbekenntnissen der Sozialdemokraten in ihrem neuen Parteiprogramm auf den Leim gekrochen; er bringe kein Verständnis auf für die besonderen Bedenken der Westschweiz oder er öffne neue Gräben zwischen den Parteien, wo er doch behaupte, die alten zwischen den Blöcken überwinden zu wollen.

Immerhin erzielte Stucki nochmals einen Achtungserfolg, indem er bewirkte, dass der Bundesrat seine Sitzung vom 3. Juni zu einer Aussprache über die politische Lage benutzte, wie er sie von Zeit zu Zeit zu führen pflegte, wenn dafür ein besonderer Anlass vorlag. Diesmal beschäftigte sich die Regierung, wie schon vor der Sitzung publik wurde, «mit der starken Reaktion der Öffentlichkeit auf den Vorstoss von Nationalrat Stucki». Die Genugtuung, dem Bundesrat Ideen und Anlass für eine Sondersitzung geliefert zu haben, dürfte für Stucki allerdings rasch getrübt worden sein durch das Ergebnis der Aussprache, wie er es der Abendausgabe der NZZ entnehmen musste. War er bis vor Kurzem noch gewohnt, direkten Zugang zur Landesregierung zu haben und bei den Traktanden, die ihn oder seinen Tätigkeitsbereich betrafen, im Kreis der Bundesräte mitzudiskutieren, so konnte er jetzt bloss, wie jeder andere Zeitungsleser, konstatieren, dass ihm die Regierung, deren Vertrauter er als Delegierter eigentlich sein musste, eine veritable Ohrfeige verpasste. Der Bundesrat hielt nämlich zuhanden der Öffentlichkeit fest, bei Stuckis Anliegen handle es sich zunächst einmal um eine Angelegenheit der Parteien und in erster Linie um eine Angelegenheit der Freisinnig-Demokratischen Partei der Schweiz. Was ihn selbst betreffe, sei sich der Bundesrat selbstverständlich bewusst, dass er sich bei seiner Tätigkeit auf eine parlamentarische Mehrheit stützen müsse. Dabei funktioniere die bisherige Regierungskoalition besser, als gelegentlich zugegeben werde (das hiess im Klartext: besser als von Stucki behauptet wird). Die bisherige «Regierungsfront» (damit meinte der Bundesrat die parteipolitische Zusammensetzung der Regierung) sei deshalb nicht zu ändern, sondern im Gegenteil weiter zu festigen und auszubauen. Und dann kam es für Stucki knüppeldick: Der Bundesrat distanzierte sich mehr als nur deutlich von ihm und von seiner Reformidee und lehnte auch den Weg ab, den Stucki zur raschen Verwirklichung seiner Ideen beschritten hatte: «Eine Erweiterung der Regierungsbasis wird aber praktisch nicht durch einen Vortrag im Schosse einer Partei zu erreichen sein, sondern muss sich nach und nach ergeben aus der Zusammenarbeit bei konkreten Sachvorlagen wie zum Beispiel dem Wirtschafts- oder dem Finanzprogramm.» Aus der Bereitschaft zur wirklichen materiellen Mitarbeit, so gab sich die Regierung überzeugt, resultiere auf natürliche Weise eine Annäherung, und aus der Annäherung könnten dann die notwendigen Konsequenzen für die Regierungsbeteiligung gezogen werden.[5] Das war nun mehr als nur klare Post für Stucki. Der Bundesrat hatte ihn mit dieser in allen Zeitungen abgedruckten Stellungnahme desavouiert und vor der ganzen Schweizer Öffentlichkeit im Regen stehen lassen.

Doch damit nicht genug: Einen Tag später holte die von ihm früher hoch geschätzte NZZ mit dem Hammer eines fast ganzseitigen, von keinem Autor gezeichneten Leitartikels zu einem weiteren Schlag aus, indem sie mit vielen Worten zur banalen Schlussfolgerung gelangte, durch Stuckis ungestümes Vorwärtsdrängen in einer höchst heiklen staatspolitischen Frage sei noch gar nichts erreicht und noch gar nichts geklärt. Ein so anspruchsvolles Ziel, wie Stucki es anvisiere, sei nur als Frucht einer langsam zur Reife führenden politischen Entwicklung erreichbar und könne nicht von einem Tag auf den anderen mit einem packenden Vortrag erzwungen werden. Schliesslich erhielt Stucki vom anonymen NZZ-Autor auch noch den guten Rat ins Tagebuch geschrieben: «Wer der Demokratie dienen will, dient ihr nicht am schlechtesten, wenn er unter den demokratischen Tugenden auch diese eine übt: die politische Geduld, die das Reifen der Früchte erwarten kann.»

Für den erfolgsverwöhnten, ambitionierten Minister, Dr. h. c. und Delegierten des Bundesrates muss diese in aller Öffentlichkeit und in herablassendem Ton erteilte Belehrung ein Tiefschlag gewesen sein, wie er ihn in seiner Karriere bisher noch nie hatte einstecken müssen. Nun hatten sich nicht nur seine politischen Gegner gegen ihn verschworen, jetzt hatten sich auch seine vermeintlichen Bundesgenossen in Partei und Presse von ihm abgewandt. Stucki muss sich vorgekommen sein wie der Held in einer griechischen Tragödie, der gegen ein unaufhaltsames Schicksal kämpft, während bald Tag für Tag neue niederschmetternde Meldungen bei ihm eintrafen. Es waren dies vor allem die Beschlussfassungen der kantonalen FDP-Sektionen im Hinblick auf den FDP-Sonderparteitag vom 11. Juli in Olten, wo die von Stucki vorgelegte, in Luzern nicht zur Abstimmung gelangte Resolution behandelt werden sollte. Die schlechten Nachrichten begannen mit der «kategorischen Zurückweisung» seiner Resolution durch die Neuenburger Radikalen, die ihre Ablehnung damit begründeten, sie wollten sich mit der Linken nicht ins politische Lotterbett legen, sondern im Gegenteil die Politik der bürgerlichen Einigung und der Abgrenzung gegenüber den linken Parteien, eine Politik, die – konsequent angewandt – ihnen als die einzige Erfolg versprechende erscheine, sogar noch pointierter fortsetzen. Wenn dagegen die Berner Freisinnigen für Stuckis Reformpläne etwas mehr Verständnis aufbrachten, war das weniger darauf zurückzuführen, dass der Minister politisch in ihren Reihen beheimatet war, als vielmehr auf die Existenz einer starken BGB, die den bernischen Freisinnigen nach rechts keinen Raum liess und sie dazu zwang, einen im politischen Spektrum zur Mitte tendierenden Kurs zu verfolgen. Die Solothurner Freisinnigen wiederum lehnten die Resolution Stuckis einstimmig ab. In der Westschweiz formierte sich gegen Stuckis «Aufweichungstendenzen» eine schlagkräftige innerpar-

Galant umwirbt Stucki die Helvetia, in Wahrheit wollte er sie – so zumindest sah der Karikaturist das Ziel des «Stuckismus» – in Fesseln legen.

teilige Gegnerschaft, als deren Speerspitze sich der einflussreiche Waadtländer Nationalrat Henry Vallotton profilierte.

Die mit einer in helvetischen Landen ungewöhnlichen Heftigkeit geführte Diskussion veranlasste die schweizerische Parteileitung, beunruhigt durch die diametral auseinanderstrebenden Meinungen, eine «Kompromiss-Resolution» zu verfassen, um einer Spaltung der Partei oder zumindest einer grossen Anzahl von – je nach Ausgang der Abstimmung in Olten – angedrohten Parteiaustritten vorzubeugen. Die entschärfte Resolution, zu der Stucki in sichtlicher Resignation sogar einen Entwurf beisteuerte, fand bei allen Kantonalsektionen Zustimmung. Der entscheidende Satz lautete in der vom Parteivorstand zuhanden des Parteitags in Olten verabschiedeten Fassung: Die FDP ist «bereit zur Zusammenarbeit der Parteien, die sich zu unserer demokratischen Staatsauffassung und vorbehaltlos zur Landesverteidigung bekennen, den Klassenkampf ablehnen und die grundsätzliche Selbstverantwortung des Einzelnen anerkennen.» Stucki hatte den Satz für die Oltener Kompromissversion wie folgt formuliert: Die FDP ist «bereit zur Zusammenarbeit der Parteien, die sich zu einer demokratischen Staatsauffassung und zur Landesverteidigung bekennen. Sie wird dabei den Boden des Privateigentums und seiner sozialen Verpflichtungen nicht verlassen, sie lehnt den Klassenkampf ab und betont die grundsätzliche Selbstverantwortung des Einzelnen.»

Die *Basler Nachrichten*, inzwischen auf den Kurs der Gegner Stuckis eingespurt, interpretierten die Kompromissresolution des Parteivorstandes mit den Worten: «Praktisch bleibt es also bei der bestehenden Regierungsbasis, und alle Bemühungen des extremen Linksfreisinns, die Partei bedingungslos in die Arme des getarnten Staatssozialismus und Marxismus zu manövrieren, sind kläglich gescheitert – so kläglich, dass diesen Politikern und Blättern des extremen Linksfreisinns eigentlich nur noch der offene Abfall von der Partei übrigbleibt, wenn ihr Lärm überhaupt ernstgenommen werden müsste.»⁶ Mit solch perfider Demagogie wurde Stucki als Politiker, der die FDP angeblich «bedingungslos in die Arme des Marxismus treiben» wollte, zum Abschuss freigegeben. Von der welschen Presse und vor allem aus katholisch-konservativen Kreisen wurde Spott und Häme über seinem Kopf ausgegossen. Erst «nach einer Aussprache mit dem Nuntius», notierte Stucki, «hören die katholischen Angriffe auf.» Aber für jeden aufmerksamen Beobachter war klar geworden, dass der erfolgreiche Chefbeamte, Minister und Delegierte des Bundesrates als Politiker erledigt und sein Anliegen endgültig gescheitert war, die Schweiz im Innern durch die Konzentration in der politischen Mitte zu einen und damit auf die bevorstehenden Bedrohungen von aussen vorzubereiten.

Der FDP-Parteitag vom 11. Juli in Olten ging nach diesem Vorspiel, in dessen Verlauf Stucki parteipolitisch unschädlich gemacht worden war, ganz nach den Vorstellungen des FDP-Vorstandes, das heisst ohne jede parteiinterne Auseinandersetzung oder Spannung über die Bühne. Die Resolution, der in der Fassung des Vorstandes alle Zähne gezogen worden waren und die deshalb längst nichts mehr von Stuckis ursprünglichen Ideen beinhaltete, wurde fast diskussionslos und ohne eine einzige Gegenstimme angenommen. Man bekannte sich lauthals zur Zusammenarbeit mit den demokratisch gesinnten Parteien (im stillschweigenden Einverständnis darüber, dass alle links von der FDP, insbesondere die Sozialdemokraten, ohnehin nicht als demokratisch betrachtet würden); man feierte den einzigen Abänderungsantrag zur Resolution, vorgebracht aus dem Kreis der liberalen Zürcher Demokraten, als Beweis für die lebendige Dialogfähigkeit der Partei (und beerdigte den Antrag ohne wirkliche Diskussion mit erdrückender Mehrheit); man feierte die Einigkeit und Geschlossenheit der Partei (nachdem man die Reformer, allen voran den unbequemen Stucki, mundtot gemacht hatte). Stucki blieb nur noch der Sarkasmus. In seiner von der NZZ als «eindrucksvolles Votum» qualifizierten kurzen Rede konstatierte er ironisch, die ohnehin etwas überladene Liste seiner Ehrentitel – mit Fürsprech, Minister, Dr. h. c. und Delegierter des Bundesrates – sei in den vergangenen Wochen noch wesentlich erweitert worden um die Bezeichnungen Bolschewist, Anarchist, Jude und Freimaurer. Er habe indessen ein Stadium erreicht, in dem er solche Liebesbekundungen gar nicht mehr empfinde. Dann gab er bekannt, er sei bereit, seine Resolution, über die er gerne am Luzerner Parteitag hätte abstimmen lassen, zugunsten der Verständigungsvariante des Parteivorstandes zurückzuziehen, obwohl ihm deren Formulierung keineswegs gefalle. Er wies nochmals die gegen ihn erhobenen Vorwürfe zurück und schloss mit dem Aufruf, die inneren Gegensätze in der Schweiz durch staatsbürgerliche Verständigung zu überwinden; denn «vielleicht hat die Schicksalsstunde Europas noch nicht geschlagen. Ich wünsche mir aber, wenn sie einmal schlägt, dass sie dann ein geeintes und einiges Schweizervolk vorfindet. Wenn wir das erreichen, ist es mir hundertmal wurscht, ob ich hier in diesem Saal der Geschlagene bin oder nicht.»

Der NZZ-Berichterstatter vom FDP-Parteitag brachte das Kunststück fertig, die Vertreibung Stuckis aus der Innenpolitik unter dem Titel «Die Hauptforderungen von Nationalrat Stucki zum Parteibeschluss erhoben» wiederzugeben; und in den darauffolgenden Tagen vergoss das Blatt von der Zürcher Falkenstrasse kübelweise Krokodilstränen über das Schicksal Stuckis. Der weiterhin anonym bleibende Kommentator bewies in zwei langen Leitartikeln – beide unter der Überschrift «Von Luzern nach Olten», dass die Freisinnigen, weil sie genau das getan hätten, was er in journalistischer Voraussicht schon immer geschrieben habe, nämlich mit einer auf demokratischem Weg zustande gekommenen Resolution einen Wegweiser für die weitere Entwicklung aufzustellen, auch künftig die einzig richtige, staatstragende und staatserhaltende Partei blieben.[7] Die Lektüre der meisten anderen bürgerlichen Zeitungen vermittelte den Eindruck, das ein Vierteljahr zuvor von Stucki in Luzern entzündete Feuer, das die Journalisten zu hoch fliegenden Kommentaren angespornt hatte, sei in Olten vom Parteiestablishment erstickt worden, man sei stillschweigend wieder zum Parteialltag übergegangen, Politiker und Kommentatoren kehrten zur Routine zurück. Die Meinungen fielen neutral («Die FDP beschritt den Weg der Mitte») bis gemässigt hoffnungsvoll aus («Die Konservativen in der FDP werden einer neuen Kursrichtung auf die Dauer nicht im Wege stehen können»). Anders bei den sozialdemokratischen Blättern, die Stucki attestierten, er sei «in einem grossen Hornbergerschiessen», das die FDP veranstaltet habe, «von den Konservativen ausmanövriert» und mit einem «Begräbnis erster Klasse» abserviert worden.

Die Nachwehen des «Stuckismus» halfen den Redaktionen, die innenpolitische Sommerpause und Nachrichtenflaute zu überwinden, soweit die Zeitungsseiten nicht ohnehin durch Auslandberichte über das sich in Europa zusammenbrauende Unheil gefüllt waren. Stucki hatte sich von Olten direkt nach Pontresina in die Sommerferien verabschiedet. Nochmals sorgte er dort mit seiner Ansprache für einen Grossaufmarsch an der 1.-August-Feier. Aber es liess sich nicht leugnen: Das Triebwerk, das ihn mit einem rekordverdächtigen Schub als Nationalrat in die Innenpolitik katapultiert hatte, war ausgebrannt. Seine Gedanken kreisten jetzt um die Frage, wie und unter welchen Rahmenbedingungen – privat oder weiterhin im Dienste des Staates – er seine Kräfte wieder aufs aussenpolitische Parkett konzentrieren könne. Nach wie vor war er ja als Delegierter des Bundesrates eine Art Teilzeitdiplomat, gewohnt an den und gewandt im Umgang mit der internationalen Politprominenz.

Seine innenpolitische Abschiedsvorstellung plante er jedoch nicht auf der grossen Bühne. Er fasste vielmehr ein «Zurück zu den Wurzeln» ins Auge und liess sich – «als Nachkomme von Bauern, Kleinbauern und Arbeitern und schliesslich eines Dorfschulmeisters mit elf Kindern und 500 Franken Jahresgehalt», wie er hervorhob – als Festredner zum Emmentalischen Volkstag in Grosshöchstetten einladen. Stucki war zeitlebens stolz auf seine bernische Abstammung. Im Privatleben war ihm das Berner-Sein ebenso wichtig wie im Beruf der Schweizer Pass. Seine Ansprache vor dem einheimischen Publikum war eine beeindruckende Bilanz aus den Erfahrungen, die er einerseits als Schweizer im Ausland und andererseits mit einer «ausländischen Brille auf der Nase» in der Schweiz gemacht hatte. «Wir brüsten uns gerne unserer demokratischen Gesinnung», sagte er und stellte dann seinen Zuhörern unvermittelt die Frage, was jeder Einzelne von ihnen für diese Demokratie denn schon geleistet habe. Er erinnerte daran, dass die Schweiz jetzt erhebliche Summen in die militärische Landesverteidigung investiere und knüpfte daran die Frage, ob das nach Ansicht der Zuhörer genüge. Die Antwort gab er selbst: «Die entscheidende, für das Schicksal unserer Demokratie ausschlaggebende Frage wird sein, ob die Mehrheit des Volkes genügend Einsicht und Disziplin aufbringt, um das Verständigungswerk, das unsere Vorfahren seit dem Rütlischwur geschaffen und seither vervollkommnet haben, mit den eigenen Kräften weiter zu führen und den Widrigkeiten der Zeit entsprechend zu pflegen und notfalls zu verteidigen.» In seinem Tagebuch notierte er: «Prächtige Stimmung. Ich fühle mich äusserst wohl unter diesen Bauern. Es wäre da vieles zu machen. Sie sind verständigungsbereit.»

Die Rede wurde in Grosshöchstetten als Riesenerfolg gefeiert. Aber wenn Stucki geglaubt hatte, damit wenigstens den Schlusspunkt unter seinen Abstecher in die Innenpolitik gesetzt zu haben, sah er sich ein weiteres Mal getäuscht. Sein seit zweieinhalb Jahren ihm treu gebliebener Gegner im Nationalrat, der Migros-Gründer

Duttweiler pinkelt ans Denkmal

«Es ist niemand unfehlbar, nicht einmal Herr Minister Stucki. Er wird das für sich auch nicht beanspruchen. Er wird höchstens warten, bis einer ihm schlüssig beweisen kann, dass er unrecht hat. Wird Herr Duttweiler dieser ‹Eine› sein? Duttweiler hat Temperament und schiesst los. Aber wenn einer so gut gewählt wird wie Duttweiler, so bewahrt er seinen Nimbus genau so lang, wie er sich nicht mit Reden blamiert. Da wäre es sehr gut gewesen, lange, lange zu schweigen. Und namentlich nicht gerade den grössten Gegner herauszufordern: Stucki. Stucki kann sicher kaufmännisch lange nicht das, was Duttweiler [sic!]. Aber er hat die Ruhe in sich (Duttweiler nicht), er lässt die Dinge an sich herankommen (Duttweiler rückt ihnen ungeduldig auf den Leib), er studiert, zerlegt, erledigt, beruhigt (Duttweiler übersprudelt, regt an und auf), – alles in allem gilt in der Politik: Erst lange zuhören, in sich ansammeln, Distanz halten, den richtigen Moment erfassen, in dem man alleine kompetent ist. Aber Duttweiler hat mit seinem vorschnellen Reden im Rat und auf den Tribünen den Eindruck erweckt: Ist das alles? Herr Duttweiler ist in der Politik am falschen Ort. Dem Manne sollte man die Aufgabe stellen, die Milchpreisspanne herunterzuorganisieren, dem Manne sollte man für einige Zeit die Generaldirektion der Bundesbahnen übertragen mit allen Konsequenzen. Dann könnte er sich erst mal ausleben und für das Land etwas leisten. Wenn er es nicht anders kann, so spiesst er eben Detaillisten auf, drückt Handelsspannen herunter, die schon drunten sind, regt sich auf und wird vom berufenen Kaufmann zum unberufenen Politiker. Als solcher sollte er es vermeiden, an ein lebendes Denkmal zu pinkeln.»

Presseausschnitt aus Stuckis Akten, undatiert, aus einer Wochenzeitung, in: Akten Bundesarchiv, Bestand J. I. 131 (Depositum Walter Stucki)

und LdU-Volksvertreter Gottlieb Duttweiler, meinte der Berichterstattung durch die Berner Presse über den Anlass im Emmental einige demokratiefeindliche Äusserungen des gescheiterten politischen Brückenbauers entnehmen zu können, und er holte nochmals zu einem verbalen Kraftakt gegen den Gegner aus, der doch innenpolitisch bereits kapituliert hatte: «Minister Stucki droht der Demokratie: Vogel friss oder stirb» lautete die Schlagzeile in einer eigens als Knüppel gegen Stucki produzierten und am 23. November an alle Haushalte der Stadt Bern verteilten Sonderausgabe der Landesring-Zeitung *Die Tat*. Stucki konnte die Unterstellung zwar durch Vorlage des Manuskripts sofort entkräften; aber sein Schreiben an die Redaktion der *Tat* wurde weder abgedruckt noch erhielt er eine Antwort. In der Wintersession kam Duttweilers grobes Foul sogar im Nationalrat zur Sprache (Stucki hatte sein parlamentarisches Mandat bereits niedergelegt und war nicht anwesend).

Auf die Vorhaltungen, er habe sich – zuerst mit dem verleumdenden Zeitungsartikel und dann mit der Weigerung, Stuckis Berichtigung abzudrucken – gleich zweimal höchst unfair verhalten, antwortete Duttweiler nonchalant, Stucki habe der *Tat* wohl einen berichtigenden Brief zugestellt, aber öffentlich habe er ja nichts zu seiner Verteidigung unternommen. Die Empörung vor allem im Emmental war so gross, dass 140 Bürger Grosshöchstettens, die verschiedenen Parteien, unter anderem auch dem Landesring, angehörten, spontan mit ihrer Unterschrift gegen Duttweilers «freche Unterschiebung» protestierten und Stucki ihre Hochachtung und ihr Vertrauen bekundeten. Das veranlasste schliesslich den Bundesrat zu einer Stellungnahme, die am 13. Dezember vom EVD-Vorsteher Obrecht im Nationalrat vorgetragen und mit der Stucki von jedem Verdacht der Demokratiefeindlichkeit freigesprochen wurde.[8]

Nach zwei Jahren Innenpolitik sah Stuckis Bilanz jetzt auf dem Papier sehr viel schlechter aus, als sie in Wirklichkeit gewesen ist. Rückblickend lässt sich das kurze Gastspiel im Nationalrat besser beurteilen als in jenen Wochen, als politische Nebelgranaten die klare Sicht auf die Dinge verunmöglichten. Stucki hat in den acht Sessionen, während derer er im Nationalrat sass, mehr bewegt als mancher Hinterbänkler in zwei, drei Legislaturperioden. Trotzdem blieb er ein Aussenseiter; sein Format passte nicht ins Muster dieser Versammlung von Volks- und Interessenvertretern. Stucki vertrat niemanden ausser sich selbst. Er liess sich seine Meinung weder von einem Parteiprogramm noch von einem Fraktionsbeschluss vorschreiben. Von seinem Temperament, von seinem Naturell her war Stucki ein Chef, der gewohnt war, Anordnungen zu geben oder Befehle zu erteilen und kein Parlamentarier, der sich dem wohlorganisierten Ratsbetrieb unterordnen mochte oder der geduldig wartete, bis er gemäss Rednerliste das Wort ergreifen durfte. Er wollte sich, einmal am Rednerpult, der Zustimmung möglichst vieler, zumindest der Mehrheit seiner Ratskollegen versichern, um in der folgenden Abstimmung recht zu erhalten. Weil Stucki wusste, dass er recht hatte, mochte er sich nicht 17 Redner anhören, die ihn zu widerlegen suchten. Er machte sich unbeliebt, weil er polemisierte, provozierte, polarisierte; er schuf sich Feinde, weil er geradeheraus sagte, was er dachte. Er hatte mindestens so viele Neider, wie Kollegen im Rat sassen, denn jedes Mal, wenn er das Wort ergriff, füllte sich der Saal schlagartig, weil jeder ihn hören wollte, und ebenso schnell leerte sich der Saal wieder, wenn er fertig gesprochen hatte. Seine Botschaften kamen an, auch bei denen, die anderer Meinung waren. An ihm kam man nicht ungeschoren vorbei, wenn man ihm zu widersprechen wagte. Stucki war so gesehen, obwohl von seinem ganzen Wesen her kein Parlamentarier, doch ein äusserst erfolgreicher Nationalrat. Die zweieinhalb Jahre, während derer er sich innenpolitisch engagiert hat, waren demnach keineswegs verlorene Zeit. Erstens hat sich Stucki in der Grossen Kammer zu verschiedenen aussen-, wirtschafts- und verkehrspolitischen Themen geäussert, die hier nicht einzeln aufgezählt werden können, zu denen er aber dank seiner fachlichen Kompetenz wertvolle und, dank seiner rednerischen Brillanz, vom Rat mit Aufmerksamkeit verfolgte Voten beisteuerte. Zweitens ist in Rechnung zu stellen, dass der «Nationalrat Stucki» stets mit einem Bein im Startloch zur Reise an einen Verhandlungstisch im Ausland stand, wo der «Delegierte Stucki» insbesondere mit den Deutschen, dann aber auch ganz intensiv mit den Briten, um den Abschluss neuer oder revidierter Finanz- und Wirtschaftsverträge verhandelte.

Damit erwarb sich der «Delegierte Stucki» eine einzigartige aussenwirtschaftliche Kompetenz, einen Erkenntnis- und Erfahrungsschatz, der über den «Nationalrat Stucki» direkt in die Ratsverhandlungen einfloss. Drittens war auch der «Stuckismus» auf den zweiten Blick kein derartiger Misserfolg, wie es am FDP-Parteitag in Olten den Anschein machte. Stuckis scheinbar gescheiterter Versuch, die Regierungsmehrheit im Parlament durch den Einbezug der gemässigten Linken zu verbreitern und damit die Politik des Bundesrates besser abzustützen, oder anders ausgedrückt: den Freisinn für die Kooperation nach links zu öffnen, war nur kurzfristig gescheitert. Mittelfristig behielt Stucki recht; nur kam er mit seinem ungestümen Vorprellen ein halbes Dutzend Jahre zu früh. Er hat 1937 eine Entwicklung vorweggenommen, die Ende 1943 nicht mehr aufzuhalten war: Die Ergebnisse der Nationalratswahlen und die Niederlage der Deutschen in der Schlacht um Stalingrad, mit der die Sowjetunion im Weltkrieg die entscheidende Wende zu ihren Gunsten eingeleitet hatte, machten die gemässigte Linke in der Schweiz salon- und damit regierungsfähig. Die Sozialdemokraten konnten nicht mehr von der Teilhabe an der Macht ausgeschlossen werden. Am 15. Dezember 1943 wurde der Zürcher Ernst Nobs in den Bundesrat gewählt, nachdem die Freisinnigen beim Rücktritt von Bundesrat Wetter freiwillig auf ihren vierten Sitz und damit auf die seit 1848 innegehabte Mehrheit in der Landesregierung verzichtet hatten. Stucki durfte für sich in Anspruch nehmen, die Verschiebung der parteipolitischen Gewichte richtig vorausgesehen und interpretiert zu haben.

Doch 1937 war die Zeit noch nicht reif für die Umsetzung seiner Erkenntnisse in die politische Praxis. Die Blöcke zur Linken und zur Rechten waren noch unverrückbar, die ideologischen Gegensätze unüberwindbar, zwischen Rechts und Links gab es keinen Platz für Kompromissbereitschaft, Verständigungswillen und politische Vernunft. Stucki, sonst für seine zur Arroganz neigende

Stucki kehrt dem innenpolitischen Schlachtfeld den Rücken – zur offensichtlichen Genugtuung der auf dem Schachbrett verbleibenden Parteipolitiker.

Selbstsicherheit bekannt, gehörte zu den wenigen Freisinnigen, die selbst in der extrem polarisierten Parteienlandschaft der 1930er-Jahre im Verkehr mit dem politischen Gegner Anstand und Gesprächsbereitschaft an den Tag legten. Die Anerkennung dafür bekam er zwar spät, aber dann doch noch: Ende 1948 wurde Ernst Nobs für das Folgejahr zum ersten sozialdemokratischen Bundespräsidenten der Schweiz gewählt. Stucki, dessen Gedankengut alles andere als sozialistisch war und der aufgrund seiner als Nationalrat gemachten Erfahrungen nicht unbedingt eine Vorliebe für Zeitungsschreiberlinge hegte (Nobs war als Journalist in die höchsten politischen Ämter aufgerückt), der aber fähigen Leuten vorurteilslos begegnete, schätzte an Nobs dessen finanzpolitische Kompetenz und die als Dichter und Maler zum Ausdruck gebrachte Menschlichkeit.[9] Er gratulierte dem Sozialdemokraten, der mit der Bundesfinanzreform, der Warenumsatz- und der Wehrsteuer von allen Regierungsmitgliedern die schwierigsten Geschäfte am Hals hatte, zu seiner kompetenten Amtsführung und zur Wahl zum Bundespräsidenten. Als Antwort erhielt er von Nobs einen Brief, den er zeitlebens als eine der ehrlichsten und wertvollsten Anerkennungen seiner politischen Tätigkeit schätzte und würdigte. «Mit Ihren Verdiensten und mit Ihrem Mut, mit dem Sie Ihre staatspolitischen Erkenntnisse vertraten», schrieb Nobs, «haben Sie der schweizerischen Innenpolitik eine Wendung von grosser Tragweite gegeben, die sich nicht zum Nachteil des Landes auswirken wird, sondern für die gesamte Politik unseres Landes und nicht zuletzt im aussenpolitischen Bereich in der Auseinandersetzung zwischen Ost und West, wichtige Folgen gezeigt hat und noch weiterhin zeitigen wird. Die Politik Stucki hat sich durchgesetzt und sich – als überaus anständige und politisch kluge Haltung aller bürgerlichen Fraktionen anlässlich der jüngsten Bundespräsidentenwahl – als die Politik des ganzen Landes manifestiert.»[10]

Einsamer Wanderer zwischen Parlament und Diplomatie
Im Netz von Lügen und Intrigen

Spätestens wenn man die Ereignisse vom Herbst 1937 rekonstruiert, könnte man leicht zur Erkenntnis gelangen, die einzige Kontinuität in Stuckis beruflicher Biografie bestehe in deren Diskontinuität, in den zahlreichen, meist unvorhergesehenen Richtungsänderungen oder Brüchen. Geplante oder bereits eingeschlagene Wege führten Stucki in Sackgassen oder wurden von ihm aus oft nur teilweise einsichtigen Gründen wieder verlassen, bisherige Laufbahnplanungen wurden über den Haufen geworfen, abrupte Kehrtwendungen führten ihn zu neu gesetzten Zielen, Verzögerungen, Stillstand oder Umwege wurden in Kauf genommen, sogar Abstürze liessen sich nicht vermeiden. Während manche seiner Zeitgenossen im Umfeld des Bundeshauses zielgerichtet die Karriereleiter hinaufkletterten und in berechenbaren Schritten und Fristen gemäss Beförderungsordnung der eidgenössischen Verwaltung nach oben strebten, hält Stucki für den Biografen immer wieder eine Überraschung bereit – so auch im Herbst 1937. Denn wer seine Laufbahn im Alter von 29 Jahren schon von beinahe zuoberst in der Beamtenhierarchie aus beginnt, muss auch Rückschläge oder Misserfolge in Kauf nehmen. Stucki war nicht der Mann, der sich über einen Misserfolg allzu lange grämte. Doch das Scheitern seiner innenpolitischen Pläne empfand er offensichtlich als harten Schlag, und dies umso mehr, als die erlittene Niederlage eine ganz persönliche war; seine innenpolitischen Gegner hatten niemanden und nichts ausser ihm, Nationalrat Walter Stucki, im Visier. Ihn wollte man aus dem Weg haben, weil er mit seinem «Stuckismus» den normalen Betrieb in der Waschküche der Innenpolitik störte. Dass er sich so leicht geschlagen geben und nach zweieinhalb Jahren die Segel streichen musste, machte ihm mehr zu schaffen, als man dem scheinbar unbeugsamen Endvierziger äusserlich ansehen mochte. Es entsprach indes Stuckis Mentalität, dass er nicht etwa mühsam die Scherben des «Stuckismus» aufwischte und wieder zusammenzukleben versuchte, was allenfalls noch zu retten gewesen wäre, sondern dass er sich zur Verwirklichung seiner Aspirationen rasch ein völlig neues Tätigkeitsfeld erschloss.

Obwohl in eingeweihten Kreisen hinter den offiziellen Kulissen im Bundeshaus schon seit bald einem halben Jahr geflüstert, gemunkelt, spekuliert und dementiert wurde, dürfte die *Gazette de Lausanne* vom 1. Oktober 1937 mit ihrer Schlagzeile und dem Bericht über den Wechsel auf dem Pariser Gesandtenposten trotzdem die meisten ihrer Leser überrascht haben: Minister Stucki, so hiess es auf der Frontseite der *Gazette*, sei vom Gesamtbundesrat formell angefragt worden, ob er bereit und geneigt wäre, die Nachfolge des 69-jährigen Ministers Alphonse Dunant, dem schweizerischen Gesandten in Paris, anzutreten. Diese Nachricht war aus verschiedenen Gründen brisant: Erstens handelte es sich um eine Indiskretion, die gegen den Willen der zuständigen Behörden den Weg an die Öffentlichkeit gefunden hatte. Zweitens entsprach es diplomatischem Brauch, die Namen neuer Missionschefs auf einem Auslandposten erst dann bekanntzugeben, wenn das Gastland sein Agrément erteilt hatte. Drittens hatte Stucki vom Bundesrat eine Bedenkzeit bis Ende Oktober verlangt, in der er, unbeeinflusst von der veröffentlichten Meinung, abwägen und in Ruhe seinen Entscheid treffen wollte. Die vorzeitige Publikation bewirkte, dass er erneut zum Opfer einer gehässigen Diskussion, diesmal über seine Eignung als Gesandter in Paris, wurde. Viertens wurde die Anfrage der Landesregierung an Stuckis Adresse natürlich sofort mit dem Scheitern des «Stuckismus» in Zusammenhang gebracht und die ganze unappetitliche Auseinandersetzung über seinen innenpolitischen Versuch, zwischen den Blöcken zur Rechten und zur Linken eine Verständigung herbeizuführen, wurde wieder aufgewärmt. Fünftens enthüllte der Bericht in der *Gazette*, dass man den Posten in Paris zuvor dem damaligen Vorsteher des Post- und Eisenbahndepartements, Bundesrat Marcel Pilet-Golaz, angeboten, dass dieser jedoch abgelehnt hatte, weil er auf diplomatischem Parkett nach noch Höherem strebte als nach dem Titel eines Gesandten. (Er trat 1940 die Nachfolge des verstorbenen Bundesrats Motta als EPD-Vorsteher, das heisst als «Aussenminister» an). Sechstens sprach sich rasch herum, dass mehrere

Westschweizer, darunter der einflussreiche freisinnige Waadtländer Nationalrat Henry-François Vallotton[1], selbst gern als Gesandte an der Seine residiert hätten und sich nun durch die Bevorzugung des Berner Ministers brüskiert fühlten; denn zwischen Freiburg und Genf hielt man es für selbstverständlich, dass nur ein Romand über die «affinité d'esprit», die nötige Geistesverwandtschaft mit Frankreich verfüge, um den Gesandtenposten beim westlichen Nachbarn ausfüllen zu können; in entsprechendem Sinne überliess man etwa den in französischsprachigen Kreisen unbeliebten Posten in Berlin gerne einem Deutschschweizer.

Der unvermeidliche Sturm im Blätterwald, den die *Gazette de Lausanne* mit der vorzeitigen Veröffentlichung dieser in der Bundesverwaltung noch pendenten Gesandtenernennung auslöste, trieb die Kommentatoren in der Presse einmal mehr zu gewagten Spekulationen mit marktschreierischen Titelsetzungen und abenteuerlicher Wortwahl an. Angesichts des Bekanntheitsgrades, den Stucki bei der Leserschaft genoss, konnte bei der Interpretation der überraschenden Wendung, die der «Fall Stucki» jetzt nahm, kein Blatt abseits stehen. «Wechsel auf Pariser Gesandtenposten» und «Polemik um Minister Stucki» betitelten NZZ und *Bund* ihre recht sachlich gehaltenen Berichte. Als Verbannung, Abschiebung, Deportation, Kaltstellung, Irrtum, Fahrt ins Exil, Flucht oder gar als Begräbnis fand das noch gar nicht offiziell bestätigte Ereignis sein Echo in den Schlagzeilen von anderen Zeitungen. Die Interpretation der Nachricht variierte je nach politischem Standpunkt. Auf der rechten Seite schrieb das *Journal de Genève*, ein schwacher siebenköpfiger Bundesrat sei dem verwöhnten Kind (mit «enfant gâté» war natürlich Stucki gemeint), das diese Schwäche schamlos ausnütze, willfährig zu Füssen gelegen. Auf der linken Seite hingegen machte man Stucki zum Opfer der Drahtzieher einer sturen bürgerlichen Politik, zum Märtyrer, der aus seiner Heimat verjagt werde. Etliche sozialdemokratische Blätter nutzten die Gelegenheit, dem bei den Linken unbeliebten «Aussenminister» Motta eins auszuwischen: Stucki habe sich durch seine unnachgiebige Haltung gegenüber allen faschistischen und nationalsozialistischen Anmassungen ein Ansehen gesichert, das in starkem Gegensatz stehe zu demjenigen Mottas, der sich auf schöne Reden beschränke, jedoch seinen Worten niemals Taten folgen lasse, weil er Angst vor den Faschisten habe. Viele Zeitungen gaben ihrer Besorgnis Ausdruck, dass Stucki in der Bundesverwaltung in Bern und vor allem als Delegierter des Bundesrates an den Konferenztischen im Ausland eine kaum zu füllende Lücke hinterlasse. Einzig Duttweilers *Tat* machte sich lustig über des Ministers «Heiligenschein», der mit dem Einzug Stuckis ins Parlament in die Brüche gegangen sei und jetzt durch den «Botschafterhut» ersetzt werden solle. Mit der Anspielung auf den «Botschafterhut» half die *Tat* emsig mit, jene Falschmeldung weiterzuverbreiten, wonach Stucki den Posten in Paris nur unter der Bedingung anzutreten bereit sei, dass ihm der Botschaftertitel verliehen werde, eine Behauptung, die Stucki im Tagebuch kurzum als «Blödsinn» abtat.[2]

Stucki war von Bundesrat Motta schon im Mai 1937 ein erstes Mal angefragt worden, ob er nicht den Gesandtenposten von Dunant in Paris übernehmen wolle. Aber einen Monat vor dem FDP-Parteitag in Olten hatte der vermeintlich so erfolgreiche Nationalrat keinerlei Veranlassung gesehen, sich bereits wieder vom «Fechtboden Innenpolitik» zurückzuziehen und damit seinen Gegnern im Parlament das Leben einfacher zu machen. Hingegen nach dem Begräbnis, das die Delegierten und der Parteivorstand seinen auf die Verständigung zwischen den Blöcken abzielenden Ideen, das heisst dem «Stuckismus» in Olten bereiteten, betrachtete er das Angebot, das ihm jetzt im Namen des Gesamtbundesrates unterbreitet wurde, mit ganz anderen Augen. Er hatte es fertiggebracht, sich im Parlament, wie er selbst nicht anders feststellen konnte, in einer halben Legislaturperiode zwischen alle Stühle zu setzen; weder zur Linken noch zur Rechten noch vom Bundesrat erhielt er den erwarteten Sukkurs für seine Verständigungslösung, für die er sich derart stark gemacht und politisch exponiert hatte. Ihm war klar, dass er mit seinem Alleingang als Parlamentarier gescheitert war.

Um seine Situation besser einschätzen zu können, setzte er sich mit politischen und privaten Freunden in Verbindung und ersuchte sie um ihre Meinung über die Fortsetzung seiner beruflichen Karriere. Zum Beispiel hatte er den freisinnigen alt Ständerat Löpfe-Benz angeschrieben, der ihm am 27. September 1937 antwortete: «Als Mensch sage ich: Gehen Sie! Als Parteimann sage ich: Bleiben Sie!» Alt Bundesrat Schulthess riet ihm dringend zur Annahme des Pariser Postens und prophezeite, Stucki werde mit seiner innenpolitischen Verständigungsidee zwar später einmal recht bekommen, aber jetzt müsse er dringend für einige Zeit aus Bern verschwinden. Freisinnige Parteikollegen hinterbrachten ihm, die in der *Gazette de Lausanne* veröffentlichte Indiskretion betreffend seine Berufung zum Gesandten in Paris sei das Werk seines Fraktionskollegen Vallotton, der sich nicht damit habe abfinden können, im Wettbewerb um den Gesandtenposten gegenüber einem Deutschschweizer den Kürzeren gezogen zu haben. Von Stucki zur Rede gestellt, schwor Vallotton mit seinem «Ehrenwort als Offizier», er habe der *Gazette de Lausanne* weder schriftlich noch mündlich irgendeine Information zukommen lassen. Im Übrigen habe er gar nichts gegen Stucki; seine ganze grosse Wut richte sich allein gegen den Parteikollegen und Bundesrat Pilet-Golaz, der sein Versprechen, ihn über den Stand der Suche nach einem Gesandten für Paris ständig auf dem Laufenden zu halten, schändlich gebrochen habe. Damit sei seine jahrzehntelange Freundschaft mit Pilet endgültig in die Brüche gegangen. Vallotton gab sich als grosser Bewunderer und Freund Stuckis aus und lud diesen sogar zu einem Besuch in seine Waadtländer Heimat ein. Überrascht von Vallottons «offensive de charme» notierte Stucki ins Tagebuch: «Ich bleibe höflich, aber reserviert. Ich traue ihm weniger denn je.»

Weitere Meinungen holte Stucki unter anderem bei Bundesrat Rudolf Minger ein, der ihm sein volles Vertrauen für die Mission in Paris aussprach. Vor allem aber plante Stucki, sich eingehend mit Minister Dunant in Paris zu besprechen; er glaubte, seinen Entscheid anschliessend in Ruhe und unter sorgfältiger Gewichtung aller Rahmenbedingungen und Umstände treffen zu können, als die *Gazette de Lausanne* mit ihrer Sensationsmeldung am 1. Oktober seine Überlegungen jäh unterbrach. Stucki reagierte ungewöhnlich heftig und verlieh seiner Verärgerung wortreichen Ausdruck, zum Beispiel in einem Brief an Dunant: «Unterdessen ist durch eine unerhörte und abscheuliche Indiskretion die Angelegenheit in die Presse gekommen. Ich kann Ihnen nicht sagen, wie entrüstet ich bin! Es ist eine skandalöse Ungehörigkeit in erster Linie Ihnen gegenüber, aber auch in höchstem Masse unkorrekt gegenüber der französischen Regierung und mir.»

Indem Stucki seinen Entscheid für oder gegen Paris um Wochen vorzog und sich bereits am 5. Oktober zu einem Ja durchrang, hoffte er, der öffentlichen Debatte über seine Person und über seine Eignung als Gesandter im Nachbarland ein Ende zu bereiten. Seine Ernennung wurde umgehend auf die Traktandenliste der Regierung gesetzt und bereits eine Woche später wurde ihm eine handschriftliche Notiz aus dem Sitzungszimmer des

Anlässlich seiner Ernennung zum Gesandten in Paris konnte keine Schweizer Zeitung auf einen Bericht über Minister Stucki verzichten. Bei der Zürcher Illustrierten erschien sein Porträt sogar grossformatig auf der Titelseite.

Bundesrates gereicht, mit der ihm Obrecht noch aus der laufenden Beratung heraus zur soeben einstimmig erfolgten Wahl gratulierte. In derselben kurz gefassten Notiz brachte Obrecht gleichzeitig seine Sorge zum Ausdruck über die Lücke, die Stucki als Delegierter hinterlasse; er bitte ihn deshalb, ihm «bei der Lösung der entstehenden Probleme behilflich zu sein». Am nächsten Tag notierte Stucki ins Tagebuch: «Besuch bei B. R. Obrecht. Ich rate, keinen Delegierten für Aussenhandel mehr zu ernennen, sondern wie früher alles bei der Handelsabteilung (zu konzentrieren, *Anm. des Autors*). Hotz (Stuckis Nachfolger als Direktor der Handelsabteilung, *Anm. des Autors*) kann aber nicht selbst verhandeln, sagt Obrecht. Ich stimme zu und schlage Beizug von Prof. Keller vor; und Britschgi (Stuckis bisheriger Mitarbeiter, *Anm. des Autors*) soll nachgezogen werden. O. ist einverstanden. Gespräche beidseitig unfrei und befangen.» Mit der letzten Anmerkung lässt Stucki durchblicken, was er in den vergangenen zwei Jahren mehrmals schmerzlich empfunden hatte, nämlich dass sein vorher fast kollegial zu nennendes Verhältnis zum Bundesrat seit dem Ausscheiden seines Mentors Edmund Schulthess aus der Landesregierung durch eine zunehmende Entfremdung getrübt wurde. Diese Abkühlung und Formalisierung der Beziehungen hatte natürlich auch seine Möglichkeiten zur Einflussnahme auf die Entscheide der obersten Exekutive des Landes gemindert; und das mag durchaus auch ein Grund dafür gewesen sein, dass Stucki sich für mehr räumliche Distanz zum Bundesrat entschied, wie sie ihm der Gesandtenposten in Paris versprach. Weitere Gründe, die für die Annahme des bundesrätlichen Angebots ausschlaggebend gewesen sein dürften, waren Missgunst, Neid und Intrigen, von denen er annehmen musste, dass sie keineswegs aufhören würden, solange er seine Doppelfunktion als Delegierter und Nationalrat beibehielt. Dazu kam, dass Stucki zutiefst überzeugt war, Europa stehe am Abgrund, ein Krieg sei praktisch unvermeidlich und Paris werde deshalb zu einem für die Schweiz ungemein wichtigen Bezugspunkt – womit er, wie sich bald erweisen sollte, recht behielt.

Am 7. Oktober reiste Stucki mit seiner Frau Gertrud, die als Gattin des neuen Schweizer Gesandten und Gastgeberin für hochrangige Diplomaten, Politiker, Künstler und Militärs künftig eine wichtige Rolle zu spielen hatte, nach Paris, um seine künftige Wirkungsstätte zu inspizieren. Im Zug traf er zufällig Nationalrat Grimm, der zum Besuch der Weltausstellung[3] ebenfalls auf dem

Weg in die französische Metropole war. Grimm versicherte Stucki, er habe volles Verständnis für den Entscheid, sich nach Paris abzusetzen; denn nach seiner Feststellung sei auch in den Reihen der Linken die Zeit für eine Verständigungslösung zwischen den Blöcken noch nicht reif. Dann vertraute er Stucki an, «Pilet habe ihm das Präsidium der SBB angetragen». Stucki gab ihm zur Antwort, er solle doch annehmen.

Von dem, was Stucki und seine Gemahlin in Paris zu sehen bekamen, waren sie allerdings schwer enttäuscht. Das Schweizer Gesandtschaftsgebäude an der Avenue Hoche erwies sich in Stuckis Augen nicht nur als veraltet, feucht und dunkel, sondern auch als viel zu klein und in der Raumaufteilung schlecht geeignet – dies erst recht im Hinblick auf die Aufgaben, die in absehbarer Zeit zusätzlich zu den bisherigen auf die Schweizer Vertretung in Frankreich zukommen würden, nämlich im Hinblick auf den bevorstehenden Krieg, den Stucki bereits seit Langem als unvermeidlich bezeichnete.⁴ Die Arbeits- und Platzverhältnisse für sich selbst ebenso wie für das zu vermehrende Personal, aber auch die Repräsentationsräume zum Empfang von Besuchern sowie das Mobiliar und die haustechnischen Einrichtungen erachtete der weltgewandte Diplomat und Unterhändler, der schon in manchen schweizerischen und ausländischen Gesandtschaftsgebäuden zu Gast gewesen war, schlicht als unzumutbar. In einem ausführlichen Schreiben, das er eine Woche später dem EPD-Vorsteher Bundesrat Motta persönlich in die Hand drückte und mündlich kommentierte, forderte er nichts weniger als eine neue, grosse, seinen zunehmenden Aufgaben genügende und repräsentative Residenz.⁵ Stucki war nicht der Mann, der gewillt gewesen wäre, seine Gäste in einem «Abbruchobjekt» zu empfangen und sich mit den Unannehmlichkeiten eines verlotternden Altbaus herumzuschlagen. Motta sicherte ihm ohne lange Diskussion «grösstes Entgegenkommen» zu, was Stucki im Tagebuch mit der Bemerkung «Unterredung sehr freundschaftlich» quittierte.

Kurz nach dem Besuch bei Motta erhielt Stucki die Einladung von Bundesrat Pilet-Golaz – zu jenem Zeitpunkt noch «Verkehrsminister» – zu einem Gespräch, dem er sich offenbar nur widerwillig stellte. Im Verlauf der Unterhaltung beteuerte Pilet ungefragt, er sei an der Anti-Stucki-Kampagne der Westschweizer Presse unschuldig, ja er habe sogar sein Möglichstes getan, um die nach seiner Meinung von Nationalrat Vallotton entfesselte Artikelflut zu bremsen. Und was die Idee der innenpolitischen Verständigungslösung betreffe, habe er angenommen, Stucki sei von Bundesrat Obrecht rechtzeitig darüber informiert worden, dass die Landesregierung sich mehrfach mit Stuckis Idee befasst und sich als «nicht einverstanden» damit erklärt habe. Er selbst hätte Stucki aber trotzdem niemals derart im Regen stehen lassen, wie es anschliessend geschehen sei. Allerdings habe er fest geglaubt, Stucki werde den Gesandtenposten in Paris ablehnen; deshalb habe er vorgesehen, ihm das Präsidium der SBB anzutragen. Auf Stuckis Vorhaltung, dieses Amt beabsichtige er ja bereits Nationalrat Grimm anzuvertrauen, antwortete Pilet bloss, Stucki habe sich ja jetzt für Paris entschieden und Grimm habe sich ihm gegenüber stets tadellos benommen. Leicht irritiert angesichts so viel unerwarteter Zuneigung Pilets notiert Stucki ins Tagebuch: «Pilet ist sehr freundlich; aber ich kenne ihn nicht recht.» Er sollte ihn – als zukünftigen Vorgesetzten – bald kennenlernen.

Stucki musste sich eingestehen, dass ihm, entgegen seinem steten Bestreben, das Heft des Handelns nie aus der Hand zu geben und immer Herr der Lage zu bleiben, die Kontrolle über die Situation, in die er sich als Nationalrat begeben hatte, entglitten, dass er Opfer von politischen Intrigen geworden war, dass es Leute gab, die ihn offensichtlich anlogen, und andere, die ihm ihre wahren Absichten vorenthielten, wie zum Beispiel alt Bundesrat Musy,[6] der ihm in diesen Tagen eine Visite machte. Nach Musys Besuch schrieb Stucki einigermassen ratlos ins Tagebuch: «Ich komme nicht dahinter, was er von mir wollte. Sicher nicht nur einen Freundschaftsbesuch machen.» Stuckis Misstrauen war doppelt begründet: Erstens hatte Musy als Bundesrat und Chef des Finanzdepartements in Missachtung des Kollegialitätsprinzips mit einem breit gestreuten «Memorial» offen gegen eine Gesetzesvorlage aus dem Volkswirtschaftsdepartement gekämpft und sich damit, wie überhaupt bei fast jeder sich bietenden Gelegenheit, als Gegner von Stuckis bundesrätlichem Mentor und Freund, EVD-Vorsteher Edmund Schulthess, in Szene gesetzt; zweitens war Musy, von einem vehementen Antikommunismus getrieben, anfällig geworden für die Propaganda der Frontisten; er zeigte sich empfänglich für nationalsozialistische Kontaktaufnahmen und er unterhielt enge Beziehungen zu reaktionären Kreisen in Frankreich, denen er mit seinem Besuch bei Stucki vermutlich einen Kanal zum neuen Gesandten der Schweiz in Paris freilegen wollte.[7]

Als nächstes musste Stucki seinen Rücktritt aus dem Nationalrat vollziehen. Er tat dies mit einer knapp sieben Zeilen langen Erklärung an die Adresse des Präsidenten der Grossen Kammer und mit einer etwas ausführlicheren Version an die FDP-Fraktion der Bundesversammlung, in der er seinen Entscheid zugunsten von Paris knapp begründete und versicherte, den Posten des Gesandten niemals gesucht und sich erst nach schweren inneren Kämpfen zum Wechsel von der Politik in die Diplomatie entschieden zu haben. Er gab offen zu, die Polemik der Westschweizer Zeitungen sei bitter für ihn gewesen und er liess zwischen den Zeilen durchscheinen, dass ihn auch die «Radicaux», also die Westschweizer in der eigenen Partei, tief enttäuscht hätten. Nun wolle er aber durch seine Geschäftsführung in Frankreich den Beweis dafür erbringen, dass man ihm Unrecht getan habe. «Ich verlasse das Land mit grossen Sorgen um die Zukunft seiner demokratischen Einrichtungen und hoffe von ganzem Herzen, damit nicht recht zu bekommen.» Versöhnlicher und persönlicher tönte das Schreiben, mit dem Stucki, der zeitlebens stolz war auf seine bernische Herkunft, Abschied nahm von der FDP des Kantons Bern: Die Enttäuschung und Verbitterung, die er auf der Ebene schweizerischer Politik erlebt habe, werde reichlich aufgewogen durch den grossen Gewinn auf kantonalem Gebiet, liess er die Berner Parteifreunde wissen. Wenn er so heftig mit sich gerungen habe, den Posten in Paris zu übernehmen, so ausschliesslich, weil es ihm sehr schwerfalle, sich von den bernischen Freisinnigen zu trennen. Sein Lob des Bernertums schloss er mit dem Bekenntnis: «Ich werde auch in Paris bleiben, was ich heute aus voller Überzeugung und mit Freuden bin: ein bernischer Freisinnniger!» Am 27. Oktober notiert Stucki leicht süffisant in sein Tagebuch: «Mein Nachfolger im Nationalrat, Müller-Aarberg, besucht mich, um sich vorzustellen. Ein netter und braver Mensch, der niemandem Schwierigkeiten machen wird.»

Zwischen den Vorbereitungen auf Paris wandte sich Stucki wieder seinen Pflichten als Delegierter des Bundesrates, als Vertreter der Schweiz beim Völkerbund und als Vertragsunterhändler zu. Angesichts der sich zuspitzenden Polarisierung in Europa gelangten die Aussenpolitiker und die Völkerrechtsexperten im Politischen Departement immer mehr zur Überzeugung, es gelte von der differenziellen Neutralität, welche die Mitgliedschaft im Völkerbund und die Teilnahme an den Sanktionen gegen Italien

Zu den Vorbereitungen auf den Gesandtenposten in Paris gehörte für das Ehepaar Stucki auch das Knüpfen von Kontakten, zum Beispiel am Kostümball der französischen Botschaft in Bern, wo die beiden als Simmentaler Bauernpärchen auftraten.

möglich gemacht hatte, Abschied zu nehmen, zur integralen Neutralität zurückzukehren und aus dem Völkerbund auszutreten. Bundesrat Motta, stark beeinflusst von der lautstarken italienischen und deutschen Anti-Völkerbundspropaganda, berief am 10. Januar 1938 eine unter dem Siegel der Verschwiegenheit tagende Konferenz nach Bern ein, zu der neben den Professoren Huber, Rappard und Burckhardt auch die Minister Frölicher, Gorgé und Stucki aufgeboten waren. Huber übernahm es, den Standpunkt des Vorsitzenden, das heisst Mottas Pläne für einen raschen Austritt beliebt zu machen. Er tat dies allerdings – nach Stuckis Empfinden – vom Lehrstuhl des Theoretikers aus, das heisst viel zu doktrinär; dennoch schloss sich auch Burckhardt den Befürwortern eines raschen Austritts an. So blieb es schliesslich Stucki vorbehalten, die Meinung des Praktikers und Pragmatikers in die Debatte einzubringen: Die Frage, wie sich die Schweiz zum Völkerbund verhalten solle, sei inzwischen gar nicht mehr so dringend, legte er dar und empfahl, die Angelegenheit auf kleinem Feuer zu kochen; denn ein sofortiger Austritt erwecke den Eindruck, die Schweiz folge den Direktiven aus Rom und Berlin, und damit würde man bloss dem Vorwurf weiter Vorschub leisten, im schweizerischen Aussenministerium betreibe man mit wachsender Vorliebe «Achsenpolitik». Dass ihm Motta nach der Sitzung beipflichtete und ihn für seine realitätsbezogenen Worte «mit Lorbeeren bedeckte», stimmte Stucki nachdenklich. Sein im Tagebuch festgehaltener Kommentar zu Mottas Chamäleonverhalten bestand aus einem einzigen Wort, nämlich «Vorsicht!». Die Mahnung richtete er offensichtlich an sich selbst, denn ab 1. März, dem Zeitpunkt seines Amtsantrittes in Paris, war Bundesrat Motta Stuckis direkter Vorgesetzter.

Wirtschaftliche Vertragsverhandlungen führte Stucki, kurz vor Ablauf seines Mandats als Unterhändler, im Namen des Bundesrates vor allem mit Grossbritannien. In London ging es aus schweizerischer Sicht in erster Linie um den Export und die Verbreiterung des Absatzmarktes für Käse, Lastwagen, Textilien und Uhren sowie um den Import von Kohle. Die schweizerische Exportindustrie war von der Abwertung des britischen Pfunds im Jahr 1931 schwer getroffen worden; der bilaterale Handel hatte sich von diesem Rückschlag, dem die Schweiz mit einem Kontingentierungssystem begegnet war, nicht mehr erholt. Nun sollte Stucki das Terrain für einen neuen Aufschwung des bilateralen

Handels ebnen. Hinter Stucki und dem Eidgenössischen Volkswirtschaftsdepartement stand zudem – auf einen Vertragsabschluss drängend – die Firma Brown, Boveri & Cie., die Turboaggregate im Wert von 530 000 Schweizer Franken pro Stück nach England verkaufen wollte.

Während seines berufsbedingten Aufenthalts in London konnte Stucki seit Langem wieder einmal sein Vaterherz gegenüber seinem Sohn Jürg öffnen: Mit dem am Anfang einer vielversprechenden internationalen Karriere als Violinist stehenden Berufsmusiker, von dessen Begabung er als Vater und als Kenner und Liebhaber klassischer Musik fest überzeugt war, fuhr Stucki zum gemeinsamen Golfspiel in die Gegend zwischen Windsor und Ascott. Bei der Rückfahrt erlitten die beiden im Linksverkehr auf nebliger Strasse fast einen frontalen Zusammenstoss. Im Hotelzimmer führten sie lange und tiefschürfende Diskussionen über Erfolg und Misserfolg, über Sinn und Zweck des Daseins, über

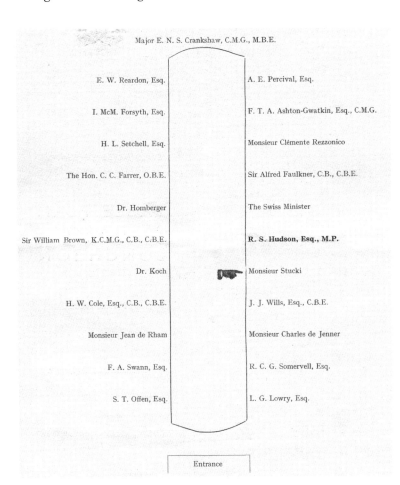

Rang und Ansehen Stuckis wurden rasch auch im Ausland anerkannt und entsprechend honoriert: Bei einem Essen auf Einladung der englischen Regierung findet man Stucki in der Sitzordnung auf dem Ehrenplatz neben dem Gastgeber.

Leben und Tod. Dieses vermutlich einmalige Zusammensein zu zweit, für Jürg noch verschönert durch Vaters Zusicherung weiterer Förderungsmassnahmen in Form von Ausbildungsbeiträgen, festigten das Vater-Sohn-Verhältnis, das vorher während Jahren unter der beruflichen Beanspruchung Stuckis gelitten hatte. «Er ist halt doch ein netter Kerl», notierte Stucki in sein Tagebuch.

Andere kamen da in Stuckis Urteil weit weniger glimpflich weg: Auf die sehr nette Begrüssungsrede von Sir Oliver Stanley zur Verhandlungseröffnung mit den Briten im Board of Trade habe der Schweizer Gesandte in London «mit einem peniblen Gestotter» geantwortet, und die Englischkenntnisse des Schweizer Delegationsmitglieds Dr. Homberger vom HIV bewertete Stucki als «noch schlechter als die meinigen». Hingegen bewunderte er die stilvolle Verhandlungsführung der Briten und anerkannte neidlos deren gute Vorbereitung und Dossierkenntnis. Auf die freundliche Rede des Staatssekretärs Hudson beim Lunch im Hotel Mayfair replizierte Stucki in französischer Sprache, und zwar, wie er selbst fand, «mit gutem Erfolg». Bei der Rückreise in die Schweiz im Schlafwagen über Folkstone und Boulogne zog er sich eine hartnäckige Erkältung zu, die ihn während des ganzen Winters begleiten sollte.[8]

Die Verhandlungen mit England wurden kurz nach Neujahr zunächst ohne Beisein Stuckis weitergeführt, stiessen dann aber auf erhebliche Schwierigkeiten und wurden vorläufig abgebrochen. Am 18. Februar teilte das Volkswirtschaftsdepartement in einem Pressecommuniqué mit: «Minister Stucki, bis Ende dieses Monats noch Delegierter für den Aussenhandel, hat sich daher anfangs Februar nach England begeben und dort erreicht, dass die Verhandlungsgrundlage wesentlich verbessert werden konnte. Infolgedessen wird es möglich sein, die offiziellen Verhandlungen wieder aufzunehmen.» Einmal mehr galt: «Stucki macht's möglich!»

Seit Stucki als Direktor der Handelsabteilung (wieder) in den Bundesdienst eingetreten war, hatte die Schweizer Aussenhandelsdiplomatie bald 13 Jahre lang regelmässig nach ähnlich gestricktem Muster funktioniert: Zeichneten sich irgendwo besonders schwierige Wirtschaftsverhandlungen ab, gerieten solche Verhandlungen ins Stocken oder drohte gar eine für die Schweiz ungünstige Verhandlungslösung, so schickte der Bundesrat ohne langes Zögern den als Unterhändler bewährten Minister Stucki an die Front, dem man als einzigem zutraute, alle aufgetauchten Widerwärtigkeiten zugunsten der Schweiz zum Besten wenden zu können.⁹ Doch nun zeichnete sich ab, dass dieser Joker dem Bundesrat nicht mehr zur Verfügung stehen würde. Und einige Leute begannen sich Gedanken zu machen, wie man denn künftig in verhandlungstaktischen Notfallsituationen ohne Stuckis «Notfalldienst» reagieren solle. Wenn man sich an die Anti-Stucki-Kampagne vom vorangegangenen Sommer erinnert, die mit der innenpolitischen «Kapitulation» Stuckis und mit der Beerdigung des «Stuckismus» geendet hatte, und wenn man dann diese Kampagne mit den Ende Februar und Anfang März 1938 anlässlich Stuckis Wechsel nach Paris geschriebenen Zeitungskommentaren vergleicht, so könnte man leicht zum Schluss gelangen, es sei verschiedenen Politikern und Journalisten, die noch einige Monate zuvor eifrig mitgeholfen hatten, Stucki innenpolitisch den Garaus zu machen und ihn ins Ausland zu verbannen, angesichts der sich verschlechternden internationalen Lage nicht mehr so ganz wohl gewesen in ihrer Haut; ja es habe sie betreffend die Exilierung Stuckis eine gewisse Reue gepackt bei der Vorstellung, die Landesversorgung mit Nahrungsmitteln und Rohstoffen könnte in nächster Zukunft durch aussenpolitische, allenfalls kriegerische Ereignisse infrage gestellt, ernsthaft gefährdet, vielleicht sogar unterbrochen werden – und es fehle dann der Minister Stucki, der dies wieder zurechtbiegen und die Schweiz vor aussenwirtschaftlicher Unbill bewahren könne.

10 Gesandter in Paris
Vom Krieg isoliert, dann aus dem Palais vertrieben

Während sich seine Bekannten noch darüber stritten, ob er die Treppe hinauf- oder hinuntergeworfen werde, absolvierte Stucki in Bern seine Abschiedsbesuche, zum Beispiel bei der Berner Stadtregierung, die ihn in corpore im Erlacherhof empfing, oder beim deutschen Gesandten von Bibra (Eintrag Stuckis ins Tagebuch: «Er ist zu wenig gescheit, um gefährlich zu sein»). Dann war er Gast am Maskenball der französischen Botschaft (Eintrag ins Tagebuch: «Der Botschafter ist sehr gescheit»), er hielt die Festrede zu alt Bundesrat Schulthess' 70. Geburtstag und er führte einmal mehr Lohnverhandlungen für sich selbst mit dem Ergebnis, dass der schweizerische Gesandte in Paris ab sofort ein Gehalt von 80 000 Franken pro Jahr, statt wie bisher 76 000 erhielt.

Am 3. März 1938 überquerte Stucki im neuen Mercedes, der ihm jetzt als Dienstfahrzeug zur Verfügung stand, die Grenze nach Frankreich und öffnete damit ein neues aufwühlendes und abenteuerliches Kapitel in seiner Biografie. Nach einer Übernachtung in Dole erreichte er am 4. März seine Residenz in der Avenue Hoche, just im Moment, in dem in Frankreich eine Regierungskrise ausbrach. Stucki hatte sich eine Woche lang zu gedulden – wobei er sich nicht wirklich geduldete, sondern im Élysée immer wieder drängen liess – bis der Präsident, der zuerst eine neue Regierung bilden musste, eine kleine Lücke im Terminkalender fand, um den neuen Schweizer Gesandten zur Überreichung des Beglaubigungsschreibens zu empfangen. Erst nach der Zeremonie im Élysée-Palast und dem Abschreiten einer Ehrenkompanie der Republikanischen Garde konnte Stucki sein Amt auch offiziell antreten. Dabei bewegte er sich keineswegs in einer Terra incognita: In den einschlägigen Kreisen war der in den Pariser Zeitungen als «gross, schlank, von sehr junger Allüre» geschilderte Vertreter der

Seine Exzellenz, der bevollmächtigte Minister und Gesandte der schweizerischen Eidgenossenschaft Walter Stucki, hat dem französischen Präsidenten soeben sein Beglaubigungsschreiben überreicht.

Schweiz, «dessen Blick lebhafte Intelligenz verrät und der seine Aufgabe mit Loyalität und grosser Affinität zu seinem Gastgeberland angeht», als hartnäckiger, aber hoch kompetenter Vertragsunterhändler sehr wohl bekannt. Die Begrüssung, die ihm in Frankreich zuteil wurde, war denn auch freundlich und freundschaftlich.

Stellvertretend für die französische Presse sei der *Petit Parisien* zitiert, der nicht nur das imponierende Auftreten des neuen Schweizer Gesandten und dessen hohe Intelligenz rühmte, sondern auch besonders hervorhob, Stucki bringe aus seiner engeren kantonalen Heimat den Sinn für das Machbare, Vernunft, Unerschrockenheit, Strenge sowohl gegen sich selbst als auch gegen andere, Loyalität, Beharrlichkeit und Zähigkeit mit, alles Eigenschaften, die man den Bernern, zu denen Stucki sich zähle, von jeher nachsage. Als «einer der bedeutendsten Wirtschaftspolitiker des Kontinents» – übrigens eine Qualifikation, wie sie in der Metropole der Grande Nation einem Ausländer, und erst noch einem aus der kleinen Schweiz, selten verliehen wird – sei Stucki ein Verfechter der auf den Grundsätzen der Ehrlichkeit beruhenden wirtschaftlichen und finanziellen Orthodoxie. Damit seien für das gegenseitige Verhältnis gute Voraussetzungen geschaffen, deckten sich doch Stuckis Auffassungen mit denjenigen seiner französischen Verhandlungspartner, sodass ein Terrain zur Verständigung

Der «grosse Stucki» in der grossen Galauniform des Schweizer Gesandten.

leicht zu finden sein werde.[1] Nach solch beeindruckender Begrüssung durch die Presse der Hauptstadt erwarb sich Stucki an seinem neuen Wirkungsort sehr rasch Respekt und Ansehen. Dabei mag ihm geholfen haben, dass er als helvetischer Unterhändler viele der in Paris residierenden Diplomaten und Staatsmänner bereits vom Verhandlungstisch her kannte und deshalb sofort den Zugang zu denjenigen fand, die ihm wichtig schienen. Ministerpräsident Daladier nannte den Berner, der oft weniger durch seinen diplomatischen Schliff als durch seine bernische Knorrigkeit auffiel, in einer öffentlichen Rede «le ministre le plus parisien».

Stuckis erste und wichtigste Mission, die er in Paris zu erfüllen hatte, bestand darin, die Zustimmung der sich bisher skeptisch zeigenden französischen Regierung zur Wiederherstellung der integralen Neutralität der Schweiz zu erlangen, einer Neutralität, die seit dem Beitritt zum Völkerbund durch den Artikel 16 des Paktes eingeschränkt und als differenzielle Neutralität im Wesentlichen auf militärische Aspekte reduziert war. Frankreich betrachtete die Bemühungen der Schweizer Diplomatie zur Wiedergewinnung der umfassenden, uneingeschränkten Neutralität als Schwächung des Völkerbundes und begleitete sie deshalb mit wachem Misstrauen. Selbst nachdem die Schweiz am 14. Mai 1938 vom Völkerbund ihre traditionelle integrale Neutralität zurückerhalten hatte, oder, wie sich EMD-Chef Rudolf Minger ausdrückte, das Schweizer Volk durch «den wiedergewonnenen Vollbesitz der ewigen, unverbrüchlichen Neutralität von einem Alpdruck befreit worden war», bekam Stucki die Skepsis seiner offiziellen Gesprächspartner in Paris zu spüren: Für sie bedeutete die Wiedergewinnung der integralen Neutralität gleichzeitig eine Desolidarisierung oder Abwendung der Schweiz vom Standpunkt der Entente, was dann fälschlicherweise mit einer Annäherung an die Achsenmächte gleichgesetzt wurde. Es zeugt sicher nicht vom mangelnden Verhandlungsgeschick des Schweizer Gesandten, sondern vielmehr vom deplorablen inneren Zustand seines Gastgeberlandes, wenn Stucki das ihm vorgegebene Ziel im bilateralen Verkehr zwar innerhalb einer nützlichen Frist, aber erst nach Verhandlungen mit drei aufeinanderfolgenden französischen Regierungen erreichte: Am 30. August 1939, das heisst am Vorabend des Kriegsausbruchs, sicherte ihm Botschafter Léger im französischen Aussenministerium die unbedingte Respektierung der integralen schweizerischen Neutralität zu; General Gamin gab dieselbe Zusicherung namens der Armee ab.[2]

Im ersten Amtsjahr in Paris wurde Stucki stark in Anspruch genommen durch Evaluation, Verhandlungen und Kauf sowie Einrichtung eines neuen Gesandtschaftsgebäudes, wie er es ja schon vor seinem Amtsantritt selbst gefordert hatte. Nach Besichtigung zahlreicher Liegenschaften und der Erkenntnis, dass die 10 Millionen Schweizer Franken, die für das ihm ideal erscheinende Palais an der Rue de Varenne aufzubringen gewesen wären, in Bern niemals die geringste Chance auf Genehmigung gehabt hätten, schloss er sich dem Vorschlag des Direktors der Eidgenössischen Bauten an und entschied sich für die Liegenschaft an der Rue de Grenelles 142, am linken Seineufer mitten im Quartier der Ministerien und Gesandtschaften gelegen, nicht weit entfernt von Aussenministerium, Deputiertenkammer und anderen wichtigen Behördenstellen. Die bisherige Besitzerin, Madame Baumann, eine durch Heirat mit einem Schweizer Geschäftsmann zu ansehnlichem Vermögen gekommene und inzwischen verwitwete alte Amerikanerin, legte grossen Wert darauf, das von ihr kaum noch genutzte Pariser Haus, das ihr nur noch hohe Steuern und Unterhaltskosten bescherte, in Schweizer Händen zu sehen. Sie liess sich deshalb den Preis von ursprünglich 8 auf fast die Hälfte, nämlich 4,3 Millionen Schweizer Franken herunterdrücken, was selbst Stucki veranlasste, im Bericht an den Bundesrat von einem «ganz ausserordentlich tiefen Kaufpreis» für das im Stadtzentrum auf 4200 Quadratmetern Pariser Boden gelegene Palais zu schreiben. Immerhin kamen dann nochmals 1,7 Millionen für Renovation und Einrichtung der etwas vernachlässigten Liegenschaft dazu sowie 5000 Franken, die Stucki «zur Ergänzung seiner persönlichen Ausstattung wie Silberzeug, Porzellan, Gläsern etc.» aus der Bundeskasse ausgerichtet erhielt. Das als ungeeignet erachtete bisherige Gesandtschaftsgebäude an der Avenue Hoche bot man für knapp 3 Millionen Franken der Südafrikanischen Union zum Kauf an.

Zum Neujahrsempfang 1939 konnte Stucki bereits in seine neue Residenz einladen. Am 24. Januar fand dann die offizielle Einweihungsfeier statt, beginnend mit der Vorführung des Spielfilms *Füsilier Wipf*, bei dessen Produktion sich die ganze eidgenössische Schauspielerprominenz – von Alfred Rasser und Emil Hegetschweiler über Schaggi Streuli und Paul Hubschmid bis zu Elsie Attenhofer und Lisa della Casa – in den Dienst der geistigen Landesverteidigung gestellt hatte. Anschliessend drängte sich alles, was in der französischen Hauptstadt Rang und Namen hatte, in

Markant, aber eher abweisend als einladend wirkt das Tor zum Eingang des Areals der Schweizer Gesandtschaft in der französischen Hauptstadt.

Das Schweizer Gesandtschaftsgebäude in Paris – einmal nicht fotografiert, sondern als Zeichnung – auf der Einladung zur Weihnachts- und Neujahrsfeier von Herrn und Frau Minister Stucki.

den stilgerecht renovierten und ausgestatteten Räumen. Stucki und seine Gattin begrüssten über 500 Gäste im historischen Gemäuer des Palais, das bei den Einheimischen unter dem Namen Hôtel de Chanac bekannt war. Das Gebäude war 1752 von Abbé Chanac de Pompadour (der jedoch mit der gepuderten Geliebten Louis XV. ausser dem Namen nichts Gemeinsames hatte) erbaut und in den Zeiten von Louis XVI. vom Baron von Besenval, Generalleutnant der königlichen Armee und Erneuerer des Schweizer Garderegiments in Paris, bewohnt worden. Die besten Stücke der Inneneinrichtung hatte Stucki selbst ausgesucht. Seine Gäste zeigten sich denn auch stets gebührend beeindruckt von den wertvollen Aubussonteppichen, von den Fauteuils aus der Epoche Louis XV., von den Porträts, die der Gesandte als Leihgaben aus schweizerischen Museen nach Paris gebracht hatte, von den Familienerbstücken der Solothurner Familie Besenval oder von Albrecht von Hallers Porträt, einem Geschenk des Kunstmuseums Bern.

Glanzstück der kostbaren Möblierung war einer der vier sogenannten Allianzteppiche, den die französische Regierung dem Schweizer Gesandten als Zeichen der Wertschätzung langfristig zur Verfügung gestellt oder quasi als «dépôt» anvertraut hatte und der als «évocation de l'ancien régime» die Gäste im Hôtel de Chanac rasch in Kenner der Historie und in Geschichtsbanausen trennte: Auf dem Teppich war nämlich die Beschwörung des Allianzvertrags durch die Abgeordneten der 13 eidgenössischen Orte und durch Louis XIV. anno 1663 in der Kathedrale Notre-Dame dargestellt, was nur die sattelfesten Geschichtsliebhaber zu erkennen

Der Salon für grosse Empfänge im Hôtel de Chanac, der auf Initiative und unter Aufsicht von Minister Stucki entstandenen, an helvetischen Massstäben gemessen geradezu prunkvollen Residenz des Schweizer Gesandten in Paris.

vermochten. Kostbares Porzellan mit Figuren, welche die Uniformen der Schweizer Regimenter in französischen Diensten trugen, Wandvitrinen mit in Leder gebundenen Büchern, darunter etwa die reich bebilderte *Iconographie des Costumes militaires*, Sammlungen von Medaillons und Vorhänge aus feinster St. Galler Stickerei sowie zahlreiche weitere vom Geschmack und vom Traditionsbewusstsein des Schweizer Gesandten zeugende Einrichtungsgegenstände weckten Begeisterung bei den Gästen. Von diesem geschichtsträchtigen Ort aus, der zu einem kunsthistorischen Anziehungspunkt in Paris wurde, entfaltete das Schweizer Gesandtenpaar in den nun folgenden Monaten ein reges gesellschaftliches Leben. Bei Stuckis zu Gast zu sein galt in der französischen Hauptstadt schon bald als gesellschaftliche Auszeichnung. Nicht zuletzt profitierten die knapp 30 Schweizer Vereine in Paris vom offenen Haus an der Rue de Grenelles: Mit verschiedenen Veranstaltungen, Ausstellungen, Vorträgen und Diskussionen versuchte Stucki, den in Frankreich lebenden Schweizern ihre Heimat näherzubringen und sie für die schweizerischen Anliegen zu sensibilisieren.

Auch das Kulinarische kam in Stuckis Residenz nicht zu kurz. Das Grand Dîner Suisse, das er hin und wieder veranstaltete, begann in der Regel mit einem Stehapéro, bei dem Ermitage blanc du Valais zu Viande sechée des Grisons gereicht wurde; dann konnten sich die Gäste an einem Raclette Valaisanne, an der Soupe à l'Orge, den Zuger Röteli au bleu, den Délices de la Cheminée Vaudoises, am Baron d'Agneau des Alpes, an den Vacherins du Jura, am Gâteau de Kirsch de Zoug und an den Fruits de la Vallée du Rhône gütlich tun. Angesichts der Weinkarte mit Fendant, Yvorne, Dôle, Dézaley, Malvoisie Glétrie, ausschliesslich bester Provenienz, und zum Schluss einem Vieux Kirsch überrascht es nicht, dass einer der geladenen Gäste schnarchend im Louis-XV.-Bett des Gesandtenpaares aufgefunden worden sein soll. Stucki seinerseits habe angesichts der im Laufe des Essens schwindenden mentalen Aufnahmefähigkeit der Gäste seine Ansprache, die er beim ersten Grand Dîner noch am Ende des Essens beim Kaffee hielt, vom zweiten Mal an auf die Pause zwischen Apéro und Hauptgang vorverlegt; denn es lag ihm viel daran, seinen französischen Freunden neben kulinarischen Erkenntnissen auch geistige Nahrung über die Schweiz zu verabreichen, und zwar solange sie dafür noch ansprechbar waren. Stuckis Vortrag begann jeweils wie folgt: Da die Zeitungen in der Schweiz tagtäglich über Frankreich berichteten, der Pariser Presse aber nur selten ein Artikel über die Schweiz zu entnehmen sei, und nicht zuletzt weil die Schweiz keinen «Propagandaminister» kenne (hier benutzte Stucki mit Absicht den deutschen Ausdruck, um deutlich zu machen, auf wen er anspielte), scheine ihm jetzt der Moment gekommen, den Franzosen ein wenig Wissen über die Schweiz zu vermitteln. Nach dieser Rechtfertigung für die seinem Publikum abverlangte Aufmerksamkeit referierte er über das kleine Volk von vier Millionen Menschen, das umringt von drei Grossmächten, deren drei Sprachen es teile, den unbescheidenen Anspruch erhebe, seinen Idealen «Freiheit und Demokratie» um jeden Preis treu zu bleiben.

Natürlich hatte Stucki zahlreiche gewichtigere Geschäfte[3] an die Hand zu nehmen als die Bewirtung seiner Gäste. Er begann sogleich nach seiner Ankunft in Paris im Frühjahr 1938, zusammen mit den Präsidenten der Schweizer Vereine, lückenlose Pläne für die Evakuierung der rund 60 000 in Frankreich lebenden schweizerischen Staatsbürger im Kriegsfall sowie zur reibungslosen Mobilisierung der Militärdienstpflichtigen auszuarbeiten. Vorgesehen waren gemäss diesen Planungsarbeiten täglich vier Sonderzüge für Schweizer Heimkehrer von Paris nach Vallorbe sowie die Bereitstellung von Treibstoff bei der Gesandtschaft für diejenigen Rückkehrer, die mit dem privaten Wagen in die Schweiz fahren wollten. Stucki, nach wie vor fest überzeugt, dass in Europa in Bälde die Generäle und nicht mehr die Politiker das Sagen hätten, kümmerte sich um die Sicherstellung der wirtschaftliche Versorgung der Schweiz im Krisen- und Kriegsfall mittels Transporten über französisches Territorium. Sein kulturelles Engagement bekundete er mit einer von ihm selbst organisierten und eröffneten Ausstellung neuerer französischer Kunst in Schweizer Besitz. Und an manchen Abenden hielt er Vorträge vor schweizerischem, französischem und internationalem Publikum, mit denen er Verständnis für die schweizerische Neutralität und die sich daraus ergebenden Konsequenzen zu wecken trachtete.

Zu Stuckis Kernaufgaben als Gesandter gehörte indessen vor allem die politische Berichterstattung zuhanden des Bundesrates. Stuckis realistische Analysen aus Paris, urteilte Professor Bonjour, als er in den späten 1960er-Jahren die Akten des Bundesarchivs durchpflügte, gehörten zum Besten, was in der Berner Zentrale des Politischen Departements in jenen turbulenten Vorkriegs- und Kriegsjahren von den diplomatischen Aussenposten der Schweiz an Berichten eingegangen sei. Nicht nur verfügte Stucki über hervorragende Quellen, er wusste die daraus gewonnenen Informationen auch vorausschauend und richtig zu deuten und zu interpretieren. Die Korrespondenz aus Paris, schrieb Bonjour 30 Jahre nachdem Stucki die Berichte verfasst hatte, sei in wirkungsvollem Gegensatz gestanden zu den wenig scharfsinnigen Briefen des Schweizer Gesandten in Berlin (gemeint war Hans Frölicher). Bonjour wertete es als Glücksfall, dass ein Mann von Stuckis Format und Tüchtigkeit den exponierten Gesandtenposten in Frankreich bekleidete, wo sich ihm die Gelegenheit geboten habe, die Mittel und Werkzeuge der Schweizer Aussenpolitik, wie zum Beispiel die wiedergewonnene integrale Neutralität, wirkungsvoll zugunsten seines Landes einzusetzen.

Auf Stuckis ausführliche Berichterstattung aus Paris kann hier nicht im Einzelnen eingegangen werden; Bonjour hat ihr, wie kaum den politischen Rapporten eines anderen schweizerischen Missionschefs, in seinem Neutralitätsbericht breiten Raum zugestanden; wohl nicht zuletzt, weil Stucki sich nicht damit begnügte, die Ereignisse in Frankreich zu reflektieren, sondern weil er das Geschehen auf dem ganzen krisen- und kriegsgeschüttelten europäischen Kontinent aus der Pariser Optik zur Darstellung brachte. Die wichtigsten Berichte Stuckis haben aus demselben Grund auch Eingang in die Sammlung «Diplomatische Dokumente der Schweiz» gefunden.

Aus der Berichterstattung sticht neben dem Thema Neutralität die hohe Priorität hervor, mit der sich Stucki, der Oberstleutnant a.D. der Schweizer Armee, den militärisch-strategischen Fragen widmete. Dabei interessierte natürlich insbesondere die in Strategiegruppen sowohl im französischen Aussenministerium als auch im Generalstab der Armee permanent geführte Diskussion, ob Deutschland, angesichts der unbefestigten schweizerisch-französischen Grenze im Jura, den erwarteten Angriff auf Frankreich über schweizerisches Territorium führen werde. Die Franzosen fürchteten nämlich, dass die deutsche Wehrmacht nicht nur wegen des strategischen Vorteils in die Schweiz einbrechen könnte, sondern dass Deutschland es ebenso sehr auf das in den Schweizer Banken liegende Gold und die dort lagernden Depots abgesehen habe; denn, so erklärte Frankreichs Aussenminister Bonnet dem Schweizer Gesandten: «Zum Kriegführen braucht es Geld, und Deutschland hat keines!» Frankreich hoffe deshalb sehr, schrieb Stucki im März 1938 an Bundesrat Motta, dass die militärischen Vorbereitungen in der Eidgenossenschaft entsprechend ernst genommen und von der politischen Führung in Bern nach Kräften gefördert würden, denn in Paris rechne man fest mit dem «Militärschild der Schweiz». Stucki verlangte seinerseits von den Franzosen die Zusicherung, dass sie der Schweiz auf keinen Fall ungerufen zu Hilfe eilen, konkret: dass sie im Falle eines Angriffs der deutschen Wehrmacht auf die Schweiz nicht vorsorglich schweizerisches Territorium besetzen würden, ohne dazu vom Bundesrat aufgefordert worden zu sein.

Anfang April 1939 wurde Stucki ins Aussenministerium am Quai d'Orsay gebeten, wo man ihm eröffnete, Frankreich und England planten, den kleinen Staaten Europas, vor allem der Schweiz, den Niederlanden und Belgien, für den Fall eines deutschen Angriffs Garantieversprechen abzugeben. Stucki nahm dankend Kenntnis von dieser Zusicherung der Alliierten, stellte aber sofort klar, dass ihm diese Erklärung von Frankreich ohne vorheriges Ersuchen der Schweiz abgegeben worden sei und dass einzig und allein der Bundesrat darüber bestimme, ob und wann er von dieser Garantie Gebrauch machen wolle. Eine solche Feststellung Stuckis, die in Bern auch sogleich publik gemacht wurde, war deshalb von grösster Wichtigkeit, weil der Bundesrat – sicher mit guten Gründen – befürchtete, im Kriegsfall könnte ein Wettrennen entstehen zwischen der Achse Deutschland/Italien auf der einen und den Alliierten, allen voran Frankreich, auf der anderen Seite, wer der Schweiz schneller zu Hilfe eilen, das heisst militärisch in die Schweiz einmarschieren könne.

Zu einem anderen Thema, nämlich zur wachsenden Rolle der Sowjetunion in den europäischen Auseinandersetzungen dürfte Stuckis Berichterstattung ganz im Sinne von Bundesrat Motta ausgefallen sein, denn weder der Magistrat in Bern noch der Gesandte in Paris konnten dem menschenverachtenden Kommunismus Stalins irgendetwas Positives abgewinnen. Motta hielt es für ein Gebot der politischen Sauberkeit, die Sowjetunion diplomatisch zu negieren und politisch zu isolieren. Er war deshalb sehr empfänglich für Stuckis Überzeugung, dass es rasch zum Bruch zwischen den Sowjets und den Alliierten kommen werde (was sich ja dann mit dem deutsch-sowjetischen Nichtangriffspakt vom August und erst recht mit dem Grenz- und Freundschaftsvertrag, dem sogenannten Hitler-Stalin-Pakt, im September 1939 bereits bestätigen sollte). Im letzten Schreiben, das der bereits schwer erkrankte EPD-Chef an Stucki richtete, kurz bevor er am 23. Januar 1940 im Amt verstarb, belobigte er den Empfänger mit folgenden Worten: «Mit politischem Sachverstand und grosser Kompetenz behandeln Sie die ganz entscheidende Frage der Beziehungen zwischen den westlichen Mächten und der UdSSR.»

Im Herbst und Winter 1938 waren Stuckis Berichte schwergewichtig der Tschechoslowakei und der pessimistischen Einschätzung der Lage durch die Franzosen gewidmet. Die ihm als wankelmütig erscheinende Stimmung der französischen Bevölkerung, die innerhalb weniger Tage von himmelhoch jauchzend zu Tode betrübt wechseln konnte, war überhaupt ein Thema, das von Stucki in seinen Berichten regelmässig aufgegriffen wurde. Denn was er als Nationalrat in der Schweiz empfunden und kritisiert hatte, nämlich die fehlende Geschlossenheit des Volkes oder anders gesagt: ein latentes Nichtzusammengehörigkeitsgefühl, vermochte seines Erachtens im Verteidigungsfall jede noch so moderne militärische Aufrüstung und Bereitschaft zunichtezumachen; und genau diese ihm missfallende Mentalität fiel ihm auch in Frankreich auf, ja erschien ihm hier sogar noch viel ausgeprägter als in der Schweiz, wie er anhand der häufigen Kabinettkrisen, den politischen Intrigen und den ständig wechselnden Regierungen und Ministern, mit denen er zu tun hatte, einfach und plausibel darzulegen vermochte. Seine Prognose für Frankreich im Kriegsfall – und den Krieg hielt er ja schon seit Langem für unvermeidbar – war deshalb nicht die beste. Das schrieb er zwar nicht ausdrücklich in jedem seiner Berichte, aber der Pessimismus, von dem die Zeilen seiner Briefe an Bundesrat Motta gefärbt sind, lässt seine Vorausahnung dennoch deutlich zutage treten. Vor allem Mottas Nachfolger als EPD-Vorsteher, Marcel Pilet-Golaz, nahm Stuckis Ausführungen über die Schwächen des französischen parlamentarisch-demokratischen Systems nur allzu gerne entgegen, denn er sah sich dadurch bestärkt in seiner eigenen staatspolitischen Auffassung, wonach ein Land in schwierigen Zeiten die Kräfte nicht in endlosem Palaver im Parlament verschwenden dürfe, sondern sein Schicksal viel besser in die Hände einer starken Exekutive lege.

Stucki hatte viele Stunden lang die Debatten in der französischen Deputiertenkammer verfolgt, und sein Urteil, das er anhand des Massstabes seiner eigenen Erfahrungen als Nationalrat fällen konnte, fiel verheerend aus: Man gewinne den Eindruck, einer Zusammenkunft unerzogener Lausbuben beizuwohnen, die Deputierten liessen jedes Gefühl für Würde und Disziplin vermissen; der Präsident werde im allgemeinen Lärm kaum von jemandem gehört, geschweige denn verstanden. Parteileidenschaften sowie persönliche Spannungen und Vorurteile prägten die Debatten und es sei kaum vorstellbar, wie ein Land in dieser inneren Verfassung einem ungeheuer gefährlichen und straff disziplinierten Gegner die Stirn bieten könne.⁴ Kurz zusammengefasst lautete Stuckis Bilanz: Was er in der Deputiertenkammer zu hören bekommen habe, sei «ausserordentlich deprimierend, aber auch lehrreich gewesen».

Stuckis Berichte waren mehr als nur eine Schilderung der Ereignisse in Frankreich; man kann sie als reflektierende Chronik der sich überstürzenden Ereignisse in Europa von 1937 bis 1940 aus alliierter Sicht lesen; sie behandeln den Anschluss Österreichs ebenso wie den Einmarsch deutscher Truppen in der Tschechoslowakei. Was auch immer geschah: Stucki zeigte sich stets sehr gut informiert. Dabei flogen ihm die Nachrichten und Kommentare keineswegs von selbst zu; er betrieb einen grossen Aufwand, um den Kontakt zu den massgeblichen Persönlichkeiten in Paris aufrechtzuerhalten, er stattete den Ministern der Volksfront-Regierungen von Blum, Chautemps, dann wieder von Blum und schliesslich, nach der Entmachtung der Volksfront, der Regierung Daladier regelmässig Besuche ab, er war meist dabei, wenn die

Franzosen hochrangige Gäste aus dem Ausland empfingen, und er spielte selbst den grosszügigen Gastgeber, wenn er sich davon einen Erkenntnisgewinn versprach. So verliefen auch die Sommerferien im Juli/August 1938 ziemlich hektisch: Sie begannen mit einem Abstecher in die Normandie, wo er an den tagelang dauernden grossen Festlichkeiten zu Ehren des auf Besuch weilenden britischen Königspaares teilnahm. Den Erholungsaufenthalt in Pontresina unterbrach er, um per Flugzeug nach Paris an die 1.-August-Feiern der Schweizer Kolonie zu reisen und die von ihm erwarteten Reden zu halten. Anschliessend begab er sich an die Luzerner Musikfestwochen, wo sein Sohn Jürg als Violinist erstmals unter Arturo Toscanini konzertieren durfte.

Im Herbst war Stucki als Repräsentant der Schweiz zu den grossen Winzerfesten im Burgund eingeladen, wo er in einer ergreifenden Zeremonie zum Ehrenbürger von Nuits-Saint-Georges ernannt wurde. Für diese Anerkennung bedankte er sich mit einer Rede in Küchenlatein. Anschliessend beförderte man ihn zum Grand Maître des Taste-Vins, eine Ehre, die ihn zu verschiedenen grösseren Geldspenden zum Zwecke der Renovation burgundischer Schlösser verpflichtete – und renovationsbedürftige Schlösser, so stellte er bald fest, gab es im Burgund etliche. Tags darauf eröffnete Stucki die Versteigerung der Weine des jüngsten Jahrgangs im Hôpital de Beaune, wo er nicht nur viele Schweizer Käufer antraf, sondern auch genötigt wurde, selbst eine grosse Weinbestellung zu tätigen.

Das letzte für Stucki bedeutende gesellschaftliche Ereignis vor dem Ausbruch des Krieges waren die verschiedenen Anlässe im Zusammenhang mit der Schweizerischen Landesausstellung 1939 (LA 39). Am 26. Mai landete um 11.25 Uhr, wie die NZZ genau protokollierte, das Flugzeug der Landesausstellungsmission von London her kommend bei strahlendem Sonnenschein in Paris. Der Swissair-Maschine entstiegen, umgeben von Trachtenfrauen und Fahnenträgern, die Zürcher LA-Abgesandten Briner und Klöti, die an einer ganzen Reihe von Veranstaltungen teilnahmen, vom Presseempfang bis zum Tee, den Frau Minister Stucki im Ritz offerierte, vom Treffen mit dem Grosskanzler der Ehrenlegion bis zum Fest mit den Schweizer Vereinen. Sie betrieben Werbung für die «Landi» und damit gleichzeitig für die Schweiz. Selbstverständlich lag die Organisation der Veranstaltungen ebenso in den Händen Stuckis wie er auch bei jedem Anlass selbst das Wort ergriff, um die heikle Situation des Kleinstaates im Zentrum eines militärisch hochgerüsteten Kontinents darzustellen. Zum Abschluss der LA-Mission gab's ein rauschendes «Landi»-Fest in der Schweizer Gesandtschaft, und Stucki dürfte ziemlich erleichtert gewesen sein, als er nach drei anstrengenden Tagen die Delegation, die im Rahmen ihres sogenannten «Westfluges» nach Barcelona weiterreiste, auf dem Flugplatz verabschieden konnte. Mitte August unterbrach Stucki seine Ferien in den Bergen, um eine Delegation der Deputiertenkammer Frankreichs an der Landesausstellung in Zürich zu begrüssen und drei Tage später hielt er auf dem «Landi»-Areal die mit grossem Beifall aufgenommene Festrede am Auslandschweizertag.

Am 25. August 1939 erschien Stucki die Lage in Europa derart explosiv, dass er vorzeitig aus den Ferien auf seinen Posten in Paris zurückkehrte. Dort musste er als erstes feststellen, dass die Telefonverbindungen in die Schweiz unterbrochen waren. Stucki pflegte sich in solchen Situationen an keine langen Dienstwege zu halten und sich lange mit subalternen Beamten herumzuschlagen: Sofort deponierte er sowohl beim Aussenminister als auch beim Generaldirektor der französischen PTT einen geharnischten Pro-

Seine Treffsicherheit bewies Stucki im August 1939 ausnahmsweise einmal nicht in der Politik oder Diplomatie, sondern an einer Schiessbude im Vergnügungspark der Landesausstellung in Zürich.

test, worauf die Schweizer Gesandtschaft wieder ans Netz angeschlossen wurde, allerdings nicht ohne gewarnt zu werden, dass feindliche Agenten den Telefonverkehr abhören könnten. Da Stucki über keinerlei technische Mittel verfügte, um den Verkehr zwischen Paris und Bern zu verschlüsseln, griff er zu Methoden, die er wohl aus seiner Zeit bei den Pfadfindern in Erinnerung hatte: Er teilte der Zentrale in Bern mit, künftig werde er seine Telefonate ausschliesslich in berndeutschem Dialekt führen. Für ausländische Staatsmänner legte er Decknamen fest, so zum Beispiel Schertenleib für Mussolini, Fankhauser für Daladier oder Bigler für Hitler. Die verschiedenen Staaten wurden mit dem ersten Buchstaben des dort residierenden Schweizer Missionschefs benannt, also zum Beispiel S (von Stucki) für Frankreich.

Am 1. September, dem Tag des deutschen Überfalls auf Polen, überreichte Stucki dem französischen Aussenminister Bonnet die schweizerische Neutralitätserklärung und konnte dessen Antwort entgegennehmen, wonach Frankreich Neutralität und Unverletzlichkeit der Schweiz und ihrer Grenze peinlich genau respektieren werde. Gleichzeitig bestand Frankreich indessen darauf, dass die Schweiz die in Oerlikon bestellten Fliegerabwehrkanonen an die französische Armee liefern müsse. Stucki leitete das Begehren nach Bern weiter, wo Bundesrat Obrecht, Chef des Volkswirtschaftsdepartementes, beeinflusst vom Gesandten in Paris und mit Hinweis auf die Abhängigkeit der schweizerischen Landesversorgung vom guten Willen Frankreichs, dafür plädierte, dem Ersuchen Frankreichs stattzugeben. EMD-Chef Rudolf Minger hingegen verlangte, die Kanonen seien, da sie von der Schweizer Armee im Kriegsfall dringend gebraucht würden, auf keinen Fall nach Frankreich auszuführen. Der Bundesrat erhob Mingers Meinung zum Regierungsbeschluss: Die Bedürfnisse der Schweizer Armee, legte er fest, hätten den Vorrang vor den Waffenbestellungen fremder Mächte.[5] Das war einer der wenigen Entscheide des Bundesrates, die während der Zeit Stuckis in Paris nicht gemäss dessen Antrag ausfielen.

Am 2. September, nachdem er sich die Diskussion in der Deputiertenkammer angehört hatte, bezeichnete Stucki die Haltung Frankreichs noch als «unklar»: Aus der Debatte lasse sich keine Konklusion ziehen, man verlange von Deutschland, dass es seine Truppen hinter die eigenen Grenzen zurückziehe und die Feindseligkeiten «prochainement» einstelle, ohne dass «prochainement» genauer definiert werde. In seiner Ansprache habe Ministerpräsident Daladier durchblicken lassen, dass Frankreich bis zur letzten Minute versuchen werde, den Frieden zu retten; dass man Stärke bekunden wolle, ohne jedoch die letzten Brücken der Verständigung mit Berlin abzubrechen. Stucki fiel auf, dass die Deputierten jene Passagen in Daladiers Ausführungen besonders lebhaft beklatschten, in denen von Verständigung und Frieden die Rede war. Stucki suchte sich dann im Gespräch mit anderen in Paris akkreditierten Diplomaten ein Bild darüber zu machen, wie die französische Reaktion auf Deutschlands Angriff gegen Polen beurteilt werde. Seine Berufskollegen, so rapportierte er nach Bern, bezeichneten Frankreichs Antwort auf den deutschen Gewaltakt als «flau»; Paris reagiere zwar mit einer kräftigen Sprache, man vermisse jedoch die konkrete Ankündigung von Taten.

Am 3. September verlangte Stucki in einem Telefonat mit Bern dringend Informationen über die Evakuierung der Schweizer, insbesondere der Stellungspflichtigen, aus England, denn er könne bestenfalls noch zwei, drei Tage lang deren Transport von Le Havre nach Paris und von dort in die Schweiz sicherstellen. Angesichts der Tatsache, dass in der nun anlaufenden französischen Kriegsmobilmachung die Armee sogar Pariser Taxis für Truppentransporte requirierte, war es eine Meisterleistung Stuckis und eine Bestätigung seines aussergewöhnlichen Durchsetzungsvermögens, dass es ihm gelang, elf Sonderzüge für den Heimtransport der Schweizer von Paris nach Vallorbe bereitstellen zu lassen. Weil am 3. September um 17 Uhr das französische Ultimatum ablief und sich Frankreich damit im Krieg mit Deutschland befand, verlangte Stucki von der EPD-Zentrale in Bern mit Nachdruck, dass die Züge mit den Schweizer Heimkehrern ab sofort bei den deutschen Militärbehörden angemeldet werden müssten; denn im Glauben, es handle sich um französische Truppentransporte, könnten deutsche Kampfflieger die Repatriierungszüge beschiessen oder bombardieren.

In diesen dramatischen Tagen bewährten sich einmal mehr Stuckis unzimperliche Führungsqualitäten: Als Gesandter in Frankreich stellte er im entscheidenden Moment keine Anträge an die vorgesetzten Amtsstellen in Bern, er verlegte sich erst recht nicht aufs Bitten, sondern er ordnete an, was zu tun sei, und zwar, wenn es ihm nötig schien, in recht harschem Ton. Auch gegenüber den Behörden seines Gastgeberlandes nahm er kein Blatt vor den

Mund: Als Frankreich im Rahmen der Kriegsmobilmachung sämtliche Grenzübergänge ins Ausland hermetisch abriegelte und seine Aussengrenzen undurchlässig machte, marschierte Stucki direkt ins Büro des französischen Handelsministers Gentin und verlangte die sofortige Rücknahme dieser Anordnung gegenüber der Schweiz. Die Schweiz sei, gab er dem Minister zu bedenken, da ohne Zugang zum Meer, auf den Transitverkehr über das Territorium ihrer Nachbarländer angewiesen, was sogar die Deutschen einsähen, weshalb man in Berlin keine sich derart verheerend für die Schweiz auswirkenden Grenzschliessungen angeordnet habe, wie Frankreich sie momentan anwende; im Gegenteil: bereits habe man aus Berlin eine Delegation entsandt, die mit der Schweiz über ein tragbares Grenzregime verhandle. Frankreich, so fügte der Gesandte Stucki warnend hinzu, sei auf bestem Weg, sich die Sympathien, die man in der Schweiz für das westliche Nachbarland hege, leichtfertig zu verspielen.

Am Nachmittag des 3. September, nach Ablauf der Ultimaten Englands und Frankreichs, herrschte in Europa der Kriegszustand, wie ihn Stucki schon seit Jahren immer wieder prophezeit hatte. Nun musste sich zeigen, ob die Schweiz genügend auf die bevorstehenden Herausforderungen vorbereitet war. Eigentlich war es Stuckis Absicht gewesen, seinen Beitrag an die Verteidigung von Unabhängigkeit, Freiheit und Demokratie an zentraler Stelle in Bern zu leisten. Doch nach dem Scheitern des «Stuckismus» sass er jetzt, weit weg vom Entscheidungszentrum, auf einem Posten im Ausland und musste sich mit Randfragen wie den gekappten Telefonleitungen und der Einrichtung eines Kurierdienstes herumschlagen. In seinem Bericht vom 12. September beklagte er sich wortreich darüber, er werde von den organisatorischen Arbeiten und den unzähligen Interventionen bei den französischen Amtsstellen derart in Anspruch genommen, dass er kaum noch die Zeit aufbringe, sich um die politische Berichterstattung zu kümmern. Aber da man in Paris ohnehin wie in einer belagerten Festung lebe und fast gänzlich von der Aussenwelt abgeschnitten sei, fehle es ihm auch an zuverlässigen Informationen, die er nach Bern weiterleiten könnte. Weil die französischen Medien aufs schärfste zensuriert und sogar der Empfang der schweizerischen Radiosender Beromünster und Sottens massiv gestört würden, könne man sich nur bei einigen ganz wenigen gut informierten Politikern und hochrangigen Beamten über den wahren Stand der

Dinge ins Bild setzen. Das Fazit seiner Erkundigungen in diesen eingeweihten Kreisen fasste Stucki wie folgt zusammen: Die französische Regierung denke nicht einen Augenblick lang daran, ihre Armee in blindem Ansturm gegen die Siegfriedlinie der Deutschen verbluten zu lassen. Sie behaupte vielmehr, langsam und systematisch vorgehen zu wollen, woraus man schliessen könne, dass voraussichtlich noch viele Wochen lang nicht mit Operationen an der Westfront zu rechnen sei.

Mit dieser Analyse umschrieb Stucki zutreffend den bevorstehenden Zeitabschnitt, der bis im Mai 1940 dauerte und als Drôle de Guerre in die Geschichtsbücher eingehen sollte. So vermerkte etwa Bernard Barbey, der persönliche Adjutant General Guisans, der einen Monat nach Kriegsausbruch in geheimer Mission in Paris eintraf, in der französischen Metropole sei nichts vom Krieg zu spüren, ausser man werde auf die Gasmasken aufmerksam, die viele Leute in einer Metallbüchse an sich trügen. Barbey, der vorher 20 Jahre lang in Paris gelebt hatte und dort als Schriftsteller tätig gewesen war, absolvierte einen Höflichkeitsbesuch bei Stucki, doch dieser «weiss nichts vom Zweck meiner Reise, und ich brauche es ihm auch nicht anzugeben», notierte der Offizier in sein Tagebuch.[6] Der Adjutant des Generals war nämlich, getarnt als Geschäftsmann, in einer neutralitätspolitisch höchst riskanten Angelegenheit unterwegs: Im Auftrag Guisans nahm er Kontakt auf mit dem französischen Oberstleutnant Garteiser, um die Zusammenarbeit der beiden Armeen für den Fall zu vertiefen, dass Deutschland einen militärischen Angriff auf die Schweiz unternehme. Bedenklich an diesen Kontakten war weniger die vorsorgliche strategische Planung an sich als vielmehr die Tatsache, dass die schweizerische Armeeführung solche Abmachungen nur mit einer Kriegspartei, nämlich mit den Franzosen traf, denn damit liessen sich die getroffenen Vereinbarungen leicht als Neutralitätsverletzung qualifizieren und man spielte den Deutschen, wenn diese die entsprechenden Pläne entdeckten, einen guten Trumpf zur Begründung eines Angriffs gegen die Schweiz in die Hände.

Im Juni 1940 wurden die kompromittierenden Dokumente dann tatsächlich von den in Frankreich vorrückenden Verbänden der Wehrmacht aufgespürt. In Berlin wollte man diesen Trumpf gegen die Schweiz allerdings nicht sogleich ausspielen, sondern vermutlich eine günstige Gelegenheit abwarten, um damit den – zum Entsetzen der deutschen Führung in der Schweiz so ungemein populären – General Guisan vom Sockel zu stürzen. Wie in den Geschichtsbüchern unter dem Titel «Aktenfund von La Charité» nachzulesen ist, hätten die hinter dem Rücken des Bundesrates mit Frankreich aufgenommenen Kontakte in der Tat Guisan beinahe den Kopf gekostet, denn sein grosser Rivale, der germanophile Korpskommandant Ulrich Wille, war wild entschlossen, den General zu entmachten, abzusetzen und zu demütigen – natürlich in der Absicht, selbst dessen prestigereiche Funktion zu übernehmen und dann die Schweiz militärisch näher an Deutschland heranzuführen. Mit seiner selbstherrlich angeordneten Aktion, die, als sie auch in der Schweiz öffentlich bekannt wurde, fast durchwegs von allen Beobachtern als gravierende Neutralitätsverletzung taxiert wurde, lieferte ihm Guisan selbst die Argumente, quasi die Munition für den Umsturz an der Armeespitze. Aber es kam anders, als der Korpskommandant geplant und gehofft hatte; denn die Schweiz hatte allmählich genug von der als preussisch empfundenen Überheblichkeit der Familie Wille, die schon im Ersten Weltkrieg den Oberkommandierenden der Armee gestellt hatte. Als dann noch die deutsche Sommeroffensive in Stalingrad zum Stillstand kam und sich die Wende auf den Schlachtfeldern des Zweiten Weltkriegs zu Ungunsten Deutschlands abzuzeichnen begann, vermochte Guisan den Machtkampf um die Führung der Armee im Herbst 1942 für sich zu entscheiden und seinen Widersacher zum Rücktritt zu zwingen.

Stucki als offizieller Vertreter der Schweiz in Frankreich scheint, ebenso wie der Bundesrat, erst Ende 1940 von der Aktion Guisans, in die nur etwa ein halbes Dutzend hohe Offiziere eingeweiht waren, Kenntnis erhalten zu haben. Auf jeden Fall lassen sich keine Hinweise dafür finden, dass Stucki von Guisan über diese Geheimkontakte informiert worden wäre, als er am 24. Oktober 1939 dem General in dessen Hauptquartier in Gümligen einen Besuch abstattete, um ihn vor einem möglicherweise unmittelbar bevorstehenden Angriff der Deutschen zu warnen. Es sei sofort alles so vorzubereiten, dass – bei der ersten Grenzverletzung durch einen Truppenverband der Wehrmacht – die Verbindung mit der französischen Regierung aufgenommen und sichergestellt werden könne, verlangte er vom General und vom Bundesrat. Von den bereits bestehenden, von den Militärs unter dem Deckmantel der Geheimhaltung aufgenommenen Kontakten und Verbindungen schien er nichts zu ahnen.

Stucki hielt sich im Herbst 1939 in Bern auf, weil schwierige Verhandlungen mit den Franzosen über den gegenseitigen Warenverkehr anstanden, Verhandlungen, über die ausgerechnet er, der frühere Delegationsleiter der Schweiz bei allen solchen Vertragsabschlüssen, erst kurz vor Beginn eher beiläufig in Kenntnis gesetzt worden war. Er vermutete denn auch sofort ein gegen ihn gerichtetes Komplott zwischen den Franzosen, die ihn als erfolgreichen Verhandlungsführer fürchteten und deshalb keinen grossen Wert auf seine Teilnahme legten, und den zuständigen Verwaltungsstellen in Bern, wo man den «unvermeidlichen Übervater aller Wirtschaftsverhandlungen» gerne mal in Paris «aufs Eis gelegt» hätte. Aber Stucki war in Bern zur Stelle, kurz nachdem die Verhandlungen mit den Franzosen begonnen hatten. Allerdings platzte er unvorbereitet in eine Sitzung und ergriff sofort das Wort, ohne sich mit den verantwortlichen schweizerischen Delegationsmitgliedern vorher abgesprochen zu haben. Das trug ihm schlechte Kritiken ein und er sah sich sogar genötigt, seinem ehemaligen Stellvertreter und jetzigen Nachfolger als Direktor der Handelsabteilung, Minister Jean Hotz, ein Entschuldigungsschreiben zukommen zu lassen: Er bedaure sehr, brachte er zu Papier, «wenn Sie durch meine etwas temperamentvolle Intervention verstimmt worden sind. Sie wissen ja, dass ich direkt von der Eisenbahn in jene Sitzung kam, nachdem sie bereits begonnen hatte (…) Doch jetzt ist für mich die Vergangenheit erledigt und ich werde selbstverständlich loyal die schweizerischen Interessen vertreten helfen.» Stucki, der Fehler macht, Stucki, der zu spät kommt, Stucki, der sich bei einem jüngeren Nachfolger entschuldigt (und sich dann allerdings auch gleich selbst exkulpiert) – das war neu! Die «Verbannung» nach Paris begann ihre Wirkung zu zeitigen.

Da er schon mal zu Hause war, nutzte Stucki die Gelegenheit, um seine Villa an der Seftigenstrasse an die Ambassade de France, an die französische Botschaft in Bern zu vermieten, was erstens beweist, dass er mit einem länger dauernden Aufenthalt im Ausland rechnete, und was zweitens seine Stellung im bilateralen Verhältnis Bern–Paris vermutlich aufwertete. Zwei repräsentative Häuser brauchte er ja wirklich nicht. Seine Ehefrau Gertrud, die er bei Kriegsausbruch vorsorglich in die Schweiz zurückgeschickt hatte, bis sich die Lage geklärt haben würde, brachte er kurzfristig im Berner Nobelhotel, dem unmittelbar ans Bundeshaus angrenzenden Bellevue unter, wo sie bis Weihnachten ausharrte.

Dann kehrte Stucki allein nach Paris zurück. Das Hôtel de Chanac kam ihm jetzt gross und leer vor. Leben und Arbeiten in der Hauptstadt eines im Krieg stehenden Landes, das zurzeit zwar in keine Kampfhandlungen verwickelt war, aber dessen Kapitale durch die kriegsmässig bedingte Isolierung doch an politischer und gesellschaftlicher Bedeutung und Vitalität eingebüsst hatte, schien Stucki nicht besonders zu behagen. Zwar empfing er während der Drôle de Guerre fast jeden Tag mehrere Besucher, aber trotzdem fühlte er sich eingeengt und politisch aufs Abstellgleis geschoben. Zwar gab es hin und wieder die üblichen Gesprächstermine und Wirtschaftsverhandlungen mit den Franzosen, aber die für die Schweiz wirklich lebenswichtigen Verhandlungen mit den Alliierten über die Einschränkung der Handelsschifffahrt, die Seeblockaden, die Auswirkungen der Konterbandemassnahmen für die Neutralen, also die für sein Land wichtigsten Auseinandersetzungen, die unter dem Stichwort «Blockadeverhandlungen» in den Schlagzeilen der Presse erschienen, wurden jetzt von Bern aus von Jean Hotz, seinem Nachfolger in der Handelsabteilung koordiniert, standen nicht mehr unter seiner Oberaufsicht, liefen teilweise sogar an ihm vorbei und fanden oft auch ohne sein Beisein in London statt. Während er in Paris, wie er es empfand, kleine Brötchen buk, verhandelten Minister Sulzer und Professor Keller, zwei ihm früher untergeordnete Mitarbeiter, in der englischen Hauptstadt auf höchster diplomatischer Ebene über die zentralen Fragen: Da ging es um die von französischen und britischen Behörden verfügte Beschlagnahmung von Schiffen, beladen mit für die Schweiz bestimmten lebenswichtigen Versorgungsgütern und damit um das Überleben als unabhängige Nation. Während Baumwolle, Benzin oder Getreide in der Schweiz knapp und deshalb rigoros rationiert wurden, musste sich Stucki mit Bagatellen wie der Freigabe von drei französischen Privatautos befassen, die von der Kantonspolizei Waadt im Grenzgebiet angehalten worden waren.

Seine Frustration fand ihren Niederschlag im Tagebuch, in dem er nach langer Pause plötzlich wieder ein paar Einträge machte. Meist handelte es sich dabei um die Namen von Besuchern und Bittstellern; hin und wieder, zum Beispiel am 12. November, stösst man beim Blättern auf einen schriftlich geäusserten Seufzer wie «langweiliger Sonntag» oder «schon wieder Fliegeralarm», später in Kurzform nur noch «Alerte!» Im Dezember fand Stuckis Einsamkeit ihren Niederschlag im Tagebuch: «Abends allein im

Minister Stucki im Exil

Verbannt nach Paris: Nach Meinung vieler Zeitungskommentatoren führte Stucki als Gesandter der Schweiz in Frankreich ein gemütliches Leben.

Kino» oder: «Gertrud langen Brief geschrieben». Dazu kam sein Ärger darüber, dass die Verhandlungen mit den Franzosen «ganz schlecht» liefen. Weil sein erster Mitarbeiter und Stellvertreter de Torrenté über Weihnachten nach Hause reiste, musste Stucki in Paris ausharren. «Nicht guet zwäg» notierte er am 17. Dezember unter das Grossereignis des Tages, dem er drei Worte widmete, nämlich: «Graf Spee versenkt».[7] Immerhin reiste auf Weihnachten seine Familie an, sodass er wenigstens die Festtage nicht allein verbringen musste. Aber es fällt auf: Die Person, die einem aus den Tagebucheinträgen jenes Winters 1939/40 entgegentritt, war nicht mehr der unbeugsame, kämpferische «grosse Stucki», nicht mehr der gefürchtete Unterhändler, nicht mehr der wortgewaltige Nationalrat, nicht mehr der machtbewusste Gesprächspartner der Landesregierung. Das war ein verletzlicher, sich manchmal einsam fühlender, aber auch irgendwie menschlicher gewordener normaler Sterblicher.

Stucki mag oft überlegt haben, ob er in Bern jetzt nicht besser am Platz gewesen wäre als auf seinem, wie ihm vorkam, durch den Kriegsausbruch abgewerteten Aussenposten; denn es fehlte dem Bundesrat, ausgerechnet in dieser schwierigen Zeit, mehr denn je an Führungsstärke. Bundesrat Motta, der als EPD-Vorsteher Stuckis Chef und Ansprechpartner war, hatte Anfang 1939 einen leichten Schlaganfall erlitten, war seither ein kranker Mann, der zudem bei der politisch links stehenden Presse wegen seiner ambivalenten Haltung gegenüber dem faschistischen Italien ständig im Visier der Kritik stand; jedermann rechnete mit seinem baldigen Rücktritt. Auch Bundesrat Obrecht, als Chef des Volkswirtschaftsdepartements für die Landesversorgung verantwortlich, war gesundheitlich angeschlagen; EMD-Chef Minger litt offensichtlich unter der Last seiner zehn Amtsjahre und bekundete Ermüdungserscheinungen; Pilet-Golaz, damals noch Vorsteher des Post- und Eisenbahndepartements, galt als schroff, hochmütig und neigte zum Alleingang.

Stucki, der seinerzeit in Bern als der «achte Bundesrat» gegolten hatte, muss sich über das Bild, das die Regierung einem aussenstehenden Beobachter bot, sicher seine Gedanken gemacht haben. Trotzdem kam der Besuch, den er am 8. Januar 1940 in Paris erhielt, völlig überraschend: Nationalrat Hans Oprecht, Präsident der Sozialdemokratischen Partei der Schweiz (SPS), wünschte ihn dringend zu sprechen, und das, was der SPS-Präsident dem Gesandten unter vier Augen darlegte, traf selbst den politisch abgebrühten Stucki unvorbereitet: die SPS nämlich würde ihm zur Wahl in den Bundesrat verhelfen, wo er das Volkswirtschaftsdepartement übernehmen und im Regierungsgremium wieder Führung und Geschlossenheit sicherstellen solle, denn die Zustände im Bundesrat und besonders im EPD und EVD seien unhaltbar geworden, das Vertrauen der Bevölkerung in die Landesregierung schmelze wie Schnee an der Sonne. Bei der SP erachte man es deshalb als wünschenswert, dass Stucki, solange man ihn noch in guter Erinnerung habe, ins Bundeshaus zurückkehre. Auf Nachfrage Stuckis, warum die SPS nicht einen Bundesratskandidaten aus den eigenen Reihen stelle, antwortete Oprecht – wie er sich später auch schriftlich rechtfertige –, die SPS habe eine andere Aufgabe zu erfüllen: Als Opposition komme ihr die wichtige Aufgabe der Kontrolle über die bürgerliche Mehrheit zu, und diese Kontrollfunktion in der Demokratie sei mit der Regierungsbeteiligung unvereinbar. Oprecht versicherte Stucki ferner, sein Angebot sei mit der SPS-Geschäftsleitung und führenden Parteigenossen wie Robert Grimm abgesprochen und deshalb nicht bloss als sein persönlicher Wunsch zu interpretieren. Nach Stuckis – ebenfalls in einem Brief festgehaltener – Erinnerung begründete Oprecht seine Anfrage auch damit, dass die Sozialdemokraten über keine geeigneten Kandidaten für das Bundesratsamt verfügten.

So oder so hätte der Versuch der SPS, einen ihnen genehmen prominenten Freisinnigen in den Bundesrat zu hieven, wäre er bekannt geworden, in den Schweizer Zeitungen für ganz grosse Buchstaben gesorgt. Aber noch mehr als über den Besuch Oprechts staunte Stucki, als sich zehn Tage später wieder ein prominenter Gast bei ihm meldete. Diesmal war es sein früherer parteipolitischer «Lieblingsfeind» Nationalrat Gottlieb Duttweiler, der ihm dasselbe Anliegen unterbreitete wie Oprecht. Stucki erteilte beiden Besuchern die mit gleichen Argumenten begründete Absage: Er wolle weder im Gärtlein von Bundesrat Minger und dessen bernischer BGB grasen noch wolle er über den fragwürdigen Weg eines nichtbernischen Ehrenbürgerrechts in die Regierung gewählt werden.

Selbstverständlich hatte man sich gegenseitig versichert, dass die ganze Aktion der SP und Duttweilers vertraulich bleiben müsse und alle Beteiligten Stillschweigen darüber bewahren würden. Aber Stucki hielt sich als erster nicht an diese Abmachung: Er informierte tags darauf, wenn auch «persönlich und vertraulich», den Chef des eidgenössischen Finanzdepartements, seinen freisinnigen Parteifreund Bundesrat Ernst Wetter, über die Initiative Oprechts und Duttweilers, «weil man ja nicht wissen kann, was die beiden etwa weiterzählen und weil ich mich unter gar keinen Umständen zu irgend einem Manöver gegen Herrn Bundesrat Minger hergeben will.» Wetter war in den vergangenen Monaten zu einer Art Vertrauens- und Verbindungsmann Stuckis in der Landesregierung geworden, an den sich Stucki gerne wandte, wenn er ein nicht offizielles Geschäft auf der Bundesratsebene aufgreifen wollte. Am 24. Januar, einen Tag, nachdem Bundesrat Motta nicht ganz unerwartet im Amt verstorben war, erhielt Stucki eine verklausulierte Antwort Wetters, der ihm schrieb, er würde «den Gegenstand gerne etwas gründlicher besprechen», Stucki solle sich doch bei ihm melden, wenn er das nächste Mal nach Bern komme. Aber auch Wetter hielt sich nicht an die vereinbarte Vertraulichkeit: Am 30. Januar bat er den sozialdemokratischen Nationalrat und SPS-Fraktionspräsidenten in der Bundesversammlung, Robert Grimm, zu sich und stellte ihm die Frage, ob die SPS nun eigentlich eine Regierungsbeteiligung anstrebe, wie von der sozialdemokratischen Presse in einer aufdringlichen Kampagne unisono gefordert werde, oder ob sie, wie das aus einer Mitteilung von SPS-Präsident Hans Oprecht an Minister Stucki hervorgehe, zurzeit keinen derartigen Anspruch erhebe, womit also die ganze orchestrierte Kampagne gar nicht ernst zu nehmen wäre. Eine Klarstellung der SPS sei angesichts des Krieges, von dem die Schweiz als Nation genauso bedroht werde wie andere Kleinstaaten Europas, unabdingbar und die Beantwortung der breit diskutierten Frage, ob die SPS in die Regierungsverantwortung einbezogen werden solle, jetzt dringend notwendig. Die verlangte Klarstellung ergab in den Augen Wetters, dass sich Grimm und Oprecht in dieser zentralen Frage völlig uneinig waren. Grimm, der sich über Oprechts Vorstoss bei Stucki in Paris und noch mehr über die Begründung, die Oprecht vorgebracht hatte, nämlich die SPS verfüge nicht über geeignete Bundesratskandidaten, offensichtlich sehr ärgerte – man darf davon ausgehen, dass er sich selbst sehr wohl als geeigneten Kandidaten betrachtete –, verlangte von Oprecht schriftlich Aufklärung über das Gespräch mit Stucki. Oprecht, der stets die Vertraulichkeit seiner Aktion betont hatte und nun über deren öffentliche Bekanntmachung ebenfalls verärgert war, wandte sich mit einem Expressbrief an den Gesandten in Paris und forderte eine Bestätigung seiner Darstellung des Gesprächs, die von der Version Grimms, der sich seinerseits auf die Unterhaltung mit Bundesrat Wetter berief, erheblich abwich: «Ich wüsste nicht», schrieb Oprecht an Stucki, «wie ich dazu kommen sollte, Sie, Herr Minister, im Auftrage einer kleinen sozialdemokratischen Vertrauensmännerkonferenz um die Annahme einer Kandidatur als Bundesrat zu ersuchen, und das gar noch mit der Begründung, die SPS verfüge zur Zeit nicht über geeignete Kandidaten, ganz abgesehen davon, dass sie genügend geeignete Kandidaten hätte.» Stucki wollte den Schwarzen Peter aber auch nicht in der Hand behalten und widersprach in seiner Antwort an Oprecht wie folgt: «Wir haben uns ganz allgemein über die Armut an geeigneten Persönlichkeiten für den Bundesrat unterhalten und dabei haben Sie ganz ausdrücklich gesagt, dass diese Armut auch in Ihren Kreisen bestehe und Ihre Partei in die gleiche Verlegenheit käme, geeignete Kandidaten vorzuschlagen, wie andere politische Parteien.» Die ganze Auseinandersetzung, schloss Stucki, bestärke ihn in der Genugtuung über seine «Flucht aus Bern» und im Willen, der politischen Küche in der Bundesstadt noch lange fernzubleiben. Dann richtete er einen Brief an Bundesrat Wetter, in dem er seiner Ver-

Robert Grimm, seit 1938 bernischer Regierungsrat, betrachtete sich selbst als durchaus valablen Bundesratskandidaten und ärgerte sich deshalb über die Avancen, die sein Parteigenosse Oprecht dem ehemaligen FDP-Nationalrat Walter Stucki machte.

wunderung darüber Ausdruck verlieh, «dass die Angelegenheit, von der ich Ihnen persönlich und vertraulich Kenntnis gab, zu solchen Weiterungen führte», was ihm nun sehr unangenehm sei. Wetter schob in seiner Antwort die Verantwortung auf Grimm ab, der es nicht nötig gehabt hätte, Oprecht zur Rede zu stellen, nachdem er ihn doch gebeten habe, Minister Stucki aus dem Spiel zu lassen. Das ganze war ein, gemessen am Resultat, nutzloses Intrigenspiel, wie es vor Bundesratswahlen wohl bis heute immer wieder vorkommt und wie es Stucki, der zwar ungewollt, aber doch nicht ganz ohne eigenes Zutun in diese Rankünen verwickelt wurde, zutiefst widerstrebte.[8]

Bei der Wahl des Nachfolgers von Bundesrat Motta am 22. Februar 1940 stand Stucki weder als offizieller noch als inoffizieller Kandidat zur Verfügung. Gewählt wurde der katholisch-konservative Tessiner Enrico Celio, dem in der vorausgegangenen meinungsbildenden Debatte zwar das Format eines Regierungsmitgliedes mehrheitlich abgesprochen worden war,[9] der sich aber gleichwohl gegen den von den Sozialdemokraten ins Rennen geschickten Tessiner SP-Staatsrat Guglielmo Canevascini durchsetzte. Noch immer war die Zeit nicht reif für einen sozialdemokratischen Bundesrat. Aber spannend wäre es, sich auszumalen, was geschehen wäre, wenn sich Stucki als Kandidat der Sozialdemokraten zur Verfügung gestellt hätte.

Rücktritte und Neuwahlen in den Bundesrat gab es nun in rascher Folge: Am 18. Juli 1940 wurde der todkranke Hermann Obrecht durch den Solothurner Freisinnigen Hermann Stampfli ersetzt, der von seinem Vorgänger auch das Volkswirtschaftsdepartement (EVD) übernahm. Am 10. Dezember 1940 wurde Rudolf Minger, der während seiner zehnjährigen Tätigkeit in der Regierung stets gerne das EVD geführt hätte und nun nicht zuletzt aus einer gewissen persönlichen Enttäuschung heraus zurücktrat, als Vertreter der BGB von Eduard von Steiger abgelöst, der vom ebenfalls zurückgetretenen Freisinnigen Johannes Baumann das Justiz- und Polizeidepartement erbte, während der neu gewählte Freisinnige Karl Kobelt die Nachfolge Mingers als EMD-Chef antrat.

Der Ruf nach einer Kandidatur Stuckis war zwar regelmässig immer wieder laut geworden; so empfahl etwa die Jungliberale Bewegung der Schweiz der Bundesversammlung, Minister Stucki in den Bundesrat zu wählen, weil er das Vertrauen der jungen Generation besitze; der Badener Industrielle Walter Boveri lancierte gar eine kostspielige Kampagne mit halbseitigen Inseraten in verschiedenen Zeitungen zugunsten Stuckis. In Leserbriefen erschallte angesichts der Führungsschwäche, die der amtierende Bundesrat an den Tag lege, der «Ruf nach einer Persönlichkeit» verbunden mit dem Appell an Stucki, sich für das Amt eines Bundesrates und ganz speziell des EVD-Vorstehers, der für das Überleben der Schweiz im Kriege mindestens so wichtig sei wie der EMD-Chef, zur Verfügung zu stellen. Doch «beim Ruf nach Stucki handelt es sich um eine rein persönliche Würdigung, nicht um eine Kandidatur des Berner Freisinns, der sich eines eigenen Vorschlages in Erwartung einer offiziellen BGB-Kandidatur enthält», konstatierte der Berner Bund nüchtern. Die Presse stellte sich ohnehin mit wenigen Ausnahmen hinter die Kandidatur von Markus Feldmann, den vormaligen Chefredaktor der Neuen Berner Zeitung, Präsident des Vereins Schweizer Presse und engagierten Kämpfer für die Rechte einer freien Presse in einer Zeit, in der die Schweiz gerade wegen der freimütigen Kommentare in ihren Zeitungen massiven Pressionen des nationalsozialistischen Deutschlands ausgesetzt war. Feldmann unterlag dann allerdings im entscheidenden Wahlgang dem «staatsmännischen» von Steiger mit nur 12 gegen 130 Stimmen. Der sozialdemokratische Kandidat Robert Bratschi brachte es immerhin auf deren 56, während Feldmann elf Jahre warten musste, dann aber im Dezember 1951 mit glanzvollen 184 Stimmen zum Nachfolger von Steigers gekürt werden sollte.

Nach dem Geplänkel um die von Oprecht angeregte Kandidatur hielt sich Stucki an den Rat seines Mentors alt Bundesrat Schulthess, der ihm in einem Brief ein plastisches Bild des mit Haken und Ösen ausgetragenen Wahlkampfs um die Bundesratssitze vermittelte und gleichzeitig empfahl, den Dingen den Lauf zu lassen, stumm zu bleiben und keinerlei Erklärungen abzugeben. Das fiel Stucki auch umso leichter, als er in Frankreich ganz andere Probleme zu meistern hatte. Einerseits wurde er nun doch wieder vermehrt in die Blockadeverhandlungen mit den Alliierten einbezogen, vermutlich, weil sich die Verhandlungen als schwieriger herausstellten, als man in Bern gehofft hatte, und völlig ins Stocken gerieten, als der französische Ministerpräsident Daladier gestürzt wurde und mit ihm auch der für die Seeblockade zuständige Minister seinen Posten verliess. Da erinnerte man sich im Bundeshaus plötzlich wieder an Stucki, der so viele Vertragsverhandlungen zu einem für die Schweiz glücklichen Abschluss geführt hatte, und reaktivierte ihn als nebenamtlichen Unterhändler, um das Verhandlungsteam der Schweiz in London zu verstärken.

Aber auch das aktuelle Kriegsgeschehen hielt Stucki auf Trab. Es gab jetzt wieder genügend Stoff für eine intensive politische Berichterstattung. Stucki kommentierte praktisch jedes wichtige Ereignis, analysierte die Kriegslage, stellte Vermutungen an, legte Prognosen vor, die meisten – im Rückblick – zutreffend. Nur mit einigen wenigen Voraussagen lag er daneben, etwa wenn er am 20. April prophezeite, Deutschland müsse, vorwiegend aus Prestigegründen, sobald die Operation gegen Norwegen abgeschlossen sei, sofort wieder etwas Neues unternehmen, und dabei sei es wahrscheinlicher, dass es seine Blicke zuerst auf den Nahen Osten richte, als dass es gegen Holland, Belgien und die Maginot-Linie vorgehe. Bei dieser Fehlprognose liess sich Stucki einmal mehr von nüchternem strategischem Denken leiten: Ein Angriff im Westen, rechnete er sich aus, machte es den Alliierten aus geografischen Gründen leicht, den Opfern der Hitler'schen Aggression sofort und ohne Schwierigkeiten zu Hilfe zu eilen. Hingegen seien Ungarn oder auch Jugoslawien von England und Frankreich aus viel schwieriger zu erreichen, während Deutschland, nachdem es sich Österreich einverleibt habe, bereits an der ungarischen oder jugoslawischen Grenze stehe.[10] Doch Hitler hatte andere als nur strategisch vernünftige Gründe und Argumente: Nach bloss drei Wochen machte er die Prognose Stuckis zu Makulatur. In derselben Zeit notierte Stucki, das Vertrauen der Franzosen in die Partnerschaft mit den Briten sei erschüttert und die Stimmung der französischen Bevölkerung, die Stucki noch kurz zuvor als übertrieben optimistisch geschildert hatte, auf den Nullpunkt gesunken. Denn jetzt, nach einem halben Jahr Drôle de Guerre, überstürzten sich plötzlich die Ereignisse.

Freitag, der 10. Mai, war ein sonniger, warmer Frühlingstag. Die Frühaufsteher in Paris sassen bereits bei Café et Croissants an den kleinen Tischen, welche die Cafétiers auf die Trottoirs hinausgestellt hatten, als die Pariser Bevölkerung wie von einem Blitz aus dem heiteren Frühlingshimmel von der Nachricht überrascht wurde, die Deutschen hätten losgeschlagen, eine mächtige Invasionsarmee rücke gegen Holland, Belgien und das nordöstliche Frankreich vor. Die französische Armee war, nachdem ihr Nachrichtendienst von den Deutschen seit Monaten mit falschen Berichten und Hinweisen auf den angeblich unmittelbar bevorstehenden Angriff überflutet und übermüdet worden war, auf den Angriff überhaupt nicht vorbereitet und wurde in Urlaubsstimmung überrumpelt.

Leider hatte Stucki seine Tagebuchführung Anfang Jahr wieder eingestellt, und seine nachträglich erstellten Kurznotizen enthalten eine auffällige, vom 5. April bis zum 15. Mai dauernde Lücke. Vermutlich hatte Stucki jetzt Dringenderes zu tun, als sein Tagebuch nachzuführen. Zum Beispiel wurden in diesen schicksalshaften Tagen insbesondere die französischen Militär- und Rüstungsbehörden bei ihm vorstellig und drängten ihn, dafür zu sor-

Stucki zieht Lehren aus dem deutschen Vormarsch
«1. Die Sprengung von Hindernissen, insbesondere Brücken, hat fast völlig versagt. An sehr vielen Orten wurden die Brückenwachen durch Fallschirmjäger oder Bombardierung unschädlich gemacht, bevor sie handeln konnten. Es ist deshalb unbedingt erforderlich, dass mehrere, an verschiedenen Orten und weit vom Objekt entfernte Sprengmannschaften eingesetzt werden.
2. Man darf nicht damit rechnen, dass bei einem Überraschungsangriff die vordersten eigenen Truppenelemente telefonische Mitteilungen nach rückwärts geben können, da der Angreifer diese Verbindungen mit hoher Priorität unterbrechen wird. Mit einem Netz von kleinen Radiostationen ganz nahe der vordersten Linie hat man dagegen gute Erfahrungen gemacht.
3. Gegen schwere Kampfwagen helfen weder eingerammte Eisenbahnschienen, die spielend überklettert werden, noch senkrechte Gräben, sondern nur senkrechte Betonmauern und der direkte Schuss der 7,5 cm Feldkanonen.
4. Deutsche Fallschirmjäger tragen über ihrem bekannten Tenue alle denkbaren Verkleidungen (Mönche, Nonnen, Bauern und vor allem Uniformen ihrer Gegner). Hier kann nur ein täglich zu änderndes Passwort helfen.
5. Deutsche Erkundungsflugzeuge ziehen über den Zielobjekten weisse Kreise, in welche die Bomber, ohne selbst zu erkunden, ihre Bomben wie in einen Trichter hineinfallen lassen.
6. Man darf sich nicht darauf verlassen, feindliche Flugzeuge rechtzeitig kommen zu hören. Sie fliegen bis zu 10 000 Meter hoch und sausen zum Bombardieren lautlos bis auf 150 Meter hinunter.
7. Nicht genügend vorbereitete und ohne militärische Disziplin durchgeführte Evakuierung der Zivilbevölkerung führt zu einem für die militärischen Operationen verheerenden Chaos.
8. Unklare Kompetenzausscheidungen zwischen militärischen und zivilen Behörden haben im Ernstfall verheerende Konsequenzen, wie z. B. widersprüchliche Befehle.»

Stucki an Pilet-Golaz am 23. Mai 1940 (leicht gekürzt).

gen, dass die schweizerischen Rüstungsbetriebe ihre Lieferungen nach Frankreich nicht reduzierten.

Angesichts der am 11. Mai erfolgten Generalmobilmachung der Schweizer Armee und deren dringenden Rüstungsbedürfnissen konnte Stucki indessen den Franzosen keine verpflichtenden Zusagen betreffend Waffenlieferungen abgeben. Für den 16. Mai notierte er im Rückblick: «Hochspannung in Paris, wilde Gerüchte über Bedrohung der Schweiz. Quai d'Orsay (Aussenministerium) verbrennt Akten. Abreisevorbereitungen.» Um 17 Uhr meldete sich Stucki telefonisch beim Sektionschef für Politisches im EPD, Peter A. Feldscher: «Die Lage hat sich stark verschlechtert. Die Mitglieder der obersten Behörden reisen ab und die oberste Bank ist bereits fort. Wir verbrennen viele Dokumente und ich mache mich bereit, mit einem Minimum an Personal wegzugehen an den Ort, der schon lange voraus bestimmt wurde. Ich gehe aber nur, wenn ich Befehl dazu erhalte, sonst bleibe ich da. Das Staatsoberhaupt ist (für die Evakuierung der ausländischen diplomatischen Vertretungen, *Anm. des Autors*) massgeblich, die Regierung geht mich nichts an (…) Hier scheint man an den höchsten Stellen Kopf und Nerven verloren zu haben. Ich zähle darauf, dass Sie mit allen Mitteln versuchen, Verbindung mit mir aufrecht zu erhalten (…)»

Am nächsten Tag bestätigte und erweiterte Stucki seine Aussagen mit einem schriftlichen Bericht: Der amerikanische Botschafter Bullitt, den er in dessen Residenz aufsuchte, bestätigte ihm, die militärische Lage der Franzosen sei sehr schlecht; die Deutschen hätten das französische Verteidigungssystem an der Maas mit zwei motorisierten Kolonnen durchbrochen. Stucki und sein Militärattaché begannen daraufhin, ihre Papiere teilweise zu verbrennen, andere transportgerecht zu verpacken. Gegen 19 Uhr beruhigte sich die Situation ein wenig; die neusten Nachrichten von der Front lauteten, die deutschen Panzerkolonnen seien für den Nachschub zu schnell vorangekommen; Treibstoffmangel – und nicht etwa die Verteidiger, Panzerhindernisse oder Brückensprengungen – hätten die Angreifer zum Stehen gebracht.

Die durch ihre leeren Tanks gestoppten deutschen Panzer gewährten Stucki eine Atempause, die er zu einem Besuch der Deputiertenkammer nutzte, wo der neue Ministerpräsident Reynaud um 20.30 Uhr eine kurze Ansprache hielt. Zu Stuckis Missfallen befasste er sich indessen kaum mit der dramatischen Situation, in der sich Frankreichs Hauptstadt jetzt befand, sondern missbrauchte seine Redezeit vor allem zur Abrechnung mit der Regierung seines Vorgängers Daladier und mit dem Oberkommandierenden, General Gamelin. Vier Tage später befanden sich die deutschen Kolonnen wieder ungebremst auf dem Marsch nach Paris; bei der Sommemündung hatten sie die Atlantikküste erreicht. Jetzt rang sich Ministerpräsident Reynaud zu einem Kommentar durch, der, wie Stucki festhielt, kurz und banal lautete: «Das Land ist in höchster Gefahr, nur ein Wunder kann es noch retten. Ich glaube an Wunder!»

In der Schweizer Gesandtschaft trafen aus Belgien flüchtende Schweizer ein und schilderten den völligen Zusammenbruch der Front im Nordosten. In seinen Vorbereitungen für den Aufbruch wurde Stucki mehrmals durch Anrufe des französischen Rüstungsministers Dautry unterbrochen, der mit aller Dringlichkeit das Anrecht auf die versprochenen Waffenlieferungen aus der Schweiz geltend machte; insbesondere bestand er auf der sofortigen Freigabe der 45 für die Alliierten bestimmten Oerlikoner Fliegerabwehrkanonen mit den dazugehörenden 85 000 Stück Munition. Die alliierten Armeen, führte er zur Begründung aus, verbrauchten jeden Tag etwa 500 000 Schuss Flab-Munition, und er werde nötigenfalls mit eigenen Camions in die Schweiz fahren, um Kanonen und Munition abzuholen. Wie dringlich Dautrys Begehren war, demonstrierte am 21. Mai die deutsche Luftwaffe, indem sie erstmals Paris bombardierte. Die Wirkung auf die Stimmung der Bevölkerung war deshalb noch gering, weil die Deutschen als Ziele nicht die Bevölkerungszentren, sondern wichtige Industrieanlagen und Verkehrsknotenpunkte, insbesondere die Eisenbahninfrastruktur, anvisiert hatten.

Eine grosse Erleichterung bedeutete für Stucki die Mitteilung des Vizepräsidenten der Schweizerischen Nationalbank, der Transport schweizerischer Goldreserven im Umfang von einer halben Milliarde Schweizer Franken über Frankreich nach New York werde eingestellt; man lasse es bei der ersten Sendung im Wert von 150 Millionen Franken bewenden. Die Deutschen hätten sich über einen Beitrag von ein paar 100 Millionen an ihre Kriegskosten sicher dermassen gefreut, dass sie, vorausgesetzt, sie hätten vom Transport erfahren, alles in Bewegung gesetzt hätten, um des Goldes habhaft zu werden.

Als Stucki am 25. Mai um 18.20 Uhr seinen Lagebericht telefonisch nach Bern übermitteln wollte, nahm zwar eine Telefonistin der Übermittlungszentrale seinen Anruf entgegen; sie konnte ihn jedoch nicht weiterverbinden, weil im Politischen Departement niemand mehr da war: Im Aussenministerium in Bern war man schlafen gegangen, während die mächtigste Armee der Welt auf die Hauptstadt des Nachbarlandes zurollte und jederzeit einen Flankenangriff durch die Schweiz hätte auslösen können. Stucki schickte am nächsten Tag zwei Briefe nach Bern ab: seinen Lagebericht, den er am Vorabend telefonisch hatte übermitteln wollen, jetzt in schriftlicher Form und einen Protestbrief an Bundespräsident Pilet-Golaz, den Nachfolger Mottas an der Spitze des EPD, über die nach seiner Überzeugung amateurhafte Organisation des Departements im Kriegsfall.

Der Situation entsprechend befassten sich Stuckis Politische Berichte jetzt vornehmlich mit militärisch-strategischen Fragen, in denen der Verfasser seine Kenntnisse, die er als Oberstleutnant der Schweizer Armee erworben hatte, durchscheinen liess. Er schloss sich der Kritik an General Gamelin an, der die Franzosen im Glauben belassen hatte, die Maginot-Linie sei für einen Angreifer unüberwindbar. Frankreichs Öffentlichkeit hatte keine Kenntnis davon, dass diese Verteidigungsanlage gar nicht bis ans Meer reichte, sondern sich im Norden über Belgien und die Niederlande umgehen liess. Stucki rechnete in seinen Berichten zudem akribisch vor, was Gamelin mit den Hunderttausenden von mobilisierten Soldaten in den acht Monaten Drôle de Guerre an Befestigungsanlagen noch hätte bauen können. Wenn jeder Soldat nur sechs Stunden im Tag gearbeitet hätte, hätte man den Durchbruch der Deutschen vielleicht verhindern, sicher aber um Tage, wenn nicht Wochen verzögern können. «Aber anstatt die Truppe arbeiten zu lassen, beschäftigte man sie mit Sport, liess sie herumlungern und engagierte Chansonetten für sie, damit sich die Soldaten nicht langweilten.»

Nun ging alles ziemlich schnell: Am 5. und 9. Juni erschienen am helllichten Tag «50 deutsche Bombardierungsapparate, umgeben von zahlreichen Jagdflugzeugen» am Himmel über Paris und warfen aus 6000 Metern Höhe Bomben auf Fabriken, Flugplätze, Rangierbahnhöfe und Brücken ab. Da die Sonne im Zenit stand, habe die Fliegerabwehr die feindlichen Apparate nicht erkennen und abschiessen können. Während es Bomben regnete, kümmerte sich Stucki wieder einmal um Kohle: 100 000 Tonnen für die Schweiz bestimmte, dort dringend benötigte und auch bereits bezahlte, aber noch in den französischen Atlantikhäfen lagernde Kohle liessen sich aber schliesslich trotz seiner Bemühungen auf dem durch die Bombardierungen an manchen Orten unterbrochenen Eisenbahnnetz nicht mehr an den Bestimmungsort schaffen.

Am 9. Juni hatten sich die Nachrichten von der Front derart verschlechtert, dass Stucki die Abreise auf denselben Abend vorzubereiten befahl. Er unterrichtete die französische Regierung, die sich ebenfalls im Aufbruch befand, von seinen Reiseplänen. Sein Stellvertreter, Legationsrat Henri de Torrenté, wurde beauftragt, mit einer kleinen Gruppe von Mitarbeitern die Geschäfte in Paris weiterzuführen, während Stucki dem französischen Präsidenten folgen wollte. Es war unschwer zu erkennen, dass es dem Gesandten schwerfiel, jetzt, wo sich umwälzende Ereignisse in der Hauptstadt ankündigten, seinen Sitz in Paris zu verlassen und irgendwo auf dem Lande eine behelfsmässige Unterkunft zu beziehen. Stucki erinnerte sich in diesen dramatischen und hektischen Tagen an einen seiner Vorgänger, nämlich an den Schweizer Gesandten Johann Conrad Kern, der während des deutsch-französischen Krieges 1870/71 in Paris ausgeharrt und eine segensreiche Tätigkeit nicht nur zugunsten der dort ansässigen Schweizer, sondern im Sinne der Leistung Guter Dienste auch für die miteinander im Kriege stehenden Mächte ausgeübt hatte.

In der Nacht von Sonntag, 9. auf Montag, 10. Juni verliessen die meisten von Stuckis Kollegen des diplomatischen Korps die Seinemetropole fluchtartig in Richtung Südwesten. Stucki selbst versuchte verzweifelt «den nötigen ganz grossen Camion aufzutreiben für den Transport von Gepäck, Akten und Ausrüstungsmaterial aller Art». Im allgemeinen Chaos und angesichts der Tatsache, dass Fahrzeuge, obwohl sie von den zur Flucht Entschlossenen praktisch mit Gold aufgewogen worden wären, nicht mehr zu finden waren, wurde Stucki bald klar, dass er ohne Lastwagen auskommen musste. Also schickte er im Laufe des Montags das Personal, darunter auch seinen Chauffeur, Akten, Schreibmaschinen und Gepäck in mehreren kleineren Wagen voraus. Dann machte er seinen Abschiedsbesuch im fast menschenleeren Aussenministerium, wo Generalsekretär Roux in seiner Gegenwart die italienische Kriegserklärung entgegennahm und ihm anvertraute, er werde, als letzter Vertreter der französischen Regierung und des Aussenministeriums, Paris um 18 Uhr verlassen. Eine offizielle Mitteilung über die Aufgabe von Paris als «capitale» und Regierungssitz Frankreichs war bisher nicht verbreitet worden und jetzt auch nicht mehr zu erwarten. Niemand gab sich noch die Mühe, offiziell festzustellen, dass Frankreich keine Hauptstadt mehr hatte. Um 19.15 Uhr setzte sich Stucki ans Steuer seines Wagens, seine Frau nahm auf dem Beifahrersitz Platz. Dann verliess der Schweizer Gesandte seine prachtvolle Residenz, in der er als Diplomat und als Gastgeber geglänzt hatte, und fuhr Richtung Südwesten einer ungewissen Zukunft entgegen. Wieder einmal ging mit der Flucht aus Paris ein markanter Abschnitt in Stuckis Karriere zu Ende, und mit der Fahrt ins Ungewisse wird einmal mehr ein völlig neues Kapitel in seiner abwechslungsreichen Biografie aufgeschlagen.

Gesandter in Vichy 11
Abenteuerliche Flucht in ein Provinznest

In ausserordentlichen Situationen wuchs Stucki über sich hinaus, ja manchmal schien er besondere Herausforderungen geradezu zu suchen. Was er nach Möglichkeit zu vermeiden trachtete, war die Alltagsroutine. Er war der «Mann für schwierige Fälle», der erst dort richtig in Fahrt kam, wo andere resignierten. Er gab nie auf, und wenn er ein Ziel vor sich sah, fand er fast immer einen Weg – so auch jetzt am Steuer seiner Mercedes-Limousine inmitten einer endlosen, stockenden Kolonne von abenteuerlichen Vehikeln, mit denen Abertausende von Flüchtlingen sich selbst und ihr Hab und Gut vor dem Feind in Sicherheit bringen wollten. Vor Stuckis Wagen reihten und türmten sich auf der Landstrasse, die von Paris nach Süden führte, Hindernisse ohne Zahl: museumsreife Autos mit siedenden Motoren, unter der Last zusammengebrochene Karren mit vorgespannten Pferden, Eseln oder Rindvieh, nach den Bombardierungen nur notdürftig reparierte Brücken, entgegenkommende Militärkonvois, die ihn zum Ausweichen auf schmale Feldwege zwangen, völlige Dunkelheit, verursacht durch das Löschen aller Lichter und Scheinwerfer wegen der Fliegeralarme, in der Dunkelheit kaum sichtbare Bombentrichter im Strassenbelag, nach Unfällen und Kollisionen unpassierbare Strassenstücke, und, je länger desto mehr, wegen Benzinmangels liegengebliebene Fahrzeuge, welche die Route zum permanenten Hindernisparcours machten. Dazwischen immer wieder bettelnde und schreiende, aber auch resigniert sich in ihr Schicksal ergebende Menschen, weinende Kinder, die in der Menge verzweifelt ihre Eltern suchten, Lumpenbündel, die sich bei näherem Hinsehen als am Strassenrand schlafende Flüchtlinge erwiesen. Die 220 Kilometer von Paris nach Tours würden ihm für den Rest seines Lebens in Erinnerung bleiben, schrieb Stucki drei Tage später in seinem ersten Bericht aus Ballan, einer kleinen Ortschaft 15 Kilometer südwestlich von Tours.

Die nächtliche Fahrt von der aufgegebenen Hauptstadt in die zum provisorischen Regierungs- und Verwaltungszentrum Frankreichs erklärte Region Touraine hatte volle elf Stunden gedauert. Stucki war mit seinem noblen Diplomatenfahrzeug, eingeklemmt in der Kolonne des Elends, oft kilometerweit mehr mitgespült worden, als dass er nach eigenem Gutdünken hätte fahren und lenken können. Erschüttert von der Angst und Not der Flüchtlinge, die er in den elf Stunden hautnah miterlebt hatte, erreichte er müde und erschöpft gegen 7 Uhr morgens sein Ziel: das ihm als provisorische Residenz zugewiesene Château Bois Renaud bei Ballan, wo er seine Tätigkeit als Gesandter wieder aufnehmen sollte. Doch dazu kam er vorläufig ebenso wenig wie zum Schlafen. Vorher musste er für sich und die rund 20 Mitarbeiter, die er als Begleiter ausgewählt hatte, das Allernotwendigste zum Leben beschaffen. Dazu gehörten neben den kaum noch aufzutreibenden Lebensmitteln vor allem Stühle und Tische (15 Feldbetten hatte Stucki in weiser Voraussicht aus Paris mitzunehmen befohlen), Wasch- und Kocheinrichtungen, Kohle und Benzin. Er selbst sei ja nicht schlecht untergebracht, gestand er in seinem nächsten Bericht nach Bern, aber das nicht diplomatische Personal und die Dienstboten hätten in ihrer neuen Unterkunft ausser nackten Mauern nichts, aber auch gar nichts angetroffen. Matratzen, Decken, Kissen – alles, was man in der Eile des Aufbruchs in Paris zurückgelassen oder was im Auto keinen Platz gefunden hatte, musste neu beschafft werden. Dazu kamen unerwartete Probleme: Da der Schlossherr von Bois Renaud den elektrischen Strom selbst produzierte, aber nur Gleichstrom herzustellen in der Lage war, fielen auch alle elektrischen Geräte, insbesondere der für die Informationsbeschaffung unentbehrliche Radioempfänger, aus. Benzin musste kanisterweise herangeschafft werden; der Preis für Treibstoffe stieg ins Unermessliche; dabei waren für jede Besorgung, ob es sich um die Beschaffung von ein paar Kartoffeln oder die Übermittlung eines diplomatischen Dokuments handelte, Distanzen zwischen 30 und 100 Kilometern zurückzulegen.

Obwohl angeblich geplant und vorbereitet, entpuppte sich dieser erste, dezentralisierte Ersatzstandort, in den die französische Regierung mit ihren Ministerien, Zivil- und Militärbehörden angesichts der deutschen Bedrohung ausgewichen war, als ein riesiges Chaos. Niemand wusste genau, wo welche Amtsstelle untergebracht war, an wen man sich mit einem bestimmten Anliegen zu wenden hatte; jedermann war vorwiegend mit seinen eigenen Problemen beschäftigt. Nur Leute mit einer stark ausgeprägten natürlichen Autorität konnten sich in dieser Situation Gehör verschaffen und ihre Anliegen wenigstens teilweise durchsetzen. Stucki war deshalb an allen Ecken und Enden gefragt und gefordert. Er musste sich um fast alles – von der Verpflegung bis zu den diplomatischen Kontakten zur französischen Regierung – selbst kümmern.

Noch in Paris hatte Stucki die Mitnahme einiger gut haltbarer Lebensmittel als Notvorrat für seine 20-köpfige Truppe angeordnet; doch diese Reserve war viel schneller aufgebraucht, als er vorausgesehen hatte. Da der lokale Markt leergekauft war, richtete er an das Politische Departement in Bern die dringende Bitte, man möchte ihm «durch den nächsten Kurier auf direktem Weg (nicht über Paris!) einen Gruyère-Käse, 50 Kilogramm Kondensmilch und etwa 20 Kilogramm Schokolade für die dringendsten Bedürfnisse schicken. «Und wenn sich die Verhältnisse nicht bald bedeutend bessern», fügte er seiner Bestellung bei, «dürfte sich die Versorgung unserer hiesigen Arbeitsstätte direkt von der Schweiz aus aufdrängen.» Angesichts der horrenden Preise, die für alles – von der stückweise gehandelten Kartoffel bis zum Autoersatzteil – zu entrichten waren, herrschte, obwohl er eine eiserne Reserve von 300 000 französischen Franc in Banknoten eingesteckt hatte, schon bald Leere in Stuckis Portemonnaie. Er sah sich gezwungen, in Bern die raschestmögliche Übersendung von mindestens 200 000 Franc anzufordern, wobei er beruhigend anfügte: «Ich habe zur sichern Unterbringung des Geldes einen kleinen, dem Militärdepartement gehörenden Tresor mitgenommen!» Ein Stucki dachte eben an alles!

Am dritten Tag nach der Hals-über-Kopf-Abreise aus Paris nahm Stucki seine politische Berichterstattung wieder auf. Einen Tag später marschierten die deutschen Truppen in die französische Hauptstadt ein und standen somit noch 200 Kilometer vor Tours, dem soeben bezogenen, improvisierten Regierungssitz Frankreichs. Aber niemand glaubte noch daran, dass die deutschen Panzerkolonnen sich länger in Paris aufhalten lassen oder gar umkehren würden. Vielmehr sah es so aus, als würden die Invasoren ihren Vormarsch im selben Tempo – westlich an der Schweiz vorbei – bis ans Mittelmeer und an die spanische Grenze fortsetzen. Stucki machte sich deshalb in seinen für Bern bestimmten, per Kurier übermittelten Briefen an Bundespräsident Pilet-Golaz ernsthafte Gedanken über das Schicksal, das der Schweiz bevorstand, wenn die letzten Versorgungslinien, die von den Atlantik- und Mittelmeerhäfen durch Frankreich in die Schweiz führten, vom Krieg unterbrochen wurden. Und er sah schwarz: «Frankreich hat jetzt schon die Häfen von Dünkirchen, Calais und Rouen verloren. Le Havre ist kaum mehr benutzbar. Welche Auswirkungen Italiens Eintritt in den Krieg auf Marseille haben wird, ist noch nicht abzuschätzen. Damit konzentriert sich die Versorgung Frankreichs sowohl wie der Schweiz auf Nantes (wie lange noch?), auf den kleinen Hafen von La Rochelle und auf Bordeaux. Diese drei Häfen müssen aber auch noch den gesamten militärischen Verkehr zwischen England und Frankreich bewältigen. Es ergibt sich aus dieser Situation meines Erachtens die brutale Konsequenz, dass die Schweiz während längerer Zeit nur noch in kleinem Masse über französische Häfen wird versorgt werden können. Es ergibt sich hieraus die weitere Konsequenz, dass wir mit den im Lande liegenden Vorräten werden auskommen müssen und dass deshalb ohne jeden Verzug die Rationierung aller Lebensmittel und Rohstoffe auf ein Minimum jetzt schon an die Hand zu nehmen ist. Anderenfalls besteht die Gefahr, dass die Schweiz, selbst wenn sie nicht militärisch angegriffen werden sollte, an der Verpflegungsfrage zu Grunde geht.» Stucki dachte die Probleme konsequent zu Ende.

Ähnliche Überlegungen wie zur Versorgung mit Lebensmitteln stellte der schweizerische Gesandte, jetzt mit Sitz in Ballan in der Touraine, zum Nachschub von Kohle und Benzin an, die für Produktion und Transporte unentbehrlich waren, von der Schweiz indessen zu praktisch 100 Prozent importiert werden mussten. Wiederholt versicherte Stucki seinem bundesrätlichen Vorgesetzten in Bern, dass er auch ohne Instruktionen das Äusserste tun werde, um der Schweiz noch gewisse Zufuhren zu sichern. Nachdem die Italiener jetzt auf deutscher Seite in den Krieg eingetreten seien, müsse aber unbedingt von Bern aus darauf hingewirkt werden, dass die Alliierten die mit Gütern für die Schweiz beladenen und unter Schweizer Flagge fahrenden Schiffe nicht aufhielten oder gar beschlagnahmten, sondern durch das Mittelmeer in die für die Alliierten feindlichen italienischen Häfen passieren liessen.

Die schwierige Lage im noch unbesetzten Frankreich wurde durch (geschätzte) sieben bis zehn Millionen Obdach und Nahrung suchende Flüchtlinge aus dem Norden des Landes, aus Paris und dessen Vorstädten, aber auch aus Holland, Belgien und Luxemburg, noch wesentlich verschärft. Nach Stuckis Lagebeurteilung bahnte sich eine Katastrophe an, wenn die deutschen Armeen, wie er annahm, weiter nach Süden vorrückten und dabei die Flüchtlinge vor sich hertrieben, sodass sich die Menschen auf noch engerem Raum zusammendrängten, während sich die französische Regierung voraussichtlich in Richtung spanische Grenze absetzen würde. Die sozialen Spannungen, fürchtete Stucki, würden in eine revolutionäre Explosion münden, Gesetzlosigkeit und Chaos würden sich ausbreiten und seine schlimmsten Prophezeiungen, wie er sie schon seit Jahren mit der Absicht verbreitet hatte, die Schweiz zur Vorsorge im Hinblick auf Krieg und Mangelwirtschaft zu bewegen, würden durch die Realität noch weit übertroffen.

Zunächst schien sich Stuckis Schwarzmalerei zu bewahrheiten: Als die deutschen Truppen die Seinelinie erreichten, hatte die französische Regierung am 9. Juni soeben die neue Unterkunft in der Touraine bezogen. Doch für den ehemaligen Oberstleutnant der Schweizer Armee lag es auf der Hand: Die Distanz zwischen Seine- und Loirelinie war, militärisch-operativ beurteilt, so gering, dass die Franzosen nicht damit rechnen durften, mit ihren zentralen Behörden länger in der Touraine zu verweilen, wollten sie nicht vom Feind überrannt werden. Für den Fall, dass die Deutschen die Seine überschritten und weiter Richtung Süden vorstiessen, gab es französischerseits aber weder irgendwelche Pläne noch Vorbereitungen. Doch bald geschah, was Stucki geahnt hatte: Die Deutschen setzten ihren Vormarsch fort. «In einer unbeschreiblichen Panik floh die Regierung am 14. Juni nach Bordeaux; eine offizielle Mitteilung hierüber ist mir erst vier Tage später zugekommen», schilderte der Schweizer Gesandte das unvorstellbare Dimensionen annehmende Desaster. Die französische Regierung war jetzt offensichtlich nicht mehr in der Lage, ihre Aufgaben und Pflichten zu erfüllen, und Stucki musste sich entscheiden, ob er sein Mandat als Gesandter in Frankreich überhaupt weiter wahrnehmen konnte oder wollte.

Noch während er dazu seine Übelegungen anstellte, erreichte ihn der verzweifelte Ruf einiger französischer Minister, er möchte sich um die Vermittlung eines Waffenstillstandes bemühen. Das bedeutete, dass er die Rückkehr in die Schweiz noch für einige Zeit vergessen und weiter auf seinem Posten ausharren musste. Weil aber an einen auch nur einigermassen geordneten Betrieb der Gesandtschaft nicht mehr zu denken war, schickte Stucki, mit Ausnahme eines einzigen diplomatischen Mitarbeiters, nämlich des Gesandtschaftssekretärs 1. Klasse namens Decroux, sein ganzes Personal in die Schweiz zurück. Seine Frau Gertrud setzte sich ans Steuer eines offiziellen Wagens der Schweizer Gesandtschaft und fuhr durch ein jeder normalen zivilen Ordnung spottendes Gebiet Frankreichs in 36-stündiger Reise zurück nach Bern. Für Stucki hingegen wiederholten sich zunächst die Abenteuer und Eindrücke der Fahrt von Paris nach Tours, nur diesmal auf der 350 Kilometer langen Strecke von Tours nach Bordeaux. Auch hier hinterliessen die unzähligen Flüchtlinge, die ohne irgendwelche Vorräte am Strassenrand gestrandet waren und zu Tausenden bettelnd ums Überleben kämpften, in seiner Erinnerung die stärksten Eindrücke.

Die Präfektur von Bordeaux wies Stucki ein 50 Kilometer ausserhalb der Stadt liegendes «Château» als Unterkunft zu, von dem sich bei näherem Hinsehen herausstellte, dass es seit mindestens zehn Jahren unbewohnt und nahe am Zerfall war. In der von Flüchtlingen völlig überschwemmten Stadt hatte die Regierung alle einigermassen bewohnbaren Hotels für sich und für die wichtigsten Verwaltungszweige beschlagnahmt. Mit Mühe ergatterte Stucki in einem (allerdings übel beleumdeten) Aussenquartier – zum Preis eines Luxusappartements – ein kleines, immerhin einigermassen sauberes Zimmer. Als er am nächsten Tag beim Aussenministerium vorsprach, kam ihm seine notdürftige Unterkunft aber plötzlich wie eine Präsidialsuite vor, denn er entdeckte, dass die Beamten der Affaires Etrangères, vom Direktor bis zum hintersten Sekretär, gesamthaft über 20 Personen, alle im selben Raum untergebracht waren und dass sie ihre Besucher nur in einem knapp 3 auf 3 Meter messenden, dunklen Vorraum empfangen konnten.

Schlimm war für einen Diplomaten wie Stucki, zu dessen wichtigsten Aufgaben es gehörte, seine Regierung laufend analysierend und kommentierend über die Lage in seinem Gastgeberland ins Bild zu setzen, dass die Region von Bordeaux praktisch von der Welt abgeschnitten war und er, insbesondere was die Informationsversorgung betraf, völlig auf dem Trockenen sass. Es erschienen nur noch zwei, drei völlig auf die Regierung eingeschworene Zeitungen. Die Behördenstellen, von denen die meisten bereits deutliche Auflösungserscheinungen an den Tag legten, informierten, wenn überhaupt, nur lückenhaft, einseitig und mit Verspätung, wobei leicht zu erkennen war, dass es den Informierenden selbst an gesicherten Informationen mangelte. Stucki war deshalb, um sich auf dem Laufenden zu halten, auf die vom diplomatischen Kurier meist mit zwei, drei Tagen Verzug überbrachten Schweizer Blätter angewiesen und sah sich ausserstande, rechtzeitig fundierte Politische Berichte nach Bern zu liefern. So erfuhr er auch erst mit einigen Tagen Verspätung, dass er seine Bemühungen um einen Waffenstillstand gar nicht erst aufzunehmen brauche, da die entsprechenden Verhandlungen bereits über Spanien liefen. Unter den jetzt herrschenden Verhältnissen, das heisst angesichts der sich auflösenden Behörden, zerfallender öffentlicher Ordnung, fehlender Ansprechpartner und bei Arbeitsbedingungen, die jeden «Cocktailparty-Diplomaten» zur sofortigen Verzweiflung und Resignation veranlasst hätten, machte sich Stucki zumindest insofern nützlich, als er für die Schweiz bestimmte Güter im Hafen und in den Lagerhäusern von Bordeaux sicherzustellen und Lebensmitteltransporte per Zug und Lastwagen in Richtung Schweizer Grenze in Bewegung zu setzen versuchte, was ihm allerdings im überhandnehmenden Chaos nur in kleinstem Umfang gelang.

Am 20. Juni wurde Bordeaux von der deutschen Luftwaffe bombardiert. Die französische Regierung erwog zunächst, sich nach Perpignan, noch weiter im Südwesten, zu begeben, und Stucki meldete telegrafisch nach Bern: «Ich folge ihr mit Decroux.» Kurz danach hiess es plötzlich, die Regierung habe sich entschieden, sich in ihrer nordafrikanischen Kolonie Algerien neu zu etablieren. Stucki machte sich also mit dem Gedanken vertraut, seine Zelte bald in Afrika aufschlagen zu müssen. Auf seine telegrafische Anfrage in Bern erhielt er jedoch die knappest mögliche Antwort: «Restez en France!» Am nächsten Tag wurden die einheimische Bevölkerung ebenso wie die wenigen noch in Bordeaux verbliebenen ausländischen Diplomaten von der Nachricht überrascht, im Wald von Compiègne sei ein Waffenstillstand unterzeichnet worden; die noch vor wenigen Jahren für unbesiegbar gehaltene französische Armee habe kapituliert, sie werde entwaffnet und befinde sich auf dem Marsch in die Kriegsgefangenschaft. Frankreich wurde gemäss deutschem Diktat in ein besetztes nördliches und ein unbesetztes, mehrheitlich im Süden gelegenes Gebiet aufgeteilt.

Stucki schickte am 28. Juni aus Bordeaux wieder einen Bericht nach Bern, in dem er seine Empörung über die Nonchalance der französischen Bevölkerung mehr als nur deutlich zum Ausdruck brachte: «Die Mehrheit des Volkes, insbesondere der Mittelstand, scheint weiter in den Tag hinein zu leben, sich hauptsächlich darum zu kümmern, mit Erfolg an der Ausplünderung der Geschäfte teilzunehmen und sich gutes Essen besorgen zu können. Vor den Kaffeehäusern sitzen Hunderte und Tausende in angeregtem Gespräch und trinken vergnügt ihren Pernod ... Von einem Hass gegen die Deutschen ist nichts, ich möchte fast sagen: nichts mehr zu spüren. Man beugt sich dem Schicksal und empfindet gar eine unverhohlene Bewunderung für die Sieger und ihren Führer: ‹C'est quand' même un type épatant!› Die eigenen Fehler werden rückhaltlos zugegeben. Aber, und das ist das Hoffnungslose, von einem ernsthaften und zu Opfern bereiten Erneuerungswillen ist weit und breit nichts zu spüren, und in den Kulissen feiern die Partei-Intrigen weiterhin Triumphe.» Verblüffenderweise richteten sich die Hassgefühle der Franzosen, wie Stucki schnell erkannte, eher gegen die verbündeten Briten, von denen man sich im Stich gelassen fühlte, als gegen die Deutschen. Der Schweizer Gesandte bekam dies geradezu handgreiflich zu spüren, als er im Hafen von Bordeaux für einen Engländer gehalten wurde.

Diplomatischer Funkverkehr ist grundsätzlich geheim oder vertraulich. Dies galt erst recht in Kriegszeiten. Der Telegrammaustausch zwischen Stucki und dem Politischen Departement in Bern erfolgte deshalb verschlüsselt (links). Absender und Empfänger brauchten dazu Chiffriertabellen, wie die in Stuckis Akten gefundene (rechts).

Militärisch und politisch auf dem absoluten Tiefpunkt angelangt, legte Frankreich (oder zumindest dessen unbesetzter Teil) sein Schicksal in die Hände eines ruhmbedeckten Veteranen aus dem Ersten Weltkrieg, des inzwischen 85-jährigen, als Retter des Vaterlandes gefeierten Helden von Verdun, Marschall Philippe Pétain, den die Nationalversammlung mit 569 gegen 80 Stimmen zum Staatspräsidenten ernannte. Am 29. Juni 1940 begab sich die französische Regierung auf den 400 Kilometer weiten Marsch nach Clermont-Ferrand, das nach langen Diskussionen provisorisch zur neuen Hauptstadt des unbesetzten Frankreichs auserwählt worden war. Einen Tag später folgte unter der Führung eines französischen Offiziers mit weisser Fahne die Kolonne der dunklen Limousinen des diplomatischen Korps oder dessen, was in Bordeaux davon übrig geblieben war. In der Kolonne, die ihren Weg stellenweise mitten durch die Linien der siegreichen deutschen Truppen suchen musste, befand sich auch Minister Stucki. Die Diplomaten landeten schliesslich in La Bourboule, einem nach Stuckis Beschreibung «trostlosen Nest, wo wir von der Schweiz ebenso abgeschnitten waren wie von Paris und der französischen Regierung».

Da irgendeine sinnvolle Arbeit für einen hochrangigen Diplomaten hier nicht mehr möglich war, fuhr Stucki auf abenteuerlicher Route über Lyon und Annecy für zehn Tage zurück nach Bern, um sich wieder einigermassen sachlich und ohne vorgeschalteten Filter darüber ins Bild zu setzen, was sich in und rund um die Schweiz, in Europa und auf der Welt überhaupt abspielte. «Meine Eindrücke über die politische und wirtschaftliche Lage der Schweiz sind leider gar nicht gut», fasste er das Resultat seines Besuchs in der Heimat zusammen, bevor er mit dem getreuen Decroux und einer Daktylografin, die er – um sich der Stucki'schen Terminologie zu bedienen – «zusammen mit einer Schreibmaschine bei der Schweizerischen Handelskammer in Bordeaux geborgt und dann gleich behalten» hatte,[1] nach Frankreich zurückkehrte. Dort hatte man sich inzwischen auf die 40 Kilometer nordöstlich von Clermont-Ferrand am Fluss Allier liegende Bäderstadt Vichy als endgültig provisorische Hauptstadt für das unbesetzte Frankreich geeinigt. Und da gab es jetzt, wie Stucki lakonisch feststellte, doch Arbeit in beträchtlichem Umfang zu erledigen. Aber alle, die nun von Amtes wegen in Vichy sassen, warteten im Grunde genommen bloss sehnlichst darauf, nach Paris zurückkehren zu können. Vichy wäre besser als Sommeraufenthalt für ein Jungmädchenpensionat denn als Hauptstadt geeignet gewesen. Doch je mehr Zeit verstrich, desto weiter rückte Paris in die Ferne. Selbst Stucki, dessen Stärke es war, das diplomatische Gras wachsen zu hören, hätte nie geglaubt, dass das Provisorium in Vichy vier Jahre dauern würde und er seinen Gesandtenposten in der Metropole an der Seine gar nicht wieder antreten könne.[2]

Das kleine Hotelzimmer, das dem Schweizer Gesandten in Vichy als Büro diente, war verglichen mit der Residenz in Paris geradezu ärmlich ausgestattet.

Im Juni 1940, als Vichy zur Hauptstadt des unbesetzten Frankreichs erhoben wurde, vervierfachte sich die Bevölkerungszahl der Kleinstadt schlagartig auf 100 000 Personen. Die normalerweise 40 000 Hotelbetten waren damit quasi doppelt ausgebucht. Das repräsentative Hôtel du Parc diente dem Staatspräsidenten und der Regierung als Unterkunft. Die Schweizer Gesandtschaft in Frankreich, jetzt mit Sitz in Vichy, bestehend aus vier Personen (Stucki, Decroux, dem Militärattaché und der bereits erwähnten Dactylografin) erhielt, keine 100 Meter vom Hôtel du Parc entfernt, im Hôtel des Ambassadeurs, wo die meisten Diplomaten logierten, zwei kleine Zimmer zugewiesen. «Das eine diente mir als Schlafzimmer, Salon und gleichzeitig als Bureau und Empfangsraum, da die Hotelhalle derart von Spionen wimmelte, dass dort kein vertrauliches Gespräch geführt werden konnte», schilderte Stucki seine wenig komfortable Wohn- und Arbeitssituation – und dachte dabei wehmütig an das palastartige Gesandtschaftsgebäude in Paris, das Hôtel de Chanac, in dem er seinen Gesprächspartnern noch vor wenigen Wochen als Hausherr glanzvolle Empfänge bereitet hatte. Erst als 1942 die Amerikaner ihre Botschaft in Vichy schlossen und als die Schweiz, zusammen mit der Interessenvertretung für die USA, gleichzeitig auch deren Botschaftsgebäude, die am Allier gelegene Villa Ica übernahm, fand die akute Platznot, unter der Stuckis Truppe in Vichy zu leiden hatte, eine merkliche Linderung.

Minister Stucki anlässlich eines Besuchs bei Marschall Pétain im Jahr 1942 vor dessen Residenz im Hôtel du Parc in Vichy.

Zusammen mit der wachsenden Zahl von Schutzmachtmandaten nahm auch der Bestand von Stuckis Mitarbeitern in Vichy laufend zu (auf dem Bild vor dem amerikanischen Botschaftsgebäude, das Stucki im Rahmen des Schutzmachtmandats der USA gegen Übergriffe der Deutschen verteidigen musste).

Am 18. Juli veranstaltete Präsident Pétain einen grossen Empfang, bei dem er den in Vichy akkreditierten Diplomaten sein Kabinett unter Premierminister Laval vorstellte. In seiner Begrüssungsrede erwähnte er lobend die Schweiz, und Stucki durfte sich als einer der ganz wenigen Anwesenden über namentliche Nennung durch den Staatspräsidenten freuen. Er nutzte die Gunst der Stunde und die Sympathien des Marschalls, um eines der ersten grossen Traktanden auf seiner Pendenzenliste anhängig zu machen, nämlich die Heimschaffung der in der Schweiz internierten 43 000 Soldaten und Offiziere der besiegten französischen Armee, darunter nicht weniger als 12 000 Polen. General Guisan wollte die fremden Militärs dringend loswerden, denn er musste dauernd zwölf Infanteriebataillone zu ihrer Bewachung abstellen. Darüber hinaus hatte er moralisch-sittliche Bedenken, denn sowohl Franzosen als auch Polen hatten sich rasch den Ruf erworben, mit Charme und gewinnender Wesensart die Aktivdienst-bedingte Abwesenheit der Schweizer Wehrmänner von Heim und Herd auszunützen. Das schuf in der von Guisan kommandierten Truppe alles andere als gute Stimmung. Der General drängte deshalb den Bundesrat, die Repatriierung so rasch als möglich in die Wege zu leiten. Es war einmal mehr Stuckis Organisationstalent und seiner Überzeugungskraft zu verdanken, dass Anfang Februar 1941 trotz deutschem Protest und Pilet-Golaz' neutralitätspolitischen Bedenken alle seit 1940 in der Schweiz internierten Franzosen wieder zu Hause waren.[3]

Noch wichtiger war für die Schweiz das Thema Lebensmittelimporte, Güteraustausch und Warenverkehr. Die französischen Behörden in Vichy orientierten sich, nicht zuletzt mangels wirtschaftsdiplomatisch geschultem Personal, am Ziel der Autarkie; es störte sie wenig, dass die Grenze zur Schweiz mehr oder weniger hermetisch geschlossen und grössere Posten für die Schweiz bestimmter Waren in den Häfen von Bordeaux und Marseille liegen blieben. Stuckis Problem war, dass er in Vichy für seine dringenden, die Versorgung der Schweiz betreffenden Anliegen schlicht keine Gesprächspartner auftreiben konnte. Und wenn er mal eine grössere Ladung von Gütern auf den Weg in die Schweiz hätte schicken können, fand er niemanden, der in der Lage war, ihm die dazu nötigen Eisenbahnwagen zur Verfügung zu stellen. Bis am 23. Oktober hatte er zwar ein Zahlungsabkommen ausgehandelt, das die bei Kriegsausbruch verhängten Zahlungssperren theoretisch wieder aufhob und damit den Handel mit Frankreich hätte fördern sollen.[4] Die Crux lag indessen in den praktischen Hindernissen, und da konnten ihm die Staatssekretäre und Minister, mit denen er den Vertrag unterzeichnet hatte, auch nicht weiterhelfen, selbst wenn er drohte, er werde sich selbst ans Steuer eines Lastwagens setzen.

In den räumlich engen Verhältnissen in Vichy, wo man sich nun monate- und schliesslich jahrelang gegenseitig auf den Füssen herumstand, wo bald jeder von jedem alles wusste, wo man längst genug voneinander hatte und sich zunehmend gegenseitig auf die Nerven ging, in diesem «Camp de concentration diplomatique», wo sich die Ausländer eingesperrt und beaufsichtigt vorkamen, in diesem von Beamten, Diplomaten und Politikern aufgeheizten Biotop, in dem mangels Informationen immer wieder dreiste Lügen und Verleumdungen in Umlauf gesetzt wurden, in dieser Waschküche, wo ständig die wildesten Gerüchte brodelten, in diesem für erfahrene und weltgewandte Diplomaten traurigen Provinzkaff, wo es keine einer Hauptstadt würdigen Unterhaltungsmöglichkeiten wie Oper, Kabaretts oder Kinos gab, an diesem sogenannten Regierungssitz, wo die Regierung nur unter Vorbehalt der Genehmigung ihrer Beschlüsse durch Hitler und seine Handlanger regieren durfte, in dieser unwirklichen Umgebung, die ihm oft eher wie eine Theaterkulisse als wie die reale Welt vorkam: hier oblag Stucki nun seiner Beobachtungs- und Berichterstattungspflicht.

Hautnah konnte er den nie enden wollenden Machtkampf zwischen Präsident Pétain und Regierungschef Laval mitverfolgen, ein ungleiches Kräftemessen zwischen dem alten, von der Bevölkerung verehrten Helden, der nochmals angetreten war, weil er glaubte, nur er könne und er müsse deshalb Frankreich ein zweites Mal vor dem Untergang retten, und dem im Vergleich zu Pétain jungen Regierungschef Laval, einem gegenüber den Deutschen anpassungsfähigen Taktiker, der im Volk so verhasst war, dass er sich ausserhalb des streng bewachten Hôtel du Parc nur in einem gepanzerten Wagen und mit einer Polizeieskorte bewegen konnte. Es war zugleich ein Kampf um den kleinen Rest von Souveränität, den das unbesetzte Frankreich von den Deutschen im Waffenstillstandsabkommen noch zugestanden erhalten hatte, und damit vor allem ein Kampf um ein Minimum an nationaler Würde und Selbstachtung, die vom greisen Marschall verkörpert und vom ehrgeizigen und umtriebigen Laval, der das Heil in der engen Anlehnung an Deutschland suchte, immer wieder infrage gestellt wurde. Mit der Formel «Collaboration oui, vassalité non» (Zusammenarbeit ja, Vasallentum nein) definierten der Marschall und seine Gefolgsleute ihre Interpretation des Verhältnisses zu Deutschland. Dabei befand sich Pétain, wie Stucki Anfang 1942 nach Bern rapportierte, in einem geradezu tragischen Dilemma: Er war in den Augen der Franzosen die Symbolfigur für das freie, unbesetzte Frankreich, für den noch übrig gebliebenen Rest der Grande Nation, auf die jeder Patriot – und von denen gab es nach wie vor viele – weiterhin stolz sein wollte. Gleichzeitig wusste Pétain sehr genau, dass von seinen Entscheiden, seinem Verhalten, seiner Anpassungsfähigkeit an die Vorstellungen und Wünsche der Deutschen das Leben seiner Landsleute – zum Beispiel das Schicksal der französischen Kriegsgefangenen in Deutschland und ihrer Familien im besetzten Teil Frankreichs – abhängig war und dass die Deutschen mit Zuckerbrot und Peitsche hinter ihm standen, dass es deshalb seinen Landsleuten ein bisschen besser ging, wenn er sich gegenüber den deutschen Siegern gefügig zeigte, und bedeutend weniger gut, wenn er bockte, das heisst wenn seine Entscheide nicht im Sinne der Deutschen ausfielen. Gelang es dem Präsidenten, den verhassten Laval in die Schranken zu weisen und sich gegen den deutschhörigen Ministerpräsidenten durchzusetzen, bekam er rasch zu spüren, dass seine Position zu schwach war, um den Deutschen Paroli zu bieten und dass man ihn ohne Laval ins Leere laufen liess. Meist schon am nächsten Tag war dann die umstrittene Frage von höherer Instanz, die der Einflussnahme Pétains entzogen blieb, im Sinne Lavals geklärt.

Dass sich das ganze öffentliche Geschehen in einer Atmosphäre des Misstrauens, bei manchen auch der Angst abspielte, lag nicht zuletzt daran, dass in Vichy neben dem offiziellen Vertreter Deutschlands, Botschafter Krug von Nidda und seinem Stab, jede Menge Deutsche mehr oder weniger offen agierten, von denen man nicht genau wusste, in wessen Namen sie welchen Aufträgen nachgingen. Unter ihnen, so vermutete Stucki, gab es zahlreiche Spione, vor allem Agenten der Gestapo, die nicht nur jeden Schritt und jedes Wort von Pétain und Laval und deren Entourage aufnahmen und nach Berlin meldeten, sondern die auch ihre Landsleute bespitzelten, was zur Folge hatte, dass kein deutscher Funktions- und Amtsträger sich gegenüber den Franzosen anständig oder gar

Stuckis Autopanne auf der Reise von Bern nach Vichy

«Ich gondelte gegen Mittag fröhlich mit etwa 110 km zwischen Rolle und Nyon auf der schönen graden Strasse. Plötzlich machte es pfff und der Motor reagierte nicht mehr. Ich liess den Wagen auslaufen. Dann war absolute Stille. Ich knapperte am Vergaser und an der Benzinpumpe herum, ohne Erfolg. Es war glühend heiss. In vollkommener Einsamkeit konnte ich den See bewundern, den pfeifenden Vögelein zuhören und meine Philosophie in Gang setzen. Nach einiger Zeit kam schweisstriefend auf seinem Velo ein ebenso dicker als braver Waadtländer Polizist daher geradelt, den ich anhielt. Ich lüftete mein bisher streng gewahrtes Inkognito und bat ihn, mir von irgendwo irgend ein Fuhrwerk zu senden, das mich in bewohnte Gegenden, insbesondere zu einer Garage abschleppen könnte. Er nahm eine stramme Haltung an und behauptete, er werde den Rest seines Lebens dieser Aufgabe widmen. In der Tat kam nach einer halben Stunde ein Vehikel aus einer Transportkolonne des 30-jährigen Krieges, bemannt mit einem Mann, drei kleinen Kindern und einem Drahtseil. Vereint zogen sie mich bis zu einer Garage bei dem sympathischen Dörflein Gland. Der Mechaniker war aber leider gerade beim Bankett im 2 km entfernten Dorf. Mit viel List gelang es mir, mit ihm telefonische Verbindung aufzunehmen und ihn mit einem Auto und dem Chefmechaniker von Mercedes zu mir zu beordern. Da letzterer auch beim Bankett war, so dauerte es etwa zwei Stunden bis zur Ankunft, die ich dazu benutzte, mich in besagtes Dörfli zu begeben und auch zum Bankett zu schreiten im gar prächtigen Café de la Paix. Es gab einen ganz guten Schweinebraten und man verlangte zweieinhalb (Rationierungs-)Coupons. Die Fachgelehrten, die ich dann gegen 3 Uhr beim Patienten antraf, erklärten mit freundlicher Bestimmtheit und merklicher Schonung, es handle sich um ein recht schweres Leiden, denn das Zahnrad des Verteilers sei wohl ganz ausgefressen und drehe nicht mehr; man wolle mich in die Stadt Calvins schleppen und vielleicht könne, wenn alles gut gehe, der Karren bis Freitag abend wieder hergestellt werden. Ich begnügte mich mit einigen würdig, aber bestimmt vorgetragenen Flüchen, gondelte am Seil bis Genf und bezog Quartier im bestens bekannten Hotel des Bergues.»

Aus dem Brief von Walter Stucki aus Vichy an seine Frau Gertrud vom 26.5.1943.

nachsichtig verhalten konnte, wollte er nicht riskieren, sich wegen Fraternisierung mit dem Feind auf einem Posten an der Ostfront, irgendwo zwischen Smolensk und Stalingrad, oder gar in einem Kerker der Gestapo wiederzufinden. Tausende wurden verhaftet, Franzosen wie der Politiker Albert Lebrun oder General Maxim Weygand, aber auch Deutsche und letztlich überhaupt jeder, den man der Kollaboration mit dem Widerstand, der legendär werdenden Résistance verdächtigte. Abertausende wurden nach Deutschland gebracht. Die bekanntesten Persönlichkeiten, Ministerpräsidenten, Minister, Generäle wie Daladier, Blum, Mandel, Reynaud oder Gamelin, mit denen Stucki in seiner kurzen Zeit als Gesandter in Paris amtlich oder gesellschaftlich verkehrt hatte, wurden vor Gericht gestellt und verschwanden.

Das einst in Paris akkreditierte, wohl grösste und mit den besten Vertretern ihrer Staaten besetzte diplomatische Korps der Welt schrumpfte auf ein paar neutrale oder aufseiten Deutschlands im Krieg stehende, oft mittelmässige und deutschlandhörige Gesandte und Botschafter zusammen. Alle übrigen Staaten hatten ihre Zelte in Vichy abgebrochen, ihre Diplomaten zurückgezogen, und über 20 von ihnen hatten gleichzeitig die Vertretung ihrer Interessen, wie im Herbst 1942 die Amerikaner, der Schweiz anvertraut. Das brachte mehr Arbeit, die nicht ohne einen massiven personellen Ausbau der Schweizer Gesandtschaft bewältigt werden konnte, sodass Stuckis Stab 1943 wieder aus knapp 40 Personen bestand. Dabei war in Rechnung zu stellen, dass mit der wachsenden deutschen Einflussnahme auf Pétains Restfrankreich auch die bilateralen Beziehungen zwischen Bern und Vichy laufend umständlicher und komplizierter wurden.

Nicht zuletzt war Stucki für die Oberaufsicht über die Schweizer Konsulate auf dem Boden des unbesetzten Frankreichs zuständig (jene im von den Deutschen besetzten Teil waren nun der Schweizer Botschaft in Berlin unterstellt), und dazu gehörten eine Reihe grosser und wichtiger konsularischer Aussenposten wie Bordeaux, Marseille oder Lyon. Dass Stucki diese Aufgabe ernst nahm und die Inspektionen nicht, wie die Konsuln es meist gerne gesehen hätten, zu einem bloss noch gesellschaftlich-kulinarischen Anlass verkommen liess, beweist sein Bericht über das schweizerische Konsulat in Lyon, über das Stucki nach seiner alljährlichen Inspektion einen für den verantwortlichen Konsul alles andere als schmeichelhaften Bericht verfasste: Konsul Meyer, der sein Amt jetzt schon 20 Jahre ausübe, verfüge nicht über das wünschbare Ansehen und die nötige Autorität. Er verdanke seine komfortable Situation als Vertreter der Schweiz bekanntlich vor allem der Wohlhabenheit seiner Frau, ohne selbst je etwas Bedeutendes geleistet zu haben. Dann zählte Stucki die Mängel des Meyer'schen Charakters auf, wobei die Tatsache, dass der Chef die Hauptarbeit im Konsulat dem Vizekonsul überlasse, wohl noch der leichtwiegendste Vorwurf war. Daneben war Stucki aber kein

Griesgram und auch für unterhaltende Anlässe durchaus zu haben. So organisierte er zum Beispiel während des Krieges an verschiedenen Orten, wo es schweizerische Konsulate gab, Fussballmatchs oder Leichtathletikwettkämpfe zwischen französischen und schweizerischen Mannschaften.

Dass in dem an Sumpfblüten reichen Biotop namens Vichy eine Figur mit Rückgrat, offener Sprache, sich rasch bemerkbar machenden diplomatischen Fähigkeiten und mit natürlicher Autorität schon bald die Aufmerksamkeit von allen Seiten auf sich lenkte, war abzusehen. Stucki gewann nicht nur wegen der Neutralität seines Herkunftslandes, sondern weil er sich auch persönlich immun zeigte gegen alle parteilichen Einflüsterungen und Druckversuche, sehr rasch das Vertrauen des Marschalls. Er gehörte zu den wenigen, für die Pétain jederzeit ein offenes Ohr hatte; er verkehrte bald im engsten Kreis jener Persönlichkeiten, die der Marschall nicht nur in seinem präsidialen Büro, sondern hin und wieder auch bei einem Essen in seinen Privaträumen offensichtlich gerne um sich hatte. Das konnte in Vichy natürlich niemandem verborgen bleiben, und weil man zu Recht davon ausging, der alte Herr sei für die Einflüsterungen des Schweizers besonders empfänglich, weckte Stucki bei den einen Neid, bei anderen Misstrauen. Die Deutschen, für die er ohnehin seit Jahren das Etikett «frankophil» trug, schenkten ihm, wie er bald einmal feststellte, ihre besondere Aufmerksamkeit: Seine deutschen Gesprächspartner zeigten sich stets bestens informiert über jede seiner Bewegungen und über alles, was er in den vergangenen Tagen und Wochen ausserhalb seiner Privaträume unternommen hatte. Dafür gab es keine andere Erklärung, als dass man ihn systematisch durch Zivilagenten verfolgen und beobachten liess. Dass solche Informationen auch nach Belin weitergereicht wurden und dort zum Anwachsen der Akte Stucki beitrugen, ist bei der Gründlichkeit, mit der die damaligen deutschen Behörden ans Werk gingen, selbstverständlich.[5] Welchen Stellenwert dem Verhältnis zwischen dem Schweizer Gesandten und dem Marschall beigemessen wurde, zeigt die Tatsache, dass jede Audienz Stuckis bei Pétain von den Zeitungen und Presseagenturen getreulich vermeldet wurde. Weil diese Vertrautheit zwischen einem Schweizer und dem französischen Staatspräsidenten nicht nur in Vichy Aufsehen erregte, sondern sogar in Berlin an höchster Stelle im Auswärtigen Amt vermerkt wurde und Verdacht weckte, versuchten die deutschen

Desinformationsspezialisten, falsche, für Pétain und Stucki diffamierende Gesprächsinhalte über die Treffen der beiden zu verbreiten. Als niemand an das angeblich tiefe Zerwürfnis zwischen dem Präsidenten und dem Schweizer Gesandten glauben wollte, wurde es den Zeitungen schlicht verboten, in irgendeiner Form über die Kontakte zwischen Pétain und Stucki zu berichten.

Die Lage und die Lebensbedingungen in Vichy änderten sich nochmals ganz im negativem Sinne, als die deutschen Panzerkolonnen unter dem Kommando von Marschall von Rundstedt – entgegen den Waffenstillstandsvereinbarungen von 1941 – am 11. November 1942 die Demarkationslinie zwischen dem besetzten und dem bisher unbesetzten Frankreich überschritten, die deutsche Wehrmacht in Vichy einrückte und auch noch die letzten kleinen Freiheiten unterdrückte, die der Bevölkerung in ihrem Alltag und dem Staatspräsidenten in seinen politischen Kompetenzen bis anhin geblieben waren. Pétains bescheiden dotierte Schutztruppe wurde entwaffnet und in den Kasernen unter Bewachung der deutschen Militärs gestellt. Pétain selbst sah sich vor die Alternative gestellt, entweder sein Amt aus Protest niederzulegen oder nach Marokko oder Algier zu fliehen und dort eine neue Regierung unter amerikanischer Protektion zu bilden (was ihn vermutlich in offenen Konflikt mit de Gaulle gebracht hätte), oder von Vichy aus zu retten, was es noch zu retten gab. Die jüngsten Ereignisse hatten dem greisen Marschall indessen derart zugesetzt, dass er sich ausserstande fühlte, einen grundsätzlichen Strategiewechsel vorzunehmen. Er entschied sich, in Vichy zu bleiben und sich mit der Rolle des Marionettenpräsidenten an den Fäden der deutschen Strippenzieher abzufinden. In der damaligen Situation war das angesichts von Pétains Alter und Gesundheitszustand ein nachvollziehbarer Entscheid. Dieser sollte aber den Marschall nur drei Jahre später noch teuer zu stehen kommen.

An diesem ereignisreichen 11. November 1942 war Stucki wieder einmal ein an allen Brennpunkten verlangter Vermittler und Schlichter. Er erhielt um 10.30 Uhr vormittags einen Anruf des amerikanischen Geschäftsträgers (der Botschafter war nach Abbruch der diplomatischen Beziehungen zwischen Vichy und Washington in die USA zurückgekehrt, nachdem er die Vertretung der amerikanischen Interessen der Schweiz, konkret Stucki, anvertraut hatte). Der Geschäftsträger schilderte Stucki in alarmierendem Ton, er sei mit seinen Mitarbeitern im amerikanischen Botschaftsgebäude, der Villa Ica, die ebenfalls unter schweizerischen Schutz gestellt wurde, an der aber aus formellen Gründen die Schweizer Fahne noch nicht aufgezogen worden war, zuerst von der französischen Polizei und jetzt von Truppen der deutschen Wehrmacht eingeschlossen worden, und anschliessend seien schwerbewaffnete deutsche Soldaten – was allen internationalen Regeln und Konventionen widersprach – ins Botschaftsgebäude eingedrungen, um angeblich einen Sender zu beschlagnahmen, der sich schon lange nicht mehr im Haus befinde, und um das noch im Gebäude zurückgebliebene Personal in Gewahrsam zu nehmen. Ein Sonderkommando der SS, spezialisiert auf Konterspionage und verstärkt durch Amerikaexperten, durchsuche jetzt die in der Botschaft aufbewahrten Papiere, beschlagnahme Dokumente und richte in Kanzlei und Archiv ein nicht wieder gutzumachendes Chaos an. Stucki begab sich sofort vor Ort und sah, als er das Gebäude gegen den Willen der Deutschen betreten wollte, mehrere Maschinengewehre auf sich gerichtet. Die Legende, wie sie später in amerikanischen Zeitungen zu lesen war, besagt, der Schweizer Gesandte habe angesichts der auf ihn zielenden Gewehrläufe ein Schweizer Militärmesser aus der Tasche seines Gilets gezogen, um dem Kommandanten der Deutschen klar zu machen, dass er nicht unter einseitiger Waffenbedrohung verhandle. Er erzielte mit seinem furchtlosen Auftritt einen Teilerfolg, nämlich den Schutz von Personal und Dokumenten (die Schweizer Fahne konnte er hingegen erst später über dem Gebäude der amerikanischen Botschaft aufziehen und diese unter Schweizer Schutz stellen lassen).

In harten Verhandlungen mit den diplomatischen Vertretern Deutschlands in Vichy errang Stucki die Garantie für den freien Abzug der Amerikaner mitsamt ihrem Gepäck. Begleitet von einem Attaché der Schweizer Gesandtschaft bestiegen die amerikanischen Diplomaten noch am selben Nachmittag auf dem Bahnhof Vichy einen Sonderzug. Stucki stellte mit seiner unübersehbaren Präsenz auf dem Bahnsteig sicher, dass die von ihm ausgehandelte Abmachung eingehalten wurde und alle Amerikaner, einschliesslich der beim Vichy-Regime akkreditierten amerikanischen Journalisten, unbehelligt abreisen konnten, was angesichts der massiven deutschen Militärpräsenz auf dem Bahnhof alles andere als selbstverständlich war. Wie sich später gemäss amerikanischer Darstellung erweisen sollte, hatten die Deutschen durchaus mit dem Eingreifen des Schweizer Gesandten gerechnet, hatten aber gehofft, der Amerikaner habhaft zu werden und sie als Geiseln nach Deutschland abführen zu können, bevor Stucki auf dem Schauplatz des Geschehens eintreffe.[6]

Nach dem deutschen Einmarsch im bisher unbesetzten Frankreich musste sich Stucki wieder einmal die Frage stellen, ob seine Mission in Vichy bei einem Präsidenten ohne Macht, einer Regierung ohne Kompetenzen in einem Land ohne eigene Souveränität überhaupt noch die nötige praktische und völkerrechtliche Grundlage habe. Anfang 1943 sandte er einen Bericht nach Bern, in dem er die zur leeren Hülle verkommene Staatlichkeit Frankreichs am Beispiel des Neujahrsempfangs plastisch und einleuchtend schilderte. Die staatlichen Zeremonien, auf deren Durchführung Pétain mit der ihm zeitweise innewohnenden Sturheit eines alten Mannes beharrte und zu denen die Gäste in diplomatischer Grand Gala, die Militärattachés in Uniform erscheinen mussten, hatte ihren eigentlichen Sinn und Zweck ohne die Souveränität des Gastgeberlandes verloren; die Gastgeber klammerten sich an peinlich wirkende Äusserlichkeiten, und so wurde jeder solche Anlass oder Empfang gemäss Stuckis Berichterstattung für alle Teilnehmer zu einer nur noch bemühenden Pflichtübung, welche die Ohnmacht der französischen Repräsentanten augenfällig machte und die beim Berichterstatter einen äusserst traurigen Eindruck hinterliess.

Die Repressalien der deutschen Besetzer gegenüber der französischen Bevölkerung wurden nun für jedermann offensichtlich,

Minister Stucki am diplomatischen Neujahrsempfang Marschall Pétains im Jahr 1942 vor dessen Residenz im Hôtel du Parc in Vichy.

und der Marschall, der sie nicht verhindern konnte, büsste bei seinen Landsleuten den grössten Teil seiner vor zwei Jahren noch unbestrittenen Autorität und ihm entgegengebrachten Verehrung ein. Die französische Regierung wurde angehalten, 500 000 französische Zwangsarbeiter zu rekrutieren und zum Arbeitsdienst nach Deutschland zu schicken. Ein auch für Stucki, der sich jetzt des vollen Vertrauens und jederzeit ungehinderten Zugangs zu Pétain erfreute, offensichtlich heikles Thema war die Deportation der französischen Juden in die Arbeits- und Vernichtungslager im Osten. Pétain setzte diesen Transporten, deren Ziel ihm bekannt gewesen sein muss, keinen ernsthaften Widerstand entgegen. Wie Stucki auf die erschütternden Berichte, die im diplomatischen Korps in Vichy, wenn überhaupt, nur flüsternd herumgeboten wurden, reagierte, ob und wie er in dieser heiklen Thematik auf Pétain Einfluss zu nehmen versuchte, ist mangels schriftlicher Zeugnisse schwer zu ergründen. Fest steht, dass Stucki schon im Februar 1941 über die tragischen Schicksale der französischen Juden nach Bern berichtet und geschildert hatte, dass selbst Frauen und Kinder von der französischen Polizei brutal behandelt und rücksichtslos an Deutschland ausgeliefert würden.[7] Anderthalb Jahre später stellte Stucki dem Ministerpräsidenten Laval ein paar unbequeme Fragen zu den Judendeportationen. Doch Laval antwortete ihm nonchalant, der Wunsch der deutschen Besatzungs-

Jüdische Kinder von bewaffneten Garden nachts aus dem Bett geholt und deportiert
«Ich verlangte sofort nach meiner Rückkehr eine Audienz beim Regierungschef Laval, der mich dann auch schon am 10. September zu sich bat. Er empfing mich mit den Worten: ‹Est-ce que vous aussi, vous voulez venir me faire de la morale à cause de mes mesures contre les juifs?› Ich erwiderte sehr ruhig, dass ich allerdings mit ihm über gewisse Auswirkungen der in Frankreich gegen die Juden getroffenen Massnahmen auf die schweizerisch-französischen Beziehungen sprechen möchte, mir aber durchaus bewusst sei, dass es nicht die Rolle der Schweiz sein könne, Frankreich in dieser Hinsicht Lehren zu erteilen. Ich setzte auseinander, dass die Tatsache, dass mitten in der Nacht jüdische Kinder durch bewaffnete Mobilgarden aus den schweizerischen Heimen in Frankreich herausgeholt und abgeführt worden seien, in der Schweiz eine sehr beträchtliche Erregung verursacht hätte. Nicht nur die grossen Kreise, die das schweizerische Hilfswerk für die Franzosenkinder betreuen und finanzieren, seien peinlich überrascht gewesen über diese Massnahme. Allfällige

Wiederholungen solcher brutaler Eingriffe könnten in den beteiligten schweizerischen Kreisen mit Sicherheit zu einer wesentlichen Beeinträchtigung des Hilfswerks führen. Ich bat ihn deshalb, mir wenn irgend möglich ganz bestimmte Garantien dafür zu geben, dass in Zukunft die von den schweizerischen Kinderhilfswerken in Frankreich betrauten Heime unter keinen Umständen mehr Gegenstand solcher Eingriffe sein würden (...) Laval versuchte zunächst sehr eindringlich, mich von der Richtigkeit der von ihm allgemein gegen die Juden bestimmter Nationalitäten getroffenen Massnahmen zu überzeugen. Die Juden seien, sagte er weiter, weitgehend schuldig am französischen Zusammenbruch. Trotzdem handle es sich bei seinen Massnahmen viel weniger um Vergeltung für das Geschehene als um eine prophylaktische Vorbeugung: Die Juden seien ausnahmslos gegen ihn und das Régime, sie seien anglophil und vor allem gaullistisch, sie seien die Träger unterirdischer Wühlarbeit und falls es zu revolutionären Aktionen kommen sollte, würde man sie zweifellos an erster Stelle finden. Sie seien endlich auch, fügte er bei, weitgehend verantwortlich für den schwarzen Handel und die durch diesen bewirkten Schwierigkeiten. Er wolle und müsse deshalb Frankreich so weit als möglich von dieser Plage befreien. Die Massnahmen seien zunächst ja sehr beschränkt: Sie betreffen nur die Angehörigen der von Deutschland in ganz Europa besetzten Gebiete, die nach Frankreich geflohen seien (also nicht die französischen. *Anm. des Autors*). Von diesen werde er sich unter allen Umständen befreien, ‹même si tous les jours 50 diplomates étrangers et les représentants de toutes les églises du monde› bei ihm dagegen protestierten (...) Im Übrigen, sagte Laval, sei die Aktion zur Hauptsache beendigt. Es seien zirka 12 000 Juden (...) in ihre Ursprungsländer zurückgesandt worden. Er wisse nun allerdings, dass sich noch zahlreiche dieser (landesfremden, *Anm. des Autors*) Juden im ganzen Lande herum, auch in den Klöstern versteckt hielten. Diese würden weiter mit allen Mitteln gesucht und später ebenfalls deportiert. Die Dominikanische Republik habe sich übrigens freundlicherweise bereit erklärt, 3500 der jüdischen Kinder, fast die Totalität aufzunehmen, und er werde alles tun, damit diesem Antrag entsprochen werde. Es wäre wünschenswert, sagte er endlich, dass auch andere Länder die gleiche Bereitschaft zeigten. Ich antwortete (instruktionsgemäss, d.h. entsprechend früherer Anweisungen Pilet-Golaz'; *Anm. des Autors*) lediglich, dass die Schweiz schon verhältnismässig mehr als andere Länder von Flüchtlingen aller Art überschwemmt sei und auch mit Rücksicht auf die Schwierigkeiten ihrer Ernährung vorsichtig sein müsse. (Damit spielte Stucki den Ball an Laval zurück, der nach schweizerischer Interpretation viel zu wenig Bewilligungen für Sonderzüge mit Versorgungsgütern für die Schweiz ausgab, *Anm. des Autors*) (...) Ich halte es allerdings nicht für unmöglich, dass später neue Aktionen gegen jüdische Angehörige von Frankreich selber oder von andern Nationen vorgenommen werde könnten.»

Stucki an Pilet-Golaz, Vichy, 14.9.1942 (BAR, E 2001 (D), 1968/74).

macht sei für ihn nichts weniger als Befehl, und er sehe sich nicht in der Lage, sich gegen diesen Befehl aufzulehnen. Zudem seien die scharfen Massnahmen der französischen Polizei gegen die Juden ihm, Laval, von den Deutschen zwingend vorgeschrieben worden, und auch wenn er mit der Brutalität, welche die Polizei dabei anwende, keineswegs einverstanden sei, bleibe letztlich doch, was immer getan oder unterlassen werde, die Verantwortung dafür stets an ihm hängen. Als Stucki wenig später in derselben Sache wieder bei Laval protestierte, antwortete ihm der französische Ministerpräsident mit den gleichen Worten wie kurz zuvor dem amerikanischen Botschafter, nämlich: Es wäre gescheiter, sein Land würde die verfolgten Juden bei sich aufnehmen, anstatt Frankreich moralische Lektionen zu erteilen. Stuckis Replik ist leider nicht überliefert.

Überhaupt findet man in den von ihm hinterlassenen Papieren kaum einen Hinweis darauf, dass Stucki sich vertieft mit dem Schicksal der französischen oder vor den Nazis nach Frankreich geflüchteten Juden auseinandergesetzt oder sich für diese Unglücklichen engagiert hätte. Möglicherweise hat sich Stucki bei der unvermeidlichen Diskussion über die Judendeportationen an die alten Regeln der Geheimdiplomatie gehalten, wonach man über heikle Themen nur mit den unmittelbar Betroffenen spricht und über die Verhandlungen keinesfalls schriftliche Zeugnisse ausfertigt, bevor ein konkretes Resultat vorliegt. Denn, wie jeder Diplomat weiss, mit dem Einbezug von unbeteiligten Dritten oder gar mit der Information der Öffentlichkeit wird ein Druck auf die Verhandlungsteilnehmer ausgeübt, der die direkt betroffenen Parteien dazu verleiten kann, anstatt in sachlicher Hinsicht Konzessionen zu machen und Kompromisse einzugehen, Prestigestandpunkte zu verteidigen, um am Schluss in der Öffentlichkeit als Gewinner dazustehen. Konkret würde dies bedeuten, dass Stucki, als er von den Judendeportationen Kenntnis erhielt, sehr wohl wiederholt und nachhaltig interveniert und sich dabei erhofft hätte, mit diskretem Vorgehen mehr zugunsten der jüdischen Opfer zu erreichen als mit öffentlichem Aktionismus. In diese Richtung deuten auch die diplomatischen Akten der USA aus dem Zweiten Weltkrieg, die im Jahr 1968 veröffentlicht wurden. In der Korrespondenz zwischen dem amerikanischen Gesandten in Bern, Minister Harrison, und dem Staatssekretär Cordell Hull in Washington wird explizit die ausserordentlich energische Haltung erwähnt, die der schweizerische Gesandte Minister Walter Stucki angesichts der Judendeportationen gegenüber Marschall Pétain an den Tag gelegt habe. Stucki sei mit seinem Beharren auf dem Thema Judendeportationen, ganz speziell wenn noch Kinder betroffen waren, im Disput mit dem Marschall bis an die Grenzen des Möglichen gegangen. Harrison schrieb unter anderem, Stucki habe einem gemeinsamen Freund anvertraut, es sei vermutlich das erste Mal in der Schweizer Geschichte, dass ein Schweizer Diplomat die berufsübliche Contenance völlig verloren und gegenüber einem ausländischen Staatsoberhaupt mit der Faust auf den Tisch gehauen habe, um seinem Standpunkt Nachdruck zu verschaffen. Der Marschall habe die Situation zwar bedauert, aber gleichzeitig dargelegt, dass es sich dabei um eine Frage der inneren Sicherheit handle, auf die er keinen Einfluss nehmen könne. Stucki sei nichts anderes übrig geblieben, als dem Marschall davon Kenntnis zu geben, dass er mit dieser Antwort nicht zufrieden und in der Sache völlig anderer Meinung sei.[8] Leider ist aus den genannten Zitaten nicht ersichtlich, ob und auf welche anderen Quellen ausser auf Stuckis eigene Aussagen, die ja allenfalls bezweifelt werden könnten, sich Harrison in seiner Berichterstattung nach Washington abgestützt hat.

Mit der Besetzung Vichys durch die deutschen Truppen schien sich ein bleierner Vorhang über die Stadt gesenkt zu haben; der letzte Funken Lebensfreude war erstorben, und da man jedes Wort auf die Goldwaage legen musste, weil man nie sicher war, ob der Feind in irgendeiner Gestalt mithörte, zog man es grundsätzlich vor, wenn Reden nicht unbedingt nötig war, zu schweigen. Für Stucki war es eine traurige Zeit. Beruflich sass er in einer Stadt fest, in der er zwar Weltgeschichte miterlebte, in der er sich aber eingesperrt und alleingelassen vorkam. Alle alliierten Staaten hatten ihre diplomatischen Vertreter, und damit jene Persönlichkeiten, mit denen Stucki oft enge kollegiale Beziehungen unterhalten hatte, längst zurückgezogen; andere, zum Beispiel verschiedene Vertreter Südamerikas, waren entgegen allen völkerrechtlichen Bestimmungen und diplomatischen Gepflogenheiten «wie Verbrecher, von schwer bewaffneten SS-Mannen eskortiert, abgeführt worden».[9] Bei den noch in Vichy residierenden Diplomaten handelte es sich vorwiegend um Repräsentanten der Vasallenstaaten Deutschlands, um politische Fliegengewichte, die sich vor jedem deutschen Legationsrat duckten und die für Stucki kein adäquater

Umgang sein konnten. Neben dem Nuntius und dem inzwischen 86-jährigen Marschall waren eigentlich nur die Vertreter Deutschlands, und zwar weniger, weil es herausragende Persönlichkeiten gewesen wären, als vielmehr aufgrund ihrer Rolle als Sieger über das Gastgeberland, von ähnlich schwerem Kaliber wie der Schweizer Gesandte. Unter den Deutschen wählte Stucki die Gesprächspartner, mit denen er übers Berufliche hinaus persönliche Beziehungen unterhielt, sorgfältig aus. Er legte gegenüber seinem Chef in Bern, Bundesrat Pilet-Golaz, denn auch von Anfang an offen, dass er «sehr gute, ja freundschaftlich-herzliche Beziehungen mit dem hiesigen offiziellen diplomatischen Vertreter Deutschlands, Minister Krug von Nidda, und seiner Frau, einer gebürtigen Bernerin» unterhielt. Doch je länger der Krieg dauerte, desto empfindlicher reagierten die Deutschen, und unter ihnen auch Roland Krug von Nidda, auf Kritik. Dafür mochte die wachsende Zahl militärischer Niederlagen, die sie an allen Fronten einstecken mussten, ebenso ausschlaggebend sein wie die zunehmende Repression in Deutschland selbst, die ihren Ausdruck in der Besetzung aller wichtigen zivilen und militärischen Führungsposten mit fanatischen Hitler-Anhängern fand. Die radikalen Nationalsozialisten, die jetzt das Heft in die Hand nahmen, sahen nur noch Endsieg oder Untergang, und es zeichnete sich ab, dass sie eher alles mit in den Abgrund reissen würden, als auf die gemässigteren Stimmen zu hören. Dieser Radikalisierung verfielen zwangsläufig, weil sie schliesslich überleben wollten, auch zahlreiche bisher als «vernünftig» geltende Deutsche aus Stuckis Bekanntenkreis. Als sich Stucki eines Abends bei einem Glas Wein veranlasst sah, seinem deutschen Gastgeber Krug von Nidda wieder einmal eine Lektion über die schweizerische Neutralität vorzutragen, explodierte dieser förmlich: Es sei eine Schande, schrie er Stucki an, dass die Schweiz im gegenwärtigen Kampf um Leben und Tod weder Freunde noch Feinde kennen wolle; denn in diesem Kampf gegen den Bolschewismus und gegen die unerhörte Eimischung des englisch-amerikanischen Judentums gehöre die Schweiz auf die Seite Europas, und das sei die Seite Deutschlands. Doch anstatt Einsicht zu bekunden und sich in ihrem Handeln danach auszurichten, fuhr Krug in lautem Ton referierend fort, würden jene einsichtigen Schweizer, die Deutschland helfen möchten, von schweizerischen Militärgerichten zum Tode verurteilt und erschossen, während auf der anderen Seite der Mörder eines Edelmenschen, wie Gauleiter Gustloff in Davos einer gewesen sei, unbehelligt seiner Strafe entkommen könne. Das sei Verrat an der deutschen Sache, und auf deutscher Seite sei unverständlich, wie die Schweiz noch behaupten könne, sie sei wahrhaftig neutral. Stucki, dem «diese unerhörten Angriffe auch etwas das Blut in den Kopf trieben», wies die Worte Minister Krugs zurück und erklärte förmlich, «es ist mir unmöglich, als Gast weiter in einem Hause zu verweilen, wo man das von mir vertretene Land derartig behandelt.»[10]

Minister Stucki auf «Heimaturlaub»: Mit Chauffeur und Dienstwagen vor der Villa an der Seftigenstrasse in Bern.

Mit der unvermeidlichen Kündigung der vor allem dank Krugs bernischer Frau bis anhin aufrechterhaltenen freundschaftlichen Beziehungen war Stucki wieder um einen Kontakt ärmer. Zwar brachten ihm Frühling und Sommer 1943 nochmals einige Lichtblicke privater Natur. Der junge Mediziner Ernst Hopf hatte ein halbes Jahr zuvor um die Hand von Stuckis Tochter Evy angehalten, und im Mai reiste der Minister zur Hochzeit in die Schweiz. Im Löwen in Münsingen wurden nach der Trauung Aareforellen als Vorspeise und Berner Platte als Hauptgang aufgetragen. Stucki stiftete zum Apéro einige Flaschen Jahrgangschampagner Pommery Brut 1934 sowie zum Essen eine Kiste Nuit-St. Georges 1929; Letztere hatte er anlässlich seiner Ernennung zum Ehrenbürger dieser berühmten Weinbauortschaft im Burgund erworben und eingekellert.

Nur drei Wochen nach Tochter Evy heiratete auch Stuckis Sohn Jürg, der inzwischen, wie der Vater stolz vermerkte, als Konzertviolinist erstmals wichtige Wettbewerbe gewonnen und Preise eingeheimst hatte. Jürgs Auserwählte war die Pianistin Rosmarie Beck; die beiden waren in den vergangenen Monaten hin und wieder zusammen aufgetreten. Da Jürg ein Engagement anlässlich der Musikwochen in Gstaad zu erfüllen hatte, verbrachte die Familie zunächst gemeinsame Sommerferien im Berner Oberland.

Dann zog es Vater Stucki zum Golfspiel nach Crans. Anfang September kehrte er wieder «in die Verbannung» nach Vichy zurück, wo ihn zwei Wochen später die Nachricht erreichte, dass sein jüngst verheirateter Sohn Jürg schwer erkrankt sei. Weil die Telefonlinien zwischen Vichy und Bern unterbrochen waren, gelang es ihm zunächst nicht, direkten Kontakt mit Jürg und dessen Ärzten aufzunehmen. Am 24. September erhielt er ein alarmierendes Telegramm des behandelnden Chefarztes Professor Schüpbach. Doch der Telegrammverkehr über die Zentrale des Politischen

Departements in Bern erwies sich als gestört und in seiner Schwerfälligkeit als ungenügend für den besorgten Vater. In seiner Verzweiflung gelangte Stucki an das Kommando der deutschen Wehrmacht in Vichy und erhielt, weil er sich den Deutschen gegenüber zwar meist kritisch geäussert, aber formell stets korrekt benommen hatte, innerhalb kürzester Frist eine über Paris und Berlin in die Schweiz geschaltete Militärlinie für ein Gespräch mit Bern zur Verfügung gestellt. Was er in diesem Gespräch über den Gesundheitszustand seines Sohnes erfuhr, veranlasste ihn, am nächsten Morgen ins Auto zu sitzen und so schnell wie möglich in die Schweiz zu fahren. Dort holte er den bekannten Pneumologen Professor Löffler an Jürgs Krankenbett. Der Befund des Spezialisten half indes auch nicht weiter: «Die Krankheit in ihrer ganzen aussergewöhnlichen Art war schon diagnostisch überaus eigenartig», hielt Löffler später in einem Brief an Stucki fest, «schliesslich haben wir uns in Würdigung der ganzen Situation zur Diagnose einer atypischen herdförmigen Grippepneumonie entschlossen. Vielleicht sagt man besser einer Viruspneumonie.» Löffler gestand, er habe bisher erst einen einzigen vergleichbaren Fall gesehen, nämlich denjenigen eines hohen Veterinäroffiziers. In beiden Fällen blieben alle therapeutischen Bemühungen erfolglos. Jürg Stucki verstarb im Beisein seiner Frau und seiner Eltern am 19. Oktober 1943 im 26. Lebensjahr. Die Anteilnahme war gross, die Kondolenzschreiben – darunter eines des französischen Botschafters in Bern, das im Namen von Präsident Pétain übermit-

Eine Stradivari-Geige, die nicht zu Jürg Stucki passte

Jürg Stuckis musikalische Begabung muss sich schon sehr früh herumgesprochen haben; denn Jürg war erst 17-jährig, als seinem Vater 1935 für 90 000 Deutsche Mark eine Stradivari-Geige zum Kauf angeboten wurde. Der Besitzer Adolf Busch, vermutlich ein Jude, war wegen den Verhältnissen in Deutschland in finanzielle Schwierigkeiten geraten und hatte schweren Herzens beschlossen, sich von einer seiner beiden Stradivaris zu trennen. Die Stucki angebotene Geige (Baujahr 1716) stamme «aus der besten Zeit des Meisters» und werde seit 23 Jahren nur von ihm selbst gespielt, versicherte Busch. Ihrem «ungleich schönen Ton» entspreche das ebenso schöne Äussere («herrlicher roter Lack»). Das Instrument war für 120 000 Deutsche Mark versichert, bei allerdings sinkendem Marktwert, wie Minister Stucki festhielt. Schliesslich einigte sich Stucki mit dem inzwischen nach England umgezogenen, dringend auf Geld angewiesenen Besitzer auf einen Kaufpreis von 5500 englischen Pfund. Doch Jürg wurde nie warm mit dem Instrument: «Ich bin sehr niedergeschlagen, da ich weiss, dass ich mit meiner Geige nie glücklich werden kann, und dass ich auf ihr auch nie etwas wirklich Grosses leisten kann, weil ich mit meiner Art zu geigen und mit meinem persönlichen Klangideal gar nicht zu ihr passe», schrieb er 1940 seinem Vater. «Ich habe damals einen furchtbaren Fehler gemacht, als ich die Geige nahm, aber ich war eben sowohl geigerisch als auch künstlerische noch ganz unreif und unfertig.» Jürg bevorzugte die «Paganinistrad» aus dem Besitz des Berner Instrumentenhändlers Werro, auf der er schon regelmässig konzertiert hatte. Da sich die vermögenden Leute in ihrer Furcht vor der Inflation zunehmend in Sachwerte flüchteten, waren die Preise für wertvolle Instrumente aber inzwischen wieder in beachtliche Höhen gestiegen, und es brauchte einige Überzeugungskraft Jürgs, um seinem Vater die Sachlage plausibel zu machen und von ihm für den Geigentausch einen weiteren Vorschuss von 10 000 Franken zu erhalten. Nach Jürgs Tod verwickelte sich Stucki in einen Streit mit Henry Werro. Jürgs Geige ruhte deshalb in einem Safe, bis Stucki sie 1958 für 80 000 Franken dem Basler Musiker Sándor Végh verkaufen konnte.

telt wurde – türmten sich zu Bergen, die Kapelle des Burgerspitals in Bern vermochte die zahlreichen Gäste der Trauerfeier kaum aufzunehmen."

Stucki und seine Frau errichteten zum Andenken an ihren Sohn eine Jürg-Stucki-Stiftung mit dem Zweck, «junge Musiker und Musikerinnen schweizerischer Nationalität, die aus dem Konservatorium Bern hervorgegangen oder dort tätig sind, durch Gewährung von Stipendien zu fördern. Voraussetzung ist, dass es sich um besonders begabte und strebsame, auch nach Charakter und Gesinnung einer solchen Zuwendung würdige Musiker handelt.» Den genannten Voraussetzungen, die mindestens so sehr Minister Stuckis Auffassung von Förderungswürdigkeit wie dem Zeitgeist entsprachen, genügte als erster der in den 50er-Jahren bekannt gewordene Berner Violinist Hansheinz Schneeberger, der 1944 einen Förderungsbeitrag der Stiftung zugesprochen erhielt.

Der Tod seines Sohnes Jürg, der erst 26-jährig am Anfang einer glänzenden Karriere als Konzertviolinist stand, traf Walter Stucki schwer; von diesem Schicksalsschlag blieb er sein Leben lang gezeichnet.

Vermittler zwischen allen Fronten 12
Der Gesandte mit der Maschinenpistole

Es war eine traurige Rückkehr Minister Stuckis nach Vichy am 11. November 1943. So ziemlich alles, was schief hängen konnte, hing schief: Jürgs Tod hatte nicht nur tiefe Trauer ausgelöst, sondern auch die Spannungen, die in der Familie bisher notdürftig unter Kontrolle gehalten worden waren, offen zutage treten lassen. Die Distanz zwischen Vichy und Bern mochte zur Entfremdung Stuckis von Frau und Kindern beigetragen haben, seine zeitweise schlecht unterdrückte Abneigung gegen seinen Schwiegersohn, der «derart anders ist als wir, derart simpel, so schlechte Manieren hat»,[1] dürfte nicht zur Verbesserung des familiären Klimas beigetragen haben. Es war aber auch seine Auffassung von beruflicher Pflicht, die bei den anderen Familienangehörigen nicht genügend Verständnis fand, sein Ausharren auf einem «verlorenen» Posten, wo doch alle wussten, dass er auch in der Bundesverwaltung in Bern jederzeit willkommen gewesen wäre. Dazu kam, dass Stuckis Argumente, gleich wie seine Sprache, mit der er seinen Standpunkt begründete, offenbar von seiner Familie als kalt und amtlich, als die Sprache eines offiziell verhandelnden Diplomaten anstatt des Ehegatten und Vaters empfunden wurden. Stucki schrieb manchen seiner zahlreichen Briefe an Getrud und Evy im Wissen, dass er mit seinen gut gemeinten Versuchen, sich zu erklären, die Entfremdung nur noch verstärkte. Und trotzdem griff er an den langen dunklen Abenden im Hotelzimmer regelmässig zur Feder, um den Kontakt nicht abbrechen zu lassen. Daneben hatte er nach bald vier Jahren auch wieder damit begonnen, Einträge in sein Tagebuch zu machen: Er hielt, zum Teil nur stichwortartig, einige Fakten aus seinen Tagesabläufen fest und verlieh manchmal seinen Gefühlen – im Spätherbst 1943 besonders seiner Verzweiflung – beredten Ausdruck, ja er formulierte auf dem Höhepunkt seiner persönlichen Krise sogar Suizidgedanken, die er dann aber, vor allem wegen seiner Familie, rasch wieder verwarf.²

Zu den bedrückenden familiären Sorgen kamen die unerfreulichen Entwicklungen in Stuckis beruflichem Umfeld. Wer Augen und Ohren hatte, der musste spätestens in diesen Wochen zur Gewissheit gelangt sein, dass die deutsche Wehrmacht, gelenkt von einem grössenwahnsinnigen Führer, direkt auf die verheerendste militärische Niederlage der Weltgeschichte zumarschierte. Das brachte aber für die von ihren deutschen Besetzern terrorisierten Franzosen keinerlei Erleichterung, sondern im Gegenteil eine weitere Verschärfung der Schreckensherrschaft, wie sie vor allem von SS- und Gestapo-Schergen ausgeübt wurde. Eine Spirale der Gewalt war in Bewegung geraten: Die Hinterhalte und Überfälle der französischen Widerstandskämpfer auf die deutschen Soldaten und Offiziere wurden seit der Landung der Alliierten in Italien immer häufiger und erfolgreicher. Die Hinrichtung Mussolinis und die Kapitulation seines Stahlpaktpartners manifestierten die zunehmenden Schwächen Deutschlands. Dass der Feind verletzlich war, beflügelte die Résistance und führte ihr zahlreiche neue Kämpfer zu, die ungeduldig auf ihren Einsatz warteten. Die Zahl der von der französischen Untergrundarmee getöteten deutschen Offiziere und Soldaten erhöhte sich sprunghaft; die Wehrmacht büsste bei den gut organisierten Aktionen der Forces Françaises de l'Intérieur (FFI) immer mehr Fahrzeuge, Panzer und anderes Militärmaterial ein, das immer weniger ersetzt werden konnte, weil die systematischen Bombardierungen der deutschen Fabriken durch die alliierten Bomberflotten die Produktionszahlen der Rüstungsindustrie drastisch schrumpfen liessen. Trotz Hunderttausenden von Zwangsarbeitern, die aus den besetzten Ländern wie zum Beispiel aus Frankreich gepresst wurden, vermochte die Produktion der Kanonengiesser, Panzer- oder Flugzeugbauer die Verluste der deutschen Militärs immer weniger wettzumachen. Die Zerstörung von Kriegsmaterial durch Sabotage erwies sich deshalb aus Sicht der Untergrundkämpfer bald als ähnlich wirkungsvoll wie ein Überfall auf eine deutsche Militärkolonne, war aber meist bedeutend weniger riskant. Weil sie bei der Bekämpfung der sichtlich erstarkenden Résistance wenig erfolgreich waren, reagierten die Deutschen mit grausamen Racheakten, Vergeltungsmassnahmen wie Geiselerschiessungen und Massakern an der französischen Zivilbevölkerung und erreichten damit, dass noch mehr Franzosen in die Illegalität abtauchten, um sich vom «Maquis» aus an der Befreiung ihres Landes zu beteiligen.

In dieser siedenden Atmosphäre, in der eine ungeschickte Bewegung, ein falsch interpretiertes Wort, ein unrechtmässig erworbenes Pfund Butter einen das Leben kosten konnte, gelangte Marschall Pétain zur Überzeugung, dass er für den Fall seines Ablebens, wenn nicht ganz Frankreich in Blut und Chaos versinken solle, seine Nachfolge rechtlich einwandfrei regeln müsse. Mit einigen ihm wohlgesinnten Männern aus Politik und Wissenschaft, aber ohne seinen ungeliebten Regierungschef Laval einzuweihen, brachte er hinter verschlossener Tür einen entsprechenden Gesetzestext zur Anwendungsreife, der vorsah, dass sein Nachfolger durch die letzte rechtmässig gewählte französische Nationalversammlung ernannt werden solle. Mit dem entsprechenden Kommentar versehen handelte es sich, zumindest nach Auffassung des Marschalls, um sein «politisches Testament». Deshalb plante Pétain, seinen Landsleuten den von republikanischem Gedankengut geprägten und mit der nationalsozialistischen Staatsauffassung nicht zu vereinbarenden Erlass in einer Radioansprache öffentlich bekanntzugeben und zu erläutern. Doch mit dieser Absicht überschätzte er seinen Spielraum bei Weitem: Der Kommando- und Verwaltungsapparat der deutschen Okkupationsbehörden erhielt sofort Kenntnis von den Plänen des französischen Staatschefs und setzte sich wie auf Knopfdruck in Bewegung, um «notfalls mit Gewalt und durch militärische Besetzung des Radiostudios» die Ausstrahlung der Rede Pétains zu verhindern. Dieser mit Gewaltandrohung verbundene Eingriff in seinen Kompetenzbereich, mit dem ihn die Deutschen daran hinderten, dem Volk als Staatschef seinen «letzten Willen» bekanntzugeben, erregte den grenzenlosen Zorn des greisen Marschalls; er liess, so weit, wie es ihm, ohne dass er sich dabei der Medien bedienen konnte, noch möglich war, publik machen, er fühle sich als Gefangener der Deutschen, beuge sich deren brutaler Gewalt und stelle seine Funktionen als Präsident Frankreichs ein.

Pétains Emanzipationsversuch hatte, obwohl er noch rechtzeitig unterbunden werden konnte, auf deutscher Seite bereits hellste Empörung ausgelöst, die ihre Wellen bis ins Führerhauptquartier warf. Hitler, von einem Tobsuchtsanfall geschüttelt, diktierte seinem Aussenminister Ribbentrop einen Brief an Pétain, der in derb drohendem Tone dessen mangelnde Kooperationsbereitschaft und bösartigen Widerstand gegen alle deutschen Anordnungen und Massnahmen beklagte und insbesondere eine gründliche Säuberung im personellen Umfeld des Marschalls verlangte. Pétain musste in der Folge auf seine letzten Freunde und ihm ergebene Mitarbeiter verzichten, von denen einige, die sich nicht rechtzeitig in Sicherheit bringen konnten, verhaftet und nie mehr gesehen wurden. Sie wurden ersetzt durch übelste Kollaborationisten, darunter Admiral Darnand, der auf Anordnung der Deutschen zum Chef aller Polizeikräfte und Milizen ernannt wurde, und Staatssekretär Henriot, der die Information und Propaganda im deutschen Sinn und Geist zu organisieren beauftragt war. Damit verfügte der bald 88-jährige Staatschef in seinem Stab und in seiner Regierung, wenn man vom Leibarzt absieht, über niemanden mehr, dem er auch nur halbwegs vertrauen konnte.[3]

Unter dem Vorwand, dem Staatschef für dessen mehrfach ausgedrückte Teilnahme am Tod seines Sohnes Jürg danken zu wollen, gelang es Stucki, eine Einladung Pétains «à titre amical» zu erhalten und dem Marschall noch mitten in der durch die verhinderte Radioansprache verursachten Staatskrise einen Höflichkeitsbesuch abzustatten. Der offizielle Besuch mündete in ein langes und vertrauliches Gespräch unter vier Augen. Ministerpräsident Laval, von seinen in Pétains Vorzimmer platzierten Gewährsleuten sogleich über die ungewöhnlich lange Anwesenheit des Schweizer Gesandten beim Marschall informiert und alarmiert, liess Stucki seinerseits noch am selben Tag die einer Aufforderung gleichkommende Einladung zu einem offiziellen Besuch bei sich in seinem Amtssitz zustellen. Es lag ihm offensichtlich daran, dem Schweizer Gesandten die Geschehnisse der vergangenen Tage aus seiner Sicht zu schildern und zu kommentieren. Dabei zeigte sich Laval gegenüber Stucki stark betroffen und beleidigt vom Vorgehen des «Alten», der es nicht für nötig gehalten habe, seinen Ministerpräsidenten vorher ins Bild zu setzen über einen für Frankreich wichtigen Verfassungsakt, mit dem, was – wie Laval fand – vorauszusehen war, die Deutschen gereizt und provoziert wurden.

Es fällt auf, dass Stucki – gewollt oder ungewollt – in Vichy in eine Vermittlerposition manövriert worden war, in der nicht nur seine Meinung, sondern auch seine Anteilnahme und seine Zustimmung gefragt waren. Von allen Seiten wurden ihm Informationen zugetragen, wurde er zu Déjeuners, Dîners und Bridgeabenden eingeladen, bekundete man Interesse an seiner Präsenz und beanspruchte man ihn als Zeugen für die Rechtmässigkeit des eigenen Standpunkts oder versprach sich von ihm die Legitimierung des eigenen Vorgehens. Natürlich betrieb Stucki, um es in neudeutschem Jargon auszudrücken, auch ein ausgezeichnetes «Networking». Seine regelmässig absolvierten Golfpartien dienten mit Sicherheit nicht nur der körperlichen Ertüchtigung, die zahlreichen Bridgeabende nicht nur dem Totschlag der Langeweile an dunklen Winterabenden, der Besuch unzähliger Stehapéros noch weniger dem Zweck, den Durst mit alkoholischen Getränken zu stillen. Stucki verstand es meisterhaft, anfänglich scheinbar harmlose Small Talks durch beiläufig eingeworfene Bemerkungen so zu lenken, dass sie sich in ergiebig sprudelnde Informationsquellen verwandelten. Er zögerte aber auch nie, seinen eigenen Standpunkt, und sei er beim Gesprächspartner noch so unwillkommen, wenn er es für nötig befand, klar darzustellen, ohne daran auch nur den geringsten Abstrich zu machen. Er lebte und arbeitete in Vichy nach dem Grundsatz: Ein Stucki versteckt sich nie.

Noch mehr als Stuckis aktive Informationsbeschaffung war es vermutlich seine Integrität und politisch-ideologische Standfestigkeit sowie seine aufrechte Haltung, die er auch den scheinbar allmächtigen Deutschen gegenüber nicht aufgab. Damit entsprach er offensichtlich dem Bedürfnis der verschiedenen anderen Akteure in Vichy nach einer verlässlichen, auf festem Grund und Boden stehenden Persönlichkeit, nach einem klaren Orientierungspunkt im Strudel des bevorstehenden Untergangs ihrer irrealen, von den wahren Tatsachen und Ereignissen längst überholten Scheinwelt, in der sie dem Irrtum verfallen waren, ein Provinznest könne als Hauptstadt eine Bühne für grosse Weltpolitik abgeben und ihnen komme in dem gespielten Stück eine wichtige Rolle zu. Als sie endlich merkten, dass sie vor leeren Rängen spielten, dass das Publikum seine Aufmerksamkeit längst wieder auf Paris, London oder Washington richtete und dass sie nicht mehr für die Gestaltung der Zukunft gebraucht, sondern bestenfalls noch für die Vergangenheitsbewältigung von Interesse sein würden, suchten sie dringend eine anerkannte moralische Instanz, die in unverdächtiger politischer Verankerung den Untergang überleben und nachher als Zeuge, vielleicht sogar als Fürsprecher und Verteidiger, das Denken und Handeln der «Vichyaner» rechtfertigen würde. So rückte Stucki immer mehr ins Zentrum des Geschehens auf dieser Provinzbühne, obwohl ihm laut Drehbuch gar keine aktive, sondern nur eine Beobachterrolle zugedacht war.

Als der Text von Pétains unterdrückter Radioansprache betreffend seine Nachfolge einige Tage später vom *Journal de Genève* im Wortlaut abgedruckt wurde, verdächtigte man deshalb Stucki (obwohl er es mit absoluter Bestimmtheit bestritt), als «Briefträger» zwischen dem Marschall und der Redaktion in Genf gewirkt und damit erst die Veröffentlichung von Pétains politischem Testament, also genau das ermöglicht zu haben, was ja die Deutschen unbedingt hatten verhindern wollen. Laval und dessen deutsche Freunde zeigten sich jedenfalls gegenüber dem Schweizer Gesandten äusserst aufgebracht. So war es bestimmt ein günstiger Zufall, dass die Weihnachts- und Neujahrsferien, die Stucki in Bern zu verbringen plante, unmittelbar bevorstanden.

Natürlich gab es in Stuckis Tagesprogramm nicht nur weltpolitisch brisante Themen. Er hatte sich vielmehr auch mit ganz alltäglichen Problemen zu befassen, wie zum Beispiel mit «dem Berner Bauern Nyffenegger, der mit seinem Hof in Guémat in einen Pachtprozess verwickelt worden war. Es ist unglaublich», notierte Stucki in sein Tagebuch, «der Mann ist seit sechs Jahren in Frankreich und spricht kein einziges Wort Französisch. Netter Kerl, wir müssen ihm helfen.»

Stucki verfolgte natürlich mit Spannung und meist mit pessimistischen Einschätzungen die Lage in Europa und die Ereignisse in der Schweiz. Hin und wieder findet sich dazu in seinem Tagebuch ein auf zwei, drei Worte beschränkter Kommentar wie «Churchill-Rede: sehr mässig». Die Bundesratswahl vom 15. Dezember 1943, die mit der Wahl von Ernst Nobs wenigstens teilweise jene Vorstellungen verwirklichte, die Stucki als Nationalrat mit so viel Nachdruck verfolgt hatte, nämlich den Einbezug der Sozialdemokraten in die Regierungsverantwortung, nötigte ihm im Tagebuch ein knappes «Man kann zufrieden sein» ab. Gerne qualifizierte er mit den Notizen im schwarzen Wachstuchheft auch die Personen, mit denen er beruflichen oder privaten Umgang pflegte, darunter nicht zuletzt die Bundesräte, zum Beispiel Walter Stampfli mit «tüchtiger und solider Eindruck, aber nicht überwältigend», Ernst Wetter mit «sehr nett, schade dass er geht», Marcel Pilet-Golaz mit «gescheit, aber Charakter zweifelhaft» und «falscher und verdrehter Kerl», Philippe Etter mit «recht, aber schwach» oder Ernst Nobs mit «äusserst liebenswürdig». Rothmund, der Chef der Polizeiabteilung im EJPD wurde mit einem ganzen Satz gewürdigt: «Spricht etwas zu viel über seinen eigenen fabelhaften Charakter». Über seinen Nachfolger an der Spitze der Handelsabteilung ärgerte sich Stucki des Öfteren und bedachte ihn mit dem vernichtenden Urteil, Hotz sei ein «dummer und ekelhafter Kerl».[4]

Am 18. Dezember fuhr Stucki bei Nebel und Glatteis in achteinhalb Stunden von Vichy nach Bern. Zwei grosse Fragen oder Probleme, die ihn stark beschäftigten, wollte er in den vor ihm liegenden knapp anderthalb Monaten «Heimaturlaub» einer Lösung entgegenführen: Erstens war es höchste Zeit, seine berufliche Zukunft zu klären und sicherzustellen, dass er nach seiner Mission in Vichy, wo mit dem jederzeit möglichen Zusammenbruch des Pétain-Regimes automatisch auch sein Gesandtenmandat erlosch, einen seinem Rang, seinen Erfahrungen und seinen Fähigkeiten entsprechenden neuen Posten antreten konnte.

Zweitens musste er unbedingt seine Beziehungen zur Familie «reparieren». In dieser Hinsicht hatte er sich viel vorgenommen, und er wusste, dass ihm lange und schwierige Gespräche bevorstanden. Die angekündigte Ankunft zu Hause war aber zugleich die erste Enttäuschung: Ausser Rosmarie, der Witwe des verstorbenen Sohnes Jürg, stand niemand zu seinem Empfang bereit. Und Rosmarie, die er so gut wie ein eigenes Kind mochte, hatte keine ermunternden Nachrichten: seiner Frau Gertrud und seinem Sohn Lorenz gehe es psychisch sehr schlecht, wusste sie ihm auszurichten, kaum war er zur Haustür hereingekommen. Doch Stucki wäre sich selbst untreu geworden, wenn er nicht auch diese Herausforderung mit der ihm eigenen Zielstrebigkeit und Überzeugungskraft angepackt hätte. Der mehrfach im Tagebuch auftauchende Hinweis «Abends endloses Gespräch mit G.» lässt darauf schliessen, dass er alle seine Unterhändlerqualitäten mobilisieren musste, um mit seiner Gattin wieder ins Reine zu kommen. Seine Bemerkungen «Sie ist vollständig verkrampft» oder «Sie bohrt sich fast wohllüstig in ihr Leid» lassen indes vermuten, dass der selbstsichere Diplomat die Ursachen der Krise seiner ehelichen Beziehung kaum in erster Linie bei sich selbst gesucht hat und dass vielleicht gerade dieses im Beruf des Unterhändlers nützliche Beharren auf der Richtigkeit des eigenen Standpunktes eine der Ursachen der ehelichen Zerwürfnisse war.

Der damals 21-jährige Sohn Lorenz, als Letztgeborener des Stucki'schen Nachwuchses von den Eltern liebevoll «Lenzi» gerufen, litt gemäss väterlicher Diagnose an Minderwertigkeitsgefühlen, weil er von seiner Umgebung stets nur als Sohn des Ministers oder als Bruder des genialen, leider viel zu früh verstorbenen Violinisten, kaum je aber als eigenständige Persönlichkeit wahrgenommen wurde. Auch ihm widmete Stucki über die Weihnachtstage in «stundenlangen sehr freundschaftlichen Gesprächen» eine Menge seiner kostbaren Zeit. Ob sich die beiden in ihrer ausgeprägten Verschiedenartigkeit bei diesen Gesprächen wirklich entscheidend näher gekommen sind und Verständnis füreinander entwickelt haben, ob Lorenz den wohlwollend-paternalistischen Stil seines Vaters tatsächlich akzeptieren und sich damit von seinen psychischen Problemen befreien konnte, ist angesichts späterer Kommentare von Vater Stucki füglich zu bezweifeln. Für Stucki indessen waren die familiären Probleme mit Beginn des neuen Jahres so gut wie behoben, die «gefürchteten ‹Festtage›», schrieb er in sein Tagebuch, «sind damit ordentlich vorübergegangen.» Und «ordentlich» musste etwas erledigt werden, was in seinem Urteil Bestand haben sollte; «ordentlich» war sein mit Vorliebe verwendeter Qualifikationsbegriff für «zufriedenstellend» bis «gut». «Ordentlich» mussten die Resultate einer internationalen Verhandlungsrunde ausfallen und ebenso die Schulnoten seiner Enkel. Was mit dem Stempel «ordentlich» versehen war, konnte abgehakt, zu den Akten gelegt werden. Nun war es höchste Zeit, sich dem anderen grossen Fragenkreis zu widmen, dessentwegen er seinen Aufenthalt in Bern bis Anfang Februar auszudehnen plante: seiner beruflichen Zukunft.

Dass Vichy für einen hoch qualifizierten Diplomaten kein zukunftsträchtiger Wirkungsort sein konnte, war längst kein Geheimnis mehr. Bei der Wahrnehmung der Interessen schweizerischer Aussen- und Aussenwirtschaftspolitik gab es wesentlich wichtigere und prestigereichere Posten zu besetzen. Schon im September 1940 war es der Redaktion der *Tat* aufgefallen, dass das in der Bundesverwaltung personell vorhandene Potenzial an internationaler Verhandlungskompetenz offensichtlich nicht ausgeschöpft wurde; es gebe Unterhändler, deren Fähigkeiten brach lägen: «So frägt man sich unter anderem, ob es nicht besser wäre, Minister Stucki mit Sondermissionen zu beauftragen, statt ihn am jetzigen Sitz der französischen Regierung zu belassen.» Das Problem bestand indessen nicht etwa darin, dass man Stucki keinen diplomatisch lukrativeren Posten angeboten hätte, sondern dass der «grosse Stucki» die ihm angebotenen Stellen in Bern oder im Ausland durchwegs verschmähte.

Eine Ausnahme dürfte der Gesandtenposten in Berlin gewesen sein, für den Stucki aufgrund der vorweggenommenen heftigen Reaktion der dortigen Behörden gar nicht mehr offiziell angefragt wurde. Auf Anregung von Bundesrat Wetter hatte der damalige Bundespräsident Pilet-Golaz in einer Unterhaltung mit Otto Carl Köcher, dem deutschen Gesandten in Bern, im November 1940 quasi als Versuchsballon die Bemerkung fallen lassen, er spiele mit dem Gedanken, den schweizerischen Gesandten in Berlin, Minister Hans Frölicher, gelegentlich durch Walter Stucki zu ersetzen. Ob dieser Gedanke ernsthaft oder nur als provokativer Versuchsballon gemeint war, ist heute schwer zu ergründen. Jedenfalls bedauerte Bundesrat Wetter später sein Vorprellen bei Pilet-Golaz, das er hinterher selbst als «peinlich» bezeichnet haben soll.[5] Köcher informierte noch gleichentags seine Vorgesetzten im Auswärtigen Amt und löste damit in Berlin heftige Reaktionen sowie die Anlage der Personalakte «D.II.1543/EOG, E242854-56 Stucki Walter, Schweiz» aus. Die in dieser Akte enthaltene Biografie Stuckis, verbrämt mit ideologischen Kommentaren aus der Perspektive der Nazis, hinterlässt bei der Lektüre den Eindruck, der Schweizer Diplomat habe sich schon in den Windeln als «Exponent des francophilen Schweizer Bürgertums» zu erkennen gegeben. Er habe, so ist dem Dokument weiter zu entnehmen, als Nationalrat durch die Zusammenführung der Marxisten mit dem links-liberalen Bürgertum und mit der Unterstützung der schweizerischen und französischen Freimaurerei eine Volksfrontregierung angestrebt; dann habe er als Gesandter in Frankreich die Machenschaften eines Konsortiums von Schweizer Juden, welche die französische Rüstungsindustrie unterstützen wollten, gefördert und überhaupt weit über seine eigentlichen Kompetenzen hinaus die Alliierten einseitig bevorzugt. Die Akte schliesst mit der Beurteilung: «Stucki ist einer der verbissensten und durchtriebensten Gegner einer neuen Ordnung in Europa. Er gilt in der Schweiz geradezu als Symbol der freimaurerisch-demokratischen Welt. Es steht ausser Zweifel, dass er seine Stellung in Berlin dazu benutzen würde, für England zu arbeiten (nachrichtenmässig und wirtschaftlich). Seine Ernennung zum Gesandten in Berlin müsste daher als offene Herausforderung des Reiches aufgefasst werden.» Diese Einschätzung Stuckis durch die Nationalsozialisten, die dann nach Kriegsende einer Ehrenmeldung gleichkam, liess Pilet-Golaz nicht den geringsten Spielraum, um die Verwendung Stuckis als Gesandten in Berlin weiter zu verfolgen.

Aber nicht nur momentan amtierende Bundesräte kümmerten sich um die Fortsetzung von Stuckis Karriere. 1941 nervte alt Bundesrat Schulthess, Stuckis beruflicher «Ziehvater», die Landesregierung mit seiner fortlaufenden Einmischung in die Diskussionen über eine Reorganisation der Departemente; er schlug unter anderem vor, die Handelsabteilung aus dem EVD herauszulösen und wieder dem Politischen Departement zuzuteilen. So könne man Stucki dazu bewegen, nach Bern zurückzukommen, um im «Aussenministerium» eine führende Rolle zu übernehmen, begründete er seine von der Regierung mit Skepsis aufgenommene Intervention. «Ich habe mit Stucki die Möglichkeit einer Rückkehr nach Bern besprochen», notierte daraufhin Bundesrat Ernst Wetter am 16. April. «Er käme ja sicher gerne nach Bern, schon mit Rücksicht auf seine Familie, und fühlt auch das Unbefriedigende seiner Situation. Aber er wäre eben gerne als Bundesrat gekommen. Als Abteilungsleiter will er nicht kommen, und unter Pilet, erklärt er, sich nicht stellen zu wollen. Er möchte direkt dem (Gesamt-)Bundesrat unterstellt sein, so als eine Art achter Bundesrat. Das wird kaum gehen. Es ist schade, wenn eine solche Beiziehung Stuckis an Prestigemomenten scheitert.»[6] Zwei Monate später sprach Wetter erneut mit Stucki und hielt fest: «Er möchte Unterstaatssekretär direkt unter dem (Gesamt-)Bundesrat sein und auf keinen Fall unter Pilet. Da ist guter Rat teuer.»

Stuckis Abneigung gegen Pilet-Golaz, seinen Chef im Politischen Departement, und damit die Unlust, in Pilets Nähe nach Bern zu wechseln, wurden auch auf die Dauer nicht kleiner, obwohl der Aufenthalt in Vichy, «in diesem trostlosen Kaff, wirklich nicht besonders angenehm ist», wie Stucki einem Freund anvertraute. Aber der Gesandte Stucki im Provinznest Vichy weigerte sich schlicht, einen Posten in Bern anzutreten, wenn er dadurch Gefahr laufe, von Pilet Anweisungen entgegennehmen zu müssen.[7] Er hielt den Waadtländer Bundesrat für unehrlich und unberechenbar, weil dieser, je nach Gesprächspartner, andere Meinungen und Standpunkte vertrete. Auch politisch hatten die beiden das Heu nicht auf derselben Bühne und Stucki befolgte die Anordnungen seines Vorgesetzten praktisch nur noch, wenn sie ausnahmsweise mit seinen eigenen Überzeugungen übereinstimmten.

Bundesrat Stampfli, der in den grossen Schuhen seiner Vorgänger Schulthess und Obrecht zu Beginn seiner Amtszeit einen noch etwas unsicheren Gang an den Tag legte, hätte Stucki gern an seiner Seite gewusst. Er bot ihm deshalb die Oberleitung der ganzen Kriegswirtschaft an. Dabei hatte einmal mehr alt Bundesrat Schulthess seine Finger im Spiel, indem er – nach einem Besuch bei Stampfli – im Dezember 1941 seinen ehemaligen Schützling mit einem vierseitigen Brief ultimativ dazu aufforderte, sich für diese Aufgabe zur Verfügung zu stellen, denn es gebe niemanden ausser ihm, der dem Land diese Dienste leisten könne. «Der Gedanke abzulehnen», schrieb der ehemalige Magistrat, der Stucki schon zweimal für den Dienst in der Bundesverwaltung gewonnen hatte, «darf nach meiner Ansicht bei Ihnen gar nicht aufkommen. Angesichts der Gefahren, denen das Land ausgesetzt ist, dürfen Sie sich nicht entziehen, und Sie sind es sich selbst schuldig, das Opfer zu bringen.» Schulthess kannte Stuckis Vorbehalte gegenüber Pilet-Golaz und legte ihm ans Herz, die personellen Rahmenbedingungen grosszügig zu übersehen, denn er sei überzeugt, dass sich Stucki innerhalb kurzer Zeit selbst die Stellung schaffen werde, die ihm zukomme. Doch abermals glaubte Stucki ablehnen zu müssen, weil Stampfli ebenso wenig wie Pilet bereit war, ihn dem Gesamtbundesrat (anstatt einem einzelnen Mitglied der Landesregierung) zu unterstellen und ihm das Recht einzuräumen, als Staatssekretär seine Geschäfte selbst vor dem Parlament zu vertreten. Er könne nun mal in seinem Alter nicht mehr die zweite Geige spielen, schrieb Stucki seinem Freund Roman Abt; deshalb verbleibe er halt auf seinem Posten als Gesandter in Frankreich, auf den ihn der Gesamtbundesrat gestellt habe, ohne dass er diesen Platz je gesucht habe. Seinem früheren Mentor Schulthess beschied er in einem kurzen Schreiben, die vorgebrachten Argumente überzeugten ihn nicht; denn es gebe keine Lösung, die gleichzeitig für ihn eine befriedigende Tätigkeit und für das Land ein sachlich gutes Resultat verspreche.

Bundesrat Wetter, Chef des Finanzdepartements, von Stucki mehr noch wegen seiner fachlichen Qualitäten als wegen der freisinnigen Parteimitgliedschaft geschätzt und nicht zuletzt auch Stuckis einziger noch übrig gebliebener «Fürsprecher» in der

Landesregierung, zeigte sich nach einer gemeinsamen Sitzung erstaunt über die Veränderung, die mit Stucki vor sich gegangen sei; er habe bedrückt gewirkt und sorge sich angesichts der angeblich «bramarbasierenden» Reden seines Nachfolgers Jean Hotz um das Schicksal der Schweiz in den Verhandlungen mit dem Ausland – eine Befürchtung, die Wetter mindestens ein Stück weit teilte, denn in einer Notiz hielt er fest: «Dabei ist es ein Elend: Stucki, der das gut machen würde, ist auf dem Stumpengeleise in Vichy. Und zwar durch seinen eigenen Willen!»

Es ist erstaunlich, wie sehr sich einzelne Mitglieder des Bundesrates bemühten, Stucki den Weg für die Rückkehr nach Bern zu ebnen; Stuckis Weigerung, einen der ihm angetragenen Posten, die jeder seiner Diplomatenkollegen mit Handkuss akzeptiert hätte, dankend anzunehmen, erscheint im Rückblick geradezu als Starrsinn eines alternden Berner Schädels. Als klar wurde, dass Stucki jeden Posten in der Schweiz ausschlagen würde, solange Pilet-Golaz im Amt und damit in der Lage war, ihm Anweisungen zu erteilen, versuchte man, die Gesandtenposten in Rom oder London für ihn freizuschaufeln und ihm eine dieser «grossen» und prestigereichen Aussenvertretungen der Schweiz schmackhaft zu machen. Doch Stucki zeigte sich weiterhin renitent; er schlug jeden auch noch so gut gemeinten Vorschlag aus – unter anderem mit Hinweis auf seine schwierige familiäre Situation; denn in der Tat schwelte zwischen ihm und den übrigen Familienmitgliedern, insbesondere seiner Frau Gertrud, der durch die berufsbedingte Trennung entstandene und noch immer nicht beigelegte Konflikt mehr oder wenig ununterbrochen weiter.

Den nächsten Versuch, Stucki von Vichy wegzulocken, unternahm der Bundesrat im Herbst 1943. Aufgrund der Notizen von Bundesrat Pilet-Golaz[8] lässt sich rekonstruieren, dass man im Aussenpolitischen Departement schon seit Kriegsbeginn plante, eine Sektion für Information ins Leben zu rufen. Durch die vordringliche Behandlung der aktuellen Tagesfragen und nicht zuletzt wegen der Personalknappheit wurde das Projekt immer wieder auf die lange Bank geschoben; und mit der Zeit änderte sich auch der Zweck und Auftrag, den man der neuen Sektion vorgeben wollte, wie Pilet-Golaz an einer Bundesratssitzung im November 1943 seinen Kollegen erläuterte: Es gehe jetzt darum, dass sich eine mit kompetenten Mitarbeitern besetzte Stelle in der Bundesverwaltung mit den Problemen beschäftige, die in der Nachkriegszeit vor allem aussenpolitisch und aussenwirtschaftlich auf die Schweiz zukämen. In vorausschauender Weise gedachte Pilet einen, wie man heute sagen würde, Thinktank zu bilden und wollte die Leitung dieser zukunftsweisenden Institution dem in Vichy eingebunkerten Minister Stucki anvertrauen, was von immerhin erstaunlicher Toleranz und Grosszügigkeit des Aussenministers zeugt, dem Stuckis Antipathie gegen seine Person auf die Dauer ja nicht entgangen sein konnte. Da sich das Ende des Régimes von Marschall Pétain abzeichne, womit das Mandat Stuckis in Vichy ohnehin erlösche, könne man auch Stuckis Begehren entgegenkommen, ihm eine seinen Fähigkeiten und seiner fachlichen Kompetenz entsprechende Stelle in Bern anzubieten, legte Pilet seinen Bundesratskollegen dar.

Der Bundesrat stimmte Pilets Vorschlag zu, eine autonome Untersektion im EPD zu schaffen und diese mit der Prüfung der Nachkriegsprobleme zu betrauen. Stucki, so beschloss die Landesregierung weiter, solle diese Untersektion vorerst «zeitweilig inspirieren» und später (gemeint war nach der endgültigen Rückkehr aus Vichy) seine ganze Arbeitskraft darauf konzentrieren. Dann wurde aber ausdrücklich festgehalten: «Es ist der Vorsteher des EPD, der ihm (Stucki) dieses Mandat anvertraut und nicht der Gesamt-Bundesrat, dem er auch nicht direkt unterstellt wird.» Und, nachdem sich Stucki einige Male abfällig über seinen Nachfolger in der Direktion der Handelsabteilung, Minister Jean Hotz, geäussert hatte, was dem Bundesrat ebenfalls nicht entgangen war, sah sich dieser veranlasst, seinem Beschluss eine in dieser Form eher unübliche Klausel anzufügen, die besagte: «Die Stellung des Direktors der Handelsabteilung, Minister J. Hotz, wird in keiner Weise kompromittiert oder eingeschränkt.»[9]

Stucki war nun offensichtlich im Dilemma: Einerseits beklagte er sich über die trostlose Situation in Vichy auf einem Posten, der nur noch auf Zusehen hin aufrechtzuerhalten war; andererseits hatte ihm Pilet-Golaz, zu dem ihm allerdings das Vertrauen fehlte und von dem er sich möglichst fernhielt, eine im Hinblick auf die nächste Zukunft attraktive Tätigkeit angeboten – und dies erst noch in Bern, wie er es sich wegen seiner Familie eigentlich wünschte. Das Resultat des Zwiespalts, in den Stucki nicht ohne eigenes Verschulden geraten war, schlug sich in einem unergiebigen Briefwechsel zwischen dem Departementschef, Bundesrat Pilet-Golaz, und seinem Gesandten in Vichy nieder: Stucki begründete wiederholt, warum er jetzt unmöglich nach Bern zurückkommen könne, und Pilet verlangte immer deutlicher und schliesslich im Klartext von Stucki den Abbruch der Mission in Vichy. Stucki führte als Argumente an, nachdem er seinem Personal vorläufig keine Ferien mehr bewillige und befohlen habe, angesichts der sich abzeichnenden dramatischen Entwicklung in Vichy auf dem Posten zu bleiben, weil die wahrzunehmenden Interessen täglich zunähmen, könne er sich nun als Chef nicht durch die Hintertür davonmachen. Zudem habe er keinen Stellvertreter oder Nachfolger, der gegenüber den französischen und deutschen Behörden ähnliche Autorität geniesse wie er. Von Pilet-Golaz forderte Stucki eine genaue Abklärung seiner allfälligen neuen Stellung; er habe nämlich eine selbstständige, umfassende und leitende Aufgabe erwartet und müsse nun befürchten, dass er in Bern nur einer in einer ganzen Reihe sogenannter Fachexperten sein werde, und dies in einem Bereich, der ihn unweigerlich mit der Handelsabteilung in Konflikt bringen werde. Für eine Arbeit, wie er sie vor mehr als 25 Jahren schon bei Bundesrat Schulthess – neben anderem – erledigt habe, so glaubt er die Debatte mit dem bundesrätlichen Chef beenden zu können, komme er endgültig nicht nach Bern. Ins Tagebuch notierte er: «Sekretär des Herrn Pilet werde ich nicht!»

Pilet-Golaz versuchte seinerseits, Stucki für sich zu gewinnen, indem er ihm hinsichtlich der Stelle in Bern das Blaue vom Himmel herunter versprach: Sämtliche aussenwirtschaftlichen, aussenpolitischen und aussenfinanzpolitischen Fragen würden in seinen, Stuckis alleinigen Kompetenzbereich fallen; er werde die wichtigen Nachkriegskonferenzen, die von den Alliierten bereits angesagt waren – wie Bretton Woods oder Dumbarton Oaks – nicht nur jetzt schon vorbereiten, sondern, wenn es soweit sei, auch als schweizerischer Delegationsleiter besuchen können. Der EPD-Chef bekundete durchaus Verständnis für Stuckis Bedenken, in Vichy den Bettel einfach hinzuschmeissen; aber er schloss seine Briefe an Stucki mit beinahe beschwörenden Formeln wie: «Ich brauche Sie jetzt unbedingt in Bern» oder: «Ich schlage Ihnen vor, jetzt unbedingt nach Bern zu kommen» oder: «Ich bin sicher, dass, wenn Sie es sich überlegen, meine Haltung und meinen sehr dringlichen Wunsch verstehen werden.» Doch Stucki wollte vorerst gar nichts verstehen.[10]

Die ersten Monate des Jahres 1944 verbrachte Stucki pendelnd zwischen Vichy und Bern. In Vichy erledigte er die laufenden Geschäfte und achtete sorgsam darauf, hier den Kontakt mit den wichtigsten Entscheidungsträgern und Hauptdarstellern nicht zu verlieren. Sei es strikt geschäftlich, sei es bei regelmässigen Golf- oder Bridgepartien, pflegte er vor allem mit den militärischen und diplomatischen Funktionären Deutschlands und den paar Diplomaten, deren Heimatstaaten die Kontakte zu Vichy noch nicht abgebrochen hatten, regelmässigen Umgang; ferner legte er Wert darauf, mit jenen französischen Politikern und Chefbeamten, die auf der Bühne des Vichy-Polittheaters noch eine Rolle spielten wie Pétain und Laval, die Beziehungen aufrechtzuerhalten und sich gleichzeitig weitere gut informierte Quellen zu erschliessen, indem er zum Beispiel den Generalsekretär des Aussenministeriums in Vichy, Botschafter Rochat, in seinen engsten beruflichen Bekanntenkreis einbezog. Rochat, der selbst keine politischen Ambitionen verfolgte, sondern, wie Stucki sich ausdrückte, eine «administrative Persönlichkeit» war, sollte sich in den entscheidenden Tagen, als es um das Überleben Vichys und seiner Bevölkerung ging, als Stuckis zuverlässigster Informant auf Seite der Vichy-Franzosen erweisen.

Wieder in der Schweiz führte Stucki unzählige Gespräche betreffend die Massnahmen, die im Hinblick auf das Kriegsende zu treffen waren, und er nahm parallel dazu fast ununterbrochen Sondierungen und Abklärungen für seine eigene berufliche Zukunft vor. Wenn er an einem Tag bis zu sieben fest terminierte Besprechungen sowie noch einige zufällige Treffen in seinem Tagebuch auflistete, wird dabei mangels Hinweisen auf die behandelten Themen trotzdem nicht ganz klar, welche Ziele Stucki im Frühjahr 1944 in Bern konkret verfolgte. Immerhin scheint er gespürt zu haben, dass mit den Ereignissen auf den Kriegsschauplätzen, wo der Untergang des nationalsozialistischen Deutschlands und der Aufschwung der Sowjetunion zur Siegermacht nicht mehr verkannt werden konnten, der Stern seines ungeliebten Chefs, dessen politische Ansichten sich zu lange an den Machtverhältnissen von 1939/40 orientiert hatten, im Sinken begriffen war und dass er, Stucki, seine Zukunft mittelfristig ohne Pilet-Golaz planen konnte.

Sicher wäre Stucki gerne auf seinen Gesandtenposten in Paris zurückgekehrt. Doch nach vier Jahren diplomatischer Tätigkeit am

Hof von Marschall Pétain und angesichts seiner engen Vertrautheit mit dem «Staatsoberhaupt» einer sich dem Untgergang zuneigenden Epoche der französischen Geschichte, die nun zunehmend und in voller Absicht aus dem nationalen Gedächtnis verdrängt wurde, indem sich immer mehr Franzosen von ihrem Helden des Ersten Weltkriegs und seinem Vasallenstaat zu distanzieren begannen, trug Stucki unübersehbar den Stempel «Vichy» auf der Stirne und war damit als Anhänger des vom Helden zum Landesverräter mutierten Marschalls gebrandmarkt. Er erkannte rasch, dass er als Vertreter der Schweiz im «neuen Frankreich» nicht willkommen sein würde. Er zögerte denn auch (zu) lange damit, dem Bundesrat die Anerkennung der Regierung de Gaulles zu empfehlen, wie es ihm sogar von seinem Amtskollegen in Berlin, dem in der Schweiz als «Nazi-Freund» geltenden Hans Frölicher nahegelegt wurde. Denn Stucki, der, wie viele Schweizer, den Sowjetkommunismus und nicht mehr den Nationalsozialismus als die wahre Bedrohung Europas fürchtete, war überzeugt, dass in Frankreich die Kommunisten die Macht an sich reissen und einen nach sowjetischem Muster organisierten und regierten Staat errichten würden.

Der April 1944 wurde für Stucki durch drei ihn direkt betreffende markante Ereignisse, zwei Todesfälle und eine Geburt geprägt. Am 1. April verstarb ganz unerwartet der französische Botschafter in Bern, Admiral Bard, an einem Herzversagen und provozierte mit seinem Tod eine epische Diskussion über die Frage, ob Vichy-Frankreich, dessen baldige Auflösung abzusehen war, überhaupt noch einen «Ambassadeur» in die Schweiz zu entsenden brauche oder ob man sich in Bern nicht besser auf das neue Frankreich ausrichten solle, in dem aller Voraussicht nach nicht Pétain, sondern de Gaulle das Sagen haben werde. In Vichy legten Pétain und Laval – ausnahmsweise einmal einig – grossen Wert darauf, dass das von ihnen repräsentierte Frankreich von der Schweiz diplomatisch anerkannt und vollwertig in Bern vertreten werde. In dieser Streitfrage wurde Stucki fast täglich mit diametral verschiedenen Meinungen und Forderungen konfrontiert, die er mit seinem grossen Einfluss auf die Entscheide des Politischen Departements bei Pilet-Golaz geltend machen solle. Pilet indessen wollte Stucki ausnahmsweise sofort nach Vichy zurückbeordern, um dem Marschall begreiflich zu machen, dass jetzt nicht die Zeit sei, einen Nachfolger für Botschafter Bard zu ernennen.

Stuckis Abreise wurde indessen verzögert durch die Geburt seines ersten Enkels Bernhard am 22. April um 5.20 Uhr morgens. Die spontan im Tagebuch festgehaltene Reaktion Stuckis lautete: «Nun bin ich Grossvater! Wie noch viel mehr würden wir uns freuen, wenn Jürg noch da wäre.» Nur wenige Stunden später erreichte Stucki die Nachricht vom Tod seines langjährigen Mentors und väterlichen Freundes alt Bundesrat Edmund Schulthess. Noch am selben Tag besuchte er die Witwe Schulthess', um mit ihr über die Beerdigung ihres Mannes zu beraten. Zwei Tage danach reiste er nach Basel, um seiner Tochter und seinem Enkel im Spital einen Besuch abzustatten. Der Enkel gefiel ihm; «sehr gut, aber unendlich komisch, so ein kleines Ding!» vertraute er dem Tagebuch an. Tags darauf nahm er am Vormittag an der Eröffnung der Mustermesse teil und eilte dann an die Beerdigung von Schulthess, wo er auf Wunsch der Witwe am offenen Grab einige wohlgesetzte Worte sprach, von deren Wirkung er selbst fast am meisten überrascht wurde: «So ganz nah bei Jürg! Ich habe grösste Mühe, nicht umzukippen.»

Am 29. April war Stucki wieder in Vichy. Er traf dort auf ein Frankreich, in dessen Bevölkerung eine Radiorede Pétains helle Empörung und Aufregung ausgelöst hatte. Der Marschall, der kurz zuvor bei einem Besuch in Paris von der dortigen Bevölkerung mit unerwartet grosser Sympathie empfangen worden war, hatte sich von Renthe-Fink, dem persönlichen Vertrauensmann Hitlers in seiner ihm aufgezwungenen Entourage, nach offenbar langer und intensiver Gegenwehr einen Passus ins Manuskript seiner Rede schreiben lassen, wonach den Deutschen die Führung Europas zustehe und die anderen europäischen Staaten diesen Führungsanspruch anzuerkennen hätten. Renthe-Fink hatte die verheerende Wirkung dieser Aussage aus dem Mund des Marschalls sehr wohl vorausgesehen und – nach den überschwänglichen Sympathiebekundung der Pariser für Pétain – auch beabsichtigt. Dass er diesen für französische Ohren nach Landesverrat klingenden Satz am Radio dann wirklich vortrug, kostete den Marschall bei seinen Landsleuten den letzten Rest seiner ihm noch verbliebenen Autorität und seines Ansehens. Der Staatspräsident Frankreichs war zum Lautsprecher der deutschen Besatzer herabgesunken.

Angesichts solcher Symptome, die ihm die Agonie von Vichy-Frankreich anzuzeigen schienen, fand Stucki es an der Zeit, sich wieder einmal selbst an Pétain zu wenden. Er hatte ja genügend gute Gründe, um sich beim Marschall für den 1. Mai zu einem Besuch anmelden zu lassen: Er gratulierte dem Staatspräsidenten zum 88. Geburtstag, überbrachte ihm ein Kondolenzschreiben des Bundesrates zum Tode von Botschafter Bard und versuchte seinem Gastgeber begreiflich zu machen, dass ein neuer Botschafter Vichy-Frankreichs in Bern eine ausserordentlich schwierige und delikate Situation zu meistern hätte. Pétain liess die Frage der Vertretung Frankreichs in der Schweiz vorläufig offen und lud Stucki zu einem privaten Nachtessen ein. Auf ein kurzes Zögern Stuckis reagierte der Marschall blitzschnell mit der Feststellung: «Vous avez peur de vous compromettre!» Durfte man sich wirklich nicht mehr dazu bekennen, mit dem Präsidenten Frankreichs am selben Tisch diniert zu haben? Diesen Verdacht wollte Stucki nicht auf sich sitzen lassen, und er fand sich wenige Stunden später zum privaten Geburtstagsessen des Marschalls im kleinen Kreis ein. Ihm fiel auf, dass Pétain seine Anwesenheit nutzte, um sich, gleich wie er es bei allen anderen möglichen Gelegenheiten auch tat, darüber zu beklagen, er werde absichtlich nicht mehr über die in Frankreich herrschenden wirklichen Zustände informiert, habe keine guten Ratgeber mehr, müsse zusehen, wie Laval alle Entscheide treffe, um sich dann im richtigen Moment abzusetzen – «il fiche le camp» – und ihm, Pétain, die Verantwortung in die Schuhe zu schieben. Er hingegen, gab er dann ungefragt, aber mit Nachdruck zu Protokoll, werde Vichy niemals freiwillig verlassen, sondern nur als Gefangener, und wenn er gewaltsam dazu gezwungen werde. Bei solchen Äusserungen begannen dem erfahrenen Diplomaten Stucki die Alarmglocken in den Ohren zu läuten: Pétain konnte eine solche Befürchtung unmöglich ohne konkreten Anlass geäussert haben.

Und tatsächlich: In der Gerüchteküche Vichy wurden, wie Stucki in den folgenden Tagen vernahm, Vermutungen oder angebliche Informationen über die bevorstehende Landung der Alliierten an der Atlantikküste Frankreichs herumgeboten, und es war in diesem Zusammenhang von der zwangsweisen «Dislokation» des Marschalls, möglicherweise der ganzen französischen Regierung, durch die Deutschen die Rede. Es sollte nicht lange bei Gerüchten bleiben: Am 4. Mai eröffnete Renthe-Fink, Hitlers Wachhund vor Pétains Haustür, dem Marschall, er müsse bereit sein, sich angesichts der unmittelbar bevorstehenden alliierten Invasion vor den feindlichen Truppen in Sicherheit zu bringen. Als neuer

Wohnsitz werde ihm Rambouillet bei Paris zugewiesen, Regierungssitz bleibe aber weiterhin Vichy. Pétain verfasste – in stundenlangem redaktionellem Ringen mit den Deutschen – eine Erklärung zuhanden des diplomatischen Korps in Vichy, in der er die Unfreiwilligkeit seiner Dislokation hervorhob, und verliess dann die Stadt am 7. Mai mit kleinem Gefolge, aber unter massiver Bewachung durch die Gestapo.

Auch wenn die französische Regierung, die ja nur noch ein Schattendasein ohne Entscheidkompetenz fristete, vorläufig in Vichy blieb, war für Stucki nun doch der Moment gekommen, sich konkret mit der Aufhebung der Schweizer Gesandtschaft und mit der Planung und Vorbereitung der Rückreise nach Bern zu befassen. Die Situation wurde auch immer ungemütlicher: Im Auto zirkulierende diplomatische Kuriere wurden überfallen und ihres Wagens beraubt; die französischen Untergrundkämpfer kümmerten sich immer weniger darum, ob die anvisierten Ziele ihrer Überfalle deutsche oder andere ausländische Staatsangehörige waren; die französische «Milice», die mit den deutschen Besatzern gemeinsame Sache machte, richtete Blutbäder unter der eigenen Bevölkerung an. Die Deutschen rächten sich nach Hinterhalten und Überfällen auf ihre Soldaten und speziell, wenn Offiziere betroffen wurden, mit grausamen Vergeltungsmassnahmen, von denen im Sommer 1944 vor allem das Schicksal des Dorfes Oradour-sur-Glane Schlagzeilen machen und nach Ende des Krieges die Gerichte noch jahrzehntelang beschäftigen sollte. In Oradour-sur-Glane wurde – nach einem in der Nähe ausgeführten Überraschungsangriff von Résistance-Kämpfern gegen die deutschen Besatzer – die gesamte rund 700 Köpfe starke Einwohnerschaft auf dem Dorfplatz zusammengetrieben, die Männer wurden vor den Augen ihrer Familienangehörigen erschossen, die Frauen und Kinder anschliessend in der Kirche eingesperrt und lebendigen Leibes verbrannt. Solche und ähnliche Horrorgeschichten musste Stucki – und er tat es in nüchtern-sachlichem Ton und Stil – immer häufiger nach Bern berichten.

Aber während andere die Nerven zu verlieren drohten, blieb Stucki auch angesichts des nun einsetzenden Untergangsszenarios die Ruhe selbst. «Nachmittags Golf. Abends Bridge». Viel gab es in Vichy-Frankreich offensichtlich nicht mehr zu tun. «Ganz schön langweilig.» Dann fühlte er sich unwohl: «Abends allein, früh zu Bett.» Während seine Berufskollegen in Hektik ausbrachen und in ihren Gesandtschaften mit dem Verbrennen der geheimen Papiere begannen, schien Stucki geradezu gelähmt: «Nicht im Strumpf. Ganzen Tag eiskalte Füsse», blieb am 19. Mai sein einziger Tagebucheintrag. Am 20. machte ihm Paul Morand seine Aufwartung: Trotz der über Vichy hereinbrechenden Endzeitstimmung hatte Ministerpräsident Laval den nach Stuckis Urteil «ungewöhnlich sympathischen» Morand als neuen Botschafter Vichy-Frankreichs für die Schweiz nominiert und verlangte jetzt vom Schweizer Gesandten, er solle sich in Bern für dessen Akkreditierung stark machen.

Es waren indes mehr die schlechten Nachrichten über den psychischen Zustand seiner Frau Gertrud, die Stucki bewogen, am 21. Mai nach Bern zu fahren, um mit seiner Gattin eine «endlose, sehr ernste und sehr deprimierende Diskussion» zu führen und ihr das Versprechen abzuringen, in Zürich Dr. Carl Gustav Jung zu konsultieren. Dann meldete er sich bei Pilet-Golaz, der sich auf Stuckis Wunsch hin bereit erklärte, dem Bundesrat die Akkreditierung eines neuen französischen Botschafters zu beantragen – allerdings nur unter der Bedingung, dass Präsident Pétain vorher nach Vichy zurückkehre. Am 26. Mai war Stucki bereits wieder auf seinem Posten in Vichy und legte Laval die Antwort Pilet-Golaz' vor. Über den Wutausbruch Lavals wegen der von Pilet gestellten Bedingung konnte Stucki allerdings nicht mehr nach Bern berichten, denn heftige Bombardierungen zahlreicher französischer Städte, darunter Lyon und Chambesy, Nizza, Avignon und Marseille, liessen alle Telegrafen- und Telefonverbindungen zusammenbrechen. Im allgemeinen Chaos tauchte – zur grossen Überraschung der noch in Vichy ausharrenden ausländischen Diplomaten – plötzlich der vier Wochen zuvor von den Deutschen angeblich nach Paris eskortierte Marschall Pétain wieder auf. Stucki, der zur Einweihung eines von der Stadt Zürich gestifteten Kinderheimes nach Lyon gereist war, empfing dort die Nachricht, der Marschall sei ebenfalls in der Stadt; er plane, auf dem grossen Platz vor dem Hôtel de Ville eine Rede zu halten und erwarte ihn, Stucki, zum anschliessenden offiziellen Bankett. Zu einem Gespräch zwischen den beiden kam es dabei allerdings nicht. Als Stucki am nächsten Morgen erwachte – man schrieb den 6. Juni 1944 – landeten soeben die Alliierten mit einer gewaltigen Streitmacht in der Normandie. Die Einweihung des Kinderheims fand unter dem Eindruck der jüngsten Ereignisse in einer seltsam bedrückten, zwar höflichen, aber irgendwie desinteressierten Stimmung statt. Stucki verzichtete auf die weiteren in seinem Programm vorgesehenen Besuche und eilte nach Vichy zurück, wo er am Stadteingang durch zahlreiche Kontrollposten und «lächerliche Drahtsperren» aufgehalten wurde.

Die Arbeit Stuckis in den folgenden Tagen bestand in einem ständigen Ringen um Verbindungen und Transportwege. Die Schweiz zehrte nach über vier Jahren Krieg rund um ihre Grenzen von den allerletzten Vorräten und war immer dringender auf die Einfuhr von Lebensmitteln und Treibstoffen – auch über französisches Gebiet – angewiesen. Doch die Geleise, auf denen ihre Versorgung hätte erfolgen sollen, die Brücken, über welche die Züge mit den für die Schweiz bestimmten Gütern hätten rollen müssen, die Lokomotiven, die zum Bewegen dieser Züge nötig gewesen wären, wurden von den Widerstandskämpfern gesprengt, um den deutschen Truppen den geordneten Rückzug zu erschweren. Zudem streikten die Eisenbahner, und Laval, ohnehin verärgert über die Schweiz, hatte genügend Sorgen und Probleme im eigenen Land, als dass er sich auch noch um die schweizerische Landesversorgung hätte kümmern können und wollen.

Die Lagekarte Frankreichs wurde zunehmend unübersichtlich. Von Westen her begannen die in der Normandie erfolgreich gelandeten alliierten Armeen vorzurücken, und bald wusste niemand mehr genau, wer von den verschiedenen bewaffneten Parteien zu einem bestimmten Zeitpunkt an einem bestimmten Ort gerade das Sagen hatte, oder bildlich gesprochen: in wessen Gewalt man an der nächsten Strassensperre geriet. Wer aus Vichy kam, war bei den britisch-amerikanischen Verbänden entschieden besser aufgehoben als bei General de Gaulles Streitkräften des Freien Frankreichs (FFL), bei denen Vichy mit Hochverrat gleichgesetzt wurde. Zwischen und neben den Fronten der offiziellen Streitkräfte tummelten sich die irgendwo überraschend auf- und dann meist sofort wieder untertauchenden Kampfgruppen der verschiedenen Widerstandsorganisationen, von denen es sowohl gaullistische als auch kommunistische sowie mehr oder weniger politisch unabhängige gab. Der Seite der Deutschen zuzurechnen war die aus Franzosen rekrutierte Miliz, die sich durch besonders grausames Vorgehen gegenüber ihren eigenen Landsleuten hervortat und deren Foltermethoden, wie Stucki in einem Bericht nach Bern schilderte, grausamer seien als diejenigen der Gestapo.

Passierschein
Laissez-passer

Nr. 2/30214/DB/S.
No. 48811 E

Inhaber dieses Passierscheins
Le porteur de ce laissez-passer

Name   Dr. Stucki   (Schweizer)
Nom
Vorname   Walter
Prénom
Geburtsort   Bern
Lieu de naissance
Geburtsdatum 9.8.1888
Date de naissance
Rang — Beruf Gesandter
Grade — Profession

ist zur einmaligen Einreise in das
est autorisé à entrer une fois
und Wiederausreise aus dem — unbesetzte (n)
en territoire français métropolitain non-occupé
französische (n) Staatsgebiet (Mutterland)
et d'en ressortir par une station de passage
über eine amtlich zugelassene Übergangsstelle der Demarkationslinie
de la ligne de démarcation officiellement reconnue -alle Grenzstellen-

bis zum 31. März 1943 berechtigt
jusqu'au
Reisezweck Dienstreise nach Paris.
Objet du voyage

13 FEV 1943   Paris, den 13. Februar 1943.
Ort   Datum   Ort   Datum
Lieu Date   Lieu   Date

(Stempel)   (Stempel)
Cachet du service français   Cachet du service allemand

Unterschrift   Unterschrift
Signature   Signature

Der Passierschein für Stucki bei Fahrten durch das Kriegsgebiet zeichnet sich dadurch aus, dass er von beiden Kriegsparteien, sowohl vom zuständigen deutschen als auch vom französischen Kommandanten, unterzeichnet und abgestempelt ist.

Alle diese Gruppen verhielten sich unberechenbar, schlugen mal hier, mal dort zu.

Während die meisten Diplomaten es jetzt tunlichst vermieden, sich über die Stadtgrenzen Vichys hinaus zu bewegen, hatte Stucki seine eigene Art, durch Frankreichs gefährlichste Gebiete zu reisen: Er verzichtete nicht nur auf jede Tarnung, er bemühte sich nicht um Unauffälligkeit, er suchte nicht nach Schleichwegen – ganz im Gegenteil: Mit einer grossen Schweizerfahne am offiziellen Wagen der Gesandtschaft und notfalls durch Hupen machte er möglichst früh auf sich aufmerksam und erklärte an den vielen Kontroll- und Wachtposten geduldig seine Funktion und Aufgabe als Diplomat und Vertreter eines neutralen Staates. Dabei vertraute er aber doch nicht ausschliesslich auf die Kraft des Wortes; eine geladene Waffe schien ihm in seiner Situation unentbehrlich, und er führte deshalb neben seiner Offizierspistole immer auch eine Armeemaschinenpistole und vier Magazine scharfer Munition mit sich, «da ich nicht beabsichtige, mich ohne Gegenwehr niederknallen zu lassen oder das Fahrzeug preiszugeben.»

Ähnlich wie den Selbstschutz ging Stucki auch das Übermittlungsproblem an: Um in Vichy nicht ganz isoliert zu werden, beschaffte er sich bei der PTT-Generaldirektion einen modernen amerikanischen Kurzwellensender, den er – 100 Meter vom Gestapo-Hauptquartier in Vichy entfernt – montieren liess. Die Deut-

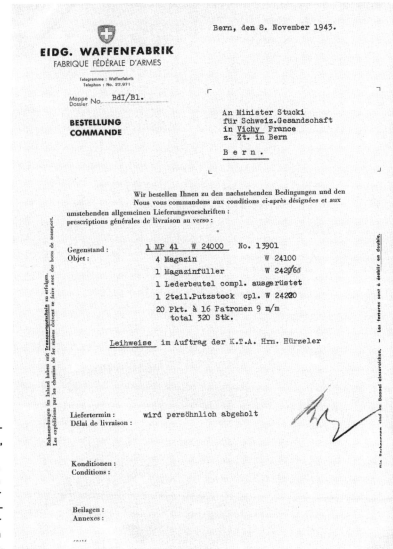

Bei den Recherchen zu diesem Buch wieder zum Vorschein gekommen und nach 70 Jahren ordnungsgemäss zurückgebracht: die Maschinenpistole MP 41, die Stucki im Krieg während seinen Autofahrten zwischen den Kampffronten stets auf den Knien liegen hatte und mit der er nur einmal «ein paar Warnschüsse» abgeben musste. Hier der im Jahr 1943 auf den Namen Stucki ausgestellte Lieferschein.

schen hatten jedoch jede Sendetätigkeit strengstens und unter Androhungen drakonischer Strafen verboten. Stucki gedachte aber keineswegs, mit seinem Sender – wie das bei den Widerstandskämpfern üblich war – in den Untergrund zu gehen; vielmehr wandte er sich mit einem Brief an den Generalleutnant Freiherr von Neubronn, den obersten Kommandanten der Truppen in Vichy-Frankreich, der, wie Stucki mit Genugtuung schon bei früheren Zusammentreffen registriert hatte, gegenüber nicht deutschen Gesprächspartnern manchmal mit einigen scheinbar beiläufigen Bemerkungen seine Vorbehalte gegenüber Hitler und dem Nationalsozialismus zu erkennen gab. In diesem Schreiben kündigte Stucki an, er werde am 22. Juli um genau 12.45 Uhr vom Gebäude Boulevard des États-Unis 114 aus, Wellenlänge 40 Meter, Frequenz 6380 Kilohertz, mit einer Meldung an den schweizerischen Bundesrat den Sendebetrieb aufnehmen; er bestehe damit auf dem uralten Recht, wonach ein Diplomat jederzeit ungehindert mit seiner Regierung in Kontakt treten dürfe. Und tatsächlich: Die Deutschen wagten es nicht, in das Gesandtschaftsgebäude einzudringen, um den Sender zu beschlagnahmen und begnügten sich damit, den Betrieb hin und wieder zu stören. Somit verfügte Stucki, wie er triumphierend festhielt, «in den kritischen Tagen über eine denkbar rasche und vor allem über die einzige Verbindung zwischen Vichy und der Welt».

Mitte Juni meldete Stucki nach Bern, man rechne in Vichy täglich, wenn nicht stündlich mit einem Handstreich der Résistance; die Stadt sei deshalb von den Deutschen zur gut bewachten Festung ausgebaut worden. Allein im Gang vor Stuckis Zimmer im Hôtel des Ambassadeurs hatte ein zehnköpfiger Trupp deutscher Soldaten einen Wachtposten eingerichtet, von dem Stucki nicht genau wusste, ob er da zu seinem Schutz Stellung bezogen hatte oder ob er ihn als Bedrohung auffassen müsse. Nach dem misslungenen Attentat auf Hitler vom 20. Juli 1944 nahm die Spannung bis zur Unerträglichkeit zu. Von Dr. Ménétrel, dem Leibarzt Pétains, erfuhr Stucki, der Marschall habe, als bekannt geworden sei, dass Hitler dem Anschlag unverletzt entkommen sei, mit «quel dommage!» reagiert. Renthe-Fink habe daraufhin den Marschall zu einem Glückwunsch- und Ergebenheitstelegramm an den Führer zwingen wollen. Pétain rettete sich auf Ratschlag seines Leibarztes damit, dass er das Telegramm zwar aufsetze, aber dann nicht selbst unterzeichnete, sondern im Namen des Chefs seines Militärkabinetts spedieren liess.

Die Verhältnisse in Vichy waren jetzt derart unübersichtlich, chaotisch und auch gefährlich und der bevorstehende Kollaps des Vichy-Regimes so offensichtlich geworden, dass Bundesrat Pilet-Golaz zur Überzeugung gelangte, die von Stucki geleitete Schweizer Gesandtschaft sei jetzt endgültig nicht mehr zu rechtfertigen. Mit Datum des 24. Juli liess er Stucki deshalb die unmissverständliche Aufforderung zukommen, er solle unverzüglich und ohne Absicht auf Rückkehr nach Vichy in die Schweiz zurückreisen, um da, nach einer verdienten Ruhepause, seine Arbeit im Hinblick auf die Nachkriegszeit voranzutreiben. Auch Stucki selbst war zwar «überzeugt, dass die Entladung nicht mehr lange auf sich warten lassen konnte. Aber dem Befehl des Bundesrates, in die Schweiz zurückzukehren und dort Ferien zu nehmen, konnte ich umso weniger Folge leisten, als ich allen meinen Mitarbeitern begreiflich gemacht hatte, dass vorderhand für niemanden Ferien in Betracht kämen und dass, mehr denn je, jedermann auf seinem Posten zu bleiben habe.» Im Tagebuch lautet der Eintrag am 29. Juli lakonisch: «Empfang Brief Pilet, der mich nach Bern beruft. Ich lehne ab.» Während die Welt um ihn herum aus den Fugen fiel, bemühte sich Stucki, den Anschein von Normalität zu wahren; er organisierte am 30. Juli in Vichy ein Golfturnier um die von ihm gestiftete «Coupe d'amitié franco-suisse». Die Zahl der Teilnehmer war zwar gegenüber früheren Jahren merklich geschrumpft. Aber ungerührt und ohne auf die weltgeschichtlichen Ereignisse jener Tage einzugehen, hielt Stucki im Tagebuch fest: «Ein Japaner gewinnt. Ich halte kleine Rede. Grosser Erfolg.» Tags darauf lud er alle Caddies des Golfklubs zu einem «Zvieri» ein.[11]

Am 11. August bat Pétain den Schweizer Gesandten zu einem Nachtessen. Zu Stuckis Überraschung war er der einzige Gast des Marschalls, der ihn unter vier Augen feierlich verpflichtete, als historischer Zeuge der Ereignisse, die sich in den nächsten Tagen in Vichy abspielen würden, dafür zu sorgen, dass die Welt Kenntnis erhalte von der Tragödie «dieses gewitterschweren Sommers». Tief beeindruckt von der Ernsthaftigkeit und Aufrichtigkeit, mit der ihn der 88-jährige einstige Volksheld um die Annahme dieses vielleicht letzten Auftrages bat, den er noch vergeben könne, kehrte Stucki in sein Appartement im Ambassadeurs zurück, um von jetzt an jeden Abend seine Wahrnehmungen und Eindrücke ausführlich und detailliert zu Papier zu bringen.

Der nächste, der sich in seiner Ratlosigkeit an Stucki wandte, war der päpstliche Nuntius, der aus angeblich sicherer Quelle erfahren hatte, dass die Deutschen nicht nur den Marschall, sondern auch das gesamte diplomatische Korps, nötigenfalls zwangsweise, aus Vichy abzuführen planten. Während der Nuntius daran zweifelte, ob ihn der Beistand jener unsichtbaren höheren Macht, deren Stellvertretung auf Erden er und sein Vorgesetzter in Rom wahrnahmen, vor der gewaltsamen Deportation bewahren werde, gab sich Stucki, der auf sich selbst und auf seine gut sichtbare, in der Waffenfabrik Bern ausgeliehene Maschinenpistole vertraute, die er seinen Widersachern im Notfall unter die Nase hielt, durchaus optimistisch: Er versicherte dem Nuntius, er werde sich jedem Ansinnen der Deutschen, die Bewegungsfreiheit der ausländischen Diplomaten einzuschränken, mit allen Mitteln widersetzen und dabei wenn möglich auch die Nuntiatur in seinen Schutz nehmen. Als kurz danach Minister Renthe-Fink ihn für den nächsten Tag zu einem Frühstück einladen wollte, erklärte Stucki dem Deutschen, er weigere sich, mit ihm an einen Tisch zu sitzen, wenn es wahr sei, dass die Schweizer Diplomaten mit Gewalt daran gehindert werden sollten, unbehelligt nach Hause zurückzukehren. In einer heftigen Diskussion mit etlichen ob so viel Selbstsicherheit verdutzten Deutschen wiederholte Stucki, er werde sich entsprechenden Anordnungen mit allen Mitteln widersetzen und selbstverständlich, begleitet von einer unübersehbaren Schweizer Fahne, an der Spitze der Kolonne heimkehrender Diplomaten marschieren; auch die deutschen Maschinengewehre könnten ihn davon nicht abhalten. Mit dieser Ankündigung dezidierten Widerstandes gegen allfällige deutsche Zwangsmassnahmen gelang es Stucki, das Thema vorläufig vom Tisch zu wischen. Die nächsten Tage vergingen wiederum in banger Erwartung des Machtwechsels in Vichy. Der Kanonendonner von der Front zwischen Deutschen und Alliierten schien jetzt täglich näher zu kommen, Gerüchte machten die Runde, die Résistance habe die Stadt bereits umzingelt.

Am 19. August wurde in Vichy eine deutsche Funkmeldung abgehört, welche die Verhaftung von Marschall Pétain, nötigenfalls mit Gewalt, und seine Überstellung nach Moulin anordnete. Sollte sich der Marschall weigern, dem Befehl zu folgen und sich der Verhaftung entziehen, so werde Vichy aus der Luft bombardiert und mit Artilleriefeuer belegt. Kaum hatte man ihm die Meldung vorgelegt, erhielt Stucki um 15 Uhr einen dringenden Anruf, man erwarte ihn im Kabinett des Marschalls. Als er dort anlangte, traf er auf Pétains versammelte Mitarbeiter, die, soeben durch einen Abgesandten des Generals von Neubronn jetzt auch noch offiziell vom Inhalt der abgefangenen Funkmeldung in Kenntnis gesetzt, wild gestikulierend durcheinanderredeten. Nach sehr erregter Diskussion und auf einhelligen Wunsch der Versammelten erklärte sich Stucki bereit, «mit dem deutschen General, den er als unideologisch und vernünftigen Argumenten zugänglich kennen gelernt» habe, zu verhandeln, um eine Beschiessung und Bombardierung Vichys zu vermeiden.

Es mag der Vernunft des deutschen Generals zuzuschreiben sein, aber sicher war es ebenso sehr ein Beweis für das grosse Ansehen, das sich Stucki bei den Vertretern aller Parteien in Vichy erworben hatte, wenn sich von Neubronn nach Erhalt der Aufforderung zu einem Treffen in den Jeep setzte und sich eine Dreiviertelstunde später beim Schweizer Gesandten einfand. Stucki erklärte dem Deutschen, er gedenke sich nicht in die politischen Fragen einzumischen. Es entspreche aber der Rolle und der Aufgabe der neutralen Schweiz, alles zu tun, um die unschuldige Zivilbevölkerung vor Gefahr und Vernichtung zu bewahren. Der General, der letztlich auch nur ein Befehlsempfänger war und nicht aus eigenem Antrieb, sondern auf Anordnung Hitlers den französischen Präsidenten zu verhaften hatte, zeigte sich in unerwartetem Masse einsichtig: «Die Ausführung dieses Befehls ist für mich die schwerste Aufgabe, die ich je in meinem Leben zu erfüllen hatte. Ich betrachte dieses deutsche Vorgehen als einen ganz schweren und unverzeihlichen Fehler», führte er gemäss Stuckis Erinnerung aus, um dann anzumerken, dass er sich eine Befehlsverweigerung trotzdem nicht leisten könne, denn jeder deutsche Offizier, der einen dienstlichen Befehl nicht sofort und restlos ausführe, werde standrechtlich erschossen, und die schwersten Sanktionen würden darüber hinaus auch allen seinen Angehörigen angedroht. Er wolle jedoch nicht das Leben seiner Frau, Tochter und Enkel opfern, nur damit nachher ein anderer den Befehl dennoch ausführe. Stucki zeigte sich sehr bewegt «von der Tragödie dieses Ehrenmannes», die seines Erachtens schlimmer war als diejenige von Marschall Pétain.

Dank der Einsicht des Generals, der schon längst erkannt hatte, dass Deutschland in dem von ihm und seinen Kollegen geführten Krieg auf verlorenem Posten stand, gelang es Stucki, nach intensiven Verhandlungen einer Lösung zum Durchbruch zu verhelfen, bei der alle Beteiligten ihr Gesicht wahren konnten: Danach sollten sämtliche Zugänge zu den Räumen des Präsidenten geschlossen, verriegelt, die Eisengitter heruntergelassen werden, die Garde Pétains hatte die vorbereiteten Verteidigungsstellungen zu beziehen. Beim Eindringen des deutschen Stosstrupps, der Pétain zu verhaften hatte, sollten sich die Gardisten nach einigem gegenseitigen Drängen beiseiteschieben lassen. Die Deutschen mussten die Barrikaden wegräumen, die Gitter und Türschlösser sprengen, sodass von einem gewaltsamen Vorgehen gesprochen werden konnte, aber – und das war der entscheidende Punkt – beide Seiten verpflichteten sich, nicht zu schiessen. Der Plan war riskant, denn allzu leicht hätten die Handgreiflichkeiten zwischen den verfeindeten Parteien, die sich in den vergangenen Jahren bis aufs Blut zu hassen gelernt hatten, in eine Schiesserei ausarten können. Stucki vermochte in letzter Minute noch durchzusetzen, dass sich sowohl Angreifer als auch Verteidiger verpflichteten, ihre Gewehre und Maschinengewehre ohne scharfe Munition in Stellung zu bringen. Gemeinsam legte man den deutschen Angriff auf das Hôtel du Parc, wo sich Pétains Schlaf- und Arbeitszimmer befanden, auf 6.45 Uhr am nächsten Morgen fest.

Um Mitternacht behändigte Stucki die wichtigsten Dokumente aus Pétains Schreibtisch, brachte sie ins schweizerische Gesandtschaftsgebäude, wo er im Dunkeln die Schweizer Fahne aufziehen und eine Wache mit Maschinengewehr in Position bringen liess. Nach Stuckis Vorstellungen konnte nur eine wehrhafte Schweiz erfolgreich vermitteln. Wer Anzeichen von Schwäche erkennen liess, wurde von den Streitparteien als Schiedsrichter nicht anerkannt. Nur wer die Fahne hochhielt und furchtlos den Bewaffneten beider Seiten ins Auge blickte, hatte eine Chance, dass er ernst genommen und seine Vorschläge angenommen wurden. Sich zu ducken, zu verstecken oder zu tarnen wäre Stucki nie in den Sinn gekommen. Mit seiner Grösse von 187 Zentimetern setzte er stets darauf, sich nicht klein zu machen, um unerkannt zu bleiben, sondern die anderen zu überragen, damit man ihn sogleich als Achtung und Respekt erheischende Persönlichkeit wahrnehmen konnte.

Mit genau dieser Einstellung und der entsprechenden äusseren Haltung begab er sich nach drei Stunden Bettruhe, allerdings ohne eine Minute Schlaf, wieder zum Hôtel du Parc, das jetzt von einem Kordon von SS-Truppen umstellt war. Jeder andere wäre aufgehalten, verhaftet, möglicherweise sogar erschossen worden. Stucki marschierte aufrecht durch die Phalanx der deutschen Krieger, wie wenn ihm irdische Waffen und Soldaten nichts anhaben könnten. Fast auf die Minute genau gemäss Stuckis Planung fuhr der deutsche Stosstrupp vor dem Hotel vor, die Handgreiflichkeiten, Scharmützel, die Sprengung der Gitter und Schlösser, das Einschlagen der Türen – alles lief genau so ab, wie nach Drehbuch unter Regie des schweizerischen Gesandten vorgesehen. Vor der letzten Tür zu Pétains Schlafgemach hielten die Deutschen inne. Der Major, der den Stosstrupp anführte, ersuchte mit höflicher, aber bestimmter Stimme, die Tür zu öffnen. Von den Franzosen in Pétains Vorzimmer erhielt er jedoch zur Antwort, der Marschall ruhe sich aus und niemand habe das Recht, ihn zu stören. Das Drama wurde dann tatsächlich bis zum Letzten genau nach Stuckis Vorstellungen durchgespielt: Der Major zog sich zurück und tauchte fünf Minuten später an der Seite des Generals von Neubronn wieder auf. Doch auch dem General wurde der gewaltfreie Zutritt verweigert. Schliesslich hob ein deutscher Soldat die Tür mit dem Brecheisen aus den Angeln, und der deutsche General trat ins Schlafzimmer des französischen Marschalls, der eben im Begriff war, sich anzukleiden. «Ah, c'est vous», war alles, was Pétain zu seinem ungebetenen Besucher sagte.

Stucki, der dem General nicht ins präsidiale Schlafzimmer folgen konnte, hielt den kurzen Rest der Geschichte in seinem Tagebuch so fest, wie sie später von Pétains Leibarzt dargestellt wurde: General von Neubronn habe sich vor dem Marschall verneigt und um Verständnis für seine schwierige Aufgabe gebeten, worauf Pétain geantwortet habe, er stelle fest, dass er nun ein Gefangener sei, und ob er sich trotzdem noch fertig ankleiden dürfe. Neubronn habe sich ins Vorzimmer zurückgezogen und gewartet. Als sich nach einer Viertelstunde noch immer nichts regte, bat er Stucki, den Marschall zur Eile anzutreiben, da die Zeit gemäss den Befehlen, die er erhalten habe, beschränkt sei. Doch selbst Stucki konnte diesmal nichts ausrichten; der 88-Jährige bestellte und verzehrte in aller Ruhe sein Frühstück. Erst dann übergab er dem Schweizer Gesandten und dem inzwischen am Ort des Geschehens eingetroffenen apostolischen Nuntius einen an Hitler gerichteten Protestbrief, dankte für die ihm erwiesene Freundschaft, liess das Gepäck zu den wartenden Fahrzeugen schaffen und verabschiedete sich, begleitet von seiner sichtbar bewegten Gattin, «so unbeweglich und ruhig, wie ich ihn immer gekannt habe, und von einer unglaublichen Würde». Vor dem Hôtel du Parc hatte sich infolge der Geheimhaltung eine nur kleine Menschenmenge versammelt, die «schlecht und falsch, aber ungemein ergreifend die Marseillaise sang», während die Wagenkolonne mit dem verhafteten Marschall und ehemaligen Staatspräsidenten in den regnerischen Sonntagmorgen entschwand.

Stucki begab sich zurück ins Gesandtschaftsgebäude und diktierte einen anschliessend per Funk nach Bern übermittelten Bericht. So erfuhr die Welt doch noch die Wahrheit über die Ereignisse in Vichy, obwohl von Berlin aus selbst nach der Verhaftung Pétains eine ganz Woche lang verbreitet wurde, der Marschall und die französische Regierung befänden sich in voller Freiheit und übten ungehindert ihre Funktionen aus. Als persönliche Anmerkung zu seiner Rolle, die er in der heiklen Situation gespielt hatte, schrieb Stucki an Bundesrat Pilet-Golaz, «ich glaube, gestern und heute nicht nur der Wahrheit, sondern auch den beiden Parteien Deutschland und Frankreich nicht unwesentliche Dienste geleistet zu haben. Jedenfalls wurde mir in ergreifenden Worten von allen beteiligten französischen Persönlichkeiten wie auch vom deutschen General von Neubronn der wärmste Dank ausgesprochen.» Dann fuhr er fort, er habe vorsichtig mit der «Armée secrète» Fühlung genommen, da die Untergrundarmee weite Teile des Geländes kontrolliere, durch das er mit dem gesamten Personal in die Schweiz zurückzukehren plane. Inzwischen sei er jedoch von allen noch in Vichy weilenden diplomatischen Missionschefs (mit Ausnahme desjenigen von Japan) inständig ersucht worden, vorläufig in Vichy zu bleiben und als Vermittler zwischen dem diplomatischen Korps, den französischen Untergrundkämpfern, den zurückweichenden Deutschen und den vermutlich bald anrückenden Amerikanern zu wirken.

In den darauffolgenden Tagen unternahm Stucki einige hochriskante Fahrten, indem er, einzig von seinem Chauffeur begleitet, durch deutsch besetztes Gebiet das Hauptquartier der FFI (Forces Françaises de l'Interieur) aufsuchte. Dabei setzte er, seiner Strategie der Offenheit folgend, die lokalen deutschen Truppenkom-

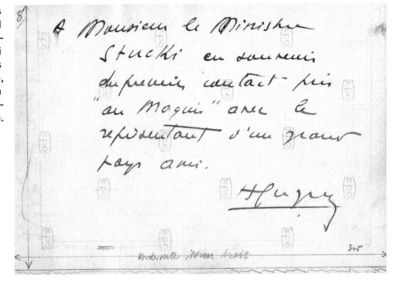

Zur Rettung Vichys vor Beschuss durch die Kriegsparteien und vor Anschlägen der Widerstandskämpfer unternahm Stucki eine geradezu tollkühne Fahrt ins Hauptquartier der «Maquiards», die ihm als Souvenir eine von ihren Anführern signierte Karte überreichten.

mandanten jeweils klar darüber ins Bild, dass er unterwegs sei, um mit ihren ärgsten und meistgehassten Feinden, den französischen Untergrundkämpfern, zu verhandeln. Stucki hat diese abenteuerlichen Fahrten, bei denen er zunächst überall mit Misstrauen und schussbereiten Waffen empfangen wurde, in seinem bereits erwähnten Buch[12] eindrücklich und ausführlich beschrieben. Er verhandelte ferner mit den Kommandanten jener deutschen Verbände, die für ihren Rückzug die Route über Vichy gewählt hatten und bewog sie, mit ihren Truppen einen Bogen um die Stadt zu machen. Dazwischen intervenierte er beim Kommando der Gestapo, die das gesamte diplomatische Korps, nötigenfalls mit Gewalt, von

Vichy nach Belfort zu evakuieren drohte. Er machte dem Gestapoobersten klar, dass er von niemandem ausser von seiner, der schweizerischen Regierung, Befehle entgegennehme, und diese habe ihn angewiesen, nachdem seine Mission als Gesandter beim französischen Präsidenten obsolet geworden sei, nach Bern zurückzukehren. Er brachte es sogar zustande, dass unter dem Zeichen des Roten Kreuzes dreissig schwerverwundete und deshalb nicht mehr transportfähige deutsche Soldaten im städtischen Spital von Vichy aufgenommen und vom Personal mit grosser Hingabe gepflegt und behandelt wurden.

Ein einziges Mal in diesen hektischen Tagen scheiterte er mit seiner Vermittlungstätigkeit, nämlich als sich ein grosser deutscher Verband, den er zum freiwilligen Rückzug bewegen wollte, als Teil der Wlassow-Armee entpuppte, also jener russischen Freiwilligentruppe, die auf Seite Hitlers gegen Stalin und seine Rote Armee kämpfte. Die «Russki» vermochte Stucki, schon fast allein aus sprachlichen Gründen, nicht für den freiwilligen Rückzug zu gewinnen. Ihr Kampfverband wurde daraufhin von den Amerikanern, deren vorderste Truppeneinheiten jetzt unmittelbar vor Vichy standen und die von sich aus Verbindungsoffiziere zur Kontaktaufnahme zu Stucki geschickt hatten, mit Artilleriefeuer zusammengeschossen und die Überlebenden wurden in die Flucht getrieben.

In der Nacht vom 5. auf den 6. September 1944 wurde Vichy, die Hauptstadt eines Frankreichs, das niemand so gewollt hatte, an das niemand geglaubt hatte und dem niemand eine Träne nachweinte, von den FFI, ohne dass ein einziger Flintenschuss abgegeben worden wäre, in Besitz genommen. Stucki gab in der Schweizer Gesandtschaft einen grossen Abschiedsempfang, an dem neben französischen Vertretern der alten und der neuen Ordnung auch amerikanische und englische Offiziere teilnahmen. Die in Vichy einrückenden Alliierten hatten zuerst nicht etwa mit irgendwelchen französischen Behörden Kontakt aufgenommen, sondern hatten sich zur Begrüssung direkt beim schweizerischen Gesandten gemeldet, der in dieser Stadt, wie auf unergründlichen Wegen bis zu den Amerikanern gedrungen war, offenbar das Sagen hatte. Stucki war die einzige Instanz gewesen, die sich in der Hauptstadt sowohl vor als auch nach dem Machtwechsel als funktions- und durchsetzungsfähig erwiesen hatte. Ihm hatten es die Bewohner Vichys zu verdanken, dass sie noch immer in unversehrten Häu-

Die Urkunde, mit der Stucki zum Ehrenbürger von Vichy ernannt wurde, weil er die Stadt durch seine mutige Vermittlung vor der Beschiessung und Zerstörung rettete, zeichnet sich durch spontane Einfachheit aus; sie wurde praktisch innerhalb eines Tages entworfen und unter improvisierten Umständen geschrieben und gerahmt.

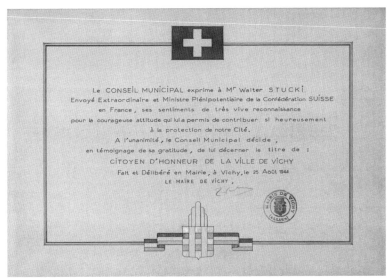

Stucki war immer um einen Kopf grösser – wenn nicht dank seiner 187 Zentimeter von Natur aus, dann mithilfe eines Treppentrittes –, hier vor dem Rathaus von Vichy, wo er im August 1944 den Dank von Oberst Pontcarral, Generalstabschef der Forces Français Intérieurs (FFI), für die Rettung der Stadt vor Beschuss und Zerstörung entgegennahm.

sern wohnen konnten, dass ihre Stadt schon bald wieder zur Badekur anreisende Gäste beherbergen konnte. Sie dankten es ihm mit dem Ehrenbürgerrecht der Stadt sowie mit einer grossartigen Abschiedszeremonie, zu der sich am 7. September fast die ganze Bevölkerung auf der Strasse einfand. Mit Ehrenkompanie, Défilée der französischen Truppen vor der Schweizer Fahne, mit dem Abspielen der schweizerischen Nationalhymne *Rufst du, mein Vaterland* und zu nicht enden wollenden Ovationen mit anhaltenden «Vive la Suisse»-Rufen, Klatschen und Stampfen wurde Stucki in einem über und über mit Blumen bekränzten offenen Wagen wie ein Staatsgast höchsten Ranges durch Vichys repräsentativste Strassen geführt und von den ihm für sein Wirken als Vermittler dankbaren Vichyanern verabschiedet. Um 17 Uhr nachmittags traf Stucki mit seiner Wagenkolonne an der Schweizer Grenze ein. Seine Mission in Frankreich war beendet.[13]

Vertrauter von Marschall Pétain 13
Eine risikoreiche Beziehung

Sympathiebekundungen für einen wegen Hochverrats zum Tode Verurteilten sind generell nicht ohne Risiko. Dies gilt erst recht, wenn die Richter zu den Siegern und der Verurteilte ins Umfeld der Besiegten gehören. Stucki als Chefbeamter und diplomatisches Aushängeschild der Eidgenossenschaft ging deshalb im Hinblick auf seine Karriere und auf sein persönliches Ansehen ein beträchtliches Risiko ein, wenn er, sowohl in der Schweiz wie auch im benachbarten Frankreich, mehrmals in aller Öffentlichkeit und regelmässig gegenüber den staatlichen Behörden (auch den ihm vorgesetzten) für den ehemaligen Helden des Ersten und den Sündenbock nach dem Zweiten Weltkrieg Partei ergriff. Es zeugt indes auch von der charakterlichen Standfestigkeit Stuckis, dass er, nachdem die Deutschen den Marschall durch die gewaltsame Aktion vom 20. August 1944 aus dem Präsidialamt in Vichy entfernt hatten, nicht mit den Wölfen heulte, sondern seine bisherige Meinung und Haltung bewahrte und seine Stellungnahmen zugunsten Pétains aufrechterhielt, dass er damit den Helden von Verdun und «Verräter» von Vichy vor den zahlreichen ihm ungerechtfertigt erscheinenden Angriffen und Urteilen in Schutz nahm und sich bewusst und gewollt in Gegensatz zu jenen stellte, die ihre Fahne in den Wind der Siegerjustiz hängten. Wenn Stucki von Pétain sprach, entwarf er das Bild eines hochbejahrten Mannes, der, als er schon über 80 Jahre alt war, von seinem Volk einmütig auf ein Piedestal erhoben wurde und von dem man sich, nachdem er Frankreich bereits 1917/18 vor dem sicher scheinenden Untergang gerettet hatte, jetzt angesichts der unmittelbar drohenden militärischen Niederlage im Frühjahr 1940 ein zweites Mal die Rettung Frankreichs vor dem Zusammenbruch versprach; auch das Bild eines einsamen Mannes, der vielleicht dieser übermensch-

Der *Vorwärts*, in Basel erscheinendes Organ der Partei der Arbeit, karikierte 1945 «Stuckis unglückliche Liebe» zu Marschall Pétain.

lichen und unmöglichen Aufgabe nicht mehr gewachsen war, der aber, bei allen menschlichen Schwächen, die auch ihm nicht fremd waren, nie etwas anderes wollte als das Beste für sein Land.[1] Neben Hochachtung für den ehemaligen Helden von Verdun empfand Stucki vor allem «tiefes Mitleid mit dem Greis, der zweifellos bei allem, was er von 1940 bis 1944, von seiner Wahl zum Präsidenten Frankreichs bis zu Verhaftung und Verschleppung durch die Deutschen, sagte und tat, in erster Linie an seine leidenden Landsleute dachte, die er nicht im Stich lassen wollte, der indessen bei seinem Streben nach dem Besten für sein Land, ohne zuverlässige Berater, nicht mehr die Kraft fand, dem schweren Druck dauernd zu widerstehen.»[2] Pétain war nach Stuckis Überzeugung ein Opfer und kein Täter.

Stucki nahm in Kauf, dass seine Plädoyers für Pétain von anwaltschaftlichem Charakter waren. Dabei hatte der Marschall in der Zeit, in der er zumindest nominell als Staatspräsident amtete, neben den vom Schweizer Gesandten hervorgehobenen hell leuchtenden durchaus auch seine dunklen Seiten: Er wusste, dass Hunderttausende seiner Landsleute zur Zwangsarbeit nach Deutschland verschleppt wurden; er muss gewusst haben, dass Tausende französischer Juden in Viehwagen nach Osteuropa in die Konzentrations- und Vernichtungslager transportiert wurden; er konnte zusehen, wie die französische, also «seine» Polizei den Deutschen bei der Vorbereitung der Menschentransporte, die meist mittels Viehwagen erfolgten, Helfershelferdienste leistete und dabei mit den Opfern keineswegs etwa zimperlicher umging als die Angehörigen der SS oder Gestapo. Pétain redete sich allzu leicht von jeder Verantwortung für solche menschenverachtenden Praktiken frei, indem er immer wieder betonte, es handle sich dabei um polizeilich-innenpolitische Massnahmen, für die er als Staatspräsident weder zuständig noch verantwortlich sei, weil sie in den Kompetenzbereich der Regierung und damit des Ministerpräsidenten gehörten. Es dürfte dem Marschall deshalb leicht gefallen sein, solche gravierenden Vergehen und Verbrechen gegen die Menschlichkeit dem verhassten Laval in die Schuhe zu schieben. Auch für Pétain muss, wie für Hunderttausende, ja Millionen anderer, die Frage gestellt werden, wie sehr sich all jene schuldig machten, die nur wussten, aber nicht handelten.

Wir wollen auf den nächsten Seiten versuchen, uns anhand von Pétains Biografie ein Bild zu machen über eine der umstrittensten Persönlichkeiten, die während des Zweiten Weltkriegs auf der europäischen Bühne eine wichtige Rolle spielte, und den Gründen nachgehen, weshalb Stucki von diesem alten Militär derart vereinnahmt wurde, dass er seine Karriere aufs Spiel setzte, um ihm zu helfen. Der 1856 als Sohn eines Bauern geborene Philippe Pétain erhielt seine Ausbildung an der berühmten Militärschule von Saint-Cyr. Er absolvierte seine Karriere – mit Ausnahme einer kurzen Episode als Generalresident Marokkos – im französischen Mutterland. Als er Kommandant des Infanterieregiments 33 in Arras war, zählte ein junger Offizier namens Charles de Gaulle zu seinen Untergebenen. Bei Ausbruch des Ersten Weltkriegs stand Pétain kurz vor dem Erreichen der Altersgrenze, immer noch im Range eines Obersten. Aber nur zwei Jahre später kommandierte er als General die Abwehrfront von Verdun. Es entsprach seinem Wesen, dass er sich seine militärischen Lorbeeren nicht etwa mit kühnen und genialen Offensiven, nicht mit überraschenden Angriffen, nicht mit strategischen Meisterstücken holte, wie sie im Zweiten Weltkrieg zum Beispiel dem deutschen «Wüstenfuchs» Rommel zugeschrieben wurden. Er war kein Draufgänger und nicht einmal ein schneller Denker. Seine Stärke war der sorgfältig abgewogene Entschluss. Als das Maschinengewehr bei den Armeen eingeführt wurde, entschied er sich endgültig für die defensive Kampfführung, denn mit Offensivaktionen, so dozierte er, opfere man im MG-Feuer unzählige Soldatenleben ohne Aussicht, zum Ziel zu kommen. Seine Offizierskollegen kritisierten seine veralteten Ansichten über die Luft- und die Panzerwaffe, die sich dann im Zweiten Weltkrieg als die durchschlagenden Angriffsmittel herausstellen sollten.

Doch als Verteidiger in den Schützengräben von Verdun, wo die feindlichen Armeen der Mittelmächte aufgehalten wurden und verbluteten, war und blieb Pétain das personifizierte Symbol des Widerstands; an ihm richteten sich die Franzosen nach den anfänglichen Niederlagen und Tiefschlägen wieder auf. Verdun war alles andere als eine strategische Meisterleistung; Pétains militärische Verdienste wurden deshalb, wohl nicht ganz zu Unrecht, von verschiedenen Memoirenschreibern, Biografen und Militärhistorikern angezweifelt. Die Beförderung zum Oberbefehlshaber der französischen Armee und die Verleihung des Marschallstabs dürften deshalb weniger dem begnadeten Strategen als vielmehr dem Helden der Nation gegolten haben, der seinen Landsleuten den Glauben an den Sieg und an sich selbst zurückgegeben hatte. Seine väterliche Autorität erlaubte es ihm, mit einer Mischung aus Strenge und gütigem Verständnis die Meutereien zu unterdrücken, die 1917 unter den bei Sturm und Kälte monatelang in den dreckigen Schützengräben ausharrenden, schwergeprüften Soldaten ausgebrochen waren. Mit dieser innenpolitischen Konfliktlösung vollbrachte er nach Meinung mancher Historiker seine grösste Leistung, denn er verhinderte in unserem westlichen Nachbarland durch sein umsichtiges Eingreifen eine revolutionäre Entwicklung, wie sie fast gleichzeitig in Russland stattfand, wo ein mit hohem Blutzoll verbundener Bürgerkrieg schliesslich in die bolschewistische Diktatur mündete.

Die Académie Française wählte Pétain zu einem ihrer vierzig «Unsterblichen», Paul Valéry und andere angesehene Dichter und Schriftsteller priesen ihn als mit allen menschlichen Tugenden ausgestattetes Vorbild, Charles de Gaulle, ein emsiger Autor, widmete ihm zwei militärhistorische Bücher und hielt darin fest, es sei Marschall Pétain zu verdanken, dass die letzten Kapitel dieser Bücher als eine Geschichte des französischen Sieges und Triumphs geschrieben worden seien.

Im Herbst 1937 wurde Pétain vom Bundesrat zu einem Manöverbesuch in die Schweiz eingeladen. Beeindruckt zeigte er sich anlässlich seines Aufenthalts in der Region Lausanne vor allem von der engen Verbundenheit von Volk und Armee sowie vom Fachwissen und vom, wie er fand, geradezu leidenschaftlichen freiwilligen militärischen Engagement der Milizoffiziere: Wenn er sich mit einem Hauptmann oder Obersten über einen strategischen Aspekt der laufenden Übung unterhalten habe, sei er jedes Mal überrascht gewesen, dass der Gesprächspartner nicht Berufsoffizier, sondern im Zivilleben Rechtsanwalt, Kaufmann, Lehrer oder Arzt gewesen sei. «Die allgemeine Bildung und Kultur eines Schweizers ist unvollständig, wenn sie nicht auch von einem tiefen Verständnis für die militärische Kultur ergänzt wird», lautete Pétains Erkenntnis nach dem Manöverbesuch. Da ein moderner Krieg sich nicht auf militärische Belange beschränke, sondern sich auch entscheidend auf wirtschaftliche, diplomatische oder finanzielle Bereiche auswirke, empfand er das in der Schweiz zur Tatsache gewordene Motto «Das Volk ist die Armee, die Armee ist das Volk!» als vorbildhaft.[3]

In den zahlreichen innenpolitischen Wirren und Regierungskrisen, die in Paris zwischen den beiden Weltkriegen über die Bühne gingen, tauchte regelmässig der Name Pétains auf, von dem sich die Bevölkerung versprach, er könnte – als einziger – erfolgreich einer Regierung der nationalen Einheit vorstehen. Doch Pétain hatte 1931 als 75-Jähriger den unwiderruflichen Rücktritt von allen öffentlichen Ämtern erklärt. Er kam erst auf diesen Entscheid zurück, als nach dem spanischen Bürgerkrieg mit dem Sieg von General Franco die spanisch-französischen Beziehungen derart gespannt und gefährlich wurden, dass die Regierung in Paris den 82-jährigen Marschall inständig darum bat, sich als Botschafter nach Madrid entsenden zu lassen und das Verhältnis zum Regime des Generalissimus zu normalisieren. Dass er diesen Auftrag annahm, veranlasste den Chef der französischen Sozialisten, Léon Blum, zum Kommentar, «der edelste und menschlichste unserer militärischen Führer ist bei General Franco nicht am Platz».

Pétain harrte in Madrid aus, bis die französische Nation und ihre Regierung im Mai 1940, nachdem die deutschen Panzerarmeen bereits die nördliche Hälfte Frankreichs überrannt hatten, erneut an das Pflichtgefühl und den Patriotismus des inzwischen bald 85-jährigen Marschalls appellierten. Am 19. Mai konnte Regierungschef Paul Reynaud am Radio bekannt geben, der «Sieger von Verdun, dem es zu verdanken ist, dass 1917 der Geist der französischen Armee wieder erstarkte», sei als Vizepräsident in die Regierung eingetreten und werde bis zum Sieg Frankreichs über die Angreifer an seinem Platze bleiben. Doch es war bereits zu spät; die französische Armee unter dem bis dahin als draufgängerisch qualifizierten General Weygand kapitulierte – dies mit Pétains klarer Zustimmung –, Regierungschef Reynaud demissionierte und schlug Pétain als seinen Nachfolger vor. Trotz der hoffnungslosen Lage, die jede militärische Aktion gegen die Deutschen von vornherein als zum Scheitern verurteilt erscheinen liess, lehnte der Marschall alle Vorschläge ab, die ihm nahelegten, nach Nordafrika zu fliehen und von den französischen Kolonien aus den Kampf fortzusetzen. Er wolle, so liess er verlauten, unter allen Umständen im Land bleiben, um seine schwergeprüften Mitbürger so gut wie möglich zu schützen. Nachdem am 22. Juni 1940 der Waffenstillstand mit Deutschland und zwei Tage später derjenige mit Italien unterzeichnet war, trat am 9. Juli in Vichy die französische Nationalversammlung zu ihrer ersten Sitzung zusammen und wählte tags darauf Philippe Pétain mit 569 gegen 80 Stimmen zum Staatspräsidenten mit weitgehenden Vollmachten. Die 80 Gegenstimmen wandten sich nur teilweise gegen den Marschall, sondern vielmehr gegen den ihm aufoktroyierten Regierungschef Laval und gegen das als zu weitreichend empfundene Vollmachtenregime. Senatspräsident Jeanneret versicherte dem neu gewählten Präsidenten, das französische Volk habe sich in tiefer Dankbarkeit und mit Gefühlen der Verehrung um ihn geschart. Diese Verehrung grenzte für den ausländischen Beobachter stellenweise ans Mystische, zum Beispiel wenn der neue Staatspräsident von seinen Landsleuten oft im gleichen Atemzug mit der Jungfrau von Orléans genannt wurde.

Im Hinblick auf die Ereignisse nach Kriegsende, insbesondere auf den Hochverratsprozess von 1945, gilt es festzuhalten, dass Marschall Pétain *nach* Unterzeichnung des Waffenstillstandes und *nach* seiner Weigerung, Frankreich zu verlassen, durch ein einzigartiges Vertrauensvotum der Nationalversammlung in sein Amt eingesetzt worden ist. 1940 brauchte man indessen keinen militärischen Wunderheiler mehr, der noch, wie im Ersten Weltkrieg in Verdun, Schlachten geschlagen hätte; man brauchte vielmehr einen väterlich versöhnend wirkenden Politiker, der die unter sich zutiefst zerstrittenen Franzosen mit den Mitteln, die ihm rechtmässig zur Verfügung standen, zum Beispiel mit einer adäquaten neuen Verfassung, wieder geeint und den Deutschen mit diplomatischer Gewandtheit die für Frankreich besten Lösungen abgerungen hätte. Man hatte jedoch übersehen (oder wollte gar nicht sehen), dass Pétain alles andere als ein Politiker war. Der Parteienstreit hatte ihn – gleich wie übrigens auch Stucki – stets angewidert; als juristischem Laien war ihm die Gesetzgebungspraxis fremd. Er sah seine Mission und Aufgabe darin, das französische Volk geeint und frei hinter der von ihm hochgehaltenen, momentan etwas zerfetzten Trikolore zu sammeln und in eine bessere Zukunft zu führen. Doch indem ihm die Deutschen den Zugang zum Radio zuerst erschwerten und ihn schliesslich nur noch von den deutschen Besatzungsbehörden gutgeheissene Texte verkünden liessen, indem sie ihn in einem Hotelzimmer als präsidialer Residenz unter permanenter Überwachung hielten, in seinem Vorzimmer Spitzel postierten und jeden seiner Schritte verfolgten, konnte er seine sich selbst übertragene Mission nur höchst unvollkommen erfüllen. Die eigentliche Regierungsarbeit überliess er ohnehin seinen Mitarbeitern, unter denen Laval von Anfang an die Führung anstrebte. Pétain interessierte sich, wie Stucki bald feststellte, nur für drei Sachbereiche: für die Landwirtschaft, für das Verhältnis zwischen Arbeitgebern und Arbeitnehmern, das er mit einer «Charte du Travail» reformieren und ordnen wollte, sowie für gewisse Aspekte der neu zu erarbeitenden Verfassung. Alles andere, insbesondere die Beziehungen zu den deutschen Besatzungsbehörden, delegierte er an die Regierung und damit meistens an Laval.

Stucki muss sehr gut darüber informiert gewesen sein, was an Geschäften und Papieren über den Schreibtisch Pétains ging. Im Bundesarchiv in Bern liegen drei dicke Dossiers, gefüllt mit Kopien der wichtigsten Aktenstücke, vor allem an den Marschall ge-

Bei Marschall Pétain, der auf die wenigsten seiner eigenen Mitarbeiter zählen konnte, genoss Stucki aussergewöhnliches Vertrauen und stand in hohem Ansehen: Zahlreiche Dokumente des französischen Staatschefs gingen über seinen Schreibtisch, und Kopien davon findet man in seinen persönlichen Papieren – zum Beispiel diesen Brief Adolf Hitlers an den Marschall.

```
                    Führer_Hauptquartier, am 28. April 1943.

ADOLF HITLER

                   Herr Marschall!

           Von meinen deutschen Dienststellen in Frankreich
   habe ich die Nachricht erhalten, daß in politischen Kreisen
   in Vichy die Auffassung vertreten werde, die Regierung Laval
   genüge nicht mehr den Erfordernissen der Lage, und es werde
   daher von diesen Kreisen erwogen, Ihnen, Herr Marschall,
   vorzuschlagen, das Kabinett Laval durch eine neue Regierung
   zu ersetzen.
           Ich bin mir nach den erhaltenen Mitteilungen nicht
   ganz im klaren, inwieweit diese Versuche etwa schon feste
   Formen angenommen haben, und insbesondere vermag ich nicht
   zu übersehen, inwieweit nicht etwa gerade die Politik des
   Ausgleichs und der Zusammenarbeit des Kabinetts Laval mit
   Deutschland und Italien dafür bestimmend ist.
           Um mir über die politische Lage in Frankreich ein
   klares Bild zu verschaffen, habe ich daher Regierungschef
   Laval für morgen zu mir in mein Hauptquartier gebeten. Ich
   verfehle nicht, Ihnen, Herr Marschall, davon Kenntnis zu
   geben.

Seiner Exzellenz
dem Französischen Staatschef
Herrn Marschall Phil. P é t a i n
              V i c h y .
```

richteten Schreiben, aus dessen Amtszeit in Vichy. Es befinden sich darunter auch Briefe von Hitler oder Ribbentrop.

Allerdings geht aus den Akten nicht hervor, wann Stucki in den Besitz dieser Papiere gelangt ist, ob jeweils sofort nach deren Eintreffen bei Pétain oder, was einfacher zu erklären wäre, erst beim Räumen des Schreibtisches nach der Verhaftung des Marschalls durch die Deutschen. So oder so: Stucki dürfte, vielleicht zusammen mit dem Nuntius, in Vichy der zuverlässigste Berater und vor allem gegen Ende des Pétain-Regimes, mit Ausnahme des Leibarztes Dr. Ménétrel, der engste Vertraute des französischen Staatspräsidenten gewesen sein. Niemand konnte sich ein gleichermassen unvoreingenommenes Urteil über Pétain bilden wie der Gesandte der neutralen Schweiz, der als einer der wenigen Ausländer während der ganzen vier Jahre, in denen die vorher verschlafene Kur- und Bäderstadt als Hauptstadt Frankreichs dienen musste, in Vichy tätig war.

Stucki schrieb später, der Marschall sei «durch und durch Franzose und nur Franzose» gewesen. Das ist wörtlich zu nehmen: In der Tat bewies Pétain keinerlei Einfühlungsvermögen in fremde Mentalitäten, weder in die deutsche noch in die amerikanische, und er konnte sich in keiner Sprache ausser in Französisch ausdrücken. Damit fehlten ihm, gemäss Stuckis Urteil, wichtigste Voraussetzungen für Verhandlungen mit anderen Staaten. Und Stucki, der jahrzehntelang als Unterhändler im Einsatz gestanden war, besass für solche Einschätzungen ein gutes Auge. Möglicherweise beharrte Pétain, wenn es um französische Zwangsarbeiter, Elsässer oder Juden ging, auch deshalb zu wenig auf einem humanitär verantwortbaren Standpunkt, weil er mit fortschreitender Alterstaubheit immer weniger mitbekam, was sich da in den Beziehungen zwischen den Deutschen und den kollaborierenden Franzosen tatsächlich abspielte. Wenn Frankreich unter der deutschen Besatzung trotz Pétains Schwächen und Lavals weitgehender Anpassung an die deutschen Forderungen immer noch besser wegkam als etwa das besetzte Belgien, so dürfte dies dem Umstand zu verdanken sein, dass Hitler eine gewisse Bewunderung für den Marschall nie verhehlte und den «Alten», zumindest zu Beginn des Kriegs, mit nicht zu übersehendem Respekt und mit einiger Ehrfurcht behandelte. Pétain, so geht aus den Beurteilungen der meisten seiner Zeitgenossen hervor, habe sich, im Gegensatz zu vielen anderen Franzosen, gegenüber den Deutschen nie unterwürfig gezeigt und sei mit seiner aufrechten Haltung gegenüber den Besetzern sogar so weit gegangen, dass Luftmarschall Göring bei einem Treffen verblüfft gefragt habe, wer denn hier eigentlich der Sieger und wer der Besiegte im vorangegangenen Feldzug gewesen sei.[4]

Die gravierendsten Anschuldigungen gegen Pétain im Prozess nach dem Krieg betrafen sein Verhalten am 11. November 1942, als die deutsche Wehrmacht die im Waffenstillstandsabkommen vereinbarte Demarkationslinie überschritt und mit durchsichtigen Argumenten auch noch das bisher «freie» Frankreich besetzte. Wenn er auf seinen eigenen Vorteil bedacht gewesen wäre, hätte Pétain sein Amt niederlegen oder das bereitstehende Flugzeug nach Nordafrika besteigen können. Er blieb jedoch bei seinen Landsleuten: «Mein Opfer wird von einer Mehrzahl der Franzosen nicht verstanden werden, und ihr werdet für mich zu leiden haben», sagte er später zu seinem Entscheid. Vielleicht war der greise Marschall aber tatsächlich nicht mehr imstande, seine Lage als Staatsoberhaupt richtig einzuschätzen und sachlich festzustellen, dass die von ihm wahrgenommene Staatsgewalt mit dem Einmarsch der Deutschen ins bisher unbesetzte Frankreich reine Fiktion geworden war; oder aber – und das scheint im Lichte der Ereignisse jener Tage und Stunden wahrscheinlicher – er fühlte sich verpflichtet, das gegenüber seinen Landsleuten abgegebene Versprechen, sie nie zu verlassen, einzuhalten und das Schicksal auch in den dunkelsten Stunden der französischen Geschichte mit ihnen zu teilen. «On ne sert pas son pays en le quittant», lautete seit 1942 die von ihm bis zuletzt befolgte Devise. Insbesondere befürchtete er, dass die Deutschen ihre Drohung wahrmachen und Vichy, «wenn es Widerstand gibt, mit Stukas und Artillerie bombardiert und durch Infanterie angegriffen wird.»[5] Der von Pétain besonders gehasste Aufpasser Hitlers in seiner Entourage, Minister von Renthe-Fink, zeichnete sich auch noch in letzter Stunde durch eine Lüge aus, indem er dem Marschall schriftlich die feierliche Zusicherung abgab, «dass der französische Staatschef unter allen Umständen auf französischem Boden bleiben wird.»[6] Pétain verliess Vichy unter für jedermann sichtbarer deutscher Gewalt, aber mit imponierender Würde, wie Stucki bewundernd festhielt. Der Marschall hinterliess einen schriftlichen, an Hitler persönlich gerichteten Protest gegen den an ihm ausgeübten Gewaltakt und gegen die unwahren Angaben, mit denen ihn die Vertreter Hitlers seit Tagen zu bewegen suchten, Vichy freiwillig zu verlassen.[7]

Die Fortsetzung der Geschichte kennen wir bereits: Mit Gewalt, aber dank Stuckis Vermittlung ohne Verletzte oder Tote, wurde Pétain am 20. Juni aus seiner «Residenz» in einem Hotelzimmer in Vichy an ein ihm unbekanntes Ziel abgeführt. Stucki hatte dem Marschall feierlich versprochen, als unvoreingenommener Zeuge der Ereignisse in den letzten Tagen des «Vichy-Regimes», die Welt über die historische Wahrheit und über die Lügen der Nazis ins Bild zu setzen. Mit seiner laufenden Berichterstattung nach Bern, von wo aus die Informationen weiterverbreitet wurden, und mit seinem im Frühjahr 1947 erschienenen Buch Von Pétain zur Vierten Republik ist Stucki dieser Verpflichtung nach bestem Wissen und Gewissen nachgekommen.

Doch kaum war der Marschall aus Vichy verschwunden, wurden auch schon die ersten Kritiken an Stucki und seinem Verhalten als Schweizer Gesandter in Frankreich laut. An vorderster Front der Stucki-Kritiker standen diesmal die sozialdemokratischen oder sonst politisch mit linker Ideologie argumentierenden Schweizer Zeitungen: Mit seinem unzeitgemässen Lob auf Pétain nehme Stucki einen Landesverräter und Kollaborateur der Nazis in Schutz, der in Frankreich bei seinen eigenen Landsleuten verhasst sei und in seinem eigenen Land nur noch mit Verachtung bestraft werde, hiess es in den einschlägigen Blättern; und Kommentatoren zogen daraus den Schluss, die Schweiz werde sich, wenn sie Stuckis Darstellung für bare Münze nehme und aufs falsche Pferd setze, zu ihrem eigenen Nachteil bei den Siegermächten unbeliebt machen. Stucki konterte solche Angriffe mithilfe der Plattenaufnahmen, die in Vichy von seiner Rede gemacht worden waren, als er ein paar Tage nach Pétains Verhaftung und dem Abmarsch der Deutschen das Ehrenbürgerrecht der Stadt verliehen bekam: «Ich besitze damit den undiskutierbaren Beweis, dass keine andere Stelle meiner Ansprache mit so warmem und anhaltendem Beifall aufgenommen wurde, wie die zwei Sätze, die ich für den unglücklichen Marschall Pétain glaubte sagen zu sollen», entgegnete er denen, die sich jetzt, wo man einen Sündenbock für die unglücklichen Jahre von 1940 bis 1944 brauchte, in zunehmender Zahl gegen Pétain wandten.

Die Kritiker liessen sich jedoch von Stuckis Schallplatten wenig beeindrucken; Stuckis angeblich unzeitgemässen Sympathien für Pétain sowie seine Vermittlungstätigkeit, von einigen Neidern bösartig als Einmischung in die inneren Angelegenheiten eines

Nachbarlandes qualifiziert, gaben sogar Anlass zu einer Intervention im eidgenössischen Parlament.[8] Während der Bundesrat ziemlich kurz antwortete – er erkläre sich mit dem Verhalten seines Gesandten in Vichy durchwegs einverstanden –, bemühte sich Stucki in ausführlichen Briefen, seinen Standpunkt zu begründen: «Ich bin überzeugt davon, dass Pétain ein guter Franzose und wirklich selbstlos ist, selbst wenn er in gewissen Augenblicken sich geirrt haben mag. Sicher wäre es ‹diplomatisch› gewesen, vor den neuen Machthabern in Frankreich nicht von ihm zu sprechen. Es wäre aber meiner Auffassung nach auch sehr feige und unschweizerisch gewesen. Da ich einen neuen Posten in Paris so wenig anstrebe, wie ich den alten je angestrebt habe, so kümmern mich die Folgen meines Eintretens für das, was ich als Wahrheit und Anstand betrachte, nicht.»[9] Und in einem streng vertraulichen Papier zuhanden des Bundesrates insistierte Stucki, Pétains ganze Tätigkeit während mehr als vier Jahren in Vichy sei nichts anderes als ein ununterbrochener und aufreibender Kampf gegen die deutschen Forderungen und diejenigen Lavals gewesen. «Diejenigen, die heute in Paris die heftigsten Angriffe gegen Pétain richten, kennen dessen Aktivitäten von 1940 bis 1944 nicht: Sie waren ja eben nicht in Vichy. Diejenigen, die dort waren, müssen schweigen; viele von ihnen sind in Deutschland oder in Frankreich im Gefängnis, viele bereits erschossen.»[10]

Inzwischen war Pétain ins alte Schloss der Hohenzollern bei Sigmaringen, nur 50 Kilometer nördlich von Konstanz, verschleppt worden, wo er von den Deutschen unter massiven Druck gesetzt wurde, mit anderen hier festgehaltenen ehemaligen französischen Kabinettsmitgliedern aus Vichy, darunter auch Laval, eine Exilregierung zu bilden. Doch er widerstand diesem Ansinnen und stellte sowohl an seine lokalen Bewacher als auch an Aussenminister Ribbentrop das dringende Gesuch, man möge ihn beim weiteren Rückzug der deutschen Verbände in Sigmaringen zurücklassen, damit er von den nachstossenden französischen Truppen General de Lattre de Tassignys gefangen genommen werden könne. Sein Gesuch wurde abgelehnt und er wurde gegen seinen Willen weiter nach Nordosten in die Region Ravensburg abgeführt. Doch als er Kenntnis davon erhielt, dass man in seiner Heimat eine Untersuchung wegen Hochverrats gegen ihn einleiten wolle, hatte er nur noch ein Ziel vor Augen: Er wollte sich so rasch als möglich seinen Richtern stellen und mit offenem Visier gegen Verdächtigungen und falsche Anschuldigungen ankämpfen. Den gut gemeinten Vorschlag, in der Schweiz Asyl zu suchen und dort friedlich seine letzten Jahre zu verbringen, wies er weit von sich. An seinem neuen Aufenthaltsort bei Ravensburg gelang es ihm, den Gesandten Reinebeck, einen Vertreter des Auswärtigen Amtes, zu bewegen, ihm die Ausreise in die Schweiz zu ermöglichen. Reinebeck stellte über eine Aussenstelle der Schweizer Gesandtschaft, die angesichts der Bedrohung Berlins durch die vorrückenden russischen Truppen nach Kisslegg in den bayerischen Alpen umgezogen war, den Kontakt mit Bern her.

In der Bundesverwaltung war man ob einer neuen Flüchtlingswelle, die sich an der Schweizer Grenze zu stauen drohte, wieder einmal in Aufregung geraten: Nachdem jahrelang die von den Nationalsozialisten oder Faschisten Verfolgten um Einlass und Asyl gebeten hatten, waren es jetzt Hunderte, wenn nicht Tausende von Kriegsflüchtlingen, die ihr nacktes Leben vor den russischen, amerikanischen, britischen oder französischen Kanonen in die Schweiz retten wollten. Überdies fürchtete man in Bern ganz besonders einen Andrang der vormaligen «Täter» oder anders gesagt all jener, die sich der Siegerjustiz zu entziehen suchten. Am 23. April stand bereits Pierre Laval mit einer grösseren Anzahl Begleitern am Grenzposten von Tisis bei Feldkirch. Als man ihm klar machte, dass er keinerlei Aussicht auf Asyl in der Schweiz habe, stellte er ein Transitgesuch und richtete ein Schreiben an Minister Stucki, in dem er ihn bat, nicht auf die voreingenommene öffentliche Meinung zu hören und ihm die Gelegenheit zu geben, in der Schweiz das Exposé zu verfassen, das er bei seiner Rückkehr nach Frankreich benötige, um seine Rolle und seine Politik in den vergangenen Jahren zu erläutern und zu begründen. Die Weigerung der Schweizer Behörden, ihn auch nur vorübergehend aufzunehmen, bedeutete für Laval das Todesurteil.[11]

Hingegen machte sich Stucki beim Bundesrat frühzeitig für die Asylgewährung an Marschall Pétain stark. Nach einem Besuch des neuen französischen Botschafters in Bern fertigte er eine Aktennotiz zuhanden seines neu gewählten Chefs, Bundesrat Petitpierre an, in der er sich dafür verbürgte, dass Pétain niemals ein Kriegsverbrecher sei und er, Stucki, sich deshalb energisch dafür einsetzen werde, dass dem Marschall das Asyl in der Schweiz nicht verweigert werde. Der französische Botschafter hatte ihm bei einem Treffen lachend versichert, dass man an sehr hoher Stelle in

Paris ausgesprochen froh wäre, wenn der Marschall in der Schweiz bleiben könnte. Nach einer anderen Quelle soll General de Gaulle dem Kommandanten der in Süddeutschland vorrückenden 1. französischen Armee die bestimmte Weisung gegeben haben, «wenn irgend möglich dafür zu sorgen, dass Marschall Pétain rechtzeitig in die Schweiz gelangen könnte». In Bern rechnete man damit, dass de Lattre de Tassignys Truppen den Marschall gefangen setzen würden und hatte deshalb Oberst Guisan, den Sohn des schweizerischen Oberbefehlshabers, ins Hauptquartier der 1. Armee nach Karlsruhe entsandt. Er sollte Pétain inkognito, aber im Einvernehmen mit Bundesrat und General in die Schweiz bringen, wo man ihm politisches Asyl gewähren wollte. De Gaulle, der in jenem Moment einer «Résistance-Regierung» mit kommunistischer Beteiligung vorstand, hätte dann aus innenpolitischen Gründen von der Schweiz formell die Auslieferung des ehemaligen Staatspräsidenten verlangen müssen; der Bundesrat hätte auf das Auslieferungsgesuch eine negative Antwort gegeben, die von Paris mit einem formellen Protest quittiert worden wäre – und alles hätte damit seine Ordnung gehabt.[12] So wäre allen geholfen gewesen, wenn – ja, wenn der Marschall nicht denen, die sich um sein Wohl kümmerten, also Stucki, de Gaulle, Guisan und dem Bundesrat, einen Strich durch die Rechnung gemacht hätte, indem er hartnäckig auf der Teilnahme am Hochverratsprozess in Paris beharrte.

Am 24. April um 8.40 Uhr wurde Marschall Pétain mit seinem kleinen Begleittross am Grenzposten St. Margrethen (SG) von einem Polizeioffizier empfangen und dann quer durch die Schweiz nach Vallorbe begleitet, wo er nach dem Grenzübertritt nach Frankreich sogleich gefangen gesetzt wurde.

Am 23. April 1945 erhielt Stucki die Meldung, Pétain ersuche um ein Transitvisum und gedenke bei St. Margrethen in die Schweiz einzureisen. Wie immer, wenn Stucki etwas an die Hand nahm, wurden jetzt Nägel mit Köpfen gemacht. Noch am selben Tag erhielt Pétain die Einreise- und Transitgenehmigung des Bundesrates, und als der Marschall mit seinem kleinen Gefolge in der folgenden Nacht Richtung Schweizer Grenze aufbrach, kletterte unterwegs ein persönlicher Abgesandter Stuckis, nämlich dessen junger Mitarbeiter Hans K. Frey, zu ihm in den Wagen. Frey schilderte seine erste Begegnung mit dem Marschall später in einem Brief an Stucki wie folgt: «Pétain war sich im Augenblick offensichtlich nicht im Klaren, was dieser junge Mann da zu tun hatte. Ich beeilte mich daher, ihm zu erklären, dass ich in Ihrem, Minister Stuckis, Auftrag käme, um die Gruppe an die schweizerische Grenze zu geleiten. Wie Ihr Name fiel, richtete sich Madame Pétain aus dem Dunkel des Wagens auf, neigte sich hastig gegen ihren Gatten und sagte mit erregter Stimme: ‹Ecoute, Philippe, tu as entendu, c'est Walter Stucki, qui va s'occuper de nous et qui a notre sort en mains!› Sogleich war der Marschall wach, blickte mich fest an und fragte mich eindringlich: ‹C'est vraiment Walter Stucki?›, indem er Ihren Namen langsam betonte. Und nachher mit einem befreienden Seufzer, entspannt zurückgesunken: ‹Walter Stucki, alors c'est bien.› Man spürte, dass dieser Zaubername ihm Ruhe und Sicherheit verlieh und ihn vor der Furcht einer neuen Gefangennahme befreite. Ich glaube, dass diesem grossen alten Mann hier zum ersten Mal jene Stimme der Freundschaft entgegenklang, die ihm angesichts des bevorstehenden leidvollen Schicksals so wohlgetan haben mag.»[13]

Am 24. April um 8.40 Uhr erreichte die kleine Wagenkolonne des Marschalls die Schweizer Grenze bei St. Margrethen. Die Einreise des Ehepaares Pétain und seiner zehn Begleiter, darunter drei Offiziere, die Pétains persönlichen Mitarbeiterstab bildeten, und sieben Bedienstete, insbesondere Chauffeure und Leibwächter, vollzog sich problemlos, sieht man einmal davon ab, dass Minister Renthe-Fink darauf bestand, auf den letzten Metern deutschen Bodens eine protokollarische Verabschiedung vorzunehmen, um bis zuletzt die Fiktion diplomatischer Beziehungen mit dem nach deutscher Version angeblich sich frei bewegenden und seine Amtstätigkeit ausübenden französischen Staatspräsidenten aufrechtzuerhalten. Von einem mit allen Ehren eines Präsidenten nach

Paris zurückkehrenden Pétain versprach man sich im Reich Hitlers, das nun offenkundig in den letzten Zügen lag, innenpolitische Spannungen beim Hauptgegner Frankreich.

Im Schloss-Hotel Marienhalden in Weesen am Walensee hatte Stucki für den Marschall und seine Gefolgsleute Zimmer reservieren lassen. Die zehn Franzosen liessen sich vom Dorfschuhmacher auf Kosten der Schweiz ihr verschlissenes Schuhwerk reparieren, verschlangen, in der wärmenden Frühlingssonne vor dem Haus sitzend, Walenseefelchen und Eierspeisen, derweilen Pierre Petitpierre, der Nachfolger Pilet-Golaz' als Chef des Aussendepartements, im Bundesrat eine Erklärung verlas, in der er die Einreise

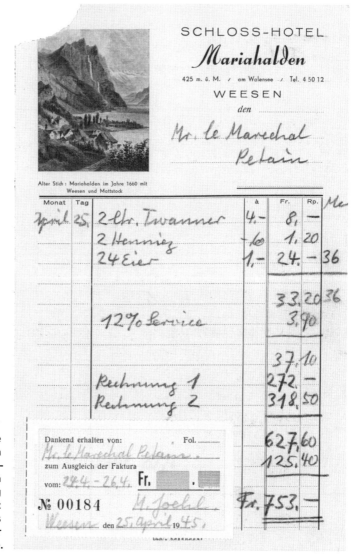

Auf der Durchreise durch die Schweiz machte Marschall Pétain mit Gefolge Station im Schloss-Hotel Mariahalden in Weesen am Walensee. Die Rechnung für zehn Personen von gesamthaft 753 Franken ging dank Stuckis Vermittlung zulasten der eidgenössischen Staatskasse.

des Marschalls bestätigte und zusicherte, dass Pétain sich nur so lange in der Schweiz aufhalten werde, als man brauche, um seine Ausreise nach Frankreich vorzubereiten.

Stucki, der ein tief empfundenes Bedürfnis verspürte, den Marschall, der ihm in Vichy so viel Vertrauen entgegengebracht hatte, auf Schweizer Boden zu begrüssen und ihm zum 89. Geburtstag, der just auf den ersten Tag des Aufenthalts in der Schweiz fiel, zu gratulieren, fuhr mit dem Zug nach Zürich, wo ihn General Debeney aus dem Stab Pétains abholte. Bei einem Mittagessen informierte der General den Besucher über Pétains Gesundheitszustand und setzte ihn über die reduzierte Aufnahmefähigkeit des 89-Jährigen in Bezug auf unangenehme Fakten und Wahrheiten ins Bild. Gegenüber dem Bundesrat hatte Stucki seinen Besuch in Weesen damit gerechtfertigt, dass es sich um eine völlig persönlich motivierte Aktion handle, die nur zufällig amtlichen Charakter erhalte, weil er dem Marschall die Instruktionen der französischen Regierung betreffend den Grenzübertritt im Jura mitbringen könne. Sich zu rechtfertigen entsprach sonst nicht gerade Stuckis Gewohnheit. Dass er sich in diesem Fall schon quasi vorsorglich für den Besuch in Weesen entschuldigte, zeigt, wie weit sich die Schweiz dem Standpunkt der neuen französischen Regierung unter de Gaulle offensichtlich bereits unterworfen hatte, nämlich so weit, dass sie einen offiziellen Kontakt mit dem früheren französischen Staatspräsidenten gegenüber ihrem Nachbarland glaubte begründen, wenn nicht sich dafür entschuldigen zu müssen.

Bei seinem Abstecher nach Weesen fand Stucki den Marschall, der ergreifende Freude über den Besuch bekundete, äusserlich wenig verändert vor, musste aber im Verlauf des anderthalbstündigen Gesprächs feststellen, dass nicht nur Pétains Gehör, sondern auch sein Gedächtnis stark gelitten hatte und er sich kaum noch an die wichtigsten Ereignisse des Vorjahres zu erinnern vermochte. «Ich halte es für ausgeschlossen, dass er sich selbst auch nur einigermassen wird verteidigen können», bilanzierte Stucki das Ergebnis seines Besuchs. Als besonders nachteilig für Pétain, so befürchtete Stucki, könne sich im bevorstehenden Prozess erweisen, dass der vertrauteste Mitarbeiter des Marschalls, nämlich sein Leibarzt Dr. Ménétrel, von ihm getrennt, ins Sudetenland verschleppt und dort von den Deutschen vermutlich umgebracht worden sei. Ménétrel war, wie Stucki in den vier Jahren in Vichy fast täglich hatte feststellen können, Pétains profiliertester Einflüsterer gegen die Deutschen und gegen die von ihnen geforderte «Collaboration». Kein anderer Franzose in Vichy war deshalb bei den Deutschen derart verhasst wie der Leibarzt Pétains, der 1944 von der Gestapo verhaftet worden war und seither spurlos verschwunden blieb.

Gemäss Auftrag von Bundesrat Petitpierre bot Stucki dem 89-jährigen Marschall nochmals politisches Asyl in der Schweiz an, doch Pétain lehnte vehement ab: Er wolle nicht in der Schweiz bleiben, sondern so schnell wie möglich nach Frankreich zurückkehren, um seine Landsleute über das ihm und seinen Mitarbeitern widerfahrene Unrecht der Jahre 1940 bis 1945 aufzuklären. Er könne sich, legte Pétain dem Besucher aus Bern dar, unmöglich in der Schweiz verstecken und zulassen, dass diejenigen, die von ihm Befehle entgegengenommen und ausgeführt hätten, verfolgt und verurteilt würden. Stucki zeigte sich nach dem Besuch in Weesen fest überzeugt, dass sich der Marschall der in Frankreich herrschenden Stimmung und der für ihn daraus resultierenden Gefahr keineswegs bewusst war. Bestätigt in dieser Einschätzung wurde er durch die Worte Pétains beim Abschied: Er wolle nach dem Prozess in diese wunderschöne Gegend zurückkommen, denn es entspräche seinem innigen Wunsch, sein Leben in der freien Schweiz beschliessen zu können, meinte der Marschall – nicht ahnend, was ihn jenseits der Schweizer Grenze erwartete. Es war dies das letzte Mal, dass die beiden über den Durchschnitt herausragenden Männer sich zu sehen bekommen hatten.[14]

Auf der ganzen Reise, die ihn von Ost nach West durch die Schweiz führte, wurde Pétain mit seinem Begleittross einzig von Inspektor Benz vom Polizeidienst der Schweizerischen Bundesanwaltschaft begleitet. Aus dem elf Schreibmaschinenseiten umfassenden Rapport, den Benz am 28. April seinem Vorgesetzten abgeliefert hat, wird ersichtlich, wie Pétains Tour de Suisse von St. Margrethen über Weesen nach Vallorbe zu Ende ging. Die inzwischen von den schweizerischen und den provisorischen französischen Behörden getroffene Abmachung sah vor, dass der Marschall am Abend des 26. April beim Grenzbahnhof Vallorbe-Jougne von den Franzosen in Empfang genommen werden solle. Nachdem das grösste Problem, nämlich die Beschaffung von 300 Litern Benzin für Pétains Wagenkolonne, dank dem Entgegenkommen eines militärischen Kommandanten der Schweizer Armee hatte gelöst werden können, gestaltete sich die Fahrt über Kappel, Biel

Marschall Pétain anlässlich der von Stucki organisierten Durchreise durch die Schweiz: Im Fonds seines Wagens offerierte seine Frau dem 89-Jährigen ein Praliné aus Schweizer Schokolade, eines der vielen Geschenke, die dem Ehepaar Pétain anlässlich der Fahrt durch die Schweiz durchs Wagenfenster gereicht wurden.

und Yverdon beinahe zum Triumphzug für den Marschall: An vielen Orten standen winkende und in die Hände klatschende Menschen am Strassenrand, Blumensträusse und Weinflaschen wurden Pétain und seiner Frau ins Auto gereicht. Am Abend kam der Wagen des Marschalls – von Schulkindern über und über mit Blumen geschmückt – in Vallorbe an. Nach einer kurzen Rast in einem Hotelzimmer, wo er als Letztes vor dem Aufbruch ein kurzes Dankesschreiben, nicht etwa an den Bundesrat, sondern an Minister Stucki, diktierte und signierte, verliess die Wagenkolonne Pétains den Ort in Richtung Grenze. Um 19.30 Uhr erwies eine Abteilung von Grenzwächtern dem Ausreisenden beim Schweizer Zollposten die ihm rangmässig zukommenden militärischen Ehren.

Der nun folgende Szenenwechsel muss allen Beteiligten, aber auch den Beobachtern als einschneidend und brutal erschienen sein: Auf französischem Boden angelangt, stieg der 89-jährige Marschall aus dem Wagen, um dem auf ihn wartenden General König die Hand zu schütteln. Doch dieser verweigerte den Gruss und Pétain musste feststellen, dass die hier versammelten rund 200 Soldaten und Polizisten mit Gewehren und Maschinengewehren ausgerüstet waren, nicht etwa um ihm eine Ehrenbekundung zu erweisen, sondern um ihm deutlich zu machen, dass er sich nun als Verräter an seinem Land, als Kollaborateur und Angeklagter in der Gewalt der Sieger befinde. Wie zur Bestätigung dieses Befunds ertönten plötzlich von allen Seiten Schreie und Rufe wie «Pétain an den Galgen» oder «Tod dem Verräter». Pétain wurde zu einem für ihn bereitgestellten Sonderzug geführt und nach Pontarlier verbracht. Von dort wurde er am nächsten Morgen nach Fort Montrouge überführt und gefangen gesetzt.[15]

Einen Monat später, am 30. Juni erschien der französische Botschafter Hoppenot im Büro bei Stucki, der inzwischen zum Chef der Abteilung für Auswärtiges im Politischen Departement ernannt worden war (das heisst als ranghöchster Beamter im Aussenministerium nahm Stucki den Posten ein, der dem heutigen Staatssekretär im EDA entspricht). Der Ambassadeur eröffnete dem früheren Gesandten in Vichy in geschäftlichem Ton, im anrollenden Hochverratsprozess hätten die Verteidiger von Marschall Pétain an das Gericht ein Gesuch gerichtet, Minister Stucki solle als Zeuge einvernommen werden. Sowohl Gericht als auch die französische Regierung bezeugten indessen wenig Interesse an den Aussagen von Entlastungszeugen für Pétain und verzichteten deshalb angesichts der amtlichen Stellung Stuckis von vornherein auf dessen Vorladung. Ob er sich einer sogenannten «rogatorischen Anhörung», also einer aussergerichtlichen Befragung unterziehen wolle, werde ihm und dem Bundesrat anheimgestellt. Es war offensichtlich: Das neue Frankreich war an Entlastungszeugen zugunsten Pétains nicht bloss nicht interessiert, die jetzigen Machthaber in Paris versuchten vielmehr mit allen Mitteln, solche Zeugen davon abzuhalten, vor dem Gericht zu erscheinen und auszusagen.

Am 2. Juli verfasste Stucki eine Notiz an die Adresse von Bundesrat Petitpierre zuhanden der Landesregierung und legte dar, er sei persönlich durchaus bereit, nach Paris zu fahren und Zeugenschaft abzulegen, um die teilweise absurden Beschuldigungen gegen Pétain zu widerlegen. «Ich sehe aber ein», fuhr Stucki fort, «dass mein Erscheinen im Gerichtssaal für die schweizerisch-französischen Beziehungen eine unerwünschte Belastung bilden könnte. Auf der anderen Seite wäre es aber meines Erachtens ein Zeichen von Feigheit und es würde die Pflicht, der historischen Wahrheit zu dienen, verletzen, wenn ich mich dem an mich gestellten Gesuch völlig zu entziehen versuchte.» Stucki schlug dem Bundesrat deshalb vor, auf bestimmte Fragen schriftlich zu antworten oder dem französischen Botschafter in Bern mündlich Rede und Antwort zu stehen. Insbesondere könne er jedoch eine zusammenhängende schriftliche Darstellung über die letzten Tage von Vichy, das heisst über die Zeit vom 6. bis 20. August, an das Gericht in Paris schicken; denn aufgrund seines Tagebuches, das er als einer der am engsten ins Geschehen miteinbezogenen Beobachter und als Zeuge der damaligen Ereignisse geführt habe, fühle er sich durchaus in der Lage, einen sachlichen chronologischen Bericht zu verfassen.

Ohne grossen Enthusiasmus nahm der Bundesrat noch am selben Tag von Stuckis Vorschlag Kenntnis: Wenn Stucki im Pétain-Prozess unbedingt Zeugnis ablegen wolle, könne er das tun, allerdings unter der Voraussetzung, dass er nur auf Fragen antworte, die sich auf Ereignisse und Tatsachen bezögen und sich jeden Kommentars und jeder persönlichen Einschätzung enthalte. Petitpierre musste seinen Kollegen im Bundesrat überdies zusichern, dass er den Fragenkatalog, bevor er von Stucki beantwortet werde, an der erstmöglichen Sitzung der Landesregierung vorlege.[16] Ob der Bundesrat den umfangreichen Bericht gesehen und gelesen hat, den Stucki am 9. August an Maître Payen, einen der Verteidiger Pétains, schickte, lässt sich anhand der Kopie in Stuckis Akten nicht mehr feststellen. Hingegen hat sich Stucki mehrfach abgesichert, was die von ihm verfasste offizielle «Note relative au procès Maréchal Pétain» anbetraf. Denn in diesem Papier hielt sich Stucki keineswegs an die Vorgaben des Bundesrates; der Bericht ist voll von persönlichen Urteilen und kommentierenden Randbemerkungen Stuckis, der zum Beispiel vom Staatsanwalt schrieb, dessen Vorgehen erwecke den Eindruck, er sei der Grossinquisitor eines mittelalterlichen spanischen Hexenprozesses. Stucki legte das von ihm verfasste Papier, bevor es in Paris dem Gericht übergeben wurde, nicht nur dem Bundesrat, sondern auch dem französischen Botschafter in der Schweiz sowie dem schweizerischen Gesandten in Frankreich, also seinem Nachfolger im Palais de Chanac, dem Minister Carl J. Burckhardt vor, und entgegen den Erwartungen des Verfassers beharrte niemand auf Streichungen oder Korrekturen. Vielleicht war man sich unter den Eingeweihten bereits im Klaren darüber, dass gegen Pétain ohnehin die Höchststrafe verhängt werden würde.

Von praktischem Nutzen war Stuckis Intervention nämlich nicht mehr. Der Schauprozess gegen Pétain lief nach dem vom Ankläger und Gericht vorgesehenen und vom Druck der Strasse diktierten Drehbuch ab. Der bald 90-jährige Marschall, dessen Gedächtnis es nicht mehr zuliess, dass man ihn über die Ereignisse seit 1940 befragte und dessen Gehör derart gelitten hatte, dass er vermutlich die Verhandlungen gar nicht richtig verstehen und mitverfolgen konnte, beschränkte sich auf das Ablesen «würdiger und eindrucksvoller Erklärungen am Anfang und am Schluss des Prozesses», wie Stucki mit Respekt konstatierte. Doch die Geschworenen waren, wie die mundtot gemachten Anhänger Pétains später unwiderlegt behaupteten, zur Hälfte unter jenen Abgeordneten ausgelost worden, die schon 1940 gegen Pétains Wahl zum Präsidenten gestimmt hatten, und zur anderen Hälfte unter den kommunistischen Résistance-Kämpfern, die sich bereits vor dem Prozess auf ein Todesurteil festgelegt hatten.

Nach 18 Gerichtssitzungen mit einer selbst im Gerichtssaal offen zum Ausdruck kommenden Vorverurteilung und einer beispiellosen öffentlichen Hetzkampagne wurde Pétain am 15. August 1945 wegen Hochverrats und Kollaboration mit dem Feind zum Tode verurteilt. Der Marschalltitel wurde ihm aberkannt. We-

Wer schreibt, dem wird geschrieben
Echos auf Stuckis 1947 erschienenes Buch *Von Pétain zur Vierten Republik*

«Im August 1944 haben Sie mit Ihren Taten eines der eindrücklichsten Kapitel in der Geschichte unserer aktiven Neutralität geschrieben.»

Bundesrat Max Petitpierre an Walter Stucki, 2. Juli 1947

«Neutraler Mensch, der Stucki ist, versucht er auch in diesem Buch über den Ereignissen zu stehen. Doch ungeachtet des dringenden Wunsches, von irgendwelchen Bewertungen abzusehen – ein Element blickt deutlich aus den Seiten dieses Buches hervor und charakterisiert ebenso deutlich diese seltsame grauenhafte Epoche: Der Abgrund, welcher zwischen dem reellen Land und dieser vermoderten, luftleeren kleinen Welt bestand, die auf einige Hotels und Villen beschränkt war, wo alle diese ‹Kalife› zusammen für eine Stunde nach der Uhr der Weltgeschichte ‹herrschten›, offenbar vergessend, dass für das von ihnen gespielte Spiel nicht mit Jetons, sondern mit Strömen von Blut abgerechnet wird (...) Denn wie man die Absichten des früheren Marschalls auch bewerten mag, eines schaut hier deutlich hervor: Seine Handlungen waren von seinen Absichten weit entfernt und er selber war durchaus nicht an seinem Platze; die historische Rolle, die er auf sich nahm, konnte er nicht erfüllen.»

Alexander Bachrach in Les Nouvelles Russes, 25. Juli 1947

«Na ja, nun liest man das und denkt sich, eigentlich müsste da notwendigerweise ein bisschen Aufschneiderei herauskommen, sogar wenn sie nicht beabsichtigt ist. Und dann ist mir das an dem Buch am meisten aufgefallen: Die bescheidene, einfache, anspruchslose Art, wie Du erzählst. Du verzichtest auf jede schriftstellerisch sein wollende Ausschmückung und jeden auch nur ein bisschen billigen Effekt. Und dadurch wirkt es so stark.»

Lorenz Stucki an seinen Vater Walter Stucki, Wien, 27. Mai 1947

«Zu meinem grossen Bedauern bin ich nicht in der Lage, Ihnen einen Artikel zum Thema ‹Pétain, Präsident von Vichy-Frankreich› zu liefern. Schon das Buch, das ich 1947 veröffentlicht habe, wurde von der französischen Regierung alles andere als goutiert. In meiner gegenwärtigen offiziellen Funktion bin ich sehr oft beauftragt, mit dieser Regierung zu verhandeln. Ein neues Zeugnis von meiner Seite zu Gunsten des Marschalls könnte die Beziehungen zwischen unseren beiden Ländern merklich belasten. Wenn ich beruflich ungebunden und frei wäre, würde ich mich dieser Sache mit grösstem Vergnügen widmen.»

Minister Walter Stucki an Madame Odette Arnaud, Publizistin in Paris, Bern, 8. Mai 1951 nig später wandelte de Gaulle das Todesurteil in lebenslängliche Isolationshaft um, die Pétain in einer mittelalterlichen Einzelzelle der Zitadelle von Yeu zu verbüssen hatte. Hier vegetierte der Greis noch vier Jahre dahin. Das Essen war derart schlecht, dass ihm Stucki aus Mitleid Fresspäcklein mit Biskuits, Schokolade und Nescafé zukommen liess. Selbst die Erfüllung seines letzten Wunsches, nämlich neben seinen im Ersten Weltkrieg in Verdun ums Leben gekommenen Soldaten beerdigt zu werden, wurde dem ehemaligen Marschall versagt, und an den Gedenkfeiern auf den Schlachtfeldern von Verdun durfte sein Name, der Name des Helden von Verdun, nicht mehr genannt werden. Das Revisionsgesuch, mit dem er mithilfe seiner Anwälte die Wiederaufnahme seines Prozesses anstrebte, was ihm aus offensichtlichen Gründen sowohl juristischer als auch politischer Natur in einem Rechtsstaat nicht hätte verwehrt werden können, verschwand unbeantwortet in den Archiven des Gerichts. Trotzdem kam kein Wort der Klage, weder über seine voreingenommenen Richter noch über die eines zivilisierten Staates unwürdigen Haftbedingungen, über seine Lippen. Pétain starb 1950 im Kerker von Yeu.[17]

Das letzte Wort zum Kapitel über Pétain soll für einmal nicht Stucki, den man ja wegen seiner vier Jahre dauernden, engen Verbundenheit und Vertrautheit mit dem Marschall in Vichy des Vorurteils bezichtigen könnte, sondern Stuckis Nachfolger als Gesandter in Paris, Minister Carl J. Burckhardt zukommen. Burckhardt, der den Prozess gegen Pétain offensichtlich aufmerksam verfolgt hatte, übermittelte Stucki in einem streng vertraulichen Brief seine Beobachtungen und Gedanken zum Prozess: «Das Wenigste, was man sagen kann, ist, dass die üblichen Regeln der Justiz nicht gewahrt wurden und dass gewisse Vorgänge schlechthin skandalös waren. Die Verhandlungen haben die Parteilichkeit der Richter und der sorgfältig und tendenziös gewählten Geschworenen bewiesen (...) Vor diesem Schauspiel eines mit allen Mitteln moralischer Grausamkeit gemarterten Greises, der vor fanatisierten Richtern und Zeugen, gehässigen Journalisten und einem sensationshungrigen Publikum erscheint, wurde man an die bittersten Verirrungen, den schwersten Rechtsmissbrauch im Laufe der Geschichte erinnert (...) Schon zur historischen Gestalt geworden, setzte der Marschall seinen Richtern eine souveräne Gleichgültigkeit entgegen. Man versuchte, ihn zu beleidigen, zu hetzen – er bleibt in Haltung, er ist unantastbar (...) Pétain stand im Brennpunkt jedes niedrigen Hasses, ihm konnte man das schwerste Verbrechen vorwerfen: er hatte versucht, den sozialen Frieden herzustellen und hatte dabei auf gewisse vorrevolutionäre Werte zurückgegriffen (…) Pétains Person, seine Laufbahn und Leistung, sein Opfer, seine Anschauungen, sein Sinn für Ordnung, bedeuten einen ständigen Vorwurf für das Heute Frankreichs. Pétain ist in jedem Zusammenhang störend (…) Gewiss, er hatte Grenzen und Schwächen; auch identifizierte er sich, was sich immer negativ auswirkt, mit einer Zeit der französischen Erniedrigung (…) Man wird für und gegen diese einsame Gestalt Zeugnis ablegen, so lange noch eine Geschichtsschreibung besteht, in der der Trieb nach Wahrheit und Gerechtigkeit vorherrscht. Eines ist aber heute schon gewiss: Wenn Pétain Fehler beging, so hat er eines vermieden, er hat sich nie von persönlichem Hass oder von Rachsucht hinreissen und leiten lassen. Er ist über sehr vielen Leidenschaften gestanden, denen die meisten andern erliegen.»[18]

Mehrheitlich neigen Historiker noch heute dazu, Pétain, wenn nicht als Kriegsverbrecher, so doch als Helfershelfer, zumindest aber als passiv gebliebenen Zuschauer bei den verbrecherischen Handlungen der deutschen Gestapo und den französischen Milizen zu verurteilen. Das letzte Wort über den Marschall ist jedoch noch lange nicht geschrieben. Sollte das Pendel dereinst in Richtung der national begründeten Geschichtsschreibung zurückschlagen, würde es nicht überraschen, wenn die Franzosen ihren «Unsterblichen» und «Helden von Verdun» wieder aus der Mottenkiste der Geschichte hervorholen, um ihn erneut neben Jeanne d'Arc über dem Wohnzimmerbuffet an die Wand zu hängen.

Stucki haben seine Beziehungen zu Pétain langfristig gesehen nicht wirklich geschadet. Sie verhinderten nach Kriegsende seine von ihm sicher gewünschte Rückkehr auf den Gesandtenposten in Paris, auch wenn er diesen Wunsch in seinen öffentlichen Äusserungen fast immer bestritten hat. Bei gewissen Verhandlungen mit Frankreich und den Alliierten in der Schlussphase des Krieges in Europa wurde er zwar vorübergehend von der Front in die Etappe versetzt und lenkte die Gespräche mit Paris aus dem Hintergrund. Nach Möglichkeit vermied er öffentliche Auftritte in Frankreich, wo man nicht gerne an die Zeit des Vichy-Regimes erinnert wurde, weil sehr viele Landsleute des Marschalls selbst alles andere als ein unbeflecktes Gewissen mit sich herumtrugen. Mit der Verurteilung Pétains und seinem endgültigen Verschwinden hinter den Festungsmauern von Yeu hatte man den Sündenbock für die französische Schmach in den Jahren 1940 bis 1944 namhaft gemacht und man liess ihn, stellvertretend auch für alle, die sich zu «Vichy» bekannt hatten, dafür büssen. Letztlich durfte man sich als Franzose ja dank des Eingreifens der Amerikaner in den Krieg in Europa doch noch zu den Siegern zählen. Da wollte man nicht von einem Schweizer Diplomaten an die unangenehmen dunklen Seiten der jüngsten Geschichte erinnert werden. Stucki trug dieser Empfindlichkeit, die man im Nachbarland – nicht nur in der Bevölkerung, sondern auch bei den Behörden – an den Tag legte, Rechnung und versuchte, wie wir im Prozess gegen Pétain gesehen haben, die gröbsten Unwahrheiten und Ungerechtigkeiten aus dem Hintergrund zu korrigieren und mit solchem nur äusserst diskreten Eingreifen zugunsten des Marschalls auch den nationalen Interessen der Schweiz Rechnung zu tragen.

Es waren auf jeden Fall andere, nicht in Frankreich, sondern in Bern wurzelnde Ursachen, welche die Bäume Stuckis auch nach dem Zweiten Weltkrieg wiederum nicht in den Himmel wachsen liessen. Um diesen Entwicklungen in der Biografie des Ministers auf die Spur zu kommen, müssen wir das Rad der Zeit vom Tod Pétains im Jahr 1950 wieder um fünf bis sechs Jahre zurückdrehen, und zwar in jenen Herbst 1944, in dem der Schweizer Gesandte nach seiner triumphalen Verabschiedung in Vichy wieder nach Bern zurückkehrte.

Stucki war nicht nur Liebhaber klassischer Musik, er förderte auch bildende Künstler, indem er ihnen Aufträge erteilte, von ihm oder von anderen Familienmitgliedern Porträts oder Gemälde anzufertigen.

Direktor der Abteilung für Auswärtiges im EPD 14
Le «grand Stucki» et le «Petit-Pierre»

Wenn im eidgenössischen Parlament die Wahl eines Mitglieds der Landesregierung auf der Traktandenliste steht, herrscht schon frühmorgens reger Betrieb in den Sälen, Korridoren und in der Wandelhalle des Bundeshauses. Das war vor 70 Jahren nicht anders als heute. Am 14. Dezember 1944, kurz vor 8 Uhr, hatte Stucki auf der üblicherweise den ausländischen Diplomaten vorbehaltenen Tribüne im Nationalratssaal Platz genommen, um zu verfolgen, wie die Volks- und Ständevertreter die Nachfolge von Bundesrat Marcel Pilet-Golaz, seinem bisherigen Chef, regeln würden. Die beiden waren sich wo immer möglich aus dem Weg gegangen; Pilet hatte es tunlichst vermieden, Stucki direkte Anweisungen zu erteilen, da er nie sicher war, ob der selbstbewusste Minister diese auch befolgen würde. Stucki seinerseits hatte darauf verzichtet, am Departementsvorsteher offene Kritik zu üben, obwohl er dazu genügend Anlass zu haben glaubte. Seines Erachtens hatte Pilet die voraussehbaren Folgen der Wende auf den europäischen Kriegsschauplätzen zugunsten der Alliierten nicht erkannt oder zumindest völlig unterschätzt. Stucki war überzeugt, angesichts der neuen globalen Kräfteverhältnisse, die sich klar auf Washington und Moskau ausrichteten, besser als sein bundesrätlicher Chef einschätzen zu können, mit welchen Chancen und Risiken die Schweiz künftig zu rechnen habe. Der Rücktritt Pilets war für ihn deshalb nichts anderes als die logische Konsequenz, die der schweizerische Aussenminister aus seinen Fehlbeurteilungen zu ziehen hatte. Stucki stand mit diesem Urteil über seinen glücklosen ehemaligen Vorgesetzten nicht allein da; zumindest im Bundeshaus weinte kaum jemand dem scheidenden Magistraten eine Träne nach.

Pilets Wirken im Politischen Departement, dessen Führung er im März 1940 vom kurz zuvor verstorbenen Giuseppe Motta übernommen hatte, stand von Anfang an unter keinem glücklichen Stern. Der Waadtländer Freisinnige leitete nach seiner 1929 erfolgten Wahl zum Bundesrat zunächst das Departement des Innern und danach das Post- und Eisenbahndepartement. Am 25. Juni 1940 hielt er in seiner Funktion als Bundespräsident und – seit Anfang Jahr – als neuer Aussenminister am Radio eine Rede an die Nation, deren Sinn und Zweck es war, die vom Zusammenbruch Frankreichs geschockte und sich vor einem deutschen Angriff fürchtende Schweizer Bevölkerung zu beruhigen. Mit seiner missverständlichen Rhetorik und mehrdeutigen Formulierungen bewirkte Pilet indes genau das Gegenteil: Man verstand seine Worte als Aufforderung zur Anpassung an das nationalsozialistische Deutschland. Im Bundespräsidenten, der übrigens die kritisierte Rede am Radio im Namen der gesamten Regierung hielt, glaubten von da an viele Schweizer den politischen Gegenspieler von General Guisan zu erkennen, der seinerseits – obwohl wie Pilet auch ein Waadtländer Romand – am Rütli-Rapport der Gefühlslage der Bevölkerung weit besser Rechnung zu tragen wusste. Einseitig tendenziöse Auslegungen der Ansprache Pilets vom 25. Juni sowie am darauffolgenden 10. September der Empfang von drei Wortführern der «Nationalen Bewegung der Schweiz», die nicht weniger als den Anschluss der Eidgenossenschaft ans Deutsche Reich verlangten, festigten in der Öffentlichkeit den Ruf des Aussenministers als Anpasser. Dabei verfolgte auch Pilet, wie später von Historikern verschiedentlich nachgewiesen wurde, kein anderes Ziel als die Aufrechterhaltung der schweizerischen Unabhängigkeit. Allerdings liess er es dabei allzu oft an klaren Worten fehlen; er pflegte zu enge Kontakte zum deutschen Gesandten in Bern und vernachlässigte dadurch die persönlichen Beziehungen zu den Vertretern der Alliierten.

Zum Stolperstein wurde Pilet in seiner Karriere indessen das Verhältnis der Schweiz zur Sowjetunion. In den geheimen Verhandlungen mit Moskau zeigte er kein besonderes Geschick und provozierte die Weigerung Stalins, das ausgehandelte Abkommen, das in die diplomatische Anerkennung der UdSSR durch die Schweiz münden sollte, zu unterzeichnen. Der sowjetische Diktator warf der Schweiz vor, sie habe im Zweiten Weltkrieg mit Aussenminister Pilet als Verantwortlichem eine sowjetfeindliche, profaschistische Politik geführt. Obwohl man zwar Stalins Beleidigungen in der Schweiz von offizieller Seite kaltblütig zurückwies, liess sich Pilet als Bundesrat nicht länger halten. Am 7. November 1944 reichte er seinen Rücktritt ein.[1]

Stucki hatte, wie wir schon wissen, die Jahre, in denen Pilet dem Politischen Departement vorstand, als Gesandter in Frankreich, zuerst in Paris und dann in Vichy, verbracht und dabei eine, man könnte sagen «autonome Stucki'sche Aussenpolitik» betrieben. Um die Anweisungen, die er von der Berner Zentrale erhielt, kümmerte er sich wenig; er befolgte sie, wenn sie ihm richtig erschienen und seinen Intentionen entsprachen. Wenn ihm die Direktiven aus Bern indessen nicht in den Kram passten, missachtete er sie, meist indem er sie schlichtweg «vergass». Bevor er von Vichy nach Bern zurückgekehrt war, hatte er sich in einem Brief an Bundespräsident Stampfli ausdrücklich von seinem Chef distanziert und dessen Anweisungen offen als inakzeptabel angeprangert. Im Militärdienst wäre solches Verhalten zu jener Zeit als Befehlsverweigerung qualifiziert und scharf bestraft worden. Er sei nicht sicher, schrieb Stucki dem Bundespräsidenten, ob er in Bern die ihm zugedachte Tätigkeit, nämlich sich mit den Nachkriegsproblemen der Schweiz zu befassen, mit Aussicht auf Erfolg anpacken könne, da ihm die Auffassungen und Methoden von Pilet-Golaz «immer unverständlicher und unannehmbarer» erschienen, und «nun habe ich kürzlich ein Schreiben erhalten, in welchem er mich aufforderte, unverzüglich in die Schweiz zu kommen». Nach Pilets Vorstellungen sollte Stucki seinen Posten in Vichy sofort verlassen, so rasch als möglich die ihm noch zustehenden Ferien beziehen und dann sogleich seine neue Aufgabe in Angriff nehmen. «Ich habe ihm geantwortet, dass ich dieser Aufforderung nicht nachkommen könne», hielt Stucki in seinem Brief an Stampfli wörtlich fest. «Aus der Antwort, die ich dann erhielt, geht für mich noch klarer als bisher hervor, dass es mir nie möglich sein wird, diese Tätigkeit aufzunehmen und durchzuführen, so wie Herr Pilet sie sich vorstellt und als Handlanger von ihm. Ich glaubte verpflichtet zu sein, Ihnen, Herr Bundespräsident, davon Kenntnis zu geben, damit der Bundesrat nicht auf eine Mitarbeit von mir zählt.»[2]

Stucki sass demnach, wie man ruhig annehmen darf, jetzt auch nicht aus Anteilnahme am Schicksal seines bisherigen Chefs im Nationalratssaal, sondern weil ihn die Umstände der Wahl von

Pilets Nachfolger interessierten; obwohl es ihm, wie im Politischen Departement die dort stets besonders zahlreichen intrigierenden Lästerzungen spotteten, ja eigentlich egal sein könne, wer unter ihm Bundesrat und Aussenminister werde. Von seinem Platz auf der Tribüne aus verfolgte Stucki das Treiben der Volksvertreter unten im Saal, wo er selbst vor sieben, acht Jahren noch referiert und debattiert hatte, jetzt nicht nur räumlich abgehoben, sondern auch im Geiste mit der kritischen Distanz des über dem parteipolitischen Geplänkel stehenden Verantwortungsträgers. Die rituellen Präliminarien der Wahl, und dazu gehörte nicht zuletzt die Verabschiedung des Zurückgetretenen, waren inzwischen abgeschlossen, die verschiedenen Kandidaten für die Nachfolge Pilet-Golaz' vorgestellt worden.

Nach Pilets Scheitern hatten die Waadtländer Radikalen in ihren Reihen krampfhaft, aber ohne grossen Erfolg einen aussichtsreichen Bundesratskandidaten gesucht, um den ihnen gemäss Überlieferung und Tradition, aber ohne Rechtsanspruch zustehenden Sitz in der Landesregierung zu retten. Schon bald hatte sich jedoch abgezeichnet, dass der Neuenburger Ständerat Max Petitpierre, ein unbescholtener, in der Deutschschweiz bisher kaum bekannter Anwalt und Professor der Rechte, in der Bundesversammlung bessere Wahlchancen besass, als die allzu spät in Stellung gebrachten Waadtländer Kandidaten. Petitpierre war, so viel wusste Stucki über seinen zukünftigen Chef, ein zurückhaltend und mit viel Fingerspitzengefühl agierender Politiker, der sich erst nach hartnäckigem Drängen seiner Parteifreunde bereit erklärt hatte, an der Ausmarchung um Pilets Nachfolge teilzunehmen. Nach einer knappen halben Stunde wurde er von der Vereinigten Bundesversammlung mit 122 Stimmen – bei einem absoluten Mehr von 114 – schon im ersten Wahlgang gewählt. Als sein schärfster Konkurrent hatte sich dabei der Neuenburger Sozialdemokrat Henri Perret profiliert, der 67 Stimmen auf sich vereinigte, während der Kandidat der Waadtländer Liberaldemokraten lediglich deren 26 für sich verbuchen konnte.

Stucki dürfte das Resultat der Wahl mit Genugtuung, aber ohne grosse Gemütsbewegung zur Kenntnis genommen haben. Aus gewöhnlich sicherer Quelle hatte er bereits erfahren, dass keiner der sechs bisherigen Bundesräte die Nachfolge Pilets als Aussenminister und Vorsteher des Politischen Departements zu übernehmen gedenke. Für die nach dem Krieg an die neue politische

Weltkarte anzupassende, das heisst in ihrer Stossrichtung eigentlich völlig neu zu definierende schweizerische Aussenpolitik rief man – nicht bloss in Politikerkreisen, sondern auch in den Medien und in der breiten Öffentlichkeit – nach neuen, unverbrauchten Kräften. Petitpierre war in diesem Sinne tatsächlich unverbraucht, verfügte aber zum Zeitpunkt seiner Wahl in den Bundesrat dementsprechend nur über rudimentäre Erfahrungen in den Bereichen der Aussen- und Aussenwirtschaftspolitik. Sicher war ihm Stucki auf dem Feld der internationalen Beziehungen an Kenntnissen und in Bezug auf das Beziehungsnetz weit überlegen. Zudem war der arrivierte Berner Diplomat elf Jahre älter als Petitpierre. Stucki sah sich deshalb durch die soeben erfolgte Wahl eines aussenpolitischen Greenhorns in seiner Absicht bestätigt, unter der formellen Leitung des bundesrätlichen Neulings die tatsächliche Führung des Departements fest in die eigenen Hände zu nehmen.

Der hochgewachsene, selbst im Trubel, der an einem Wahltag im Bundeshaus herrschte, unübersehbare Chefbeamte, der von allen Seiten respektvoll gegrüsst wurde, verliess seinen Beobachtersitz auf der Diplomatentribüne, schlug die Einladung der freisinnigen Fraktion zum Mittagessen, das zu Ehren des neu gewählten Bundesrates im Hotel Schweizerhof stattfand, mit der Begründung aus, er habe unaufschiebbare Geschäfte zu erledigen, und lenkte seine Schritte in den Westflügel des Bundeshauses, wo er sich in seinem Büro in die auf dem Schreibtisch gestapelten Papiere vertiefte. Die Akten auf Stuckis Tisch befassten sich jetzt nicht mehr bloss mit einem Teilbereich der Schweizer Diplomatie – wie zum Beispiel mit den schweizerisch-französischen Beziehungen –, sondern sie deckten den ganzen Aufgabenbereich des Politischen Departements ab und hätten von ihrer Natur her auf dem Schreibtisch des Departementschefs und Aussenministers liegen sollen. Doch alle diese mit dem Etikett «Chefsache» als wichtig eingestuften Dossiers liefen jetzt automatisch durch die Hände Stuckis. Niemand hatte das so angeordnet. Pilet, der bisherige Departementschef, war sang- und klanglos verschwunden, Stucki hingegen war da, und mit seiner Anwesenheit war für jedermann klar, in welchem Büro jetzt der Chef sass.

Allerdings war es auch längst kein Geheimnis mehr, dass der Bundesrat dem aus Frankreich zurückgekehrten Minister Stucki den einflussreichen Posten des Chefs der Politischen Abteilung im EPD so gut wie versprochen hatte. Als früherem Direktor der Handelsabteilung schrieb man Stucki die Fähigkeit zu, eine grosse Verwaltungsabteilung zu leiten. Der Bundesrat gedachte zwar, nach der Wahl von Pilets Nachfolger auch noch dessen Zustimmung zu Stuckis Ernennung einzuholen, denn in der vorgesehenen neuen Funktion war Stucki der engste Mitarbeiter des Aussenministers und gemäss Organigramm klar die Nummer zwei in der Hierarchie des Departements. Doch eine derartige Bestätigung wäre unter den obwaltenden Umständen reine Formsache gewesen. Niemand glaubte im Ernst daran, dass ein neu gewählter EPD-Vorsteher es wagen würde, den «grossen Stucki», wie man ihn in den Korridoren der Bundesverwaltung mit einer Mischung aus Respekt und Spott nannte, als Direktor der Politischen Abteilung abzulehnen – jenen Stucki, der schon Jahre vor dem Krieg selbst als aussichtsreicher Kandidat für den Bundesrat gehandelt worden war.

Zudem fühlte man sich im Bundesrat auch zeitlich unter Zugzwang: Es war unübersehbar, dass der Krieg in Europa seinem Ende entgegenging und dass sich die Schweiz in einem völlig neu organisierten europäischen Umfeld zurechtfinden musste. In diesem sich erst im Aufbau befindlichen Kräftefeld waren es einseitig die Siegermächte, die jetzt den Takt bestimmten, und unter den Siegermächten waren die Amerikaner tonangebend. Die schweizerische Neutralitätspolitik stiess ins Leere, weil man nicht neutral sein konnte, wenn faktisch nur noch eine Partei existierte. Neutralitätspolitik bedeutet ja unter anderem auch eine völkerrechtliche Gleichbehandlung der Parteien durch den Neutralen. Wenn jedoch von zweien die eine Partei wegfällt, kann man die andere nicht «gleich» behandeln. Und die Amerikaner hatten auch nicht die geringste Absicht, sich von der Schweiz gleich behandeln zu lassen wie das verbrecherische Naziregime, das sie jetzt an den Rand des Zusammenbruchs getrieben hatten.

Schon früh hatten die amerikanischen Behörden nach Bern signalisiert, dass sie für Konzessionen an Deutschland – wie Transitrechte oder Lieferungen von kriegswichtigem Material – keinerlei Verständnis mehr aufbrächten. So wie noch drei Jahre zuvor die Landesversorgung aus dem Ausland völlig abhängig war vom Wohlwollen der Achsenmächte, die alle Zufahrtswege in die Schweiz überwachten und unterbrechen konnten, so sah man sich jetzt plötzlich auf Gedeih und Verderb den Alliierten ausgeliefert, unter deren Kontrolle die Versorgungslinien vom Meer und den Entladehäfen bis zur Schweizer Grenze innerhalb weniger Monate geraten waren. Nicht mehr in Berlin, sondern in Washington musste man angesichts der neuen Machtverhältnisse über ein dicht gewobenes Beziehungsnetz mit Zugang zu den wichtigen Entscheidungsträgern verfügen, um die Interessen der Schweiz wahrnehmen zu können.

Für eine derart grundlegende aussenpolitische Umorientierung brauchte man an der Spitze des Aussenministeriums neues Personal, das in den Augen der Weltkriegssieger nicht durch die engen und guten Kontakte mit dem Hitler-Regime kompromittiert war. Solch neue Politik, wie sie jetzt auf der Agenda des Bundesrates stand, liess sich nicht mit den alten Köpfen machen. Es war deshalb im Bundesrat längst beschlossene Sache, dass neben dem Departementsvorsteher Pilet-Golaz auch dessen engster Mitarbeiter und höchste Beamte im EPD ausgewechselt werden musste. Mit Minister Pierre Bonna traf es einen solid erscheinenden, arbeitsamen, erfahrenen Chefbeamten, dem es indes an der nötigen Flexibilität für einen so grundlegenden Paradigmenwechsel, wie er jetzt bevorstand, und auch an den nötigen Führungsqualitäten wie Eigeninitiative oder Durchsetzungsvermögen fehlte und der sich ausserdem durch seine Homosexualität dem Verdacht der Erpressbarkeit aussetzte.[3]

Am 9. Januar 1945 beschloss der Bundesrat, Minister Bonna als Gesandten nach Athen zu schicken. Damit war der Sessel des Direktors der Politischen Abteilung frei für denjenigen Kandidaten, der sich gemäss Protokoll der Bundesratssitzung von jenem Tag geradezu aufdrängte, weil er von allen denkbaren Anwärtern die besten Voraussetzungen dazu mitbrachte. Die Regierung ersparte sich eine Diskussion über die Eignung Stuckis oder über allfällige personelle Alternativen: Seine Persönlichkeit von grossem Format sei dem Bundesrat allzu bekannt, als dass man sich noch näher darüber auslassen müsse, kann man im Protokoll nachlesen. Stucki trat die Stelle noch am selben Tag an. Sein Jahresgehalt belief sich jetzt auf 25 000 Franken plus 5000 Franken Repräsentationszulage.

Die Wahl löste keine grosse Überraschung, aber umso mehr Zustimmung aus. Einige Kommentatoren monierten zwar, man hätte vor der Inthronisierung Stuckis den Amtsantritt von Bundesrat Petitpierre am 1. Februar abwarten müssen. Aber das Lob für das neue Führungsduo Petitpierre/Stucki an der Spitze des Aussenministeriums überwog bei Weitem. Besonders herausgestrichen wurde von den Zeitungen, dass es jetzt ein Ende habe mit der

Geheimratsdiplomatie von Pilet-Golaz und Bonna. Mit Stucki sei «der richtige Mann an den richtigen Platz gestellt worden», jubelte die NZZ. Die *Basler Nachrichten* trauten dem Glück allerdings noch nicht so ganz; der Kommentator freute sich zwar über den Luftzug, der durch das neu geöffnete Fenster des Palais fédéral wehe, aber, so fügte der durch langjährige Erfahrung mit den Behörden abgebrühte Bundeshausjournalist hinzu: «Hoffen wir, es werde keine ungeduldige Hand irgend eines politischen Rheumatikers dieses Fenster allzu rasch wieder zuschlagen!» Die sozialdemokratische *Berner Tagwacht* attestierte Stucki, dem früheren «Schrecken des Kapitalfreisinns», das Format eines Bundesrates und erinnerte ihre Leser daran, dass Stucki der Anführer «eines Freisinns der Mitte gewesen sei, der auch den Anspruch der Sozialdemokraten auf die Mitarbeit im Bundesstaat» anerkannt habe. Die Basler *National-Zeitung* hatte die Nase im Wind, wenn sie voraussagte, Stucki werde angesichts der drei Wochen Vorsprung, die er auf Bundesrat Petitpierre im Amt habe, seinem zukünftigen Chef bei dessen Amtsantritt klipp und klar erklären, welches die zu lösenden Aufgaben seien und in welchem Sinne sie angepackt werden müssten.

Stucki durfte für die Wahl, die er als selbstverständlich betrachtete, neben den öffentlichen Würdigungen in den Medien auch zahlreiche persönliche Gratulationsschreiben entgegennehmen. Bundespräsident von Steiger liess ihm durch den Bundeskanzler ausrichten: «Sie haben bis anhin in hervorragender Weise im Interesse der Schweiz gewirkt und werden auch in Ihrem neuen Amte Volk und Heimat unschätzbare Dienste leisten.» Der spätere Bundesrat Wahlen, damals Ständerat und Professor für Pflanzenbau an der ETH, liess seiner Freude freien Lauf: «Sie dürfen wirklich die Gewissheit haben, dass sich das ganze Volk freut, dass wir durch Ihre Wahl von einem starken Unbehagen befreit sind und dass Sie mit einem selten grossen Vertrauenskapital an Ihre Arbeit gehen können.» Der Direktor des Vororts des Handels- und Industrievereins (HIV), Heinrich Homberger, sah gar höhere Mächte im Spiel: «Ich erblicke in Ihrer Wahl ein Unterpfand des Schicksals dafür, dass der glückliche Stern, der unser Land bisher beschirmte, auch weiterhin über ihm leuchten wird!»[4]

Von verschiedensten Seiten wurden aber auch hohe Erwartungen an Stucki herangetragen, so zum Beispiel von Otto Köcher, dem Gesandten Deutschlands in der Schweiz, der offensichtlich für die schwierigen Zeiten, die jetzt auf ihn zukamen, vorsorgen wollte: «Viele schwere Entscheidungen werden jetzt an Dich herantreten. Mögen sie stets zum Nutzen unserer beiden Länder ausfallen! Ich zweifle nicht, dass ich bei Dir für viele Fragen auch weniger erfreulicher Art das gleiche Verständnis und Entgegenkommen finden werde, wie dies in so hohem Masse bei Herrn Bundesrat Pilet-Golaz der Fall war.» Dass sich diese Hoffnung nicht erfüllen würde, war wohl sogar dem Absender des Schreibens klar; denn selbst diejenigen, denen bis anhin Sympathien für Deutschland nachgesagt worden waren, setzten sich jetzt vom sinkenden Schiff namens Nazideutschland ab. So schrieb zum Beispiel Minister Hans Frölicher, der Schweizer Gesandte in Deutschland, in seinem Gratulationsschreiben an Stucki: «Berlin steht für unser Land nun nicht mehr im Vordergrund. Gott sei Dank! Ich habe hier genug Blut geschwitzt und nehme die persönlichen Gefahren, namentlich die, die erst kommen, gerne auf mich, nachdem ich weiss, dass die Landesgefahr, die uns so lange bedrohte, nun endgültig vorbei sein dürfte.»

Das Augenmerk der Schweizer Diplomatie richtete sich nun auf jene Mächte, die künftig im europäischen Konzert die Tonart bestimmen würden: die USA und die Sowjetunion. Und zu beiden waren die Beziehungen gestört, ja zu den Russen gab es offiziell gar keine, denn Pilet-Golaz hatte alle Bestrebungen, mit Moskau ins Reine zu kommen, aus ideologischen Gründen hintertrieben. Frölicher traf deshalb die Situation, für die er allerdings mitverantwortlich war, ziemlich genau, wenn er dem neuen Direktor der Politischen Abteilung schrieb: «Wieder stellen sich für unsere Aussenpolitik lebenswichtige Fragen, die leider nicht rechtzeitig ins Reine gebracht werden konnten, und Ihnen fällt jetzt die schwere Aufgabe zu, Versäumtes unter weit schwierigeren Bedingungen nachzuholen. Hoffentlich gelingt es Ihnen, mit Russland normale Beziehungen herzustellen (…)» Gleichzeitig notierte Frölicher in sein Tagebuch: «Minister Stucki hat die ‹Abteilung› übernommen. Stucki wird später wohl doch nach Moskau gehen. Vielleicht genügt – nach Vichy – die Quarantäne in Bern. Unterdessen haben wir einen Petitpierre und einen Pierre le Grand!»

Einzig Stucki selbst bekundete wenig Begeisterung über seine Wahl. In einem kurzen Schreiben dankte er zwar dem Bundesrat pflichtschuldig, aber nur kurz und mit einer abgegriffenen unpersönlichen Floskel für das ihm entgegengebrachte Vertrauen und setzte sogleich hinzu: «Der Entschluss, Ihrem neuen Ruf zu folgen, ist mir sehr schwer gefallen. Es sind in der Tat mehr als 20 Jahre her, dass ich von Ihren Vorgängern bereits einmal zum Abteilungschef ernannt worden bin. Vor zehn Jahren habe ich als Chef der Handelsabteilung demissioniert, weil es nie mein Wille und meine Absicht war, im Bundesbeamten-Verhältnis zu bleiben. Wenn ich trotzdem das neue Amt übernommen habe, so tat ich dies einzig aus dem Gefühl der Pflicht Ihnen und dem Lande gegenüber. Ich erlaube mir deshalb zu bestätigen: Ich betrachte meine neue Aufgabe als temporäre Mission und nicht als ein mir dauernd übertragenes Amt.» Das tönte nun wirklich nicht gerade nach überschwänglicher Freude über die ehrenvolle Wahl. Stuckis offen zur Schau getragene Unzufriedenheit und Frustration dürfte auf die Tatsache zurückzuführen sein, dass er jetzt, im Jahr 1945 in der offiziellen Rangordnung der Eidgenössischen Verwaltung am selben Punkt stand wie schon 1925: Beide Male war er in das Amt eines Abteilungschefs gewählt worden. Aber es macht – vor allem für jemanden, der wie Stucki in Titel- und Statusfragen empfindlich war – einen wesentlichen Unterschied, ob man in eine solche Position mit 37 oder mit 57 Jahren gehievt wird. Zudem hatte Stucki sein Ziel, nicht einem einzelnen, sondern dem Gesamtbundesrat unterstellt zu werden und als eine Art Staatssekretär dem Parlament direkt rechenschaftspflichtig zu sein, wiederum nicht erreicht.

Man kann sich vorstellen, dass Stucki am 9. Januar 1945 sein Direktorenbüro in der Politischen Abteilung mit dem festen Vorsatz bezog, hier sogleich klar zu machen, wer der Chef sei und wer somit das Sagen habe. In den drei Wochen bis zum 1. Februar, wenn der neue «Aussenminister» Petitpierre sein Amt antreten würde, mussten der Stall ausgemistet, die neue Ordnung eingespielt und die Hierarchie auf ihn als Abteilungschef zugespitzt sein. Vom ersten Tag an liess Stucki keine Zweifel aufkommen, dass in der Politischen Abteilung jetzt nach seiner Pfeife getanzt werde. Dabei ist ihm zugutezuhalten, dass er seinen Führungsanspruch mit fachlicher Kompetenz und natürlicher Autorität durchsetzte und sich in keinerlei Intrigenspiele gegen den neuen Departementschef einliess. «Le grand Stucki» hatte sein Amt angetreten – wie würde «le Petit-Pierre» reagieren, wenn er am 1. Februar feststellen musste, dass man ihn eigentlich gar nicht benötigte? Im Politischen Departement wurden – so zumindest will es die mündliche Überlieferung – Wetten abgeschlossen. Die meisten setzten auf Stucki.

Doch der Verlauf der Weltgeschichte liess dem EPD in Bern keine Zeit für Hierarchiekämpfe. Das europäische Gleichgewicht, das seit Jahrhunderten die beste Voraussetzung für die schweizerische Neutralitätspolitik abgegeben hatte, stand nach dem Kollaps des faschistischen Regimes in Italien und unmittelbar vor der Kapitulation Deutschlands einmal mehr vor dem totalen Zusammenbruch.[5] Neutralität besass keinen Marktwert mehr. US-Präsident Roosevelt drohte, wenn sich die Schweiz den Forderungen der Alliierten verweigere, setze sie den «Anschluss an die siegreichen Mächte aufs Spiel». Die möglichen Folgen wurden der Schweiz, die in jenen Tagen in einen gefährlichen Versorgungsengpass geriet, mit drastischen Massnahmen vor Augen geführt: Die Lieferungen von Brotgetreide aus Übersee, die mit der Rückeroberung Frankreichs durch die Alliierten wieder aufgenommen worden waren, blieben gegen Ende 1944 ohne nähere Begründung aus. Tatsächlich hatten die Alliierten am 6. November, offenbar auf Drängen ihrer militärischen Führung, eine Sperre für den Bahn- und Lastwagenverkehr zwischen Frankreich und der Schweiz verhängt, und sie erwogen sogar ernsthaft die Bombardierung der südlichen Zufahrtswege zur Schweiz. Die Schweiz befand sich in einer heiklen Lage, wie Bundesrat Stampfli, wenn auch nur andeutungsweise, vor dem Nationalrat durchblicken liess: «Ich will nicht aus der Schule plaudern, aber die Zumutungen, die heute an uns gemacht werden, sind nicht weniger ernst als jene, die wir schon von anderer Seite erfahren mussten.»[6]

Die Schweizer Bevölkerung lebte von den letzten noch im Inland lagernden Reserven, während das für sie bestimmte Getreide in den iberischen Häfen liegen blieb. Zu Beginn des Jahres 1945 setzte eine heftige, von den Amtsstellen in Washington sowohl durch offizielle Communiqués als auch durch gezielte In-diskretionen an ausgewählte Journalisten orchestrierte Pressekampagne gegen die Schweiz ein, wobei deren Neutralitäts- und Aussenwirtschaftspolitik besonders aufs Korn genommen wurden. Die amerikanischen Zeitungen erinnerten die Schweiz daran, dass Konzessionen an die Achsenmächte unter dem Vorwand der Neutralität jetzt nicht mehr am Platze seien. Nun gelte es vielmehr, den Krieg mit den Blutopfern, die er unter den für die Freiheit in Europa kämpfenden amerikanischen Soldaten jeden Tag fordere, so schnell wie möglich zu beenden und die verbrecherischen Machthaber des Naziregimes ihrer gerechten Strafe zuzuführen. Für neutralitätspolitisch begründete Transitrechte durch die Schweizer Alpen zugunsten der Achsenmächte und für Materiallieferungen jeglicher Art, die in irgendeiner Form zur Kriegsverlängerung beitragen könnten, gebe es jetzt weder Verständnis noch aktuelle Begründungen.

Was in Bern Erstaunen und auch Bestürzung auslöste, war die Tatsache, dass die Amerikaner mit ihren Anliegen und Forderungen nicht den üblichen diplomatischen Kanal wählten, sondern den Weg einer öffentlichen Kampagne beschritten. Die amerikanischen Medien zeigten sich dabei keineswegs zimperlich, und es kam in ihrer Berichterstattung aus Europa zu einigen üblen Entgleisungen. Zu Letzteren war etwa der Bericht des Kriegskorrespondenten der «Overseas News Agency» zu zählen, der die Schweiz als die «Versorgungsbasis der nationalsozialistischen Armeen», die Schweizer als «Aasgeier Europas» bezeichnete und die Schweizer Diplomaten der Zusammenarbeit mit der Gestapo bezichtigte.[7] Erst nach einigen Tagen publizistischen und diplomatischen Geplänkels erklärte sich die amerikanische Regierung bereit, eine Verhandlungsdelegation in die Schweiz zu schicken, um einerseits die schweizerischen Konzessionen an Deutschland und andererseits die alliierten Blockademassnahmen gegen die Schweiz unter die Lupe zu nehmen und neu auszuhandeln. Dabei liess man in Washington klar durchblicken, dass man von der Schweiz wesentliche Zugeständnisse erwarte.

Am 19. Januar diktierte der amerikanische Präsident Roosevelt einen Brief an den schweizerischen Bundespräsidenten Eduard von Steiger: Das Kriegsglück habe die Seiten gewechselt, gab Roosevelt zu bedenken, das Verständnis für die schweizerische Neutralitätspolitik, das man aufgebracht habe, solange die Schweiz sich im Würgegriff der Achsenmächte befunden habe, nehme ab. Gleichzeitig befänden sich die Alliierten aber auch in einer wesentlich besseren Lage, um den dringendsten Importbedürfnissen der Schweiz Rechnung zu tragen. Abschliessend kündigte er an, die amerikanische Delegation für die geplanten Verhandlungen in Bern werde von einem ihm persönlich eng vertrauten Mitarbeiter, nämlich von Laughlin Currie, geleitet. Der Schweizer Gesandte in Washington, Minister Karl Bruggmann, spielte zwar die Bedeutung Curries herab: Dieser sei keineswegs ein Spezialdelegierter des amerikanischen Präsidenten, sondern lediglich dessen Briefträger, der ein persönliches Schreiben Roosevelts an Bundespräsident von Steiger zu überbringen habe. Trotzdem werde es sich auszahlen, wenn man Currie wie einen grossen Staatsmann empfange und behandle, denn er sei anfällig für solche ihm erwiesenen Aufmerksamkeiten. Bruggmann fügte einige Details zur Biografie Curries bei, um dessen Stellenwert zu mindern: Nachdem Currie als Leiter der FEA (Foreign Economic Administration) versagt habe, wolle ihm der amerikanische Präsident, der ihm persönlich verbunden sei, mit der Mission in der Schweiz einen ehrenvollen Abgang sichern, schrieb der Schweizer Gesandte in Washington nach Bern. Doch angesichts der Hoffnungen, die man in der Schweiz mit dem Besuch des Amerikaners verband, fanden solche Herabsetzungsversuche keinerlei Echo. Die NZZ stellte Currie vielmehr als wissenschaftlich bedeutenden Finanz- und Bankenfachmann vor, der sich mit wichtigen Publikationen, unter anderem über die ausreichende Versorgung eines Landes mit Zahlungsmitteln, ausweisen könne.[8] Es handle sich bei Currie durchaus um einen dem US-Präsidenten eng verbundenen Vertrauten, der zudem seine diplomatischen Sporen als Sonderbotschafter der USA in China abverdient habe, mahnte das Zürcher Blatt die Behörden in der Bundesstadt.

Die schweizerischen Zeitungen überboten sich nun gegenseitig mit der Aufzählung der Qualitäten und Verdienste Curries. Rasch war auch die Meinung gemacht, jetzt müsse auf schweizerischer Seite – wer denn sonst? – Stucki ran. «Stucki entschärft Currie!», tuschelte man zunächst in den Gängen des Bundeshauses und bald auch ausserhalb der Bundesverwaltung. Und tatsächlich: Nachdem der Bundesrat zunächst wie üblich eine Verhandlungsdelegation nominiert hatte, die unter der Leitung von Professor Paul Keller stand (als Delegierter für Handelsverträge einer der Nachfolger Stuckis), der dann allerdings erkrankte und durch Professor William Rappard ersetzt werden musste, ernannte derselbe Bundesrat kurz vor dem Eintreffen Curries in Bern eine der offiziellen Verhandlungsdelegation übergeordnete Koordinationskommission unter der Leitung von Minister Stucki. Der Verdacht, Stucki selbst habe Anstoss zu dieser nicht ganz durchsichtigen Lösung gegeben, war nicht von der Hand zu weisen und provozierte einige geharnischte Reaktionen, die dem Bundesrat vorwarfen, er untergrabe die Autorität des offiziellen Verhand-

Minister Stucki als Gastgeber in der Bundesstadt mit «seinen» Gästen, den Verhandlungsdelegationen der Alliierten (Karikatur im *Servir*, Lausanne, 23.2.1945).

lungsführers. Sogar Stucki selbst bekundete etwas Mühe, diese merkwürdige personelle Konstruktion, die es ihm erlaubt, Currie anstelle des Bundesrates als «seinen» Gast zu empfangen, den Journalisten und anderen Kritikern zu erklären und zu rechtfertigen. Es springe ins Auge, gab er ihnen zu bedenken, dass die anstehenden Verhandlungen mit Currie, dem sich inzwischen eine britische Delegation unter Dingle Foot[9] sowie eine französische unter der Leitung von Paul-Henri Charguéraud[10] angeschlossen hatten, weit über das Wirtschaftliche hinausgingen und von hoch politischer Brisanz seien. Aus verschiedenen Gründen – Stucki nannte insbesondere die Kleinheit der Schweizer Regierung gegenüber der amerikanischen oder der britischen, die über 50 Mitglieder umfassten, sowie die Sprachenfrage – sehe sich der Bundesrat ausserstande, sich selbst der hochrangigen Gäste anzunehmen, weshalb er diese Aufgabe dem Leiter der Politischen Abteilung übertragen habe.[11] Was Stucki nicht verriet: Parallel zu den Verhandlungen mit den Abgesandten der alliierten Mächte waren, quasi «im Nebenzimmer», Gespräche mit einer deutschen Delegation geplant. Solch doppelspuriges Verhandeln mit beiden Kriegsparteien gleichzeitig musste natürlich genau koordiniert werden, und diese, wie sich zeigen sollte, heikle Aufgabe wurde vom Bundesrat an Minister Stucki delegiert.

Am 7. Februar 1945 wurde die Schweizer Presse in Bern offiziell über die bevorstehenden Wirtschaftsverhandlungen mit den Alliierten ins Bild gesetzt. Die von einer Rekordzahl in- und ausländischer Journalisten besuchte Pressekonferenz schuf vor allem in einer Beziehung Klarheit: Stucki hatte, nach gerade mal einem Monat im neuen Amt, die Sache voll im Griff. Er informierte und beantwortete die Fragen der Journalisten in einer perfekten Oneman-show. Von Bundesrat Petitpierre, dem neuen Aussenminister, keine Spur, ebenso wenig von Bundesrat Stampfli, dem Wirtschaftsminister. Anwesend war zwar auch der Bundespräsident. In den letzten zwei Zeilen ihres Berichts, der auf einer halben Zeitungsseite Stuckis umfassende Darstellung der schwierigen Ausgangslage für die bevorstehenden Verhandlungen wiedergab, vermerkte die NZZ lakonisch: «Zum Schluss bestätigte Bundespräsident von Steiger seinerseits die Darstellung von Minister Stucki.»

Als dann am darauffolgenden Sonntag, dem 11. Februar, der Sonderzug mit den alliierten Delegationen aus Frankreich kommend die Grenze bei Les Verrières überquert und damit die Grenz-

Bei Les Verrières im Jura überquert der Sonderzug mit Laughlin Currie, dem Abgesandten von Präsident Roosevelt, die von einem Detachement der Armee bewachte Schweizer Grenze.

öffnung symbolisch vorweggenommen hatte, bereitete man den Gästen in Bern einen grossen Bahnhof. Zwar stand kein Bundesrat auf dem Perron, als der amerikanische Chefdelegierte aus dem Salonwagen stieg, aber Stucki war zur Stelle, begrüsste die ausländischen Delegierten und führte sie zur wartenden Wagenkolonne.

Zeitgenössische Fotografien zeigen, dass der schweizerische Minister den Sendboten Roosevelts um mindestens Kopfeshöhe überragte und dass er als Begleiter Curries während der Empfangszeremonie eine Zigarre im Mund hatte. Im Besuchsprogramm, von Stucki perfekt organisiert und orchestriert, folgten der Visite im Bundeshaus mit dem Empfang beim Bundespräsidenten der Besuch des Bärengrabens und am Abend die Teilnahme an einem von der französischen Botschaft veranstalteten Wohltätigkeitsball im Hotel Bellevue.

Die Verhandlungen begannen am Montag mit dem Eröffnungsreferat von Minister Stucki und der Antwort von Currie. Beide Reden erwiesen sich als von staatsmännischem Format. Stucki schilderte das Wesen der schweizerischen Neutralität, die, völkerrechtlichen Vorschriften folgend, korrekte Beziehungen zu Deutschland verlange, aber offene Sympathiebekundungen zugunsten der Alliierten jederzeit toleriert habe. Mit eindringlichen Worten entwarf der schweizerische Minister ein realistisches Bild des jahrelang von Nazis und Faschisten eingekesselten, zum Widerstand gegen jeden militärischen Angriff entschlossenen, aber auf die Einfuhr von Versorgungsgütern, das heisst vor allem von

Nicht ein Mitglied des Bundesrates, sondern Minister Stucki begrüsst den Abgesandten des amerikanischen Präsidenten Laughlin Currie bei dessen Ankunft vor dem Berner Hauptbahnhof und begleitet ihn zur wartenden Wagenkolonne.

Stucki (im hellen Mantel) spielt für seine ausländischen Verhandlungspartner nicht nur den hartgesottenen schweizerischen Unterhändler, sondern gern auch den Fremdenführer – hier beim Berner Bärengraben.

Getreide und Kohle dringend angewiesenen Landes. Er schilderte, wie die Schweizer Bevölkerung mit grosser und unverhohlener Freude die Befreiung Frankreichs verfolgt habe. Umso tiefer sei nun – bei Volk und Behörden – die Enttäuschung darüber, dass wegen der von den Alliierten gegen die Schweiz verhängten Blockade die Versorgungslage des Landes schlimmer sei als je zuvor.

Currie betonte in seiner Rede die Bedeutung des Faktors Zeit: Der Untergang des Hitlerreiches sei besiegelt, aber jeder Tag, an dem der Krieg noch fortgesetzt werde, koste hunderte von jungen Männern das Leben und jeder Transport zwischen den Achsenmächten durch die Schweiz, jede schweizerische Lieferung an Deutschland verlängere diesen längst entschiedenen Krieg. Wichtig sei deshalb nicht nur der Inhalt des auszuhandelnden Abkommens, sondern auch der rasche Abschluss der Verhandlungen. Dann rechnete der amerikanische Chefdelegierte der Schweiz mit konkreten Zahlen vor, wie viel die Achsenmächte in den vergangenen vier, fünf Jahren vom Handel, Austausch und Transit mit und durch die Schweiz profitiert hätten. In der Gewissheit und im Vertrauen darauf, dass die Schweiz den alliierten Forderungen entgegenkommen werde und als Beweis der freundschaftlichen Gesinnung, mit der die amerikanische Delegation nach Bern gereist sei, erklärte sich Currie bereit, die allerdringendsten Bedürfnisse der Schweiz, insbesondere im Bereich der industriellen Rohstoffe, sofort und unabhängig von den beginnenden Verhandlungen zu befriedigen.

Soweit lief aus schweizerischer Sicht alles nach Plan. Nach der ersten Verhandlungswoche führte Stucki seine Gäste auf einem Ausflug nach Wengen und über die Wengernalp aufs Jungfraujoch. Höhepunkt des Ausflugs war eine Demonstration der schweizerischen Flugwaffe, bei der die Elite der Piloten ihr stupendes fliegerisches Können zwischen den Hochgebirgsgipfeln vorführte. Bundesrat Kobelt, der Chef des EMD, durfte von allen Seiten Gratulationen für die beeindruckende Flugschau entgegennehmen. Das obligate Referat über die Schweizer Armee hielt – nach Stuckis Intervention beim Militärdepartement – nicht ein vor allem durch seinen Generalsrang imponierender Divisionär oder Korpskommandant, sondern mit Oberst Hermann Gossweiler ein perfekt Englisch sprechender Offizier, der die illustren Gäste mit seinem Vortrag offenbar zu fesseln wusste. Jedenfalls zeigte sich Currie nach der Exkursion ins Berner Oberland tief beeindruckt von dem

Land, das mit einer Gesamtbevölkerung von 4,5 Millionen eine Armee von 800 000 Mann aufgeboten, instruiert, zuerst an die Grenze und später vor allem ins Reduit gestellt habe.[12]

Mit einem Lunch in der Moospinte bei Münchenbuchsee und einem anschliessenden Besuch auf dem Bauernhof von alt Bundesrat Rudolf Minger führte Stucki den Gästen die ländliche Schweiz vor Augen; er legte vor allem Wert darauf, dass sie einen Eindruck von den schweizerischen Bemühungen zur möglichst weitreichenden Selbstversorgung mit Nahrungsmitteln erhielten und erläuterte ihnen die Bedeutung der «Anbauschlacht» gemäss dem «Plan Wahlen». Mit Ausflügen nach Zürich, Luzern und Genf setzte der versierte Gastgeber den urbanen Kontrapunkt zu Mingers Bauernhof, wobei in der Rhonestadt die Zeit vor allem für eine ausführliche Besichtigung des Internationalen Komitees vom Roten Kreuz (IKRK) genutzt wurde.

Mit solch praktischem «Anschauungsunterricht» in Sachen bewaffneter Neutralität, weitreichender Selbstversorgung und Leistung guter Dienste gelang es Stucki, die zu Beginn der Verhandlungen sehr distanzierte Haltung und den äusserst formellen Umgang, der im Verkehr zwischen den einzelnen Delegationen gepflegt wurde, auf den gemeinsamen Reisen durch die Schweiz etwas zu lockern und bei den Gästen – zunächst mindestens auf der persönlichen Ebene – Verständnis für die schweizerischen Anliegen zu wecken. Trotzdem wären die Verhandlungen beinahe gescheitert, und zwar weil sich Currie angesichts der Streiks in den

In Schüpfen besucht Currie (4. von rechts) alt Bundesrat Rudolf Minger auf dessen Bauernhof und lässt sich über die «Anbauschlacht» ins Bild setzen.

amerikanischen Kohlenminen gezwungen sah, sein ursprüngliches Versprechen, nämlich der Schweiz monatlich 30 000 Tonnen Kohle zu liefern, auf Weisung von Washington hin zurückzunehmen. Diese in Zahlen fest fixierte Zusage, eines der ganz wenigen quantifizierbaren Versprechen, das die Alliierten in den Berner Verhandlungen bisher gemacht hatten, wollte man auf schweizerischer Seite, wo man ohnehin zunehmend den Eindruck gewann, man handle hier mit festen Verpflichtungen der Schweiz gegen bloss vage Versprechungen vonseiten der Alliierten, zunächst nicht wieder preisgeben, denn Industrie und Bevölkerung litten schwer unter dem Kohlenmangel, der sich wegen den ausfallenden Lieferungen aus Deutschland markant zugespitzt hatte.

Nach über drei Wochen dauernden Debatten und etlichen Krisen mündeten die Verhandlungen am 8. März in eine Vereinbarung, mit der gemäss Communiqué «die vollständige Einigung über alle Fragen, die Gegenstand der Verhandlungen waren» erzielt wurden. Die Schweiz sah sich zu erheblichen Zugeständnissen gezwungen, insbesondere was die Sperre der deutschen Vermögenswerte betraf: Damit sie nicht zum Hehler für untertauchende Nazigrössen wurde, musste sie nun alle deutschen Guthaben in der Schweiz blockieren. Einlenken musste sie ferner beim Transit- und Wirtschaftsverkehr mit Deutschland: Der Kohlen- und Eisentransit von und nach Italien wurde unterbunden, der Goldhandel und der Stromexport nach Deutschland wurden eingestellt. Als Zugeständnis im Bereich Handel vermochten die Schweizer Delegierten den Alliierten nicht mehr als die Bewilligung für den Export von Gütern ohne kriegswichtigen Charakter im Wert von maximal einer Million Schweizer Franken nach Deutschland abzuringen. Angesichts der über Hitlers Reich hereinbrechenden Götterdämmerung, die jede grenzüberschreitende Zusammenarbeit obsolet werden liess, spielten diese von den Alliierten diktierten Beschränkungen in der Praxis jedoch keine wesentliche Rolle mehr. Aber die kleinen Zugeständnisse der Alliierten gestatteten den schweizerischen Unterhändlern, am «Universalitätsprinzip», wie es die Neutralitätspolitik vorschrieb, wenn auch nicht in den konkreten Sachfragen, so doch wenigstens grundsätzlich festzuhalten, und Stucki konnte nach Verhandlungsabschluss und nachdem er die alliierten Delegationen auf dem Bahnhof Bern wieder persönlich verabschiedet hatte, unwider-

Von Minister Stucki in Bern begrüsst, von Minister Stucki in Bern verabschiedet: Laughlin Currie, als Kritiker der Schweiz gekommen, reist als Freund der Schweiz in die USA zurück.

sprochen behaupten: «Wir dürfen allen Leuten noch in die Augen schauen!»[13]

Ob allerdings die Mitglieder der deutschen Delegation unter der Leitung von Karl Schnurre, mit denen in Bern parallel zu den Verhandlungen mit den Alliierten ebenfalls Handelsgespräche geführt wurden, diese Behauptung Stuckis unterschrieben hätten, lässt sich füglich bezweifeln. Die Verhandlungen mit den Amerikanern, Engländern und Franzosen auf der einen und mit den Deutschen auf der anderen Seite glichen dem Verhalten der «kommunizierenden Röhren»: Zugeständnisse an die Alliierten wirkten sich direkt als Verweigerungen gegenüber den Deutschen aus. Dabei ging Stucki in den Forderungen gegenüber den Deutschen in wesentlichen Punkten weit über die ihm vom Bundesrat vorgegebenen Instruktionen hinaus, vor allem indem er sich weigerte, das Verrechnungsabkommen mit Berlin zu verlängern. Als Realpolitiker war ihm klar, dass Konzessionen an die Deutschen der Schweiz jetzt nichts mehr eintrugen ausser Ärger mit den Alliierten, dass sich hingegen Zugeständnisse an die Alliierten für die Schweiz und ihre Importbedürfnisse günstig auswirken konnten. Doch hatte Stucki – der nicht mehr gewohnt war, wenn er etwas als richtig befand, dazu noch den Segen seiner Vorgesetzten einzuholen – seinen verhandlungstechnischen Freiraum diesmal überschätzt. An seiner Sitzung vom 20. Februar stellte der Bundesrat formell fest und liess es von Vizekanzler Oskar Leimgruber auch zu Protokoll nehmen, dass Minister Stucki die Forderungen an Deutschland übersteigert und damit die sich auf neutralitätspolitische Überlegungen stützenden Instruktionen der Regierung nicht befolgt habe. Während Bundesrat Nobs zu bedenken gab, dass es ja praktisch gesehen durchaus im Interesse der Schweiz liege, wenn kein neues Abkommen mit Deutschland mehr zustande gekommen sei, verliehen Etter, Kobelt, Celio und Petitpierre ihrer Beunruhigung darüber Ausdruck, dass Stucki dem Bundesrat «die Zügel aus der Hand gerissen und seine Instruktionen missachtet hat». Die wirtschaftlichen Vorteile, befand die Landesregierung, die Stucki mit seinem Entgegenkommen gegenüber den Alliierten eingehandelt habe, würden durch die politischen Nachteile mehr als wettgemacht; der Bruch mit Deutschland, von Stucki auf wirtschaftlichem Gebiet vorangetrieben, sei neutralitätswidrig und politisch unklug. Bundespräsident von Steiger beauftragte Stuckis direkten Vorgesetzten, Bundesrat Petitpierre, dem aufmüpfigen Unterhändler die Meinung des Bundesrates klarzumachen.

Doch Petitpierre hatte offenbar wenig Lust, sich mit dem «grossen Stucki» auseinanderzusetzen und überliess das Gespräch mit dem unbotmässigen Minister dem Bundespräsidenten. Von Steiger fertigte eine Gesprächsnotiz über die Unterredung an, die am Freitag, dem 23. Februar stattfand und eine Stunde dauerte. Es scheint, dass Stucki mit seinen Fachkenntnissen die Diskussion zu seinen Gunsten entschied, denn am Ende des Gesprächs gab er folgende Erklärung ab: Es sei doch nun eigentlich klargestellt, dass er keineswegs unkorrekt gehandelt habe. Einen Vorwurf habe er nicht verdient, hingegen fühle er sich verletzt durch die Aussage «Le conseil fédéral est très mécontent de vous», wie sie ihm im Auftrag der Landesregierung von Petitpierre übermittelt worden sei. Ein solcher Tadel sei ein ungerechter Lohn für einen langjährigen und treuen Beamten und Diener des Bundesrates und der Eidgenossenschaft. Von Steiger versuchte ihm zu erklären, dass es sich um eine Meinungsäusserung des Bundesrates und keineswegs um einen Tadel im Sinne des Beamtengesetzes handle, worauf Stucki heftig mit der Bemerkung «Das fehlte mir gerade noch!» reagierte und zum Gegenangriff überging: Diesen Schuss ins Genick könne er nicht ertragen; er habe drei schlaflose Nächte hinter sich und seine Familie sei von dieser Ungerechtigkeit ebenfalls erschüttert. Von Steiger versuchte nun, die Sache herunterzuspielen: Stucki messe der Angelegenheit viel zu grosse Bedeutung bei; der Bundesrat müsse sich das Recht vorbehalten, seine eigenen Ansichten zu äussern, auch wenn sie das Vorgehen des verdientesten und hervorragendsten Chefbeamten beträfen; und es gehe ja eigentlich nur darum, dass der Bundesrat zum Ausdruck bringen wolle, in den Verhandlungen sei allzu deutlich auf einen Abbruch der Beziehungen mit Deutschland hingearbeitet worden, während die Landesregierung selbst Wert darauf lege, dass, und zwar unter korrekter Wahrung des schweizerischen Standpunktes gegenüber den Alliierten, anständig mit Deutschland umgegangen werde, denn die Deutschen hätten sich als Vertragspartner gegenüber der Schweiz korrekt verhalten.

Doch Stucki liess sich durch schöne Worte nicht mehr besänftigen; überwältigt von den Frustrationen, die er in den letzten Monaten in sich hineingefressen hatte, brach es förmlich aus ihm heraus: Er werde selbstverständlich nicht mitten in den Verhandlungen mit den Alliierten davonlaufen, aber ein Bleiben komme auch nicht mehr infrage. Der Riss und Schnitt zwischen ihm und dem Bundesrat sei nicht wieder gutzumachen, das Vertrauen, das er für die Erfüllung seiner Aufgabe benötige, nicht mehr vorhanden. Er werde, so kündigte er dem Bundespräsidenten an, noch heute Abend einen Brief diesen Inhalts schreiben; denn er sei sich wohl bewusst, welche Dienste er dem Lande geleistet habe. Kurz: Er brauche sich solche Vorwürfe nicht gefallen zu lassen und Angst vor dem Bundesrat habe er erst recht nicht. Das veranlasste nun von Steiger zur Bemerkung, der Bundesrat habe auch keine Angst vor Minister Stucki. Die heftig gewordene Auseinandersetzung, die an dieser Stelle abgebrochen werden musste, weil sich der französische Geschäftsträger bei Stucki zu einer Unterredung angemeldet hatte, endete mit der Drohung des Ministers, er werde nun sogleich den angedrohten Brief an den Bundesrat verfassen, worauf ihm von Steiger entgegnete: «Nein, Herr Minister, Sie werden diesen Brief nicht schreiben. Wenn der Bundesrat durch den Bundespräsidenten mit Ihnen eine mündliche Aussprache sucht, so werden Sie dieses Verfahren nun nicht in ein schriftliches überleiten.»

Stucki zeigte sich indessen starrsinnig und mochte nicht klein beigeben. Er sandte dem Bundespräsidenten am nächsten Tag ein kurzes Schreiben, in dem er festhielt, von den gegen ihn erhobenen Vorwürfen sei offensichtlich nichts übrig geblieben und er bedaure, dass der Bundesrat die Konsequenzen aus dieser Feststellung nicht zu ziehen bereit sei. Von Steiger, in der Meinung, es gebe angesichts der laufenden Verhandlungen mit den Alliierten nun Dringenderes zu tun, als sich gegenseitig in Rechthaberei zu übertrumpfen, teilte dem dickschädeligen Minister mit, er werde nach Abreise der ausländischen Delegierten auf die Angelegenheit zurückkommen.

Dass sich der Bundesrat schwer tat im Umgang mit dem unbequemen, aber in der Öffentlichkeit nach wie vor äusserst populären Chefbeamten, zeigt die Tatsache, dass erst der vierte Entwurf eines sechsseitigen Briefes von Steigers an Stucki vom Gesamtbundesrat gutgeheissen wurde. Angesichts der Erfolge, die Stucki soeben im Umgang mit den alliierten Delegationen erzielt hatte und in Anerkennung der Tatsache, dass die schlimmsten Befürchtungen, die man vor dem Currie-Besuch gehegt hatte, nun abgewendet worden waren, baute die Regierung dem Minister eine goldene Brücke: Im Schreiben vom 19. März erklärte der Bundespräsident im Namen des Gesamtbundesrates – und es klang im Originalbrief ebenso künstlich und konstruiert wie jetzt bald 70 Jahre später –, Petitpierre habe nicht gesagt: «Le Conseil fédéral est très mécontent de vous», sondern: «Le Conseil fédéral n'était pas très content de nous»; und mit «nous» habe Petitpierre die beiden Neulinge im Politischen Departement, nämlich Stucki und sich selbst gemeint. Weiter konnte Stucki dem Brief entnehmen, der Grund der Unzufriedenheit des Bundesrates sei das Fehlen schriftlicher Unterlagen zu den damals unmittelbar bevorstehenden Verhandlungen mit den Alliierten gewesen. Die Regierung habe deshalb nicht über die sicheren Grundlagen verfügt, um sachkonform über das Verhandlungsangebot an die Alliierten beschliessen zu können. Dies sei denn auch der tiefere Grund für das Missverständnis betreffend die Instruktion Stuckis gewesen, als es um die Verhandlungen über die Erneuerung des Verrechnungsvertrags mit Deutschland ging. Es habe auch gar nichts Verletzendes für Stucki, wenn ihm wenigstens nachträglich die richtige Auffassung des Bundesrates noch zur Kenntnis gebracht worden sei. Dann kam von Steiger auf den eigentlichen Kern der ganzen Auseinandersetzung zu sprechen: Stuckis Unvermögen, mit Vorgesetzten – konkret: mit seinem Departementschef im Speziellen und mit dem Gesamtbundesrat im Allgemeinen – vernünftig und der Sache, nicht dem eigenen Ego dienend, umzugehen. Der Bundesrat sei überzeugt, schloss von Steiger sein Schreiben an den Minister, dass Stucki in dieser ernsten Zeit im Interesse des Landes das Seinige zu einer erspriesslichen Zusammenarbeit beitragen werde.

Nachdem er sechs Jahre als Gesandter in Frankreich verbracht und dort vorwiegend Französisch gesprochen hatte, glaubte Stucki keine Sekunde an die Ausrede des Bundesrates betreffend das sprachliche Missverständnis zwischen Petitpierre und ihm. Entsprechend gereizt fand er sich deshalb zur entscheidenden Aussprache ein, die, weil Stuckis direkter Vorgesetzter, Bundesrat Petitpierre, «leicht erkrankt» war, erneut vom Bundespräsidenten geführt wurde. Von Steiger fertigte wiederum eine Gesprächsnotiz an, die er noch am selben Tag in der Form eines persönlichen und vertraulichen Briefes an seine Bundesratskollegen versandte. Darin führte er unter anderem aus, die nahezu zwei Stunden dauernde Unterhaltung habe auch das beeinträchtigte Einvernehmen zwischen Stucki und Petitpierre zum Thema gehabt. Stucki habe sich von den diesbezüglichen Vorhaltungen sichtlich bewegt gezeigt und in einer ersten Reaktion seinen sofortigen Rücktritt angeboten, in der anschliessenden Diskussion dann aber selbst konstatiert, sein sofortiges Ausscheiden würde zu Kommentaren und Diskussionen in der Öffentlichkeit führen, die weder für das Land noch für ihn noch für den Bundesrat und dessen Autorität förderlich wären; er könne deshalb allenfalls ein Ausscheiden aus seinem Amt auf Ende des Jahres in Erwägung ziehen. Von Steiger wurde daraufhin, wie er in seinem Schreiben an die anderen Mitglieder des Bundesrates darlegte, recht deutlich, indem er Stucki zu verstehen gab, dass die Autorität der Landesregierung keineswegs leide, wenn sie einen Abteilungschef, mit dem eine erspriessliche Zusammenarbeit unmöglich sei, sofort ziehen lasse. Stucki hatte sich aber offensichtlich vom ersten Schrecken längst wieder erholt, und je länger die Diskussion dauerte, desto mehr verspürte er wieder Boden unter den Füssen. Er erklärte dem Bundespräsidenten, er sei durchaus bereit, sich zu entschuldigen, wenn er in seinem Vorgehen irgendwo einen Fehler oder eine Inkorrektheit ausfindig machen könne, doch das sei nach seiner Überzeugung keineswegs der Fall. Die Aussprache zwischen dem Bundespräsidenten und dem Minister endete mit einem Unentschieden. Ein allfälliges Ausscheiden Stuckis aus dem Dienst der Eidgenossenschaft blieb damit vorläufig in der Schwebe. Von Steiger zeigte sich dezidiert der Meinung, ein solcher Entscheid müsse vom «leicht erkrankten» Bundesrat Petitpierre als dem Vorgesetzten Stuckis getroffen werden und schloss seinen Brief an die anderen Regierungsmitglieder mit den Worten: «Herr Minister Stucki verliess mich nicht, ohne innerlich bewegt zu sein. Am guten Willen fehlt es ihm sicher nicht. Ob es ihm aber gelingen wird, seine Natur wirklich so zu meistern, dass ein Sicheinfügen noch möglich ist, bleibt abzuwarten.»[14]

Das Sicheinfügen lag, wie wir leicht nachvollziehen können, nicht in der Natur Stuckis, vor allem dann nicht, wenn er überzeugt davon war, recht zu haben. Und natürlich hatte er meistens recht. Als Unterhändler dachte er in erster Linie realpolitisch. Auch die Nachgiebigkeit gegenüber den Alliierten auf Kosten des militärisch und wirtschaftlich am Boden liegenden Deutschlands konnte sich nur zum Guten für die Schweiz auswirken. Zudem hatten ihn die Verhandlungen mit den Alliierten wieder ins Rampenlicht der Öffentlichkeit gerückt, und in der Bevölkerung hatte man seine früheren Erfolge keineswegs vergessen: Weiterum galt er als der Einzige, der dazu fähig war, in Verhandlungen mit dem Ausland erfolgreich auch gegen die Grossen der Weltgeschichte anzutreten und mit seinem Verhandlungsgeschick für die Schweiz das Beste herauszuholen. Das Problem für den Bundesrat bestand darin, dass Stucki als Unterhändler für die Schweiz unbestrittenermassen der Beste war, dass er sich dessen natürlich auch bewusst war und sich die entsprechenden Freiheiten herausnahm. Ein solcher Mann, der bekannter und beliebter war als die meisten Bundesräte, liess sich nicht einfach in die Wüste schicken. Doch diesmal, so schien es, war er in den Gesprächen mit dem Bundespräsidenten doch etwas zu weit gegangen, hatte sich im Ton vergriffen und er war offensichtlich nicht bereit, nachdem er schon Pilet-Golaz den Gehorsam verweigert hatte, jetzt dessen Nachfolger Bundesrat Petitpierre vorbehaltlos als Vorgesetzten und Chef anzuerkennen.

Ungünstig für Stucki mochte sich auch auswirken, dass sich die Bundesräte des Jahres 1945 nicht mehr so leicht gegeneinander ausspielen liessen wie ihre Vorgänger zur Zeit, als Stucki Direktor der Handelsabteilung gewesen war. Die Landesregierung des Jahres 1945 war fest gewillt, die Schweiz einig und geschlossen, im wahrsten Sinne des Wortes als Kollegialregierung durch die zahlreichen und gefährlichen, weil noch kaum registrierten Klippen der unmittelbar bevorstehenden Nachkriegszeit zu steuern, ohne sich dabei von einem Chefbeamten, und mochte er noch so viele Verdienste haben, auf der Nase herumtanzen zu lassen. Die Auswirkungen dieses im Bundesrat herrschenden Teamgeists bekam Stucki nun zu spüren, und er begann zu ahnen, dass er diesmal gegenüber seinem Vorgesetzten den Kürzeren ziehen würde. Und je deutlicher in ihm diese Ahnung ins Bewusstsein aufstieg, desto nachdrücklicher beharrte er darauf, dass er den Posten des Abteilungsleiters im EPD nie gesucht und letzlich nur für begrenzte Zeit auf das eindringliche Bitten des Bundesrates hin angetreten habe.

Doch so weit war der Streit zwischen Regierung und ihrem Minister bei Abschluss der Verhandlungen mit den alliierten Delegationen noch nicht eskaliert. Als am 8. März, wie es im gemeinsam von Alliierten und Stucki verfassten Pressecommuniqué hiess, «eine vollständige Einigung über alle Fragen erreicht worden ist, die Gegenstand der Verhandlungen waren», schlug nochmals Stuckis grosse Stunde: In einer Kaskade von öffentlichen Auftritten, vor allem an mehreren Pressekonferenzen, informierte er über das Verhandlungsresultat, das er, kaum war die Tinte der Unterschriften auf dem Dokument getrocknet, zuhanden der Journalisten schon kompetent analysierte und vor dem momentanen weltpolitischen Hintergrund würdigte und kommentierte. Nachdem er dann die alliierten Delegationschefs Currie, Foot und Charguéraud in Bern zum Bahnhof begleitet und verabschiedet hatte, kam es am Freitagabend des 9. März auf seine Einladung hin zur grössten bisher je im Bundeshaus gesehenen Versammlung von Journalisten: In einer seminarartigen Veranstaltung stellte Stucki das soeben erzielte Verhandlungsergebnis vor den Pressevertretern zunächst in grossen internationalen Zusammenhängen dar, bevor er nochmals im Einzelnen auf alle Verhandlungsgegenstände einging, wobei er genau darauf achtete, dass er neben seinen umfassenden politischen Einschätzungen dank hervorragender Detailkenntnis auch seine Fachkompetenz in den einzelnen verhandelten Detailfragen unter Beweis stellen konnte. Erst zum Schluss gestand er den für die verschiedenen Teilbereiche zuständigen schweizerischen Verhandlungsführern je einen kurzen Auftritt zu. Die Berichte, die in den nächsten zwei, drei Tagen in den Zeitungen erschienen, nannten aber vor allem und immer wieder einen Namen: denjenigen von Minister Walter Stucki.

Für Stucki bestand das wichtigste Ergebnis der «Currie-Mission», wie die Verhandlungen mit den Alliierten gemeinhin bezeichnet wurden, darin, dass die Schweiz Gelegenheit erhalten hatte, ihren Standpunkt, ihr Verhalten während des Krieges und insbesondere ihre Neutralität, die im Ausland zunehmender Kritik anheimgefallen war, vor wichtigen Sendboten der Siegermächte zu begründen und zu erklären, wobei schon allein die Prominenz der drei Chefdelegierten ein grosses Medienecho im In- und Ausland garantierte. Im Gegensatz zu seinen Vorgängern im Politischen Departement, die Aussenpolitik als Kabinettspolitik unter Ausschluss der Öffentlichkeit betrieben hatten, wusste Stucki nämlich genau, wie man mit dem gezielten Einbezug der Medien die Wirkung politischer Massnahmen verstärken konnte. Er zeigte sich deshalb den Journalisten gegenüber seit jeher als kooperativ und auskunftsfreudig. Allerdings betrieb er eine nach heutigen Massstäben «paternalistisch» anmutende Informationspolitik: Er bestimmte, was Gegenstand der Information war und was nicht. Doch bei den Zeitungen, wo der Recherchierjournalismus damals noch lange nicht erfunden worden war, war man schon dankbar dafür, dass ein Chefbeamter überhaupt daran dachte, die Journalisten in das Geschehen mit einzubeziehen.

Sieht man einmal vom eher ideologischen Streit um die Neutralität ab, so kam in den konkreten Ergebnissen zu den eigentlichen Verhandlungspunkten der Currie-Mission ziemlich deutlich zum Ausdruck, wer da am längeren und wer am kürzeren Hebel sass: Die Schweiz musste sich zu drastischen Beschränkungen im Wirtschafts- und Finanzverkehr mit Deutschland sowie beim Transitverkehr zwischen Deutschland und dem noch immer von deutschen Truppen besetzten Oberitalien verpflichten. Die Gegenleistungen der Alliierten bestanden einerseits darin, dass die Schweiz, wie schon erwähnt, ohne gravierende Nachteile gewärtigen zu müssen, ihre Neutralität beibehalten konnte, und andererseits in teilweise ziemlich vagen Zusicherungen betreffend ihre Versorgung mit den dringend benötigten Nahrungsmitteln und Rohstoffen, ganz speziell auch mit Kohle. «Es liegt in der Natur der Dinge, dass die Gegenleistungen nicht schon bei Vertragsabschluss erfüllt werden können. Man darf aber nicht zu pessimistisch urteilen; man kann nicht erwarten, dass – schon bevor die Tinte der Unterschriften unter dem Abkommen trocken ist – viele Tonnen Waren in Genf eintreffen», tröstete Stucki die Pressevertreter über den mageren Ertrag auf Schweizer Seite hinweg.[15] Alle Zusagen zusammengezählt, nahmen die von den Alliierten versprochenen Lieferungen immerhin einen Umfang von 2200 Tonnen pro Tag an, was angesichts des Zustands der vom Krieg massiv betroffenen französischen Eisenbahnen eine beachtliche Leistung darstellte – sofern die Lieferungen auch tatsächlich in der Schweiz eintrafen und nicht nur auf dem Papier existierten.

Am Schluss zeigten sich indessen alle zufrieden mit dem Resultat der Berner Gespräche, die meist unter dem Namen «Currie-Mission» in die Archive eingegangen sind, oder man machte zumindest gute Miene dazu. Keinerlei Kritik kam aus England. Der britische Premier Winston Churchill bedankte sich am 4. April mit einem Brief an den Bundespräsidenten für das Entgegenkommen der Schweiz, wobei er in den Dank auch die von der Schweiz während des Krieges als Schutzmacht[16] geleisteten Dienste mit einschloss. Laughlin Currie veranstaltete nach seiner Rückkehr in die

USA eine Pressekonferenz, an der er sich selbst auf die Schulter klopfte, indem er seine Mission in der Schweiz als vollen Erfolg würdigte. Noch Monate später versuchte er, wo auch immer, jene paar Tausend Tonnen Kohle zusammenzukratzen, die er den Schweizern vertraglich zugesichert und noch nicht geliefert hatte. Die Mitglieder seiner Delegation lobten in höchsten Tönen die eindrücklichen Besichtigungen, bei denen Minister «Staggi» ihnen die bewaffnete Neutralität ebenso wie die Anbauschlacht realistisch vor Augen geführt habe. Currie selbst äusserte sich nach einem Vierteljahr aber auch kritisch über seine in der Schweiz angeblich gemachten Erfahrungen: Im Gespräch mit Victor Nef, dem schweizerischen Generalkonsul in New York, soll er sich nach dessen Darstellung über das in der Schweiz fehlende Verständnis für die amerikanische Mentalität beklagt haben, ein Umstand, der seine Aufgabe merklich erschwert habe und der es für die Amerikaner auch schwieriger mache, den schweizerischen Standpunkt von demjenigen eines Hehlers zu unterscheiden.

Aus schweizerischer Sicht fasste *Die Tat* die Bewertung der Arbeit Stuckis, wie sie in den verschiedenen Schweizer Zeitungen dargestellt worden war, wie folgt zusammen: Der wichtigste Grund für die von Stucki geäusserte Genugtuung über das Ergebnis der Currie-Mission bestehe darin, dass die Neutralität der Schweiz unbeschädigt aus den Verhandlungen hervorgegangen sei. Hingegen könne für die nächsten Monate noch keine entscheidende Besserung der Versorgungslage erwartet werden, denn militärische Gründe wie auch die verzweifelte Lage der französischen Zivilbevölkerung wirkten sich als starkes Hemmnis für die Erfüllung der schweizerischen Versorgungswünsche aus. Die materiellen Auswirkungen des Abkommens zugunsten der Schweiz, so schloss *Die Tat*, würden deshalb nur sehr langsam spürbar werden. Ein Jahr später bestätigte der Vorort des HIV in seinem Jahresbericht: «Erst im Verlauf des vergangenen Jahres liess sich nach und nach die ganze Bedeutung des Abkommens vom 8. März 1945, dessen wesentlichstes Ergebnis in der Durchbrechung der Blockade und in der Wiederingangsetzung der Zufuhren bestand, erkennen.»

Stucki gab rückblickend auf die Currie-Verhandlungen zu bedenken: «Wir hatten ein ungemein schwieriges und heikles Problem zu lösen: Auf der einen Seite musste mit Festigkeit und Würde gewissen alliierten Übergriffen entgegengetreten und unsere Souveränität gewahrt werden. Auf der anderen Seite mussten wir alles vermeiden, was den Eindruck hätte erwecken können, wir stellten uns zu den alliierten Bestrebungen in bewussten, ja fast sabotierenden Gegensatz und hätten die Absicht, ihren Feinden zu helfen. Hier die richtige Mitte und elastische Lösung zu finden, wird auch in Zukunft noch schwierig sein.» Aber Stucki konnte auch befriedigt feststellen: «Das Currie-Abkommen befreite uns aus der politischen und moralischen Isolierung, öffnete uns die zuvor verbarrikadierten Wege zur Wirtschaft der westlichen Welt und erhellte weitgehend das politische Klima.»[17]

Man hätte meinen können, in der Schweiz wende man sich nun konsequent vom deutschen Naziregime ab, das unverkennbar in den nächsten Tagen zusammenbrechen musste, und freue sich über die mit dem Currie-Abkommen errungenen Erleichterungen. Doch da tauchte am 23. März 1945 ein im akkurat entgegengesetzten Sinne verfasstes, im besonderen an die Armeeangehörigen gerichtetes und in vielen Tausend Exemplaren gestreutes übles Pamphlet auf, das die Westmächte bezichtigte, die Schweiz in den Krieg miteinbeziehen zu wollen und das unter anderem die Ergebnisse der Currie-Mission als unerträglich für die neutrale Schweiz darstellte. Wörtlich hiess es in dem zwei eng beschriebene Druckseiten umfassenden Papier: «Im Einvernehmen mit einem wahnsinnigen Klüngel von verantwortungslosen Gesellen, wie die nur noch als Kriegsverbrecher zu bezeichnenden Stucky (sic!), Rappard und Konsorten» es verlangten, sei die schweizerische Regierung bereit zur restlosen Erfüllung der alliierten Forderungen. Das Flugblatt weckte eine rückblickend gesehen unverständlich grosse Aufmerksamkeit, wurde zitiert und kommentiert und fand sogar Eingang in Edgar Bonjours *Geschichte der schweizerischen Neutralität*: Gemäss der Darstellung des Basler Historikers wurden als Urheber des Pamphlets einige rechtsradikale Schweizer mit geschäftlichen Beziehungen nach Deutschland ermittelt.[18] General Guisan verurteilte die Schmähschrift in seinem Tagesbefehl vom 2. April und warnte eindringlich vor solch niederträchtigen Verleumdungen, die, wie man sich bewusst sein müsse, nicht immer in so plumper und durchsichtiger Weise daherkämen und deshalb ein anderes Mal schwieriger zu erkennen sein könnten.

Das vorausgesehene Kriegsende in Europa zeitigte mit seinen Umwälzungen und den neuen Machtverhältnissen jede Menge neuer Fragen und Probleme für die schweizerische Aussenpolitik und damit für das faktisch unter der Leitung Stuckis stehende Politische Departement. Genannt seien hier als Beispiele bloss die neu aufzubauenden Beziehungen zur Sowjetunion oder das Verhältnis der Schweiz zu den neu gegründeten internationalen Organisationen wie den Institutionen von Bretton Woods oder den Vereinten Nationen. Die neuen Herausforderungen verlangten im Politischen Departement neue Strukturen und damit Verwaltungsreformen, die ihrerseits ständig neue Personalentscheide bedingten. Unter letzteren sticht die Ernennung von Stuckis Nachfolger als Gesandter in Paris besonders ins Auge: Carl J. Burckhardt, Präsident des Internationalen Komitees vom Roten Kreuz (IKRK) in Genf, wurde gemäss seiner eigenen Darstellung von der ihn bedrängenden Anfrage des EPD-Vorstehers, ob er die Nachfolge

Die Wahl des IKRK-Präsidenten zum Nachfolger Stuckis in Paris

Carl J. Burckhardt, Präsident des Internationalen Komitees vom Roten Kreuz (IKRK) am 17. Februar 1945 an Minister Walter Stucki, Chef der Abteilung für Auswärtiges im EPD, Bern:

«Darf ich mich ganz persönlich und vertraulich an Sie wenden und Sie ganz direkt fragen, ob es aus dieser unglücklichen und überstürzten Geschichte, in die ich mich verwickelt sehe, doch noch einen Ausweg gibt? Keine Lage ist so verdammt schwierig als diejenige, in welcher man beim Patriotismus genommen wird. Es ist mir heute völlig klar, dass ich Herrn Bundesrat Petitpierre gleich bei dem ersten und einzigen Gespräch, das mich so völlig überraschte, eine eindeutige, endgültige und negative Antwort hätte geben sollen. Leider stand ich bei dieser Unterredung allzu stark unter dem Eindruck einer politischen Zwangslage, um richtig persönlich reagieren zu können. Vor allem aber dachte ich, dass die französischen Behörden, denen gerade jetzt so viel am Gelingen der Rotkreuzaufgabe liegen muss, bei Nennung meines Namens zögern würden. Am vorletzten Sonntag hatte ich zum ersten Mal ein paar Stunden Zeit um nachzudenken, und es wurde mir endgültig klar, dass ich einen Weggang von Genf jetzt nicht verantworten könne (...) Es war mir, ganz abgesehen vom Fehler, den ich begehe, wenn ich im jetzigen entscheidenden Augenblick das Rote Kreuz verlasse, auch ganz deutlich geworden, dass die vorgeschlagene Aufgabe mir im Grunde gar nicht liegt. Aber plötzlich am Montag Abend fand ich zu Hause den Expressbrief vor, und am nächsten Morgen sagte mir Herr Bundesrat Etter, dass ich die Regierung in ganz grosse Verlegenheit bringe, wenn ich noch zögere. Was soll man darauf am Telephon antworten? Ich befinde mich nun in einer Zwangslage, ohne dass ich vorher ein Wort über Bedingungen reden, hören oder solche stellen konnte. Ich will auf gar keinen Fall in die diplomatische Karriere eintreten; wenn ich ‹pour un dépannage› eine Sondermission übernehmen muss (...), so kann ich nur darum bitten, dass sie als möglichst kurze in Aussicht genommen werde. Aber man sollte doch den Franzosen beibringen können, dass sie sich in erster Linie ins eigene Fleisch schneiden, wenn sie jetzt in den nächsten Wochen und Monaten vom IKRK-Comité den Mann weggehen lassen, der noch mit den Deutschen energisch und deutlich deutsch reden kann, d.h. die Persönlichkeit, die seit 5 Jahren alle auf die Gefangenenfragen bezüglichen Verhandlungen geführt hat (...) Ich hoffe, dass wenn Sie Montag morgen diesen Brief finden, das Agrément (aus Paris) wenigstens noch nicht eingetroffen ist (...) Wenn ich Ihnen, hochgeehrter Herr Minister, so unverblümt schreibe, so ist es, weil ich weiss, dass Sie allein im Stande sind, eine letzte etwa vorhandene Möglichkeit in der Weise zu benutzen, dass sie ohne Schaden angewendet werden kann. Ich wäre ihnen dafür ganz ausserordentlich dankbar (...) Carl J. Burckhardt.»

Stucki hat kaum viel unternommen, um die endgültige Wahl Burckhardts zu verhindern; der IKRK-Präsident wurde am 21. Februar 1945 offiziell zum Gesandten der Schweiz in Paris und damit zum Nachfolger Stuckis ernannt.

Stuckis in Paris antreten wolle, auf dem falschen Fuss erwischt und überrumpelt.[19]

Es vergingen Wochen und Monate, über die Stucki neun Jahre später in einer Notiz an Bundesrat Petitpierre schrieb: «Die Anfangsschwierigkeiten unseres Zusammenarbeitens waren stark beeinflusst durch die bedeutenden Meinungsverschiedenheiten, die im Frühjahr 1945 hinsichtlich der Behandlung der deutschen Delegation bestanden.» Und Die Tat kommentierte hinterher, es sei kein Geheimnis, dass sich zwischen Petitpierre und Stucki schwere persönliche Reibereien abgespielt hätten, die im Verlauf des Jahres nur äusserlich überglättet worden seien.[20] Während sich Petitpierre vornehm im Hintergrund hielt, regierte für jedermann erkennbar Stucki im Aussenministerium. Damit die Kirche im Dorf blieb und die Hierarchie wenigstens formal nicht aus den Fugen geriet, informierte Stucki den Departementschef regelmässig und über alle wichtigen Themen und Ereignisse mithilfe von Aktennotizen: Ob er den portugiesischen Gesandten empfing, der Auskunft über die Uno-Pläne der Schweiz wünschte, oder ob er die Kapitulation Japans zur Beendigung des Zweiten Weltkriegs entgegennahm: Stucki verfasste gewissenhaft eine Aktennotiz zuhanden von Bundesrat Petitpierre. Aber obwohl sich die beiden geflissentlich aus dem Wege gingen, war ihr Verhältnis – im Gegensatz zu jenem zwischen Stucki und Pilet-Golaz – von gegenseitiger Achtung geprägt. Beiden war bewusst, dass dieses Doppelregime im Departement nicht von Dauer sein konnte, und beide waren sich auch vollkommen im Klaren darüber, dass sich diesmal der Jüngere und Ranghöhere als Chef durchsetzen würde. Die Frage war bloss noch, wie und wann sich Stucki unter Wahrung seines Ansehens vom Posten des Politischen Direktors zurückziehen konnte. Man darf es als schönes Zeugnis für Petitpierres souveräne Gelassenheit und Grosszügigkeit werten, dass er Stucki genügend Zeit einräumte, um eine Verwaltungsreform abzuwarten, in deren Rahmen sich der verdiente Chefbeamte nach anderthalb Jahren mit Anstand und guten Argumenten aus seinem Amt verabschieden konnte. Stucki, auch das muss gesagt sein, hat diese grosszügige Haltung Petitpierres später ohne Vorbehalt offen gewürdigt und verdankt.

15 Regisseur «Guter Dienste» der Schweiz
Wie Stucki den Weltkrieg beendete

Als er den Hörer abhob, konnte Stucki noch nicht ahnen, dass ihn der folgende Anruf in ein welthistorisches Ereignis verwickeln würde und dass ihm ein lächerlicher Zufall, nämlich die Abwesenheit seines Chefs, sogar eine wichtige Rolle im letzten Akt des grössten und blutigsten Dramas der Menschheitsgeschichte zuwies. Zwar fiel ihm auf, dass er diesmal viel schneller als bei der japanischen Gesandtschaft in Bern sonst üblich direkt mit Minister Kase verbunden wurde. Der Japaner verlangte dringend eine Audienz beim schweizerischen Aussenminister, Bundesrat Petitpierre. Doch Petitpierre war an diesem warmen Sommernachmittag nicht in seinem Büro, und so hatte man in der Zentrale den Anruf aus der japanischen Gesandtschaft an den Direktor der Politischen Abteilung, den ranghöchsten Beamten des Departements, durchgestellt. Stucki, der sich, wie wir bereits verschiedentlich haben feststellen können, selten von Selbstzweifeln behindern liess und deshalb seinen Kompetenzbereich grundsätzlich nicht eng interpretierte, machte dem japanischen Gesandten klar, dass er den Bundesrat nicht nach Bern beordern könne und wolle, dass er sich jedoch als befugt erachte und bereit sei, das von Kase angekündigte wichtige Dokument an Stelle Petitpierres entgegenzunehmen. Die beiden vereinbarten, dass Kase um 18 Uhr bei Stucki vorsprechen solle. Es war 15.10 Uhr, als Stucki den Hörer wieder auf die Gabel legte.

Der Tischkalender neben dem Telefonapparat zeigte als Datum Freitag, den 10. August 1945 an. Stucki lehnte sich in seinem Bürosessel zurück und rief sich die weltpolitisch prägenden Ereignisse der letzten Tage in Erinnerung. Da der Krieg in Europa vor einem Vierteljahr mit der bedingungslosen Kapitulation Deutschlands beendet worden war und man sich in der verschont gebliebenen Schweiz leicht und rasch wieder an den Friedenszustand gewöhnt hatte, erschienen die Zeitungsberichte aus dem Fernen Osten dem Leser hierzulande irgendwie unwirklich, eher wie ein Drama auf der Kinoleinwand denn als bittere Realität. Japans verzweifelter Endkampf gegen das inzwischen unaufhaltsam gewordene Vorrücken der Amerikaner entwickelte sich zu einem gigantischen Ringen, das sich Schritt für Schritt durch den ganzen pazifischen Ozean mit seinen Tausenden von Inseln und Eilanden immer wieder nach demselben blutigen Schema abspielte: Einem oft Stunden dauernden Trommelfeuer ihrer Schiffsartillerie, das gravierende Lücken ins Verteidigungsdispositiv der Japaner riss, folgte die Landung der Amerikaner an einem weissen Sandstrand, darauf der verlustreiche Sturm auf die Schützengräben der japanischen Verteidiger, deren getarnte und befestigte Maschinengewehre Tod und Verderben in die Reihen der Angreifer spien, schliesslich der brutale Nahkampf, in dem sich die selbst in hoffnungsloser Lage aufopfernd kämpfenden japanischen Infanteristen, nachdem ihnen die Munition ausgegangen war, nötigenfalls mit Bajonetten und Messern zur Wehr setzten und am Ende die Kapitulation der paar überlebenden Verteidiger, die mit einer weissen Fahne aus der letzten noch gehaltenen Bastion winkten, sich dann stumm, ohne ein Miene zu verziehen, entwaffnen liessen und den Marsch in die Gefangenschaft antraten. Nach dem Hissen der Stars and Stripes, der amerikanischen Flagge auf dem höchsten Punkt der eroberten Insel, fing alles beim nächsten Eiland wieder von vorne an.

Doch was auf der anderen Seite der Welt grausame und für manchen Soldaten tödliche Realität war, wurde für schweizerische Kinogänger zum obligaten Thema der *Wochenschau*, die jeweils vor dem Hauptfilm über die Leinwand flimmerte und – bevor Humphrey Bogart in *Casablanca* Ingrid Bergman tief in die Augen schaute oder Charly Chaplin in *Modern Times* von Riesenzahnrädern beinahe zermalmt wurde – den Zuschauern seit mindestens zehn Tagen überholte Kriegsbilder vermittelte. In der Zeitung las man Berichte über den Krieg in Ostasien wie einen Endzeitroman, zwar erschauernd, aber bei aller Dramatik fühlte man sich doch als unbeteiligter Zuschauer. Seit Wochen war den schweizerischen Blättern zu entnehmen, nach den Flächenbombardierungen durch alliierte Flugzeuge stehe ganz Tokio in Flammen oder sei von den Flammen bereits vernichtet; auch der Kaiserpalast sei schwer getroffen worden; die drittgrösste Metropole der Welt sei völlig verwüstet, weil heftiger Wind die Flammen immer weiter verbreite. In der Schweiz nahm man es zur Kenntnis und ging zur Tagesordnung über.[1]

Am 2. August hatten Truman, Stalin und Churchill in Potsdam ihre in die Geschichtsbücher eingegangene Erklärung veröffentlicht, mit der sie die bedingungs- und vorbehaltlose Kapitulation Nippons forderten. Bloss vier Tage später, am 6. August, war über Hiroshima zum ersten Mal kriegsmässig eine Atombombe zur Explosion gebracht worden, deren fürchterliche Wirkung von den Schweizer Zeitungslesern bestenfalls erahnt, aber noch lange nicht in ihrer ganzen Tragweite begriffen werden konnte. Am 8. August erklärte Stalin den Japanern den Krieg. Die russischen Divisionen, die nach dem Untergang von Hitlers Tausendjährigem Reich in Europa nicht mehr benötigt wurden, hatten teilweise schon im Mai die endlos scheinende Eisenbahnfahrt in den fernen Osten angetreten und wurden jetzt, sobald sie in Simanovsk, Belogorsk oder Wladiwostok eingetroffen waren, sogleich zur Invasion der japanisch besetzten Mandschurei in Marsch gesetzt. Sie trafen auf keinen nennenswerten Widerstand mehr. Und am 9. August – keine 72 Stunden nach der für Zehntausende tödlichen Explosion über Hiroshima – hatten die Amerikaner die zweite Atombombe über Nagasaki abgeworfen. Das veranlasste die japanische Regierung, durch schweizerische Vermittlung gegen den Einsatz der neuartigen Waffe zu protestieren, die, über den Wohnquartieren einer militärisch unbedeutenden Provinzstadt wie Hiroshima gezündet, hauptsächlich die Zivilbevölkerung getroffen habe. Mit solch unverhältnismässigem Waffeneinsatz verstiessen die Amerikaner in höchstem Grad gegen die Artikel des Kriegsvölkerrechts, monierten die Machthaber in Tokio. Da sie sich jedoch ihrerseits in den vergangenen Jahren bei ihrem Angriffskrieg wenig um völkerrechtliche oder humanitäre Regeln gekümmert hatten, verhallten ihre Proteste praktisch ungehört.

Denn jetzt ging es den Alliierten nur noch um eines, nämlich dem Krieg ein möglichst rasches und unwiderrufliches Ende zu bereiten. In den westlichen Demokratien war die Bevölkerung kriegsmüde, nicht mehr bereit, materielle Opfer zu bringen und täglich die Särge entgegenzunehmen, in denen immer noch Hunderte junger Männer aus einem sinnlos gewordenen Konflikt auf der anderen Seite der Erdkugel nach Hause kamen. Die alliierten

Invasionstruppen standen inzwischen bereit, um die japanischen Hauptinseln Hokkaido und Honshu zu erobern. Über Iwojima, der dem japanischen Mutterland unmittelbar vorgelagerten Insel, flatterte bereits das Sternenbanner. Die totale Niederlage Japans war unabwendbar und bestenfalls noch eine Frage von Tagen. Doch die endgültige Beendigung des Zweiten Weltkriegs sollte nicht ohne die aktive Mitwirkung der Schweiz über die Bühne gehen.

Für Stuckis Überlegungen war jetzt massgebend, dass die Schweiz sowohl den USA als auch Japan als Schutzmacht diente[2] und dass die beiden Kriegsparteien, wenn sie miteinander Kontakt aufnehmen oder gar in Verhandlungen treten wollten, dies nur über die Schweiz tun konnten, da ja ihre direkten diplomatischen Beziehungen mit dem Eintreten des Kriegszustandes abgebrochen worden waren. Zwar gab es zahlreiche Gründe, welche die Japaner hätten veranlassen können, ihrem Feind eine Botschaft zukommen zu lassen: Austausch von Diplomaten, Behandlung von Kriegsgefangenen oder Zivilinternierten, Eigentum, vor allem Liegenschaften, im Feindesland, Proteste wegen inhumaner, die Genfer Konventionen verletzender Kriegsführung. Die «Briefträger»-Funktion der Schweiz war in den vergangenen Jahren in Zigtausend Fällen für die verschiedensten Anliegen beansprucht worden. Aber der ernsthafte, ja feierliche Ton, in dem der japanische Gesandte seinen Besuch angekündigt hatte, sowie die hoffnungslose Situation, in der sich Japan befand, gaben Stucki Anlass zu vermuten, dass es diesmal ums Ganze, um Sein oder Nichtsein, um Triumph oder Untergang, um Sieg oder Kapitulation gehen werde.

Und er sollte recht behalten: Pünktlich um 18 Uhr hielt der Dienstwagen der japanischen Gesandtschaft in Bern vor dem Westflügel des Bundeshauses, wo das Politische Departement (das schweizerische Aussenministerium) untergebracht ist. Minister Kase wurde in Stuckis Büro geführt und übergab diesem – nach einer Reihe feierlicher Bücklinge, mit denen er sich Stucki näherte – ein Schreiben in dreifacher Ausführung mit der Bitte, es den Regierungen der Vereinigten Staaten und Chinas zu übermitteln. Um genau 18.10 Uhr hielt Stucki das Dokument in den Händen, das den Zweiten Weltkrieg beenden sollte: die Erklärung der japanischen Regierung, wonach Japan die Beschlüsse der Alliierten von Potsdam akzeptiere – allerdings unter einem einzigen Vorbehalt betreffend die Stellung des japanischen Kaisers, die nicht angetastet werden dürfe. Es handelte sich somit, wie Stucki mit Genugtuung feststellte, tatsächlich um das von den Alliierten schon längst erwartete Kapitulationsangebot Japans. Jetzt erst wurde ihm bewusst, dass der Fortgang der Weltgeschichte in diesem Moment in seinen Händen lag. Er konnte durch sein Handeln das Ende des Weltkriegs beschleunigen oder verzögern, den eben anlaufenden Friedensprozess begünstigen oder bremsen. Einen kurzen Moment lang ergriff ihn ein unerklärliches Glücksgefühl, das ihm die Sinne zu vernebeln drohte. Doch dann holte ihn die schnarrende Stimme des japanischen Gesandten wieder auf den Teppich zurück. Kase gab als Ergänzung zum eben überreichten Dokument eine mündliche Erklärung ab, wonach seine Regierung die Schweiz um unverzügliche Weiterleitung dieses Schriftstücks bitte. Dann informierte er Stucki, dass derselbe Text über Schweden an die Regierungen Grossbritanniens und Sowjetrusslands übermittelt werde, dass aber ausschliesslich die an die Schweiz abgegebene englische Fassung als massgeblich und rechtlich verbindlich zu betrachten sei. Abschliessend erwähnte Minister Kase, in Tokio erbitte man die Antworten aus Washington und Peking wieder durch die schweizerische Vermittlung.[3]

Das war nun eine Situation ganz nach Stuckis Geschmack: Diplomatie zur Friedensvermittlung zwischen den Weltmächten. Stucki dachte offensichtlich keine Sekunde daran, vorerst Bundesrat Petitpierre oder den Gesamtbundesrat zu informieren oder gar die Genehmigung für das Vermittlermandat einzuholen. Er versicherte dem Japaner vielmehr spontan, er werde für die sofortige Übermittlung des Textes sorgen. Zudem forderte er Minister Kase auf, ihm drei weitere Exemplare des Originaltextes nachzuliefern, denn Fotokopierer gab es in der Bundesverwaltung noch keine. Die Tür von Stuckis Büro hatte sich kaum hinter Minister Kase geschlossen, da erteilte der in vielen entscheidenden oder heiklen Situationen erprobte und bewährte Diplomat auch schon die ersten Befehle und Anweisungen: Er gab den Text der japanischen Regierung sofort ins Chiffrierbüro, liess die Schweizer Gesandtschaft in Washington mit einem offenen, also nicht verschlüsselten Telegramm vorwarnen, dass in Bälde ein längeres chiffriertes Telegramm aus Bern eintreffen werde. Dann entwarf Stucki den Begleittext und die genauen Anweisungen an den Geschäftsträger der Schweiz in Washington, wo Legationsrat Max Grässli den ferienhalber abwesenden Gesandten Karl Bruggmann vertrat. Um

19.35 Uhr – in Washington war es 14.30 Uhr – wurde die japanische Kapitulationserklärung mit Stuckis ebenfalls verschlüsseltem Begleittext per Telegraf (vermutlich über Radio Schweiz) abgeschickt.

Weil die Schweiz in Chongqing keine diplomatische Vertretung unterhielt, konnte Stucki die japanische Erklärung nur über die chinesische Gesandtschaft in Bern nach China übermitteln. Auf seinen Anruf hin erhielt er die unbestimmte Antwort, der chinesische Gesandte halte sich momentan irgendwo in Luzern auf. Obwohl man im Jahr 1945 ein Mobiltelefon ebenso wenig kannte wie einen Fotokopierer, gelang es Stucki, den Chinesen innerhalb kurzer Zeit aufzutreiben und ihn fernmündlich über die japanische Kapitulation zu informieren. Auf Stuckis Ersuchen schickte der Vertreter Chinas sofort seinen ersten Mitarbeiter ins Bundeshaus, wo diesem der japanische Text mit den nötigen mündlichen Erläuterungen ausgehändigt wurde. Es war bereits 22 Uhr, als Stucki auch noch den amerikanischen Gesandten in Bern, Leland B. Harrison, empfing und ihm, der guten Ordnung halber (das heisst zur Orientierung, nicht zur Weiterleitung, die ja bereits über schweizerische Kanäle erfolgt war) ebenfalls ein Exemplar der japanischen Erklärung überreichte. Als letztes verfasste Stucki an diesem 10. August knapp vor Mitternacht eine Aktennotiz, die er den beiden Bundesräten Petitpierre, also seinem Vorgesetzten und Aussenminister, sowie Celio aufs Pult legen liess.⁴ Damit, so fand er, habe er der Informationspflicht gegenüber der eigenen Regierung Genüge getan; denn schliesslich lag das Vermittlermandat bei ihm ja in guten Händen.

Das chiffrierte Telegramm aus Bern traf um 18 Uhr (Eastern War Time) in der schweizerischen Gesandtschaft in Washington ein. Noch während der Entschlüsselung bat Legationsrat Max Grässli um eine Audienz bei Staatssekretär Byrnes, dem amerikanischen Aussenminister, der kurz darauf ausrichten liess, er sei bereit, den Schweizer um 20.30 Uhr in seinem Appartement im Shoreham Hotel zu empfangen.⁵ Als Grässli dort eintraf, staunte er nicht schlecht über die Begrüssungsworte Byrnes, nämlich er habe den Besuch eines Vertreters der Schweiz eigentlich den ganzen Nachmittag lang erwartet; denn die schwedische Gesandtschaft in London habe den Briten das japanische Kapitulationsangebot bereits am Mittag überreicht. Grässli rechtfertigte die Verzögerung mit übermittlungstechnischen Gründen, die den

Der japanische Gesandte Minister Kase, begleitet von seinem ersten Sekretär, überbringt Stucki die Kapitulationserklärung Japans.

Max Grässli, Geschäftsträger in der Schweizer Gesandtschaft in Washington, trifft Staatssekretär James Byrnes, den amerikanischen Aussenminister (links), um ihm die aus Bern eingetroffene japanische Kapitulation zu überbringen.

Weg über Bern kompliziert hätten, und er konnte glaubhaft belegen, dass weder in der Schweizer Zentrale in Bern noch bei der Schweizer Vertretung in Washington Zeit verloren worden sei. Byrnes gab sich jovial, akzeptierte des Schweizers Beweisführung und machte Grässli darauf aufmerksam, dass die Presse Wind von der Kapitulationsbereitschaft Japans bekommen habe, dass die Journalisten ihn deshalb schon seit bald fünf Stunden mit Fragen bestürmten und mit Mutmassungen konfrontierten. Dann begab sich der Staatssekretär ins Weisse Haus, wo kurz danach auch Kriegsminister Stimson und Marineminister Forrestal eintrafen, um mit dem Präsidenten und dessen Stabschef, Admiral Leahy, über die Antwort an Tokio zu beraten. Grässli kehrte in die Schweizer Gesandtschaft zurück, wo er für sein Personal einen 24-Stunden-Dienst- und Ablöseplan entwarf.

Die offizielle Antwort der USA, die auch im Namen von Grossbritannien, der UdSSR und Chinas an die Japaner gerichtet wurde, traf um 10.40 Uhr am Samstagvormittag bei der Schweizer Gesandtschaft ein, überbracht von einem Boten des State Departments. Der Text wurde chiffriert und knappe zwei Stunden später von der RCA Communications Inc. nach Bern übermittelt. Im wesentlichen Punkt ihrer Antwort lehnten die Alliierten den japanischen Vorbehalt betreffend die Autorität des Kaisers nicht ausdrücklich ab, sondern umschrieben die Ablehnung damit, dass die Regierungsgewalt in Japan im Moment des Vollzugs der Kapitulation an den Oberkommandierenden der alliierten Streitkräfte in Japan übergehen werde. Letztlich, das heisst nach einem Friedensschluss und nach Rückzug der alliierten Besatzungsbehörden, werde dann die Regierungsform Japans, so schloss die vom amerikanischen Aussenminister James Byrnes unterzeichnete Note, entsprechend der Potsdamer Deklaration durch den frei ausgedrückten Willen des japanischen Volkes bestimmt. Damit war klar, dass die Alliierten auf der Bedingungslosigkeit der japanischen Kapitulation beharren würden und dass der Waffenstillstand vorläufig noch nicht in Kraft treten konnte.

Obwohl er die Antwort der Alliierten erst gegen Abend erwarten konnte, war Minister Stucki am Samstag, dem 11. August schon früh wieder in seinem Büro anzutreffen. Von verschiedener Seite war er auf die «Verspätung», die das japanische Kapitulationsangebot auf dem Weg über Bern gegenüber dem über London geleiteten Exemplar erlitten hatte, aufmerksam gemacht worden.

Er setzte sich – und zwar persönlich, wie er wiederum in einer Aktennotiz festhielt – mit allen für die Übermittlung in Betracht kommenden technischen Mitarbeitern und Organisationen in Verbindung, um sicherzustellen, dass bei der zu erwartenden Antwort der Alliierten unter gar keinen Umständen auch nur eine Sekunde Zeit unnütz vertan werde.

Aber erst um 20.50 Uhr (Ortszeit) wurde Stucki von Radio Schweiz informiert, dass soeben ein langes chiffriertes Telegramm aus Washington für ihn eingehe. Er bestellte sofort den japanischen Gesandten zu sich und unterrichtete diesen um 21.25 Uhr über den eingehenden Text. 20 Minuten später übergab er Minister Kase in einem formellen und protokollierten Akt den vollständigen englischen Text der alliierten Note. Dann hielt er ausdrücklich fest, dass er «von nun an jederzeit, Tag und Nacht, zur Entgegennahme der Rückantwort aus Tokio zur Verfügung stehe».

Es war bereits nach 22 Uhr, als er nochmals den Direktor von Radio Schweiz persönlich zu sprechen verlangte und ihm darlegte, weshalb es von lebenswichtiger Bedeutung sei, dass die für ihn bestimmten oder von ihm ausgehenden Telegramme von und nach Washington oder Tokio mit absoluter Priorität behandelt würden: In jeder Stunde, welche der ja bereits entschiedene Krieg noch andaure, müssten Dutzende von alliierten und japanischen Soldaten sowie in Japan – je nach Strategie, welche die Amerikaner wählten, um den Waffenstillstand endlich durchzusetzen – Hunderte von Zivilisten, bei einem weiteren Atombombenabwurf sogar Zehntausende, ihr Leben lassen. Und dafür wolle er die Verantwortung nicht übernehmen. Um 23.25 Uhr erfuhr Stucki von Radio Schweiz, dass Kase ein mindestens hundert Worte langes, verschlüsseltes Telegramm an die japanische Regierung abgesetzt habe. Also machte man sich in Bern auf eine bald eintreffende Antwort aus Tokio gefasst.[6]

Die Zeitungen dies- und jenseits des Atlantiks übertrumpften sich jetzt gegenseitig mit Schlagzeilen zum so lang ersehnten und nun endlich konkret werdenden Kriegsende. Die Schweizer Gesandtschaft in Washington an der Cathedral Avenue 2900 wurde von Reportern belagert, die jede Bewegung der 55 im Gesandtschaftsgebäude arbeitenden Personen beobachteten, notierten und Notizen an ihre Zeitungsredaktionen weitergaben. Max Grässlis Sekretärin Elsa Helfenstein verfasste später unter dem Pseudonym Barbara Gail einen 13 Seiten langen, englisch geschriebenen und offensichtlich für die amerikanischen Medien bestimmten Bericht über die Ereignisse und die Stimmung im Schweizer Gesandtschaftsgebäude in den Tagen vom 10. bis 15. August, und zwar aus einer dem heutigen Leser etwas naiv erscheinenden Zuschauerperspektive.

Am Sonntag, 12. August erwartete man dies- und jenseits des Atlantiks die endgültige Kapitulation Japans. «End of war expected today» lautete die Schlagzeile des *Sunday Star*. Präsident Truman hatte sein Kriegskabinett im Weissen Haus versammelt und wartete, wie sein ganzes amerikanisches Volk, auf das erlösende Telegramm aus Bern. Wo man hinkam, hatten sich rund um die Radioapparate Menschentrauben gebildet, aus denen je länger je lauter die Unmutsbekundungen über die ausbleibende Reaktion der Japaner und vereinzelt auch über die vermutete schleppende und verzögernde Arbeitsweise der schweizerischen Vermittler laut wurden. Vor lauter Anspannung und Aufregung sei sie in jenen Tagen zur Kettenraucherin geworden, schilderte Elsa Helfenstein ihre persönliche Stimmungslage.[7]

In Bern nahm Stucki, als er am Sonntag frühmorgens ins Büro kam, stirnrunzelnd die Meldung entgegen, Tokio habe in der vergangenen Nacht den japanischen Gesandten in Bern um Wiederholung des kurz vor Mitternacht übermittelten Telegramms ersucht. Gemäss Radio Schweiz wurde die Wiederholung erst um 8 Uhr am Sonntagmorgen gesendet. Damit, so ärgerte sich Stucki, waren wiederum mindestens acht wertvolle Stunden nutzlos vertan. Er versuchte sich vorzustellen, wie es in dem von Bomben zerstörten Tokio aussehen musste, wenn nicht einmal die Regierung in der Lage war, den Telegrammverkehr mit dem Ausland aufrechtzuerhalten. Um 9.35 Uhr meldete Tokio unverschlüsselt, das Telegramm aus Bern sei jetzt empfangen und sein Inhalt verstanden und zur Kenntnis genommen worden. Die Spannung stieg an. Die Angehörigen der Pikettteams wagten kaum, ihren Arbeitsplatz auch nur für zwei Minuten zu verlassen. Doch im Äther zwischen Bern und Tokio blieb es still, die Empfangsgeräte stumm. Gegen Abend befahlen Stucki und Grässli die Organisation des Pikettdienstes für die bevorstehende Nacht. In Bern und Washington wurden Dienstpläne entworfen, Notbetten aufgestellt, Imbisse und Kaffee vorbereitet. Die wartenden Reporter vor dem Tor der Schweizer Gesandtschaft in Washington zeigten sich zusehends ungeduldiger.

Um 22.30 Uhr läutete bei Stucki das Telefon. Direktor Rothen von Radio Schweiz hatte den Sonntag ebenfalls am Arbeitsplatz verbracht und setzte Stucki von einem soeben empfangenen Telegramm aus Tokio in Kenntnis: Danach werde die erwartete Antwort der japanischen Regierung nicht vor 6 Uhr Berner Ortszeit am Montagmorgen eintreffen. Stucki ordnete an, den Pikettdienst aufrechtzuerhalten, aber die Dringlichkeitsstufe herabzusetzen. In der Gesandtschaft in Washington wurde Elsa Helfenstein in der Alarmzentrale durch den Stagiaire Charly Ochsner abgelöst, der die eingetretene Ruhe nutzte, um an seiner Diplomarbeit über Friedensbewegungen im 16. Jahrhundert weiterzuschreiben, die er im Sommer an der Georgetown University einreichen wollte. Der Chronist, den Grässli zur Tagebuchführung bestimmt hatte, notierte unter dem Datum vom 12. August schlicht: «Keine Ein- und Ausgänge». Geschäftsträger Max Grässli indes verbrachte die Nacht am Schreibtisch.

Am Montag, dem 13. August geschah vorerst einmal nichts, ausser dass sich Müdigkeit und Nervosität in den Nachrichtenzentralen sowohl in Bern als auch in Washington breitmachten. Einige Mitarbeiterinnen, die den Pikettdienst in der Nachtschicht geleistet hatten, blieben, nachdem sie abgelöst worden waren, im Büro, um den entscheidenden Moment ja nicht zu verpassen. Als endlich um 7.45 Uhr das Telefon auf Stuckis Schreibtisch läutete, schnellte der Adrenalinspiegel bei den zur Morgenschicht Eingeteilten auf rekordverdächtige Höhe. Nur auf Stuckis Gesicht liess sich nicht die geringste Erregung ablesen. Der Anruf kam wieder einmal nicht aus Tokio, vielmehr bestätigte Direktor Rothen von Radio Schweiz, dass die Verbindung zwischen Bern und der japanischen Hauptstadt die ganze Nacht im «Stand-by»-Status aufrechterhalten worden, dass aber das erwartete Telegramm dennoch nicht eingetroffen sei. Um den Betrieb in der Zentrale des Politischen Departements in Bern nicht ganz einschlafen zu lassen, entwarf Stucki ein Telegramm an die Schweizer Gesandtschaft in Washington mit der ans State Department zu richtenden Anfrage, ob die erwartete japanische Antwort, um ihre Übermittlung zu beschleunigen, allenfalls unchiffriert von Bern nach Washington weitergereicht werden könne. Die Antwort war zunächst zustimmend. Um 10.30 Uhr Washingtoner Zeit teilte Unterstaatssekretär Grew dem Schweizer Geschäftsträger dann aber telefonisch mit, die Regierung wünsche, dass die japanische Antwort nur dann unverschlüsselt übermittelt werde, wenn es sich um eine vorbehaltlose Annahme der alliierten Bedingungen handle. Falls die Japaner hingegen erneut verhandeln wollten, werde um chiffrierte Weiterleitung gebeten. Auf jeden Fall aber solle auch der amerikanische Gesandte in Bern auf dem neusten Stand der Dinge gehalten werden.

Wenig später rief Grew erneut bei der Schweizer Vertretung in Washington an und verlangte von der Schweiz die genauen Zeitangaben betreffend die Übermittlung der amerikanischen Antwortnote vom 11. August. Die vom militärischen Geheimdienst abgehörten japanischen Radiosender, erläuterte er dem erstaunten Schweizer Geschäftsträger, hätten nämlich eine Meldung der Nachrichtenagentur Domei verbreitet, wonach – immer gemäss Verlautbarung der japanischen Regierung – die vom 11. August datierende und von Bern übermittelte amerikanische Antwort erst im Laufe des 13. August bei der japanischen Regierung in Tokio angekommen sei. Man wünsche deshalb, führte Grew aus, ein Memorandum, mit dem die Schweiz Stellung nehme zum impliziten Vorwurf, sie habe die Übermittlung und damit möglicherweise das Kriegsende um anderthalb Tage verzögert.

Nun drohte die Verbindung zwischen Washington und Bern plötzlich heiss zu laufen. Um 18 Uhr Ortszeit in Bern schickte Stucki, der von Radio Schweiz sofort ein minutiös-genaues Sendeprotokoll verlangt und erhalten hatte, die Entgegnung auf die japanischen Radiomeldungen an Geschäftsträger Grässli in Washington: Die Domei-Meldung sei in doppelter Hinsicht falsch, führte Stucki aus, denn erstens sei die amerikanische Antwort nicht dem Schweizer Gesandten in Tokio, sondern dem japanischen Gesandten in Bern ausgehändigt worden, und zweitens sei dies nachweislich am 11. August zwischen 21.15 und 21.40 Uhr geschehen. Ferner habe man in Bern mitverfolgen können, dass Minister Kase kurz nach 23 Uhr eine längere chiffrierte Meldung nach Tokio gesendet und – offenbar auf Wunsch der japanischen Regierung – diese Meldung am Sonntag, 12. August wiederholt habe, worauf in Bern um 9.35 Uhr die Bestätigung aus Tokio eingegangen sei, dass die amerikanische Antwort auf das Kapitulationsangebot der japanischen Regierung jetzt vorliege. Die Ursache für die Verzögerung liege somit, hielt Stucki fest, nicht in schweizerischer Verantwortung, sondern die Verspätung sei erst eingetreten, nachdem er die amerikanische Note dem japanischen Gesandten ausgehändigt habe. Als Zeugen konnte Stucki den amerikanischen Gesandten Harrison in Bern aufführen, den er von Anfang an immer auf dem Laufenden gehalten hatte und selbstverständlich auch weiterhin über jeden Schritt informieren werde.

Die (wegen des Zeitverlusts bei der Ver- und Entschlüsselung) auf die wesentlichen Fakten konzentrierte Entgegnung Stuckis wurde vom Schweizer Geschäftsträger in Washington unter Anwendung der üblichen Floskeln in die Form eines diplomatischen Memorandums gegossen, wie Unterstaatssekretär Grew es verlangt hatte, und am Abend des 13. August den Amerikanern ausgehändigt. Die amerikanischen Behörden fackelten nicht lange: Sie übergaben das Memorandum noch am gleichen Abend der Presse, und kaum bei einer Zeitung, die etwas auf sich hielt, fehlte in der Morgenausgabe des 14. August auf der Titelseite die süffig formulierte Schlagzeile. Bei den *Washington News* nahm allein der Titel die halbe Zeitungsseite ein: «JAPS LIE ABOUT RECEIPT OF NOTE, SWISS DECLARE» («Die Japaner lügen, was den Empfang der Note anbetrifft, erklären die Schweizer»). Die Amerikaner begannen jetzt, Druck zu machen. Zuerst auf die sanfte Tour: Admiral Nimitz, der die Flotte im Pazifik befehligte, offerierte den Japanern einen alternativen Übermittlungskanal über den US-Stützpunkt auf Guam anstatt über Bern, um ihre Antwort schneller nach Washington senden zu können. Am Nachmittag des 13. August zitierten verschiedene Zeitungen in den USA eine «zuverlässige Quelle in Washington» mit – wie die *New York Times* schrieb – folgenden Worten: «Wenn die japanische Kapitulation nicht bis heute Nachmittag erfolgt, besteht alle Aussicht, dass die ganze Hölle der alliierten Kriegsmacht, die Atombomben inbegriffen, wieder mit unfassbarer Wucht gegen Japan entfesselt wird.»

Grosse Verwirrung verursachte eine amerikanische Nachrichtenagentur mit der Falschmeldung «Truman kündigt die Kapitulation Japans an». Tausende Amerikaner strömten in kürzester Zeit jubelnd vor dem Weissen Haus zusammen, die Journalisten stürmten das Pressezimmer, in dem Truman sich an die Medien zu wenden pflegte. Doch ausser einem Dementi gab es nichts zu berichten. Der von Grässli bestimmte Chronist in der Schweizer Gesandtschaft in Washington notierte wiederum lakonisch: «Nichts zu melden. Alles auf Pikett.»

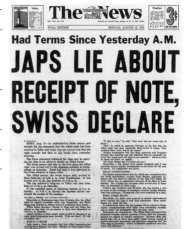

Schlagzeile der *Washington News*: «Die Japaner lügen, was den Empfang der Note anbetrifft, sagen die Schweizer».

Jetzt schossen die Spekulationen über die zu erwartende amerikanische Reaktion auf das japanische Schweigen erst recht ins Kraut. Es gab kaum eine kriegerische Massnahme, vom Atombombenabwurf bis zur Invasion der japanischen Kernlande, die nicht als nächster Schritt der Alliierten angekündigt wurde. Man richtete sich in Bern und in der Schweizer Gesandtschaft in Washington für den nächsten nächtlichen Pikettdienst ein. Elsa Helfenstein erhöhte die Anzahl ihrer abendlichen Gebete auf acht. Grässli brachte seine Gedanken zu Papier, die er später als Schlussbericht an Stucki sandte: «Der amerikanische Sensationshunger, der durch Presse und Radio weidlich ausgenutzt wurde, hat es natürlich bewirkt, dass durch die lange Wartezeit die Nerven des sehnlichst auf gute Nachrichten wartenden amerikanischen Volkes bis zum Zerreissen angespannt wurden. Da jeder der erste sein wollte in der Verbreitung guter Nachrichten, erklärt sich auch, warum verschiedene falsche Meldungen in die Welt gesetzt wurden.»

Rund um den Globus rätselte und spekulierte man über das japanische Schweigen. In Washington und Bern hoffte man auf das Beste und befürchtete gleichzeitig das Schlimmste. Was man indessen nicht wusste, war, dass sich in Tokio inzwischen dramatische Szenen abspielten. Die Militärs, die in Japan die Politik bestimmten, waren in eine Kriegs- und eine Friedenspartei gespalten. Die Friedenspartei, die für die Annahme des amerikanischen Ultimatums plädierte, gruppierte sich um die Admirale der japanischen Seestreitkräfte. Ihnen war schon seit Langem klar, dass Japan den Krieg endgültig verloren hatte: Nippons Kriegsschiffe lagen, von amerikanischen Torpedos durchlöchert und vom Feuer der schweren amerikanischen Schiffsgeschütze getroffen, auf dem Meeresgrund. Die Handelsflotte, die den für Japans Überleben notwendigen Nachschub an Nahrung sowie die Rohstoffe für die Rüstungsindustrie hätte heranschaffen müssen, bestand nur noch aus wenigen Einheiten, und die wagten ohne militärischen Geleitschutz nicht mehr, die Heimathäfen zu verlassen. Selbst wenn es deshalb in Japan noch Hunderte von einsatzbereiten Kamikazepiloten und etliche Divisionen marschbereiter Infanterie gab: Es fehlte an Rohmaterial, um für die Piloten Flugzeuge und für die Landstreitkräfte Munition herzustellen. Der Krieg konnte aus rein wirtschaftlichen und versorgungstechnischen Gründen unmöglich fortgesetzt werden.

Doch die Generäle der Landstreitkräfte verfügten offenbar nicht über den Weitblick, den ihre seefahrenden Kollegen an den Tag legten. Sie beharrten darauf, dass etliche ihrer Divisionen oder zahlreiche Regimenter noch gar nicht ins Kriegsgeschehen eingegriffen hätten, sondern praktisch unversehrt auf den Hauptinseln des japanischen Kernlandes bereitstanden, um die alliierten Invasionstruppen, sollten sie auf Hokkaido oder Honshu zu landen versuchen, ins Meer zurückzuwerfen. Ministerpräsident Kantaro Suzuki, Vorsitzender des Obersten Kriegsrats, ein hochdekorierter Held des russisch-japanischen Kriegs von 1904/05, der sich in der Seeschlacht von Tsushima bei der Versenkung der russischen Flotte durch kühne Aktionen ausgezeichnet hatte, war über 80 Jahre alt und viel zu schwach, um in diesem knochenhart geführten Machtkampf einen Entscheid zu treffen und ihn dann auch durchsetzen zu können. Er schwankte, mal diesen, mal jenen zustimmend, zwischen dem Kriegs- und dem Friedensflügel seiner Regierung hin und her. Das entscheidende Wort, so war man sich bewusst, konnte nur der als Gott verehrte japanische Kaiser, der Tenno, sprechen. Doch noch nie hatten die Japaner, ein paar Hofschranzen ausgenommen, die Stimme des göttlichen Tenno gehört.[8]

Nach dem Eintreffen der amerikanischen Antwort vom 11. August auf das Kapitulationsangebot der Japaner war der Machtkampf zwischen Kriegs- und Friedenspartei voll entbrannt. Wie ein Blitz schlug deshalb die Nachricht aus dem Kaiserpalast ein, der Tenno habe eine Ansprache an das japanische Volk auf einen Tonträger aufnehmen lassen, in der er, ohne das Wort Kapitulation zu benutzen, seine Landsleute dazu aufrufe, die Waffen schweigen zu lassen und den zukünftigen Weg Japans im Frieden zu suchen. Die Ansprache sollte über Radio verbreitet und deshalb im Studio des grössten Senders in Tokio abgespielt werden. Für die Kriegspartei galt es, um jeden Preis zu verhindern, dass der Tonträger mit der Rede des Tenno ins Studio gelangte. Die eigentliche, gewaltsame Rebellion brach im Hauptquartier des Heeres aus, nachdem in der Sitzung des Kriegskabinetts vom 12. August die Friedenspartei obsiegt hatte. Sobald durchgesickert war, der Kaiser habe sich den Argumenten der Friedenspartei angeschlossen, zeigten sich zahlreiche auf den Tenno eingeschworene Offiziere mittleren Grades und Alters überzeugt davon, sie müssten den

Gottkaiser aus den Klauen der Verräter retten, die ihn für einen billigen Frieden den Amerikanern ans Messer liefern wollten.

Der Aufstand begann mit der Gefangennahme der Radiojournalisten: Wie fast immer in der Weltgeschichte, wurden zuerst nicht die Urheber, sondern die Überbringer der schlechten Nachricht bestraft. Auf der Suche nach dem alles entscheidenden Tonträger, der die Rede des Tenno enthielt, drangen einige Rebellen sogar in Teile des Kaiserpalasts ein. Um die Alliierten von einem Angriff abzuhalten, solange sie die Lage in Tokio noch nicht im Griff hatten, kamen die Aufständischen dann auf die Idee, das Empfangsdatum des Telegramms aus Bern zu fälschen, was in der Folge zum bereits erwähnten Klärungsbedarf zwischen Washington und Bern führte. Nachdem das Radiostudio in Tokio von den Rebellen besetzt, der Sitz von Ministerpräsident Suzuki von den Aufständischen gestürmt, Suzuki zur Flucht gezwungen und der Kaiserpalast – erfolglos – nach der Rede des Tenno durchsucht worden war, artete die Rebellion in ein Blutbad aus, in dem einige Minister den Tod fanden. Doch ihre Unfähigkeit, der aufgezeichneten Rede des Tenno habhaft zu werden, brach den Rebellen das Genick. Immer mehr Offiziere besannen sich auf den Eid, mit dem sie dem Kaiser Gehorsam bis in den Tod geschworen hatten und verweigerten sich dem Aufstand. Indem sich das Garderegiment auf die Seite der Friedenspartei schlug, entschied es den Machtkampf endgültig zugunsten derjenigen, die sich der bedingungslosen Kapitulation zu unterwerfen bereit waren. General Anami, der Anführer der Rebellen, beging Selbstmord. Der Aufstand der Kriegspartei war endgültig niedergeschlagen, Japan zur Unterschrift unter die Kapitulation bereit. Als die Stimme des Tenno blechern und scheppernd durch die Lautsprecher zu vernehmen war, sanken die Japaner vor ihren Radioapparaten auf die Knie, denn es war das erste Mal, dass sie ihren Gottkaiser sprechen hörten.

«Wir hatten keine Ahnung, was in Tokio vorging», gab Grässli später zu Protokoll und ergänzte, mit einem Seitenhieb auf den Schweizer Gesandten in der japanischen Hauptstadt, der sich mehr durch seine literarischen denn durch seine diplomatischen Fähigkeiten ausgezeichnet haben soll: «Es lag ja nicht in der Natur des Herrn Gorgé, solche Sachen zu berichten.»[9] Grässli hatte sich inzwischen in seinem Büro wohnlich eingerichtet; er aß am Schreibtisch und schlief auf einem Notbett neben dem Bücherregal. Seine Sekretärin Elsa Helfenstein kaufte sich bei Florsheim, dem nächstgelegenen Schuhladen, ein Paar neue Wildlederschuhe, die sie zum Tanzen auf den Strassen tragen wollte, sobald der amerikanische Präsident das Kriegsende verkündete.

Der 14. August war zunächst der Tag der Gerüchte und Falschmeldungen. Grässli sah sich zu mehreren Malen veranlasst, Dementis zu veröffentlichen. Sogar Trumans Pressesekretär Charles Ross hatte um die Mittagsstunde fälschlicherweise bekannt gegeben, die Schweizer hätten eine lange, für Washington bestimmte Mitteilung erhalten. Gegen 15 Uhr verfasste Stucki in Bern ein kurzes Telegramm an Grässli. Dieser gab die zwei Zeilen ans State Department weiter, wo sie veröffentlicht wurden und um die halbe Welt gingen. Wohl noch nie zuvor hatte eine «Nichtnachricht» so rasch eine derart weite Verbreitung gefunden wie dieses Telegramm Stuckis vom 14. August: «Légation du Japon déclare que télégramme chiffré reçu aujourdhui par elle de Tokio ne contient pas réponse attendue par monde entier.» («Die japanische Gesandtschaft erklärt, das Telegramm, das sie heute aus Tokio erhalten habe, beinhalte nicht die von der ganzen Welt erwartete Antwort.»)

Während auf den Salomon-Inseln die letzten dort noch in Erdlöchern ausharrenden japanischen Truppen sich den Amerikanern ergaben, während die Rote Armee in der Mandschurei die Befestigungsanlagen der Japaner am Grossen Chingan durchbrach und pro Tag zwischen 15 und 45 Kilometer vorrückte, besprach sich Stucki telefonisch mit dem schweizerischen Geschäftsträger in Washington – und zwar in schweizerdeutscher Sprache – über den Stand der Dinge. Nach den ersten Worten wurden sie von der Amtszentrale in Washington unterbrochen, dies mit der Begründung, Gespräche von den USA ins Ausland dürften nur auf Englisch geführt werden. Wie gut sich die diplomatischen Verbindungswege inzwischen eingespielt hatten, zeigte sich, indem nach Grässlis Reklamation beim State Department innerhalb von nur drei, vier Minuten die offizielle Erlaubnis der Telefongesellschaft eintraf, die Gespräche auf Schweizerdeutsch weiterzuführen.

Aber auch in Bern hörte man die Auslandgespräche mit, wie die Protokolle der Zensurstelle beweisen: Harrison, der amerikanische Gesandte, konnte kein Wort mit seinem Chef, Unterstaatssekretär Byrnes in Washington wechseln, das von den Schweizer Telefonüberwachern nicht protokolliert worden wäre. Dabei war der Inhalt der Telefongespräche durchs Band weg harmlos; wich-

Minister Kase lässt sich vors Bundeshaus chauffieren, um Stucki die endgültige Version des japanischen Kapitulationsangebotes zu überbringen.

Der amerikanische Gesandte in Bern, Leland B. Harrison, wird von Minister Stucki fortlaufend über den Stand der Kapitulationsverhandlungen informiert.

tige Nachrichten wurden von den amerikanischen Diplomaten sicher nicht unverschlüsselt per Telefon, sondern als codierte Funkmeldung übermittelt. Leland B. Harrison bestätigte in seinen Telefonaten, die von den Schweizern minutiös aufgenommen wurden, zum Beispiel, dass er von Stucki in jeder Beziehung rasch und offen über den jeweils neusten Stand der Dinge informiert werde.

Aber immer noch dauerte das Schweigen Tokios weiter an. Die Journalisten, die in Washington und Bern auf die erlösende Nachricht warteten, begannen sich zu langweilen. Walter McCardell von *Associated Press* hatte sich am Sonntag in der Schweizer Gesandtschaft in Washington niedergelassen und das Gebäude seither nicht mehr verlassen. Elsa Helfenstein tröstete die Wartenden mit Bibelsprüchen: «Thou shalt rejoice in the Lord and shall glory in the Holy One of Israel.» Da, um 18.50 Uhr des 14. August kam endlich der erlösende Anruf von Minister Kase: Der japanische Gesandte informierte Stucki, das lang erwartete Telegramm aus Tokio sei soeben eingetroffen. Es müsse aber zuerst entschlüsselt werden, doch hoffe er, den Text in einer Stunde überbringen zu können. Stucki alarmierte die Gesandtschaft in Washington, sie solle sich auf den Empfang der Note vorbereiten; Geschäftsträger Grässli leitete die gute Nachricht mündlich und schriftlich ans State Department weiter.

Um 20 Uhr empfing Stucki in seinem Büro den japanischen Gesandten und nahm die Note aus Tokio in Empfang. Im Nebenzimmer wartete bereits der amerikanische Gesandte Harrison, der von Stucki herbestellt worden war. Zusammen prüften Stucki und Harrison den Text aus Tokio, und sie gelangten dabei zum Schluss, dass die japanische Note verschiedene Unklarheiten und Unvollständigkeiten beinhalte und deshalb nicht unchiffriert weitergeleitet werden könne. Um 21.03 Uhr ging das verschlüsselte Telegramm nach Washington ab, wo es um 16.45 Uhr Washingtoner Lokalzeit eintraf und wiederum dechiffriert wurde. Die amerikanischen Journalisten erwachten blitzartig, als der offizielle Wagen der Schweizer Gesandtschaft vor dem Hauptportal vorfuhr. Um 17.45 Uhr kam Grässli die Eingangstreppe herunter. Hart bedrängt von Fotografen und Reportern sagte er nur: «Ich bin auf dem Weg ins State Department!» und gab dem Chauffeur das Zeichen zur Wegfahrt.[10]

Noch schnöder ging man in Bern mit den Presseleuten um: Als der von Stucki zitierte amerikanische Gesandte Harrison im selbst gesteuerten Fiat-Topolino vor dem Bundeshaus vorfuhr, versicherte er den Journalisten, es gebe gar nichts Neues zu berichten. Dann verliess Stucki selbst das Bundeshaus durch das Hauptportal, scheinheilig mit einem Lächeln auf den Stockzähnen, angeblich um sich zum Nachtessen zu begeben. Die Journalisten, durch Stuckis Weggang überzeugt, es werde sich in den kommenden Stunden weiterhin nichts Entscheidendes abspielen, beschlossen ihrerseits, sich ums Essen zu kümmern und beachteten nicht, dass Stucki durch einen Nebeneingang ins Bundeshaus zurückkehrte und dass fast gleichzeitig der japanische Gesandte durch denselben Nebeneingang in die Büros der Politischen Abteilung gelangte, wo er Stucki das langerwartete Dokument überreichte.

So ging der entscheidende Akt, nämlich die Aushändigung der japanischen Kapitulationsurkunde, im Bundeshaus ohne Pressebegleitung über die Bühne. Der Journalist der *Tat*, der «Die verpasste Weltsensation» in seinem Blatt zum Thema eines ganzseitigen Bildberichts machte, vermutete hinter «Stuckis Stückli», wie er das Versteckspiel des erfahrenen Diplomaten mit der Presse nannte, einen Revancheakt, war doch Stucki seinerseits bei ande-

Minister Harrison, Gesandter der USA in Bern, fährt am Steuer seines Fiat-Topolino vor dem Bundeshaus vor und speist die wartenden Journalisten mit «Nichts Neues» ab, um dann von Stucki die japanische Kapitulation entgegenzunehmen.

ren Gelegenheiten, wie etwa bei der Ankunft von Laughlin Currie in Bern oder bei Pétains Aufenthalt in Weesen, von den Journalisten überlistet worden. Um 19.45 Uhr liess Stucki dann eine dürre Pressemeldung veröffentlichen, in der er die Entgegennahme der japanischen Note bestätigte.[11]

Um 19 Uhr verlas der amerikanische Präsident an einer Pressekonferenz im Weissen Haus den Inhalt der von den Alliierten und der Schweiz so lange erwarteten Antwort aus Tokio und erklärte damit den Zweiten Weltkrieg als beendet. Zehn Minuten später überreichte ein Beamter im State Department dem Schweizer Geschäftsträger Max Grässli zuhanden der Japaner bereits die ersten Instruktionen über das konkrete Vorgehen zur Umsetzung des Waffenstillstandes sowie die Nachricht, dass General Douglas MacArthur zum obersten Kommandierenden der alliierten Kräfte in Japan ernannt werde, dass seine Anweisungen deshalb für Japan ab sofort bindend und verpflichtend seien.

In Washington strömten Zehntausende auf die Strassen und veranstalteten mit allen möglichen Instrumenten, von Autohupen bis zu Jagdhörnern, einen unbeschreiblichen Lärm, feierten und tanzten bis weit in den nächsten Tag hinein. Als Elsa Helfenstein am Morgen des 15. August erwachte und die Sonne auf eine friedliche Welt hinunterschien, wurden ihre überschwänglichen Glücksgefühle plötzlich durch die Gedanken an Hiroshima, Nagasaki und zahlreiche weitere kleine und grosse in Trümmer liegende Städte gedämpft. Nicht nur bei der Sekretärin, die sich für diesen Anlass neue Schuhe gekauft hatte, auch in der hohen Politik wich die Begeisterung des 14. August bald der nüchternen Bestandsaufnahme der anstehenden Fragen und Probleme. Amerikaner und Japaner hatten zum Teil markant voneinander abweichende Vorstellungen, zum Beispiel über die Besetzung des japanischen Kernlandes, betreffend die Entwaffnung der japanischen Truppen oder die Versorgung der japanischen Bevölkerung. Bis die nötigen Papiere unterschriftsreif und damit die formale Besiegelung der japanischen Kapitulation möglich waren, dauerte es noch beinahe drei Wochen, in denen der von Stucki und Grässli dirigierte diplomatische Apparat den sich misstrauisch gegenüberstehenden Siegern und Besiegten noch etliche Gute Dienste leisten und die Voraussetzungen schaffen konnte, die nötig waren, um die latent vorhandene Feindseligkeit nicht wieder in einen offenen Konflikt ausarten zu lassen.

Die Unterzeichnung der Kapitulationsurkunde fand am 2. September 1945 in der Bucht von Tokio an Bord des Schlachtschiffes «Missouri» statt. Die Zeremonie wurde durch amerikanische Radiosender live übertragen. Stucki, der durch sein bestimmtes und zielgerichtetes Vorgehen an einer zentralen Schaltstelle im Prozess der formalen Vertrauensbildung zwischen den Akteuren beider Kriegsparteien massgeblichen Einfluss auf den Verlauf der Verhandlungen hatte, konnte für sich in Anspruch nehmen, für den zwar mit Komplikationen, aber doch noch innerhalb nützlicher Frist zustandegekommenen Waffenstillstand am Ende des Zweiten Weltkriegs mitverantwortlich gewesen zu sein. Ob er die Übertragung von Bord der «Missouri» mitverfolgen konnte, lässt sich nicht mehr eruieren.

Die ganze spannende Episode vom August 1945 hat im Nachlass Stuckis nur geringen Niederschlag gefunden. Betrachtet man den Ablauf der schweizerischen Vermittlung zwischen den USA und Japan etwas genauer, muss einem rasch auffallen, dass

Unterzeichnung der japanischen Kapitulation im Rahmen einer Zeremonie auf dem amerikanischen Schlachtschiff «Missouri» in der Bucht von Tokio.

Stucki zusammen mit Max Grässli, dem Geschäftsträger a.i. in Washington, absolut selbstständig, ohne Anweisungen durch den Bundesrat, ohne ersichtliche Kontrolle durch die Landesregierung, sondern ganz nach eigenem Gutdünken gehandelt hat. Es gab keine Sitzungen, an denen das Vorgehen besprochen, Bedenken eingebracht, Argumente abgewogen, Anträge gestellt oder gar Abstimmungen durchgeführt worden wären. Der diplomatische Apparat funktionierte genau so, wie Stucki es angeordnet hatte. Dazu mag beigetragen haben, dass die ganze Aktion in die Zeit der Sommerferien fiel, als die Mitglieder der Landesregierung mehrheitlich in ihren Heimatkantonen oder Ferienwohnsitzen weilten und sich mit der Berichterstattung ihres bewährten Spitzendiplomaten mittels Aktennotizen zufrieden gaben. Dennoch: Heute wäre es unvorstellbar, dass eine diplomatische Aktion von solch weltpolitischer Bedeutung in der alleinigen Regie eines, wenn auch hochrangigen, Beamten abgewickelt würde, ohne dass sich der «Aussenminister» dabei an vorderster Front engagieren und dann auch – zur eigenen Profilierung – die entsprechenden Lorbeeren einheimsen würde.[12]

Von Stucki ist keine Einschätzung oder Wertung seiner Vermittlertätigkeit auffindbar. Das Urteil sei deshalb dem Geschäftsträger a.i. der Schweiz in Washington überlassen, der Stucki in der amerikanischen Hauptstadt vorbildlich ergänzt und nötigenfalls auch eigene Initiativen ergriffen hat. Max Grässli konnte – wie Stucki – seine Fähigkeiten ebenfalls vor allem deshalb entfalten, weil sein Vorgesetzter, Minister Bruggmann, in den Sommerferien weilte. Grässli schrieb in seinem Schlussbericht an Stucki: «Zusammenfassend kann wohl gesagt werden, dass die unserer Vermittlertätigkeit nolens volens zuteil gewordene Publizität das Interesse und Verständnis der Öffentlichkeit für die positive Seite unserer Neutralität gefördert hat. Der dauernde Effekt dieser Publizität darf jedoch nicht überschätzt werden, da der Eindruck bald von der allgemeinen Siegesfreude einerseits und den schweren Problemen der wirtschaftlichen Umstellung auf Friedensproduktion verwischt werden könnte.»

Vom Abteilungschef zum Delegierten 16
In Washington den Zenit überschritten

Einer, der schon sehr früh sehr viel von Stucki hielt, war der Basler Historiker und Neutralitätsexperte Edgar Bonjour. Er verfolgte die Laufbahn des Berners aufmerksam und würdigte dessen Leistungen in verschiedenen Zeitungsartikeln, unter anderem in der NZZ und im *Bund*. Stucki war nicht unempfindlich für das Lob, das ihm der zehn Jahre Jüngere öfters öffentlich zuteilwerden liess, und er revanchierte sich, indem er Bonjour in seinen Vorträgen regelmässig zitierte und namentlich erwähnte – so auch, als er in Zürich über «die Schweiz in der Nachkriegszeit» sprach.[1] Die Lage in Europa, sagte Stucki, sei jahrhundertelang dadurch charakterisiert worden, dass dieser Kontinent einerseits die Welt beherrscht, andererseits dank der Gleichgewichtspolitik alle internen Schwierigkeiten immer irgendwie habe meistern können. Mit dem europäischen Gleichgewicht sei die schweizerische Neutralität, wie Bonjour in eindrücklicher Analyse aufgezeigt habe, eng verflochten gewesen; ohne das europäische Gleichgewicht hätte die Neutralität keinen Bestand gehabt. Doch dieser für die Schweiz so vorteilhafte Zustand, führte Stucki weiter aus, sei 1944/45 mit dem Zusammenbruch Italiens und Deutschlands beendet worden. Bis hierher folgte Stucki in seinen Ausführungen weitgehend den unwiderlegten Thesen Bonjours.

Als weniger zutreffend sollte sich hingegen Stuckis daran anschliessende eigene Analyse erweisen, dass nämlich angesichts der neuen Weltordnung die Neutralität nie wieder den früheren Stellenwert erreichen könne. Zwar gebe es Theoretiker, die glaubten, das Gleichgewichts-Dreieck Berlin–Paris–Bern durch das Dreieck Washington–Moskau–Bern ersetzen und damit der Neutralität wieder Auftrieb verleihen zu können. Doch dazu seien die Distanzen zu gross, der Pfeiler Bern zu schwach und sowohl Moskau als auch Washington viel zu wenig an der Schweiz interessiert. Wir wissen inzwischen, dass Stucki von der Geschichte der zweiten Hälfte des 20. Jahrhunderts zu einem grossen Teil widerlegt worden ist, dass die Neutralität der Schweiz in der Zeit des Kalten Kriegs wieder zur Blüte gelangte, weil sich die Welt in ein neues Gleichgewicht, nicht mehr in ein europäisches, sondern in eines zwischen Ost und West einpendelte. Schwierigkeiten gab es dann ab 1989 – und zwar einmal mehr mit den Amerikanern und immer noch als Folge des Zweiten Weltkriegs –, als der Eiserne Vorhang verschwunden war und sich die USA weltweit als scheinbar einzige und unangefochtene Supermacht glaubten etablieren zu können. Aber auch damit war man, wie die Ereignisse uns gelehrt haben, noch nicht am «Ende der Geschichte» angelangt.

Doch zurück zu Stuckis Ausführungen über die Neutralität: Bezugnehmend auf die aktuelle Situation am Kriegsende, als das Ansehen der Neutralität einen noch nie dagewesenen Tiefststand erreicht hatte, sagte der Minister in einem 1949 gehaltenen Vortrag, man sei sich hierzulande kaum bewusst, was es für die Schweiz bedeute, dass sie zum Spielball der Grossmächte geworden sei, jener Staaten also, die die Schweiz je nach momentaner Laune und mit Bedacht auf ihren eigenen Vorteil behandelten. So habe die Sowjetunion das schweizerische Gesuch um Aufnahme diplomatischer Beziehungen kaltschnäuzig abgelehnt und die USA richteten völlig unqualifizierte, unhaltbare oder zumindest masslos übertriebene Beschuldigungen an die Adresse der Schweiz: Danach könne man leicht den Eindruck gewinnen, es gehe den USA darum, die im Zweiten Weltkrieg militärisch unbesiegte Schweiz nachträglich noch in die Knie zu zwingen. Gemäss amerikanischer Lesart habe die Schweiz durch ihre Lieferungen kriegswichtiger Güter nach Deutschland den Weltkrieg wesentlich verlängert, sie habe gewaltige Summen an Raubgut und -gold gehortet und sie habe Tausenden von Kriegsverbrechern Asyl gewährt. Die Begleitmusik zu diesen zum allergrössten Teil aus der Luft gegriffenen oder zumindest masslos übertriebenen Anschuldigungen hätten eine weltweit orchestrierte Presse und die Radiosender aller Länder gespielt. Die Schweiz, analysierte Stucki, die im Ausland Jahrzehnte lang hohes Ansehen genossen habe, sei von diesem Wandel völlig unvorbereitet getroffen worden und in der Öffentlichkeit habe man äusserst empfindlich, ja fast panisch darauf reagiert.

Wenn seine Analyse langfristig auch nicht Bestand haben mochte, für die Situation der Schweiz am Ende des Zweiten Weltkriegs traf sie zu: Die Anschuldigungen der Alliierten (mit den Amerikanern als Sprachrohr) lasteten 1945 tatsächlich schwer auf der Schweiz, auch wenn sie, zumindest in dem Ausmass, wie sie den vom Krieg verschont gebliebenen Eidgenossen vorgehalten wurden, haltlos waren. Die «Argumente» allerdings, welche die Amerikaner ins Feld führten, um die Schweiz gefügig zu machen, waren für einen Kleinstaat nicht zu widerlegen und zudem von kaum zu ertragendem Gewicht: Sie bestanden aus erstens 4 Milliarden in den USA eingefrorenen schweizerischen Guthaben, zweitens der Drosselung der Kohle- und Getreidelieferungen an die Schweiz und drittens aus der Beibehaltung der «schwarzen Listen», die für die Schweizer Exportwirtschaft eine existenzielle Bedrohung darstellten. Zumindest aus dem Blickwinkel der Schweiz von 1945/46 waren diese Massnahmen schlicht eine Erpressung des wehrlosen Kleinstaates durch die Supermacht USA und ihre Verbündeten: Die Westmächte drohten der Schweiz mit nicht weniger als einem eskalierenden Wirtschaftskrieg. In dieser hoffnungslos erscheinenden Situation wurde Stucki gleich zweimal gegen die dreifache Übermacht, bestehend aus je einer amerikanischen, einer britischen und einer französischen Delegation, ins Feld geschickt: Einmal Anfang 1945 in Bern anlässlich des Currie-Besuchs, und dann wieder ein Jahr später bei den besonders schwierigen Verhandlungen in Washington.[2]

In der Zeit dazwischen – um das vorwegzunehmen – waltete Stucki seines Amtes als Abteilungschef im Politischen Departement. Als ranghöchster in Bern amtierender Schweizer Diplomat empfing er ausländische Gäste – meist in Bern akkreditierte Botschafter und Gesandte – und berichtete darüber seinem Chef jeweils in einer Aktennotiz. Die Geschäfte, mit denen sich Stucki als Abteilungschef zu befassen hatte, beschlugen praktisch das ganze Spektrum der schweizerischen Aussenpolitik: Der amerikanische Gesandte Harrison verlangte Einsicht in die Akten und Archive der deutschen Gesandtschaft in Bern, was ihm Stucki verweigerte. Der syrische Gesandte in Paris überbrachte den Wunsch seiner Regierung, mit der Schweiz diplomatische Beziehungen aufzunehmen, ein Anliegen, das Stucki, die Zustimmung des Bundesrates vorausnehmend, begrüsste. Der chinesische Gesandte bedankte sich artig dafür, dass die Schweiz, im Gegensatz zu vielen anderen europäischen Staaten, in China keine Exterritorialitätsrechte in Anspruch genommen habe, worauf sich Stucki für den Dank bedankte.[3]

Stucki konferierte, diskutierte, repräsentierte und dinierte und er war im kleinen internationalen Zirkel Berns omnipräsent. Immer wieder vertrat er dabei seinen Chef, Bundesrat Petitpierre. Er beteiligte sich an den Diskussionen über die Wiederaufnahme der diplomatischen Beziehungen zur Sowjetunion; er befasste sich intensiv mit den Auslieferungsbegehren, die im Zusammenhang mit möglichen Kriegsverbrechen an die Schweiz gestellt wurden; er nahm an den Sitzungen der Bundesratsdelegation teil, die sich mit den Chancen und Gefahren einer Mitgliedschaft in der späteren Uno auseinandersetzte; er untersuchte Anschuldigungen, welche die USA gegen die Schweiz (als Schutzmacht) und gegen das Rote Kreuz wegen der Behandlung amerikanischer Kriegsgefangener in Deutschland erhoben; er überwachte die Rückführung von Schweizer Bürgern aus der sowjetischen Besatzungszone und aus Ostberlin. In seinem Schreibtisch unter Verschluss blieb hingegen der Untersuchungsbericht von Bundesrichter Stauffer über die überproportionale Verbreitung der Homosexualität im Politischen Departement (vgl. Kapitel 14, Anmerkung 3).

Die vorliegenden Akten deuten darauf hin, dass Stucki mit seinem Vorgesetzten, Bundesrat Petitpierre, obwohl er diesen ohne Zeitverlust jeweils im Büro hätte aufsuchen können, meist auf schriftlichem Weg verkehrte. Dabei behandelten sich der jüngere Politiker und der ältere erfahrenere Chefbeamte mit ihren «inkompatiblen Charakteren»[4], selbst wenn sie manchmal ihre Meinungsdifferenzen mit grosser Härte in der Sache austrugen, gegenseitig mit ausgesprochener Höflichkeit und menschlichem Respekt. Anders als über seinen Vorgänger Pilet-Golaz finden sich über Petitpierre keine herabwürdigenden Kritiken oder negative Qualifikationen in Stuckis Korrespondenz, obwohl sich, je länger das Jahr 1945 dauerte, desto deutlicher abzeichnete, dass Petitpierre im Begriff war, den prophezeiten Machtkampf gegen Stucki für sich zu entscheiden, und zwar indem er ihn gar nicht austrug. Im Gegensatz zu seinem Vorgänger Pilet-Golaz war Petitpierre als neuer Chef des EPD gut in die Landesregierung integriert und er fand bei seinen Bundesratskollegen deshalb auch breiten Rückhalt für sein im ersten Amtsjahr wichtigstes Projekt, nämlich die Reorganisation seines Departements. Im Krieg, als die Schweiz unter anderem 219 Schutzmachtmandate ausübte, hatten sich die Anforderungen ans EPD sowie dessen Personalbestand massiv erhöht. Doch nach Friedensschluss änderten sich die Prioritäten der schweizerischen Aussenpolitik; eine Reorganisation war überfällig. Im Ausland mussten zahlreiche Stellen gestrichen, in Bern einige wenige neu geschaffen werden. Insbesondere wurden in der Zentrale die Verantwortlichkeiten, nicht zuletzt diejenigen des Chefs der Politischen Abteilung, auf mehrere Köpfe verteilt.

Für Stucki indes war im völlig neu gezeichneten Organigramm der Departementsverwaltung in Bern kein Platz mehr vorgesehen. Es ist deshalb besonders bemerkenswert, dass er von seinem Chef über jeden einzelnen Schritt der Reorganisation orientiert und um seine Meinung gebeten wurde. Petitpierre gab sich aber auch sonst jede erdenkliche Mühe, für den verdienten Diplomaten und Unterhändler einen adäquaten neuen Posten zu finden, was – wie bereits frühere Vorgesetzte Stuckis hatten erfahren müssen – bei den Ansprüchen, die der immer selbstsichere und mit zunehmendem Alter auch zu Eigensinn neigende Chefbeamte stellte, alles andere als einfach war. Den vielbegehrten Posten des Gesandten in Stockholm lehnte Stucki ab; für eine Rückkehr nach Paris, wo er offensichtlich gerne wieder die Leitung der Schweizer Gesandtschaft übernommen hätte, kam er nicht in Frage, weil er in Frankreich als Sympathisant des zum Tode verurteilten Staatschefs der Vichy-Epoche, Marschall Philippe Pétain, galt, an dessen Regime man im westlichen Nachbarland nicht gerne erinnert wurde; zudem duldete der Chef der provisorischen Regierung, General de Gaulle, in «seinem» Paris keine ausländischen Diplomaten, die in Vichy akkreditiert gewesen waren. Hingegen akzeptierte Stucki nach längeren Diskussionen und etlichem Zögern den Vorschlag, künftig der Eidgenossenschaft als «Delegierter des Bundesrates für Spezialmissionen» zu dienen. Dieser neu geschaffene Titel sicherte ihm nicht nur ein breites Spektrum zukünftiger Tätigkeiten, er machte vielmehr auch deutlich, dass Stucki, wie er es schon immer angestrebt hatte, nicht einem einzelnen Mitglied der Landesregierung, sondern dem Gesamtbundesrat unterstellt wurde. Sieben Herren zu haben, von denen er annehmen konnte, dass sie selten völlig gleicher Meinung sein würden, verhiess ihm, wie er offen eingestand, grössere Bewegungsfreiheit und weniger direkte Kontrolle und Überwachung, als er bei einem einzigen Chef hätte gewärtigen müssen.

Auf die Ernennung zum Delegierten, die Ihm Petitpierre mit Schreiben vom 2. Juli 1946 bestätigte, reagierte Stucki mit einer für ihn ungewöhnlichen Ergebenheitsadresse: «Ich möchte Ihnen sagen, verehrter Herr Bundesrat, dass Sie in der neuen Stellung, die mir mehr Freiheit und Unabhängigkeit gibt, jederzeit auf mich zählen können.» Und rückblickend auf die jüngste Zusammenarbeit an der Departementsspitze hielt er mit einem weinenden und einem lachenden Auge fest: «Wenn auch diese anderthalb Jahre für mich nicht immer erfreulich waren und es an Momenten der Entmutigung und Bitterkeit nicht fehlte, so freue ich mich doch mit Ihnen, dass für mich eine Lösung gefunden wurde, die nicht nur gegen aussen befriedigend ist, sondern die, was für mich wichtiger ist, unser persönliches Vertrauensverhältnis nicht beeinträchtigt, sondern, wie ich glaube, noch gestärkt hat.» Er stellte im Brief an Petitpierre zwar noch einmal klar, er habe den Posten des Abteilungschefs im EPD keineswegs gesucht, sondern dieser sei ihm vom Bundesrat aufgedrängt worden; er selbst habe seine Tätigkeit am Sitz der Verwaltung in Bern nur als vorübergehende Mission aufgefasst und von Anfang an gewusst, dass ihm bei dieser Pflichtaufgabe Schwierigkeiten und Probleme nicht erspart würden. Es sei aber sein Bestreben gewesen, mit dem neuen Chef, den er in Person von Bundesrat Petitpierre vorgesetzt bekommen habe, loyal zusammenzuarbeiten. Und er schloss sein Schreiben vom 5. Juli 1946 in einem für Stucki gegenüber Vorgesetzten bisher ungewohnt ergebenen Ton: «Mit aufrichtiger Bewunderung habe ich verfolgt, wie rasch und willensstark Sie sich in dieses für Sie neue Gebiet eingearbeitet haben. Über Ihre Erfolge habe ich mich ehrlich gefreut.»

Die Achtung und der Respekt waren gegenseitig; die Art und Weise, wie sich Petitpierre dem alternden und zeitweise eigensinnigen Stucki gegenüber während der ganzen Zeit seiner Zugehörigkeit zum Bundesrat verhalten hat, stellt dem zehn Jahre Jüngeren menschlich ein sehr gutes Zeugnis aus. Er hat Stuckis unbestrittenermassen gute Arbeit regelmässig belobigt; er hat ihm bis zu seinem Rücktritt soweit es möglich war immer wieder interessante und Stuckis grossen Fähigkeiten entsprechende Mandate und Aufgaben angeboten; er hat ihm zum 60. und 70. Geburtstag nicht nur mit langen persönlichen Briefen, sondern auch mit einem in der Presse veröffentlichten Gratulationsschreiben die Ehre erwiesen. Er hat aber auch die Tragik gespürt, die über dem

«Le grand Stucki» im Gespräch mit dem «Petit-Pierre» in dessen Büro im Bundeshaus: Bundesrat Max Petitpierre wurde für den zehn Jahre älteren, erfahrenen, aber kantigen Minister zum anerkannten und hoch geschätzten Chef.

zweiten Teil von Stuckis Karriere lag, weil dieser aussergewöhnlich begabte Diplomat zu früh im Zenit angelangt war und weil man sich, wenn man zualleroberst sitzt, fortan nur noch – manchmal etwas schneller, manchmal etwas weniger schnell – abwärts bewegen kann. In einem Brief an Carl J. Burckhardt, Stuckis Nachfolger in Paris[5], schrieb Petitpierre: «Das Schicksal Stuckis entbehrt nicht einer gewissen Tragik: Nicht nur bedrückt ihn der frühe Tod seines Sohnes und seines Schwiegersohnes, sondern dieses Schicksal scheint ihm, zumindest nach seiner eigenen Meinung, auf das Ende der Karriere hin auch noch vorzuenthalten, was er sich beruflich gewünscht und erhofft hat. Ich werde mich in nächster Zeit noch vermehrt anstrengen, wichtigere und mit mehr Prestige verbundene Aufgaben für ihn zu finden und ihm anzuvertrauen.»

Trotz der gegenseitig regelmässig offen bekundeten Sympathie blieb der Ton zwischen den beiden absolut höflich-formell. Petitpierre hatte das Privileg, das seit 1935 keinem anderen Bundesrat mehr widerfahren war, nämlich als privater Gast ohne beruflichen oder geschäftlichen Hintergrund zu einem Nachtessen in die Villa Stucki eingeladen zu werden: «Le Ministre et

Madame W. Stucki prient Monsieur le Conseil Fédéral Max Petitpierre de leur faire le plasir de venir dîner chez eux.» Und ebenso formell, grammatikalisch in der dritten Person, antwortete Petitpierre: «Le Conseiller Fédéral Max Petitpierre remercie le Ministre et Madame W. Stucki de leur invitation à dîner chez eux. Il accepte avec plaisir.»

Wir sind mit der Analyse des Verhältnisses zwischen Petitpierre und Stucki der Zeit vorausgeeilt. In unserer chronologischen Biografie stehen wir noch am Ende des Jahres 1945, als Stucki als einziger, der dafür in Frage kam, vom Bundesrat mit der Leitung der Delegation für die Washingtoner Gespräche betraut wurde, obwohl er sich aus gesundheitlichen Gründen mit Händen und Füssen dagegen sträubte. Zugleich war dem erfahrenen Diplomaten wohl bewusst, dass bei den Verhandlungen in der amerikanischen Hauptstadt für die Schweiz keine Lorbeeren zu holen waren. Im August 1945 hatten die Alliierten, vertreten durch ihre höchsten Repräsentanten Stalin, Truman und Churchill (nach Churchills Wahlniederlage durch den Labour-Premier Attlee) an der Konferenz von Potsdam im August 1945 beschlossen, dass nicht nur das deutsche Staatseigentum, sondern auch das Privateigentum aller deutschen Staatsangehörigen beschlagnahmt und für Reparationszahlungen an die Alliierten zur Wiedergutmachung der ungeheuren Kriegskosten verwendet werden solle. Explizit wurde erklärt, diese Bestimmung, der durch das entsprechende Gesetz vom 30. Oktober, das berühmt-berüchtigte Kontrollratsgesetz Nr. 5, Rechtskraft erwuchs, gelte auch für alle deutschen Vermögenswerte in neutralen Ländern. Der Bundesrat lehnte es indessen konsequent ab, fremde Gesetze und, als Folge davon, die Entscheide fremder Richter auf Schweizer Territorium anzuerkennen. Damit löste er jedoch bei den Behörden der Siegermächte und bei den gouvernemental beeinflussten Zeitungen in Ost und West wiederum einen Entrüstungssturm aus.

Mit dem Zitat «Mönchlein, Du gehst einen schweren Gang» habe ihn die schweizerische Presse und Öffentlichkeit verabschiedet, als er Anfang März 1946 nach Washington abgeflogen sei, erinnerte sich Stucki später. Die Instruktion des Bundesrates, die er im Diplomatengepäck mitführte, war vom gedruckten Text her umfangreich, dem Sinn nach aber kurz und einfach: Jede Lösung, die in Washington getroffen werde, müsse die Souveränität der Schweiz und ihre Rechtsgrundsätze respektieren und den schweizerischen Interessen Rechnung tragen. Der hochkarätigen Delegation, der Stucki vorstand, gehörten auch der Chef der eidgenössischen Finanzverwaltung, der Generaldirektor der Nationalbank, der Präsident der schweizerischen Verrechnungsstelle sowie zwei Juristen der Spitzenklasse an. Als Berater hatte sich Stucki die Dienste seines in zahlreichen internationalen Verhandlungsrunden erprobten Stellvertreters und Kollegen Professor William Rappard gesichert.[6]

Die Eröffnungssitzung am 18. März in Washington wurde zunächst noch durch staatsmännische Reden geprägt. Stucki hatte sein Manuskript aufgrund der in den USA vorherrschenden, gegen die Schweiz gerichteten Meinung und Stimmung, wie sie ihm vom Schweizer Gesandten Bruggmann warnend dargelegt worden war, in letzter Minute entschärft und damit wenigstens bei Verhandlungsbeginn zu einer freundlicheren Atmosphäre beigetragen. Doch dann kühlte sich das Klima zwischen den Parteien rasch ab; der Ton der einzelnen Voten wurde kompromisslos hart, eine einvernehmliche Lösung der offenen Fragen und Probleme rückte in weite Ferne. Erschwert wurde Stuckis Aufgabe nicht zuletzt durch die internen Meinungsverschiedenheiten in seiner Delegation, in der nicht alle Mitglieder die waghalsige Verhandlungsführung ihres Anführers goutierten. Insbesondere der Chef der Schweizerischen Verrechnungsstelle, Max Schwab, soll sich durch Stuckis bühnenreife Leistung zurückgesetzt gefühlt haben. In den Memoiren eines Wirtschaftsdiplomaten wird Schwab wie folgt zitiert: «Stucki hat einen unerhörten Angriffsgeist wie ein idealer Center Forward. Er ist ein trickreicher Dribbler, denkt aber nicht an das Zusammenspiel mit seinen Teamkameraden, bis er den Ball verloren und der gesamten Sache geschadet hat.»[7]

Erfolgreich auf dem spiegelglatten internationalen Parkett: Stucki (2. von links) unterhält sich im März 1946 in Washington mit den Delegierten Englands, der USA und Frankreichs (v.l.n.r.).

In der Tat zog Stucki auf der Washingtoner Bühne alle Register, über die er als abgebrühter diplomatischer Schauspieler verfügte. Je nach Situation verlegte er sich aufs bauernschlaue Feilschen, spielte den ruppigen Njet-Polterer, versprühte seinen gewinnenden Charme, gab sich als beleidigter Gentleman, um dann sofort wieder mit Pauken und Trompeten zum Angriff überzugehen; er führte Verhandlungskrisen herbei, drohte mit der Abreise, reiste einmal auch wirklich ab, um mit neuen Vorschlägen und den kühlen Analytiker mimend wieder an den Konferenztisch zurückzukehren; er übergoss seine Gesprächspartner auf der anderen Seite des Tisches, von denen er offensichtlich nicht viel hielt, mit Spott und Häme, um sie dann wieder mit Komplimenten einzudecken, wenn sie einem Antrag in seinem Sinne zugestimmt hatten. Doch ein sichtbarer Erfolg für die Schweiz wollte und wollte sich nicht einstellen. Erst recht in die Bredouille gerieten die Schweizer indessen, als der Generaldirektor der Schweizerischen Nationalbank, Alfred Hirs, angesichts der von den Alliierten vorgelegten Dokumente eingestehen musste, der Vizepräsident der deutschen Reichsbank, Emil Puhl, habe ihn schon im Verlauf des Krieges darüber ins Bild gesetzt, dass sich in den deutschen Goldlieferungen sogenanntes «Raubgold» aus den von Deutschland besetzten Staaten befinden könne.

Ob Stucki durch das Geständnis des Nationalbankdirektors wirklich völlig auf dem falschen Fuss erwischt wurde oder ob er etwas geahnt, vermutet oder sogar gewusst hatte, ob er von Hirs vorgängig informiert wurde, lässt sich schwer beurteilen. Er hat sich dazu nicht schriftlich geäussert. Seine «Nichtreaktion» könnte dahingehend interpretiert werden, dass er vor dem Platzen der «Raubgold-Bombe» eingeweiht worden war. In Bern hingegen zeigte sich der Bundesrat konsterniert und völlig überrascht von der Enthüllung des SNB-Generaldirektors. Als die Verhandlungen in eine für die Schweiz unerträgliche Situation abzugleiten drohten, brach Stucki die Gespräche ab und reiste am 31. März in die Schweiz zurück. Der Bundesrat setzte auf den 3. April eine Sondersitzung der Landesregierung an, in deren Verlauf er, zusammen mit dem Delegationsleiter, Marschrichtung und Ziel für die Fortsetzung der Verhandlungen definierte. Die Öffentlichkeit wurde, was die eigentliche Ursache des vermeintlichen Abbruchs der Washingtoner Gespräche anbetraf, nämlich die Entgegennahme von «Raubgold» durch die Nationalbank, nur unvollständig informiert, sodass die Goldproblematik – zur grossen Überraschung mancher Schweizer Bürger und Bürgerinnen – über 50 Jahre später nochmals zum Streitthema zwischen den Vereinigten Staaten und der Schweiz werden konnte.[8]

Stucki kehrte mit der Anweisung nach Washington zurück, wenn nötig bei der Entschädigung für die Raubgoldentgegennahme durch die Nationalbank Konzessionen zu machen, weil man da vonseiten der Schweiz sowohl moralisch als auch juristisch in der schwächeren Position sei, und dafür in den Hauptforderungen der Alliierten betreffend die Beschlagnahmung deutscher Vermögen auf schweizerischem Territorium hart zu bleiben.

Jetzt ging es am Verhandlungstisch in Washington zu und her wie in einem orientalischen Basar: Die Alliierten forderten von der Schweiz 560 Millionen Franken Entschädigung, Stucki bot 100 Millionen, was der französische Delegationschef als «Beleidigung und Beschimpfung des vom Krieg zerstörten Frankreichs» qualifizierte. Stucki verliess daraufhin einmal mehr den Verhandlungstisch und lehnte jede weitere Diskussion ab. Demonstrativ orderte er Flugtickets für die Heimreise. Besonders getroffen fühlte er sich durch die Erkenntnis, dass ihm aus Kreisen der eigenen Delegation in den Rücken geschossen wurde: Ein «Trommelfeuer von Angriffen und Verleumdungen», so schrieb er am 13. Mai an Bundesrat Petitpierre, sei auf ihn niedergegangen. Nicht nur seien die Schweizer Kolonien in Washington und New York sowie einzelne Zeitungen gegen ihn aufgehetzt worden, sondern man habe den Amerikanern sogar noch Informationen über die geheimen Verhandlungslimiten, wie sie der Bundesrat festgelegt habe, zukommen lassen.

Es wurde nie herausgefunden, wer den Amerikanern die entscheidenden Zahlen über den finanziellen Spielraum der Schweizer Delegation zugespielt hat, ob der «Verräter» aus dem Umfeld von Bundesrat Petitpierre, also aus dem Führungsstab des EPD in Bern stammte oder aus dem engeren oder weiteren Kreis der Verhandlungsdelegation in Washington. Auf jeden Fall erlaub-

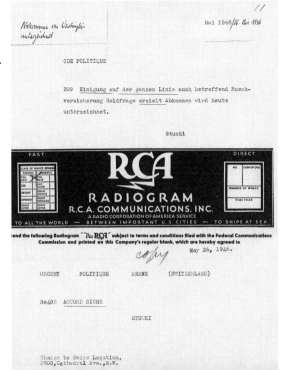

Mit «ACCORD SIGNE, STUCKI» setzt der Delegationschef den Bundesrat darüber ins Bild, dass das Abkommen von Washington soeben unterzeichnet worden sei.

Mit einem Vertrag in der Mappe, der für «unser Land annehmbar, aber nicht mehr» sei, stieg Stucki Ende Mai 1946 aus Washington kommend in Genf-Cointrin aus dem Flugzeug.

te die Tatsache, dass sie die oberste Grenze der schweizerischen Zahlungsbereitschaft kannten, den alliierten Unterhändlern das Beharren auf einer harten Haltung und das Ausreizen der Möglichkeiten, die Stucki nach seinem dramatisch inszenierten Verhandlungsunterbruch vom Bundesrat anlässlich seines Aufenthalts in Bern als neue Instruktionen zugestanden erhalten hatte. Man einigte sich in Washington in der Raubgoldentschädigung schliesslich auf die Summe von 250 Millionen Schweizer Franken in Gold und darauf, dass die alliierten Regierungen und ihre Notenbanken künftig auf alle weiteren Ansprüche verzichten würden. Daraufhin konnte Stucki das Washingtoner Abkommen am 25. Mai 1946 unterzeichnen und in die Schweiz zurückkehren.

Betrachtet man die Verhandlungsergebnisse nicht nur in Bezug auf die von der Schweiz zu leistende «Strafsteuer», die mit 250 Millionen Franken erheblich höher ausfiel, als zu Beginn der Verhandlungen – wenn überhaupt – vorgesehen war, sondern auch hinsichtlich der anderen, in Bern als von vitaler Bedeutung bezeichneten Diskussionspunkte, so kann man rückblickend durchaus von einem Erfolg der Schweizer Delegation und ihres Chefs, Minister Stucki, in Washington sprechen:

- Die schwarzen Listen, die den betroffenen Schweizer Firmen die Geschäftstätigkeit auf dem Territorium der Alliierten untersagten und den Handel mit ihren Aktien verboten, wurden aufgehoben.
- Die in den USA blockierten Schweizer Guthaben im Umfang von 4 Milliarden Franken wurden – nach einem bestimmten Zertifizierungsverfahren – von der Sperre befreit.
- Ein Kompromiss musste bei den deutschen Vermögenswerten in der Schweiz eingegangen werden: Die Vermögen deutscher Staatsangehöriger, die entweder in der Schweiz oder in einem Drittland wohnhaft waren, wurden von jeder Zwangsmassnahme befreit. Hingegen mussten die in der Schweiz vorhandenen Vermögenswerte der in Deutschland wohnenden Deutschen von der Schweiz registriert und liquidiert werden. Der Erlös in Schweizer Franken sollte zur Hälfte den Alliierten für den Wiederaufbau, zur anderen Hälfte der Schweiz zukommen. Die betroffenen Deutschen waren danach in Reichsmark zu entschädigen.

Das Washingtoner Abkommen, das Stucki an einer Pressekonferenz als «annehmbar, aber nicht mehr» qualifizierte, wurde von

Presse und Öffentlichkeit mit gemischten Gefühlen aufgenommen, aber mehrheitlich doch als akzeptabel bezeichnet. Kritik wurde insbesondere deshalb laut, weil sich die Schweiz betreffend die Behandlung der auf ihrem Territorium liegenden deutschen Vermögenswerte, wie aus dem oben erwähnten dritten Punkt hervorgeht, den Vorschriften und Gesetzen beugen musste, die von den Alliierten erlassen worden waren. Solche Eingriffe wurden von den Gegnern des Abkommens als Beeinträchtigung der Souveränität interpretiert und deshalb strikt abgelehnt. Die Zeitungskommentare waren denn auch von verwirrender Vielfältigkeit: Von «hervorragende Arbeit der Schweizer Delegation» und «hohe Anerkennung für Minister Stucki» über «tragbarer Kompromiss» und «Unlustgefühle angesichts der finanziellen Bedingungen» bis «alle Befürchtungen bestätigt» und «Niederlage des Rechts» war in der Schweizer Presse jede Nuance in der Bewertung des Washingtoner Abkommens zu finden.[9]

In einem Schreiben an Bundesrat Petitpierre vom 27. Mai, noch in Washington, aber unmittelbar nach Stuckis Abreise verfasst, schildert der als Berater der Schweizer Delegation beigezogene Professor William Rappard seine Eindrücke von den zweimonatigen Verhandlungen, und er gab auch ein Urteil über den Schweizer Delegationschef ab: «Die Strategie, die unseren Verhandlungen zugrunde lag, mag zweifelhaft gewesen sein; vom taktischen Gesichtspunkt aus hingegen sind die Verhandlungen von Herrn Stucki mit den ihm eigenen grossen Fähigkeiten und reichen Erfahrungen vom beunruhigenden Ausgangspunkt her zu einem beachtenswerten Erfolg geführt worden. Es ist ihm gelungen, als Vertreter eines kleinen Landes mit 4 Millionen Einwohnern gegenüber drei Grossmächten, letztere zum Verzicht auf einen wesentlichen Teil ihrer Forderungen zu veranlassen. Das grenzt in meinen Augen an ein diplomatisches Wunder.»

Bevor das Washingtoner Abkommen in Kraft treten konnte, musste es noch vom Parlament, wo es etliche Kritiker gefunden hatte, abgesegnet werden. Zusammen mit Bundesrat Petitpierre, der in der vorberatenden Kommission die auf die Schweiz ausgeübten Pressionen der USA offen kritisiert und als «amerikanischen Imperialismus» gebrandmarkt hatte[11], sorgte Stucki dafür, dass das Verhandlungsresultat von Washington in einer Sondersession der eidgenössischen Räte im Juni 1946 gutgeheissen wurde und damit Gültigkeit erlangte. Der Dank des Vaterlandes für seinen Ein-

Die Schweiz k. o. schlagen

«Sie erinnern sich wahrscheinlich, dass ich schriftlich und mündlich berichtet hatte, wie Herr Minister Bruggmann und ich während den Verhandlungen über das Abkommen von Washington im Frühjahr 1946 in einem kritischen Moment den damaligen amerikanischen Finanzminister besuchten. Er war ursprünglich Berufs-Baseballspieler, sieht aber eher aus wie ein Berufs-Boxer. Während der ganzen Audienz verblüffte er uns dadurch, dass er auf 3 bis 4 Meter Distanz mit unfehlbarer Sicherheit in den Spucknapf traf, und dass er das ganze Problem zwischen den Alliierten und der Schweiz auf die einfache Formel brachte: Wenn die Schweiz nicht nachgibt, werden wir sie sofort ‹knock out› schlagen! Es ist erschütternd, dass der amerikanische Präsident in einem entscheidenden Moment der Weltgeschichte, hinter dem Rücken der Alliierten und der Uno, einen derartigen Mann zu Stalin schicken wollte.»

Notiz Stuckis für Bundesrat Petitpierre vom 13.10.1948[10] (Anm. des Autors: zu Beginn der Blockade Berlins mit Luftbrücke zur Versorgung der Stadt, Abspaltung des Ostteils, einem der ersten Höhepunkte des Kalten Kriegs)

satz im, wie Stuckli sich auszudrücken pflegte, «feindlichen Gebiet jenseits des Atlantiks, wo man gerne unsere Skalps an den Türbogen des Verhandlungsraumes geheftet hätte», erreichte Stucki in der Form eines Schreibens des Schweizerischen Bundesrates, unterzeichnet vom Bundespräsidenten Karl Kobelt und vom Bundeskanzler Oskar Leimgruber, in dem die Landesregierung bestätigte, es sei ihr bekannt gewesen, «dass es Ihnen nicht leicht gefallen ist, die Mission nach Washington anzunehmen. Ihr damaliger Gesundheitszustand und die Aussicht auf langwierige harte Verhandlungen, bei denen notwendigerweise die Schweiz der leidtragende Teil sein musste, liessen in der Tat die Mission als eine schwere persönliche Belastung für Sie erscheinen. Umso mehr wissen wir es zu schätzen, dass Sie die Bürde auf sich genommen haben, um den schweizerischen Standpunkt mit Geschick, Ausdauer und Härte zu vertreten.» Neben der Dankesbekundung enthielt das Schreiben auch die besten Wünsche «für die zweite Etappe Ihres Einsatzes».

In der Tat war Stucki inzwischen zum Präsidenten der Aufsichtskommission für die Durchführung des Washingtoner Abkommens ernannt worden, und er übernahm damit eine Aufgabe, die ihn über ein Dutzend Jahre lang beschäftigen sollte. Angesichts der Kompliziertheit der Materie, die sich auch darin widerspiegelt, dass sich in der Presse fast nur noch spezialisierte Wirtschaftsjournalisten mit dem Thema befassten, sei hier eine sehr summarische Übersicht über dieses spezielle Tätigkeitsgebiet des Delegierten für Spezialmissionen gegeben.[12]

Es war der Abschnitt über die Liquidierung der deutschen Vermögenswerte im Washingtoner Abkommen, der noch bis Anfang der 1960er-Jahre Anlass zu oft recht heftigen Auseinandersetzungen unter den Vertragspartnern gab. Weil der Bundesrat den Entschädigungen für jene Deutschen, deren private Vermögenswerte in der Schweiz beschlagnahmt worden waren, grosse Bedeutung beimass, konnte die Liquidierung der beschlagnahmten Werte nicht beginnen, bevor die nötigen Mittel für Entschädigungszahlungen sichergestellt waren. Da die Entschädigung gemäss Abkommen in Reichsmark zu erfolgen hatte, die in der Schweiz zu liquidierenden deutschen Vermögen jedoch fast ausschliesslich aus Schweizer Franken bestanden oder in der Schweizer Währung bewertet worden waren, musste logischerweise zuerst der Umrechnungskurs zwischen Franken und Reichsmark definiert werden. Die Alliierten beanspruchten für sich das alleinige Recht, diese Relation festzulegen. Ihre ersten Vorschläge liefen darauf hinaus, dass die enteigneten Deutschen mit einem Betrag

Viermächtebesprechungen über die Durchführung des Washingtoner Abkommens unter dem Vorsitz von Walter Stucki in Bern.
Der Schweizer Delegation gehörten weiter (v.l.n.r.) an: Legationsrat Egbert von Graffenried (EPD), Raymond Jeanprêtre (Gerichtspräsident, Neuenburg) und Max Schwab (Direktor der Schweizerischen Verrechnungsstelle).

Hans Koenig, Vertreter der Deutschen Reichsbank, schimpft über seinen hartnäckigen Verhandlungspartner Stucki:
«Alles scheint ihm trüb und dunkel, /
jeder Hoffungsstrahl ist fern. /
So stöhnt der Koenig ganz verzweifelt: /
‹Solche Schädel liefert Bern!›»
(Karikatur und Vers aus privater Broschüre 1953).

abgespiesen worden wären, der als sogenannter «Gegenwert» geradezu lächerlich erschien. Dabei muss immer berücksichtigt werden, dass es bei den beschlagnahmten Vermögenswerten zumeist um kleinere Beträge ging, die nicht etwa als Fluchtgelder der Nazischergen zu betrachten waren, sondern bei denen es sich mehrheitlich um vor dem Zugriff der Nazibehörden ins Ausland gerettetes Sparkapital von in Deutschland verfolgten Regimegegnern, Juden oder anderen Opfern des Hitler-Regimes handelte.

Unter Stuckis Verhandlungsführung erstritt sich die Schweiz in der Entschädigungsfrage ein Mitspracherecht, und als daraufhin noch immer (oder erst recht?) keine Einigung zustande kam, rief sie das im Washingtoner Abkommen vorgesehene Schiedsgericht an. Weil die Schweiz auf einer für die Enteigneten vertretbaren und mit schweizerischem Recht zu vereinbarenden Lösung beharrte, zog sich die Erledigung der Pendenzen aus dem Washingtoner Abkommen dermassen in die Länge, dass ihr von der Presse in den alliierten Ländern und zunehmend auch von deren Behörden – ja sogar vom englischen Unterhaus, das der Schweiz sonst günstig gesinnt war – Verschleppung und Vertragsverletzung vorgeworfen wurden. Zusätzlich erschwert wurde die Erledigung des Geschäfts, mit dem sich in Bern kaum noch jemand befassen mochte, durch die ständig wechselnden äusseren Rahmenbedingungen: Die als Folge der deutschen Teilung neu geschaffene Bundesrepublik wurde ab 1949 von den Alliierten nicht mehr als Feindstaat, sondern je länger umso mehr als Verbündeter im Kalten Krieg behandelt. Bereits ein Jahr zuvor hatte die deutsche Währungsreform fast alle bisher erstellten Lösungsvorschläge zu Makulatur werden lassen. Nach Meinung des Bundesrates drängte es sich auf, dass die Probleme, die sich für die Schweiz in verschiedenen Bereichen und auf unterschiedlichen Ebenen aus der deutschen Auslandverschuldung ergaben, zentral erfasst und, wie wir heute sagen würden, durch ein entsprechendes Kompetenzzentrum einer Lösung entgegengeführt wurden. Da offensichtlich ein enger Zusammenhang zwischen der Schuldenproblematik und den in Washington behandelten Fragen bestand, lag es nahe, mit dieser Aufgabe Minister Stucki zu betrauen.

Stucki, der soeben zum Präsidenten der Rekurskommission für Nationalisierungsentschädigungen ernannt worden war und sich in den schönen Frühsommertagen darauf freute, seine Zeit vermehrt auf dem Golfplatz verbringen zu können, akzeptierte das ihm angetragene neue Mandat einmal mehr aus, wie er bei Berufungen oder Ernennungen regelmässig zu behaupten pflegte, reinem Pflichtbewusstsein. Entsprechend brummig fiel denn auch die Antwort aus, die er seinem Departementschef in Form einer Notiz zukommen liess: «Ich bin mit der Übernahme dieser ebenso schwierigen als in jeder Hinsicht undankbaren Mission einverstanden. Dabei ist es selbstverständlich, dass meine Tätigkeit Ihrer und des Gesamtbundesrates Kontrolle unterstellt ist. Dagegen könnte ich mich mit einer Kontrolle untergeordneter Instanzen keineswegs einverstanden erklären.» Die letzte Bemerkung nahm Bezug auf ein Schriftstück, das Stucki zuhanden der Schweizer Gesandtschaft in London verfasst hatte und an dem sich der Schweizer Gesandte in England, Minister Zehnder, insofern verging, als er daran eine kleine, und wie Stucki selbst einräumte, belanglose Korrektur vornahm. «Grundsätzlich kann ich aber eine derartige Zensur unter keinen Umständen annehmen», brummte Stucki. Dann machte er sich an die Arbeit.

Das Guthaben der Eidgenossenschaft bei der deutschen Verrechnungskasse betrug am 19. April 1945, dem letzten Stichtag vor der bedingungslosen Kapitulation Deutschlands, 1,18 Milliarden Schweizer Franken. Die Schweiz stand damit in der Reihe der Gläubiger an dritter Stelle. Sieben Jahre nach ihrem Sieg über Deutschland liebäugelten die Alliierten mit dem Gedanken, die Frage der deutschen Auslandschulden endgültig zu bereinigen. Eine alliierte Dreierkommission entwarf deshalb einen Schuldenregelungsplan, bei dem die Forderungen der Neutralen jedoch nicht mit einbezogen waren. In der Schweiz tauchten sofort ungute Erinnerungen an die Zeit der Washingtoner Verhandlungen wieder auf; die Vermutung lag nahe, die Alliierten beabsichtigten einmal mehr eine Diskriminierung der Neutralen und ihrer Forderungen. Damit konnte man sich in Bern umso weniger abfinden, als die Schweiz, umgerechnet auf ihre Einwohnerzahl, seit 1945 die weitaus grösste Wiederaufbauhilfe für Deutschland geleistet hatte. Neue Verhandlungen, inzwischen im Kreise der Vertragspartner von Washington geführt, endeten 1951 zunächst mit der direkten Beteiligung Westdeutschlands an der Durchführung des Washingtoner Abkommens von 1946. Doch schon ein Jahr später wurde – als Ergebnis der Londoner Konferenz über die deutschen Auslandschulden – am 26. August 1952 das Washingtoner Abkommen durch neue Verträge abgelöst, in denen die Alliierten ihren

Verzicht auf die 1946 erworbenen Vertragsrechte erklärten unter der Voraussetzung, dass sie eine bestimmte, nach kompliziertem Schlüssel errechnete Ablösesumme erhielten.[13]

Das Londoner Abkommen, mit dem eine wesentliche Reduktion der gegenüber Deutschland bestehenden Forderungen erreicht wurde – auch die Schweiz liess von der deutschen Milliardenschuld 200 Millionen «in Deutschland stehen» – gestattete dem westlichen Teil des nach dem verlorenen Krieg in Trümmern versunkenen ehemaligen Dritten Reiches, nachdem die politische Wiedergeburt als Bundesrepublik Deutschland erfolgt war, auch einen wirtschaftlichen Wiederaufbau und Aufschwung, der direkt ins Wirtschaftswunder mündete. Aus Stuckis Sicht hatte die Londoner Konferenz sehr viel Kleinarbeit zur koordinierten Wahrnehmung der von den schweizerischen Gläubigern geltend gemachten Sonderinteressen erfordert. Stellt man auf die Zeitungsberichterstattung aus London ab, so hat sich Stucki weniger als bei früheren Konferenzen an den eigentlichen Verhandlungen vor Ort beteiligt, sondern abwechslungsweise in London oder von Bern

Wie das «Nilpferd Ödipus» den Paragrafen des Washingtoner Abkommens entkam

«(Gläubiger-Nr. 24516 – Frau Trude Stosch-Sarrasani) Sehr geehrter Herr Doktor! Wie aus unseren Akten ersichtlich ist, wurden zufolge der Kriegsereignisse vom Zirkus Sarrasani, Dresden, im Jahre 1944 zehn Elefanten, ein Araberhengst und ein Nilpferd sowie ein Bassin- und ein Lastwagen in die Schweiz eingeführt. Laut einer Vereinbarung überliess Frau Dir. T. Sarrasani die genannten Tiere und Fahrzeuge bis Ende 1944 dem Zirkus Knie AG, Rapperswil. Nach Ablauf des Vertrages war es dem Zirkus Knie infolge der Kriegsereignisse nicht mehr möglich, die erwähnten Tiere sowie die Fahrzeuge abzuschieben. Gemäss Vertrag wurde vereinbart, dass der Zirkus Knie als Gegenleistung Fr. 100 pro Tag Ihrer Klientin zu bezahlen hat, indessen nur an Tagen, an denen Vorstellungen stattfanden. Das Futter ging zu Lasten des Zirkus Knie, die Gagen für den Dompteur und den Elefantenwärter dagegen zu Lasten des Zirkus Sarrasani. Da die Kosten für Unterkunft, Pflege und Fütterung der Tiere täglich grösser wurden, wurden diese auf Grund von Art. 9 quater des Bundesratsbeschlusses vom 16. Februar 1945 in seiner Fassung vom 29. April 1947 im Sinne einer vorsorglichen Massnahme zwecks Erhaltung des Substanzwertes verkauft. (Erlös aus Verkauf von 6 Elefanten an den Zirkus Bouglione, Paris: Fr. 37 000, 4 Elefanten an den Zirkus Knie, Rapperswil: Fr. 31 000, 1 Araberhengst an den Zirkus Knie: Fr. 2000, 1 Bassinwagen an den Zirkus Knie: Fr. 1000, 1 Lastwagen an den Zirkus Knie, Schrottwert: Fr. 100, Total

Fr. 71 100 abzügl. von uns anerkannte Gegenforderung des Zirkus Knie von Fr. 60 000 Netto-Erlös zugunsten Ihrer Klientin Frau T. Stosch-Sarrasani: Fr. 11 000) Zu erwähnen ist noch, dass das Nilpferd ‹Ödipus› in Holland, wo es vom Zirkus Knie ins Winterprogramm einbezogen war, in der Nacht vom 9. auf den 10. Mai 1947 an tierärztlich festgestellter Schluckpneumonie und rechtsseitig akuter Lungenentzündung verendete. Der erwähnte Netto-Verkaufserlös erhöhte sich zufolge unserer Zinsgutschriften auf Fr. 12 432.90. Dieser Betrag unterliegt dem oben erwähnten Bundesratsbeschluss und ist gesperrt. Wir wären jedoch bereit, diesen Vermögenswert freizugeben, sofern sich Frau Stosch dem zwischen der Schweiz und Westdeutschland abgeschlossenen Abkommen über die deutschen Vermögenswerte vom 26.8.1952 unterstellt. Gemäss Art. 4.1. Abs. 1, Ziff. f dieses Abkommens müsste Frau Stosch auf den Fr. 10 000 übersteigenden Betrag verzichten, um ihre übrigen Werte in der Schweiz frei zu erhalten. Um Ihrer Klientin entgegenzukommen, wären wir jedoch bereit, ihr einen Abzug von Fr. 2432.90 gemäss Art. 6, Ziff. f des Bundesratsbeschlusses vom 6.3.1953 zu gewähren, so dass sie lediglich noch unsere Verwaltungsgebühr von 2%, d.h. Fr. 200 zu bezahlen hätte. Sollte Frau Stosch gemäss unserem Vorschlag vorzugehen gedenken, so bitten wir Sie, Ihre Klientin zu veranlassen, das beiliegende Antragsformular unter A, Ziff. 1 zu unterschreiben [...]»

Aus einem leicht gekürzten Schreiben der Schweizerischen Verrechnungsstelle zur Durchführung der Verträge über die deutschen Vermögenswerte in der Schweiz (Nachfolgeverträge des Washingtoner Abkommens) vom 13.4.1959 an Dr. G. N. Graf, Rechtsanwalt, Avda. Corrientes 316, Buenos Aires, Argentinien.

aus die Fäden gezogen und die Auftritte im Konferenzsaal je nach Thema dem fachlich zuständigen Delegationsmitglied überlassen. In den entscheidenden Konferenzphasen behielt er sich als Chefdelegierter allerdings vor, selbst ans Rednerpult zu treten. Dazwischen reiste er wiederholt nach Bern zurück, um den Bundesrat über den Stand der Dinge und deren Entwicklung zu orientieren.

Am 19. September 1960 erklärte der Bundesrat die Nachfolgeverträge des Washingtoner Abkommens für erfüllt und alle Einzelfälle bis auf einen einzigen als erledigt. Die entsprechenden Ausnahmebestimmungen über die deutschen Vermögenswerte in der Schweiz wurden aufgehoben. «Die Schweiz hat ihre Verpflichtungen erfüllt», stellte die *Frankfurter Allgemeine Zeitung* fest, «Wir haben unsere Pflicht getan», titelten die *Basler Nachrichten*, «Volle Erledigung der schweizerischen Verpflichtungen», lautete der Kommentar in der NZZ. Damit konnte auch die Aufsichtskommission für die Durchführung des Washingtoner Abkommens aufgehoben werden, und nach einer letzten Pressekonferenz am

26. September 1960 erlosch, anderthalb Monate nach seinem 72. Geburtstag, mit dem Präsidium dieser Kommission Stuckis letztes ihm noch verbliebenes Mandat.

Der Vollständigkeit halber sei noch festgehalten, dass Stucki im Zusammenhang mit seiner öffentlichen Tätigkeit auf der einen und seinem Mandat als Verwaltungsratspräsident der Siemens-Albis-Werke auf der anderen Seite im sogenannten «Interhandel-Fall» von der Zeitung *Finanz und Wirtschaft* derart massiv und verleumderisch angegriffen wurde, dass er sich genötigt fühlte, gegen den federführenden Redaktor Strafklage zu erheben. Der Vorwurf des in Zürich erscheinenden Blattes lief unter anderem darauf hinaus, dass Stucki in seiner Funktion als Präsident der Aufsichtskommission für die Durchführung des Washingtoner Abkommens die Gelder eines grossen deutschen Industrieunternehmens vor Sperrmassnahmen geschützt habe und dafür mit lukrativen Posten in der Wirtschaft belohnt werde. Unangenehm für Stucki war, dass insbesondere politisch links stehende Blätter den Fall aufgriffen und begannen, seine private finanzielle Situation zu durchleuchten und vor der Öffentlichkeit auszubreiten. Da Stucki ja eigentlich immer geplant und auch zwei, drei Anläufe unternommen hatte, aus dem Staatsdienst in die Privatwirtschaft zurückzukehren, hatte er – nicht nur aus Gründen, die mit seiner amtlichen Tätigkeit zu rechtfertigen waren – seine Beziehungen zu den führenden Exponenten der Schweizer Wirtschaft, trotz sei-

Nach der Schlusssitzung der Aufsichtskommission über die Durchführung des Abkommens von Washington gab es ein kleines Nachtessen; bei dieser Gelegenheit liess sich Stucki die Speisekarte von den Kommissionsmitgliedern signieren. Am 19. September erklärte der Bundesrat die Kommission für aufgelöst.

nen vielen Abwesenheiten und mannigfachen amtlichen Verpflichtungen, so gut es ihm möglich war, aufrechterhalten und gepflegt. Ferner war er mit derselben Absicht, nämlich seine Karriere vornehmlich in der privaten Wirtschaft zu absolvieren, nie der staatlichen Pensionskasse des Bundespersonals beigetreten, sondern hatte seine berufliche Vorsorge selbst organisiert, was ihn zur Äufnung von privatem Alterskapital zwang. Die in sozialdemokratischen Zeitungen publizierten, aus dem Steuerregister stammenden Zahlen über sein Vermögen mochten deshalb bei vielen Schweizerinnen und Schweizern Neidgefühle wecken. Die ganze «Interhandel-Affäre» trug sichtlich nicht dazu bei, den nach den Washingtoner Verhandlungen sinkenden Stern der Popularität Stuckis wieder heller leuchten zu lassen. Und weil ausser der Presse eigentlich niemand von der Durchführung eines öffentlichen Prozesses profitiert hätte, liess sich Stucki nach drei Jahren juristischem und publizistischem Geplänkel im Januar 1959 zu einem Vergleich bewegen, in dem der angeklagte Redaktor der Zeitung *Finanz und Wirtschaft* alle seine ehrverletzenden Vorwürfe zurücknahm, sämtliche Gerichts- und Anwaltskosten beider Parteien beglich, die eigentlich Walter Stucki zustehende Genugtuungssumme von 1000 Franken auf Stuckis Verlangen hin dem Roten Kreuz zukommen liess und den Text des Vergleichs auf je einer Viertelseite in NZZ, Bund und *Journal de Genève* publizierte.[14]

Wenn man die Biografie Stuckis als reine Erfolgsgeschichte schreiben wollte, müsste man nach dem Kapitel über die Vermittlung der Kapitulation Japans zum letzten Kapitel ausholen und spätestens nach der Eröffnungsrede zu den Washingtoner Verhandlungen den Schlusspunkt setzen. Die 1945/46 in breiten Kreisen und bis in den Bundesrat fest verankerte Meinung, niemand anders als Stucki könne für die Schweiz von den Washingtoner Verhandlungen ein günstiges Resultat heimbringen, sowie die von Stucki nur widerwillig geäusserte Bereitschaft, das Mandat trotz angeschlagener Gesundheit und trotz der Erkenntnis, dass in Washington für die Schweiz kein Lorbeer zu holen war, anzunehmen, standen am Anfang dessen, was man als den leisen und langsamen, aber offensichtlichen und unabwendbaren Niedergang von Stuckis glänzender beruflicher Karriere bezeichnen könnte. Der grosse Erfolg in den Verhandlungen mit der Currie-Delegation sowie die faktische Leitung des Politischen Departements in der Zeit zwischen dem Rücktritt von Bundesrat Pilet-Golaz und dem

Ende der Einarbeitungszeit des Nachfolgers, Bundesrat Petitpierre, bildeten einen markanten Höhepunkt in der Laufbahn des Ministers. Auch seine Popularität erreichte im Jahr 1945 nochmals einen ähnlichen Höchststand wie zehn Jahre zuvor, als er in der Funktion des Direktors der Handelsabteilung und Unterhändler für die Schweiz existenziell wichtige Wirtschaftsverträge abschloss und den Ruf eines «achten Bundesrates» genoss.

Aber 1945, mit 57 Jahren, hatte Stucki den Zenit seiner Laufbahn im öffentlichen Dienst erreicht. Es wäre jetzt der letzte noch günstige Moment gewesen, das zu vollziehen, was er eigentlich immer geplant hatte, nämlich in eine leitende Stelle in der Privatwirtschaft zu wechseln. Er hat diesen Schritt nicht getan. Weshalb? Die Gründe mögen verschiedener Art sein: Vielleicht war in der Privatwirtschaft 1945 gerade jener Posten, den er sich erträumt hatte, nicht zu haben. Vielleicht sah er sich selbst in der für die Schweiz und ihre Neutralität ungemütlichen Situation am Endes des Zweiten Weltkriegs tatsächlich so, wie es ihm von allen Seiten zugeflüstert und zugerufen wurde: nämlich als den Einzigen, der das von den Siegermächten angedrohte Unheil noch abwenden konnte, also als eine Art «schweizerischer Pétain». Vielleicht fehlte ihm auch die Kraft und Energie, um nach einem halben Leben im Dienste der Eidgenossenschaft nochmals einen so fundamentalen Wechsel, wie es der Schritt in die private Wirtschaft bedeutet hätte, zu wagen.

Die von ihm hinterlassenen Notizen legen offen, dass es mit Stuckis Gesundheit nicht mehr zum Besten stand: Kleinere Unfälle und Krankheiten sowie Arztbesuche und Spitalaufenthalte ersetzten immer öfter die Angaben über seine beruflichen Tätigkeiten. Zudem beobachteten seine Mitarbeiter, dass seine Überlegenheit und natürliche Autorität hin und wieder in sture Beharrlichkeit, Eigensinn und Besserwisserei ausartete. Er achtete jetzt peinlich genau darauf, entsprechend seines Ranges, seiner Stellung und seiner in Jahrzehnten erworbenen beruflichen Erfahrung behandelt zu werden. Ausser vom Bundesrat liess er sich in beruflichen Fragen von niemandem Kritik gefallen. Schon in Washington ärgerte er sich masslos darüber, dass die Amerikaner ihm nicht mit der ersten Garnitur ihrer Unterhändler gegenüber sassen, sondern, wie er erbost feststellte, «iri Schuelbuebe gschickt hei». Natürlich gab es immer noch kleinere Höhepunkte in Stuckis langem, zeitweise von Tragik überschattetem Abstieg vom Gipfel der Karriere bis ins Rentnerdasein. Manchmal konnte er diesen Abstieg, den er sehr bewusst wahrnahm und gegen den er sich meist vergeblich sträubte, mit Gelassenheit ertragen und sogar aus einer gewissen Distanz kommentieren. Doch langsam wuchsen Abstand und Distanz zur Rolle des unentbehrlichen «Go between» der Schweizer Aussenwirtschafts- und Aussenpolitik. Nach seinem rastlosen Dasein als Unterhändler, Gesandter, Delegierter an interationalen Konferenzen und als diplomatischer Feuerwehrmann des Bundesrates, nach einem Berufsleben, das ihn voll ausgefüllt und nur selten im eigenen Haus hatte übernachten lassen, war er jetzt häufiger in seiner Villa beim Eigerplatz im Kreise seiner Familie und beim Spiel mit seinen Enkeln anzutreffen.

17 Stucki in der «Nach-Stucki-Ära»
Havanna – Diplomatie als Palaver

Ginge man nur vom sachlichen Ergebnis aus, das die Welthandelskonferenz von Havanna nach viermonatigen Debatten – oder, gemäss Stuckis Beurteilung: nach «endlosem Palaver» – gezeitigt hat, so lohnte es sich gar nicht, hier näher darauf einzutreten. Die Konferenz war ein durchschlagender Misserfolg, zumindest wenn man sie an den weltwirtschaftlichen Problemen der Jahre 1947/48 sowie an ihren Zielen misst. Daran vermochten weder die drei Vorbereitungskonferenzen noch die Schlussakte, die von der Länge her biblisches Ausmass annahm, etwas zu ändern. Trotzdem ist «Havanna», betrachtet man die Konferenz im Rahmen der Biografie von Walter Stucki, von Bedeutung und Interesse, denn hier, ausgerechnet in der kubanischen Hauptstadt, hat Stucki feststellen müssen, dass er im Begriff war, von der welthistorischen Entwicklung der Dinge überholt zu werden, und zwar in seinem ureigenen beruflichen Bereich, in dem er sich bisher stets jeder Herausforderung gewachsen gefühlt hatte. Havanna hat in der internationalen Konferenzdiplomatie ein neues Zeitalter eingeläutet, nämlich die in der Uno-Vollversammlung regelmässig zu verfolgende Palaver-bis-zum-Konsens-Diplomatie. Das war nicht mehr das zielgerichtete Verhandeln mit der strengen Rationalität der in europäischer Tradition geschulten Diplomaten in einem von der Konferenzorganisation strukturierten und geordneten, nüchternen Umfeld. Havanna – das war, zumindest in den Augen eines «Traditionalisten» wie Stucki, vielmehr ein konferenzielles Chaos. Er muss sich in Havanna vermutlich ziemlich fehl am Platz vorgekommen sein.

Wohl nicht zuletzt auf Bundesrat Petitpierres Erkenntnis hin, dass dies nicht das Terrain sei, auf dem Stucki künftig brillieren könne, war es denn auch Stuckis letzter Auftritt als Schweizer Delegationschef an einer grossen politischen Uno- oder von der Uno initiierten Konferenz. Havanna hat Stuckis berufliches Selbstverständnis erschüttert: Diese vier Monate dauernde, mit riesigem Aufwand organisierte Zusammenkunft von Delegierten aus allen Ländern der Welt, bei der schon früh absehbar war, dass sie kein brauchbares Ergebnis zeitigen würde, war für Stucki nicht nur neu, sondern aus seiner vernunftbetonten Weltsicht auch ein Zeichen des Niedergangs und der Vulgarisierung der Diplomatie. Er hatte diplomatische Verhandlungen bisher stets als eine Art intellektuellen Wettkampf unter hoch qualifizierten Berufsleuten aufgefasst, bei dem derjenige den Sieg davontrug, der nicht nur die besseren Argumente hatte, sondern diese auch wirkungsvoller einzusetzen wusste. Aber Havanna war nicht mehr ein diplomatisches Kräftemessen nach den strengen Spielregeln des 19. Jahrhunderts, Havanna war aus Stuckis Optik vielmehr ein «Jekami», ein Tummelfeld für diplomatische Ignoranten. Auf den folgenden Seiten werden der Konferenzverlauf und die nach vier Monaten äusserst dürftigen Ergebnisse der Welthandelskonferenz deshalb weniger dem offiziellen Protokoll folgend als vielmehr aus dem Blickwinkel von Minister Stucki wiedergegeben.

Die Konferenz von Havanna, oder zumindest die Experten, welche die Konferenz vorbereiteten, gingen von der an und für sich zutreffenden Auffassung aus, in der Zeit unmittelbar nach dem Zweiten Weltkrieg könne das im Welthandel herrschende Chaos nicht überwunden oder auch nur auf ein erträgliches Mass reduziert werden, wenn jeder Staat seine Handelspolitik lediglich nach seinen eigenen, eng nationalistischen Grundsätzen ausrichte. Wenn hingegen alle Staaten zu einem Opfer bereit seien, werde der nach den gemeinsamen neuen und liberaleren Spielregeln gesamthaft erzielte Gewinn, verteilt auf jeden einzelnen, für alle Beteiligten höher ausfallen als vorher. Die USA hatten sich, als der Zweite Weltkrieg noch in vollem Gange war, bereits mit der Frage befasst, wie die wirtschaftliche Katastrophe, die nach dem Ende des Ersten Weltkriegs über die Staatengemeinschaft hereingebrochen war, diesmal vermieden werden könne; oder etwas konkreter: wie deshalb die mannigfachen Schranken für den Handel, die Diskriminierungen und die zahllosen protektionistischen Massnahmen, die jeder Staat zum Schutz der eigenen Volkswirtschaft eingeführt und aufgebaut hatte, reduziert oder beseitigt werden könnten. Ziel, wie es die Amerikaner vorschlugen, war der Verzicht auf alle direkten und indirekten Schutzmassnahmen, insbesondere auf die Ein- und Ausfuhrbeschränkungen. Als einzig zulässiges Mittel zum Schutz der eigenen Produktion sollten in der Hand des einzelnen Staates die Zolltarife bleiben, für die indessen eine kontinuierliche Absenkung auf dem Verhandlungsweg vorgesehen war.[1]

Ursprung der Welthandelskonferenz von Havanna war die Schlussakte der Konferenz von Bretton Woods vom Juli 1944. Im Februar 1946 hatte der Wirtschafts- und Sozialrat der Uno beschlossen, in Ausführung dieser Schlussresolution eine internationale Handelsorganisation zu schaffen und dazu eine grosse internationale Konferenz in der kubanischen Hauptstadt einzuberufen. Obwohl nicht Uno-Mitglied wurde die Schweiz kurz vor Konferenzbeginn ebenfalls nach Havanna eingeladen – allerdings ohne Stimmrecht. Zum Chef der Schweizer Delegation wurde vom Bundesrat ohne langes Besinnen einmal mehr der Delegierte für Spezialmissionen, Walter Stucki ernannt. Vor seiner Abreise lud Stucki zu einer Pressekonferenz ins Bundeshaus ein. Vor den zahlreich aufmarschierten Journalisten lobte er zwar die Ziele der Konferenz, die durchaus den Vorstellungen der Schweiz entsprächen, nämlich höherer Wohlstand, stabilere Beschäftigung und freierer Welthandel. Trotzdem bezeichnete er die Charta, wie sie an den drei Vorbereitungskonferenzen als Entwurf zu Papier gebracht worden war und in Havanna verabschiedet werden sollte, als «eine grosse Gefahr für die schweizerische Wirtschaft». Zum Verhängnis könne der Schweiz nämlich der zentrale Artikel der Charta werden, wonach nur noch zahlungsschwache und wirtschaftlich unterentwickelte Länder mengenmässige Einfuhrbeschränkungen verfügen dürften. Da die Schweiz, so führte Stucki weiter aus, als Hartwährungsland ein bevorzugtes Absatzgebiet sei und sich gemäss Entwurf der Charta gegen die Überflutung mit ausländischen Produkten nicht mit protektionistischen Massnahmen wie zum Beispiel Einfuhrbeschränkungen zur Wehr setzen könne, während alle Schwachwährungsländer in der Lage wären, zum Schutz ihrer Zahlungsbilanz Importe aus der Schweiz mengenmässig zu beschränken, würde die schweizerische Exportwirtschaft im Speziellen und damit die Wirtschaft ganz generell in verhängnisvollem Ausmass geschwächt.[2]

Stuckis Botschaft fand indessen nicht überall die von ihm erwartete Zustimmung. Die NZZ beklagte wörtlich «die bisher äusserst zurückhaltende Einstellung des Bundeshauses gegenüber internationalen Organisationen – die so weit ging, dass schweizerischen Zeitungen offiziös jede Diskussion über diese Themen dringend abgeraten wurde –, womit nun der plötzliche offizielle Kassandraruf Stuckis betreffend Havanna die Öffentlichkeit völlig unvorbereitet trifft. Die fragmentischen und etwas schroff formulierten Erklärungen Minister Stuckis haben unter diesen Umständen mehr alarmiert als aufgeklärt,» urteilte der NZZ-Kommentator und fuhr fort, Stucki argumentiere, als stünde die ganze schweizerische Wirtschaft – Landwirtschaft, Export- und Inlandindustrie – auf dem Spiel. Das sei aber keineswegs der Fall. Hingegen werde die Charta von Havanna auf die Schweiz Auswirkungen zeitigen, ob man ihr nun beitrete oder nicht: «Die Folgen der Erklärungen Stuckis waren darum im Inland wie im Ausland mehr negativer Art. Hier wie dort fragt man sich nach Stuckis offizieller Verlautbarung, warum denn die Schweiz eigentlich nach Havanna gehe», endete der Kommentar in der NZZ.[3]

Stucki traf am 27. November 1947, begleitet nicht nur von drei weiteren Mitgliedern der Schweizer Delegation, sondern diesmal auch von seiner Gattin Gertrud, in Havanna ein. In regelmässigen Berichten, die er an Bundesrat Petitpierre persönlich adressierte, orientierte er in den folgenden Monaten seinen Departementschef über den Verlauf der Welthandelskonferenz. Er sparte dabei nicht an kritischen Bemerkungen und Kommentaren.

Kaum in der kubanischen Hauptstadt angekommen, wurde Stucki dringend gebeten, sich doch beim Präsidenten der vorbereitenden Kommission, dem Belgier Max Suetens, zu melden. Zur nicht geringen Überraschung des Schweizers trug ihm der Belgier das Präsidium der Konferenz an; denn Stucki, so sei man im Kreis der europäischen Konferenzteilnehmer überzeugt, verfüge über die grössten Erfahrungen auf dem Gebiet multinationaler Wirtschaftsverhandlungen, schmeichelte Suetens dem erprobten diplomatischen Kämpfer. Doch Stucki lehnte vehement ab, nicht nur, weil die Schweiz dem in Havanna zu verabschiedenden Schlussdokument besonders kritisch entgegensehe, sondern auch, weil er es grotesk finde, den Vorsitz der Konferenz ausgerechnet dem Vertreter eines Landes zu übertragen, dem man gleichzeitig das Stimmrecht verweigere, und vielleicht – aufgrund von Stuckis eigenen Kommentaren zur ihm offensichtlich unvertrauten, neuen Art von Konferenz zu schliessen – nicht zuletzt, weil er sich der Aufgabe

Unser Mann in Havanna
«Die Reise von Washington nach Miami erfolgte in einem Sonderzug, der das ganze Personal des Sekretariats der Uno transportierte. Bei fast unerträglicher Hitze fuhren wir in einem Schiff nach Havanna (...) Die Schweiz ist hier in absolut unzulänglicher Weise vertreten. Während alle übrigen Staaten, auch die kleinen, Botschaften oder Gesandt-schaften unterhalten, werden wir einzig vertreten durch Honorar-Generalkonsul Blattner, einen sehr alten Herrn, der hier weder angesehen ist noch irgendwelchen Einfluss besitzt. Er hat weder einen Kanzlisten noch eine Dactylo. Seine Schreibmaschine ist unbrauchbar. Er besorgt selber oder durch seine Frau auf einer kleinen Baby-Hermes die Korrespondenz. Am guten Willen fehlt es nicht. Aber die Ankunft unserer Delegation hat ihn offensichtlich vollkommen aus dem Gleichgewicht gebracht, und auf Hilfe oder Unterstützung von seiner Seite können wir umso weniger rechnen, als er vor kurzer Zeit eine Augenoperation durchgemacht hat. Charakter und Krankheit des Generalkonsuls hatten zur Folge, dass unsere Unterkunft hier ausserordentlich schlecht vorbereitet war. Nach Auffassung unserer Delegation muss in Cuba bezüglich der schweizerischen Vertretung unbedingt und rasch ein Wechsel eintreten. Das Land ist interessant, reich und bietet wirtschaftliche Aussichten, die man nicht in bisheriger Weise weiter vernachlässigen darf. (...) Zum Schluss möchte ich noch kurz mitteilen, dass mit Bezug auf die Preise die Konferenz hier in schamloser Weise ausgenützt wird. Die Hotelzimmer wurden von der kubanischen Regierung verteilt und die Preise ganz einfach diktiert. So verlangt man im Hotel Nacional für meine beiden Zimmer, Schlafzimmer und kleiner Salon, in dem unsere Delegationssitzungen stattfinden, 35 Dollar im Tag. Für miserable Zimmer im Hotel Sevilla, wo die drei andern Herren unserer Delegation untergebracht sind, werden 15 Dollar verlangt. Die Zimmer waren so schlecht, dass ich angeordnet habe, die drei Herren ungefähr zum gleichen Preis ebenfalls im Hotel Nacional unterzubringen. Ähnlich verhält es sich mit den Autos. Die Distanzen sind so gross, dass jede Delegation mindestens ein Auto zur Verfügung haben muss. Die amerikanische Delegation z. B. hat 10 Automobile. Man muss für einen sehr schlechten Wagen mit Chauffeur 15 Dollar im Tag bezahlen.»

Aus den Berichten von Minister Stucki aus Havanna vom 19.11. und 5.12.1947 an Bundesrat Petitpierre, Chef des Eidgenössischen Politischen Departementes in Bern.

nicht unbedingt gewachsen fühlte. Ausserdem waren weder er persönlich noch die Schweiz als Land an den vorbereitenden Konferenzen beteiligt gewesen. Es fehlten ihm deshalb die genauen Kenntnisse darüber, wer bisher wann, wo, in welcher Sache und weshalb vorstellig geworden war. Stucki war indes fest überzeugt, dass die Versammlung angesichts seiner Absage den Belgier Suetens selbst zum Präsidenten wählen werde. Da Suetens schon für alle Vorbereitungsarbeiten für Havanna verantwortlich gewesen war, verfügte er über die weitaus besten Dossierkenntnisse.

Doch es kam ganz anders, als Stucki aufgrund seiner langjährigen Erfahrungen erwartet hatte: Die lateinamerikanischen Staaten unternahmen eine leidenschaftliche Aktion, um den Präsidentenstuhl für Kuba zu erobern. Sie behaupteten – zu Unrecht, wie Stucki ausdrücklich betonte –, es sei eine ständige internationale Gepflogenheit, das Präsidium einem Vertreter jenes Staates zu übertragen, auf dessen Gebiet die Konferenz stattfinde. Nach sehr unerfreulichen und mühsamen Debatten wurde schliesslich der Kubaner Clark zum Präsidenten gewählt, obwohl er selbst, in der richtigen Erkenntnis, dass ihm jede Eignung dazu fehle, wie Stucki beinahe genüsslich festhielt, diese Ehre ablehnen wollte. «Er hat sich denn auch als vollkommen hilflos erwiesen. Seine Wahl ist für uns insofern unerfreulich, als er offenbar in einem Hotel in Genf ungeschickt behandelt worden und deshalb der Schweiz gegenüber ungünstig eingestellt ist», berichtete Stucki nach Bern.

Als der Präsident endlich gewählt war, diskutierten die Delegierten zuerst den Entwurf des Geschäftsreglements der Konferenz, das ein Stimmrecht nur für Uno-Mitglieder vorsah. Stucki protestierte gegen diese diskriminierende Regelung, und zunächst schien es, als ob seine Intervention erfolgreich wäre und sich die Versammlung dazu durchringen könne, allen eingeladenen Teilnehmern, also auch der Schweiz, dieselben Rechte zuzuerkennen. Sicherheitshalber wurde dann aber der Uno-Generalsekretär telegrafisch um seine Meinung gefragt. Wie zu erwarten war, reagierte Trygve Lie mit schärfsten Formulierungen in dem Sinne, wie es der Wirtschafts- und Sozialrat der Uno beschlossen und die Uno-Generalversammlung gutgeheissen hatte, nämlich dass Nichtmitgliedern der Uno in Havanna keinesfalls das Stimmrecht eingeräumt werden dürfe. Zusammen mit dem starken Druck, den die USA zu Ungunsten der Neutralen auf die Konferenz ausübten, ergab sich die Situation, dass die grosse Mehrheit der Delegierten die offensichtliche Ungleichbehandlung zwar bedauerten, sich aber, trotz Stuckis mannigfachen Interventionen, ausserstande erklärten, für die Schweiz die Kastanien aus dem Feuer zu holen. Hingegen versuchte man dem berechtigten schweizerischen Anliegen Rechnung zu tragen, indem Stucki für das Amt eines der sechs Vizepräsidenten und damit als Mitglied des Ratsbüros nominiert wurde. Wiederum lehnte der Schweizer Delegationschef ab,

Gruppenbild anlässlich des Empfangs für die Delegationsleiter der Havanna-Konferenz durch den kubanischen Präsidenten (sitzend vorne links). Stucki, nach seiner vom Programm nicht vorgesehenen Wahl zum siebten Vizepräsidenten der Konferenz, wird, wie auf diesem Bild ersichtlich, durch seine Platzierung (sitzend vorne rechts) besondere Ehre erwiesen.

kam dann aber auf Wunsch aller westeuropäischen Länder, die bestrebt waren, ihre Position angesichts der neuen Mehrheitsverhältnisse wo immer möglich zu verstärken, auf seinen Entscheid zurück und wurde nachträglich einstimmig und mit Akklamation zum siebten Vizepräsidenten der Konferenz gewählt.

In der Folge sahen die Delegierten auch ein, dass das «problème Suisse» in irgendeiner Form gelöst werden müsse, und sie rangen sich nach endlos langer Diskussion zu einer Lösung durch, wie man sie in solchen Fällen, in denen es niemand mit niemandem verderben will, gemeinhin zu treffen pflegt: nämlich sie setzten, nachdem eine vorbereitende Subkommission die Frage zuhanden des Plenums beraten hatte, auf Antrag der Subkommission eine Kommission ein, die sich mit dem Sonderfall Schweiz befassen solle.

Noch mehr als die Stimmrechtsfrage, so kann man seinen Berichten entnehmen, beschäftigte Stucki das völlig neue, ihm fremde Konferenzklima, das er in Havanna antraf und für das er die «Neue Welt» (das hiess damals vor allem Lateinamerika sowie den Nahen und Mittleren Osten) mit ihrem bei jeder Gelegenheit vorgetragenen Ansturm gegen die alten Privilegien Europas verantwortlich machte. Die Debatten im Plenum der Konferenz zeigten nach Stuckis Einschätzung vor allem eines, nämlich dass Vorherrschaft und Einfluss Europas massiv zurückgegangen waren.

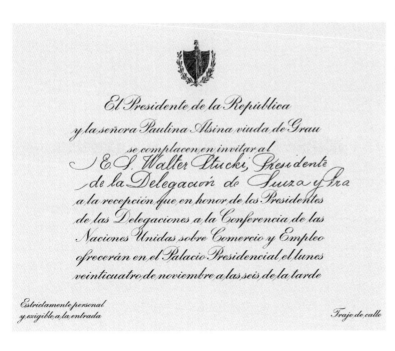

Welthandelskonferenz von Havanna: Einladung des kubanischen Präsidenten an Walter Stucki zu einem Empfang zu Ehren der Delegationschefs.

Die neuen Staaten, die noch ganz am Anfang ihrer industriellen Entwicklung standen, beharrten vehement darauf, ihre Rohstoffe selbst verarbeiten zu können und damit ihren Bevölkerungen zu einem Wohlstand zu verhelfen, der dem Lebensniveau der Europäer und Nordamerikaner entspreche. «Gegen diese äusserst lebhaft vorgetragenen Forderungen wagt niemand offen aufzutreten, auch die USA nicht. Westeuropa ist damit offensichtlich in die Defensive gedrängt», beobachtete und meldete Stucki nach Bern. Hingegen werde eine Meinung, die derjenigen der Schweiz ähnlich oder gar gleich sei, von keiner anderen Seite vertreten. Mit seiner Rede zum schweizerischen Standpunkt habe er deshalb mehr Anfeindungen provoziert als Verständnis geweckt.[4] Während ihm das Konferenzklima in den Verhandlungssälen mehr und mehr zu schaffen machte, hatte sich Stucki inzwischen wenigstens mit dem meteorologischen Klima Havannas abgefunden: «Weihnachten und Sylvester draussen unter mildem Tropenhimmel», hielt er rückblickend in seinen persönlichen Notizen fest.

Im neuen Jahr wurde in den zahlreichen Komitees, Kommissionen sowie in der Vollversammlung der Konferenz intensiv weiter debattiert, «im allgemeinen mindestens zehn Stunden im Tag», doch die Entscheide, die dabei gefällt wurden, vermochten das Gesamtbild für die Schweiz nicht wesentlich zum Positiven zu verändern. Stucki engagierte sich persönlich mit Nachdruck in der

Kommission, die sich mit dem «Spezialfall Schweiz» befasste. Das Hauptproblem lag in der Beantwortung der Frage, welchen Preis – im Sinne einer Schwächung der Charta von Havanna – die Mehrheit der Delegationen zu zahlen bereit war, um der Schweiz mit auf sie zugeschnittenen Sonder- und Ausnahmebestimmungen das Mitmachen unter für sie tragbaren Bedingungen zu ermöglichen. Dabei erhielt Stucki unversehens ganz unerwartete Schützenhilfe, indem nämlich die südamerikanischen Staaten plötzlich zur Überzeugung gelangten, was die Schweiz für sich geltend mache, treffe auch auf sie zu, und sie favorisierten deshalb eine Sonderlösung «à la Suisse» – sehr zum Ärger Stuckis, der sich darüber beklagte, dass solche Fehleinschätzungen die Arbeit komplizierten und erschwerten, «denn es ist ja gewiss grotesk, wenn der Vertreter Venezuelas erklärte, die Lage seines Landes sei gleich wie diejenige der Schweiz, und dann vor der ganzen Konferenz darlegte, dass Venezuela nur eine einzige Ware, einen Rohstoff par exellence, nämlich Petrol ausführe. Man verliert ganz unnütz viel Zeit und Kraft mit solchen unbedarften Konferenzbeiträgen», beklagte sich Stucki in seinem Bericht nach Bern.

Die Konferenz in Havanna fällte immerhin einen Entscheid weitgehend einmütig, nämlich die Verhandlungen seien zwischen dem 15. und dem 20. Februar mit der Verabschiedung der Charta zu beenden. Stucki reservierte deshalb für alle Fälle auf der «New Amsterdam», die New York am 24. Februar verlassen sollte, Kabinen für die Heimkehr, obwohl er stark daran zweifelte, dass die Konferenz rechtzeitig zum Abschluss kommen würde. Ende Januar war das Ende der Konferenz zwar noch lange nicht abzusehen, doch in den für die Schweiz wichtigen Fragen waren die Weichen gestellt und Stucki nahm nun kein Blatt mehr vor den Mund. In seinem Bericht an Petitpierre schrieb er Klartext: «Ich bin heute noch viel mehr als zu Beginn der Konferenz davon überzeugt, dass die Charta ein schlechtes, ja ein gefährliches Instrument ist, das zu einer Verschlechterung des Welthandels führen wird.» Stucki machte ganz klar, dass er nie die Verantwortung übernehmen könne, für die Schweiz den Beitritt zur Charta zu empfehlen. Havanna sei das Werk amerikanischer Machtpolitik und damit einer immer unverhohlener praktizierten Politik des Stärkeren oder Stärksten, wie sie sich übrigens auch auf einem ganz anderen Gebiet äussere, nämlich indem die amerikanischen Diplomaten in Havanna vor ihren Kollegen aus den anderen westlichen Staaten immer deutlicher zum Ausdruck brächten, dass ein Präventivkrieg gegen den Ostblock unvermeidbar werde.[5]

Stucki gedachte tatsächlich, vorzeitig abzureisen, liess sich dann aber von den Engländern und Franzosen zurückhalten. Seine Abreise vor dem offiziellen Konferenzende, rechtfertigte er sich in einem Telegramm an Bundesrat Petitpierre, würde in den Konferenzkreisen von Havanna – angesichts der ablehnenden Haltung der Schweiz gegenüber der Charta – zwar als logisch und begreiflich betrachtet, wäre aber für die Regierungen der meisten europäischen Staaten recht unangenehm, weil die politische Opposition in den betreffenden Ländern ja nur darauf warte, dass der Chefdelegierte der Schweiz vorzeitig von Bord gehe, um dann – mit Hinweis auf die vernunftbetonte Haltung der Schweiz – der eigenen Regierung die Charta um die Ohren zu hauen. Es schmeichelte Stucki zweifellos, dass man auf internationaler Ebene sein Verhalten angeblich so genau beobachtete. «Ich habe mich entschlossen, hier zu bleiben, obschon die Situation fast unerträglich ist», telegrafierte er weiter nach Bern und ersuchte nachdrücklich darum, die Charta als «Acte final» der Konferenz nicht unterzeichnen zu müssen. Die Unterzeichnung hätte zwar keinerlei rechtliche, aber nach Stuckis Interpretation für die Signatarstaaten zumindest die moralische Verpflichtung mit sich gebracht, sich für die Verwirklichung ihres Inhalts zu engagieren. Stucki plante aber ganz im Gegenteil, anlässlich der Schlusssitzung der Konferenz ohne Rücksicht auf Verluste nochmals zu begründen, warum er im Namen der Schweiz niemals seine Unterschrift unter die Charta setzen werde. Wie um allfällige Zweifler in Bern endgültig zu überzeugen, fügte er in seinem Telegramm nach Bern der politischen Begründung seiner Ablehnung auch noch eine finanzielle Überlegung an: Die Uno präsentiere, so schloss er sein Fernschreiben vom 14. Februar, für die Konferenzvorbereitung und für die Sekretariatsarbeiten in Havanna eine Rechnung von 1,5 Millionen Dollar, die wohl oder übel von den Unterzeichnern der Charta aufgebracht werden müssten. Und wenn es ums Zahlen ging, das wusste Stucki sehr wohl und es entsprach nicht zuletzt auch seiner eigenen Überzeugung, hielt man sich in Bern noch so gerne zurück.[6]

Kaum wieder in Bern eingetroffen, rechtfertigte Stucki an einer Pressekonferenz vor den Bundeshausjournalisten seinen Auftritt in Havanna mit denselben Argumenten, die er der Presse bereits vor seiner Abreise kundgetan hatte: Die Schweiz würde bei Anwendung der Charta von Havanna sowohl beim Export als auch beim Import ausserordentlich schweren Schädigungen ausgesetzt. Ganz entgegen seinen jahrzehntelangen Erfahrungen und seiner bisher geübten Praxis, wonach eine Unterschrift den Signierenden auf den Inhalt des Dokuments verpflichtete, übernahm er jetzt vor den Journalisten die auch für ihn selbst absolut «neumodische» Interpretation, wonach eine Unterschrift unter der Charta bloss als die Zertifizierung des ausgearbeiteten Textes gelte und keinerlei Absichten kundtue oder gar Verpflichtungen beinhalte. Die Signatur, die sein Stellvertreter Real auf Wunsch des Bundesrates dann doch noch unter das Dokument gesetzt habe, kombiniert mit der von ihm selbst in Havanna vorgetragenen Erklärung, mit der er sich vom Inhalt der Schlussakte distanzierte, bekunde für jedermann klar und deutlich, dass die Schweiz sich noch weniger an den Inhalt der Charta gebunden fühle als die anderen Länder. Und, so schloss er sein Referat, geändert werde mit der Charta vorläufig gar nichts; in der Handelspolitik würden kaum entscheidende Änderungen eintreten. Der Wert des Schlussdokuments liege in der Zukunft, tröstete Stucki die ihn bestürmenden Journalisten, mit denen er anschliessend an sein Referat eine intensive Diskussion führte; denn in der Charta von Havanna sei immerhin auch die Schaffung einer internationalen Handelsorganisation vorgesehen, die ihre Tätigkeit besser mit den Bedürfnissen und Interessen der Schweiz abzustimmen in der Lage sein werde als die soeben beendete, chaotisch verlaufene Konferenz.[7]

Zwei Tage später erstattete Stucki dem Gesamtbundesrat seinen detaillierten mündlichen Bericht über Havanna. Auffällig ist, dass er dazu, vermutlich zum ersten Mal vor einem Auftritt im Kreis der Landesregierung, ein zwölf Seiten langes, inhaltlich und sprachlich ausgefeiltes Manuskript anfertigte, wie es von den zahlreichen früheren Referaten, die er vor demselben Gremium gehalten hatte, in den Akten nicht zu finden ist. Man darf deshalb annehmen, dass Stucki bis ins Jahr 1937, wenn er vor dem Bundesrat auftrat, stets frei, bestenfalls unter Zuhilfenahme eines nicht aufbewahrungswürdigen Spickzettels gesprochen hat. Denn als Direktor der Handelsabteilung und noch bis zu seiner Abreise als Gesandter nach Paris hatte er sich mit der ihm eigenen Selbstsicherheit und Selbstverständlichkeit als in die Regierung Eingebundener, auf Augenhöhe mit den Bundesräten Mitdiskutierender verstanden. Dazu hatte er kein Manuskript gebraucht. Jetzt aber sass eine neue Generation von Politikern in der Landesregierung, die sich ihm nicht mehr wie ihre Vorgänger kollegial verbunden fühlten. Jetzt bestimmte nicht mehr Stucki, wann er mit den Bundesräten über eines seiner wichtigen Dossiers diskutieren wollte, sondern jetzt wartete er vielmehr, wie jeder zum Referat aufgebotene Chefbeamte, der mit dem Manuskript in der Aktentasche im Vorzimmer sass, bis die Herren Bundesräte auf ihrer Sitzungsliste beim Traktandum «Havanna» angelangt waren und dazu Stucki als Referenten durch den Weibel hereinrufen liessen.

Stucki schilderte der Regierung, wenn man seinem Manuskript folgt, zunächst seine allgemeinen Eindrücke, die er in Havanna gewonnen hatte. Dazu gehörte in erster Linie ein erschreckender Bedeutungsverlust des verarmten und zerrissenen Europa und die fast vollkommene Dominanz der Amerikaner, welche die zahlreichen nach Dollar hungernden Länder in derart starker finanzieller Abhängigkeit hielten, dass diese nur in den seltensten Fällen gewagt hätten, ein der Meinung der USA widersprechendes Votum abzugeben. Die amerikanische Dominanz in Havanna drückte sich auch in der Sprache aus: Das Englische verdrängte in den Verhandlungen zusehends die traditionelle bisherige Diplomatensprache Französisch. Auffällig war gemäss Stuckis Ausführungen, dass die diplomatischen Qualitäten der Delegierten seit der Zeit des Völkerbundes merklich abgenommen hatten und dass in Havanna grosse, bedeutende Persönlichkeiten, wie sie regelmässig an den Versammlungen in Genf aufgetreten waren, fehlten.

Nachteilig habe sich ferner die Durchführung der Konferenz an einem Ort so nahe am Äquator ausgewirkt. Stucki zeigte sich überzeugt davon, dass man ein solches Experiment nicht so bald wiederholen werde; denn nicht nur seien in Havanna die Verbindungen der Delegationen zu ihren Regierungen unsicher, schlecht und viel zu teuer gewesen, sondern auch die Presse – ausgenommen die kubanische und die amerikanische – habe sich den Luxus nicht leisten können, vier Monate lang ihre Berichterstatter in der für Ausländer extrem teuren Hauptstadt Kubas unterzubringen. Die Folge könne man in jeder Zeitung sehen, nämlich dass eine vom Thema und von der weltweiten Beteiligung her wichtige Konferenz von der Öffentlichkeit kaum wahrgenommen worden sei. Als weitere Kritik führte Stucki an, die gewaltige Vorarbeit, die für Havanna geleistet worden sei, habe den ebenso gewaltigen

Nachteil gezeitigt, dass sowohl die Delegierten, die mit genauen Instruktionen ihrer Regierungen angereist waren, als auch die Konferenz selbst, die sich nicht von der bevormundenden Schirmherrschaft der Uno lösen konnte, kaum noch Entscheid- oder Manövrierfreiheit genossen hätten, was ein echtes Verhandeln nach dem Prinzip des «do ut des», bei dem jede Partei hätte Konzessionen machen können, verunmöglicht und den Konferenzablauf mehrmals praktisch zum Erliegen gebracht habe, weil die Delegierten nicht aus eigener Kompetenz von ihren eng gefassten Instruktionen abweichen durften.

Als nächstes teilte Stucki vor seinen bundesrätlichen Zuhörern Noten oder Qualifikationen für die einzelnen Delegationen, deren Chefs und ihre Politik in Havanna aus. Besonders schlecht kam dabei der Leiter der 80-köpfigen amerikanischen Delegation weg, ein Professor der Nationalökonomie, der, wie Stucki wörtlich ausführte, «mit bemerkenswerter Energie und Brutalität seinen rein doktrinären Standpunkt ohne jedes politische und psychologische Verständnis durchzusetzen bemüht war. Man kann sich einen engstirnigeren, ja bornierteren und deshalb für die Leitung der amerikanischen Delegation ungeeigneteren Mann gar nicht vorstellen.» Der Schweiz gegenüber sei er unter allen Delegierten der unvernünftigste und verständnisloseste Gegner gewesen, «ohne allerdings jemals den offenen und ehrlichen Kampf vor der Gesamtkonferenz oder einer ihrer Kommissionen aufzunehmen». Daneben ärgerte sich Stucki vor allem über die Vertreter jener zahlreichen Staaten, die zum Teil erst als Folge des Weltkriegs entstanden und deshalb bloss einige Monate alt waren: Ihre Delegierten, zum ersten Mal an einer internationalen Konferenz anwesend, hätten, ohne die geringste Ahnung von Verhandlungsdiplomatie, durch endlose Reden über ihre für den Welthandel zum Teil völlig bedeutungslosen Länder ungeheuer viel wertvolle Zeit verschwendet.

Nach der Schilderung seiner allgemeinen Eindrücke von der Konferenz begann Stucki mit der Analyse der Situation, in der sich die Schweiz in Havanna befunden habe: «Unser Kampf war sozusagen ausschliesslich gegen die USA zu führen. Aber die Amerikaner haben nicht ein einziges Mal eine offene Feldschlacht angenommen. Unter der Hand erklärten sie, das ‹Swiss Amendment› würden sie innert zehn Minuten Knock out schlagen und anschliessend könne man ungestört zur Tagesordnung übergehen.

Als dies nicht so einfach ging, wie sie sich vorgestellt hatten, versuchten sie mit allen Mitteln, selbst den äussersten Druckmitteln, unsere Anträge von hinten her zu torpedieren.» Stucki hatte nach altbewährtem Muster mit dem Rückzug der Schweizer Delegation gedroht und dann auch tatsächlich die Hälfte seiner ohnehin kleinen Mannschaft nach Hause zurückgeschickt, weil es für die Schweiz in Havanna nichts mehr zu holen gebe.

Nachdem die Amerikaner mit ihrer spezifisch gegen die Schweiz gerichteten Polemik in der grossen Plenumsdebatte vom 28. Februar Schiffbruch mit Totalschaden erlitten hätten, erläuterte Stucki weiter, habe sich der amerikanische Chefdelegierte «nicht unelegant aus der Affäre gezogen, indem er plötzlich erklärte, für unser Land eine ganz besonders grosse Bewunderung und Sympathie zu empfinden.»[8]

Dann unterbreitete Stucki dem Bundesrat folgende Schlussfolgerung und Empfehlung: Nach seiner Auffassung entwickle sich die Situation im Welthandel für die Schweiz momentan günstig. Das Land könne seine Währungs- und Handelspolitik frei bestimmen, ohne mit Diskriminierungen seitens anderer Staaten rechnen zu müssen. Hingegen entspreche die Charta von Havanna nicht der gegenwärtigen Situation. Die Charta sei nicht nur unübersichtlich, konfus und widersprüchlich, sie sei sogar in doppelter Hinsicht gefährlich: Erstens werde dem Vollzugsrat, in dem die Schweiz kaum je einen Sitz zu ergattern vermöge, eine inakzeptable Entscheidungs- und Machtfülle zugeordnet. Zweitens würde die Schweiz durch die Bestimmungen von Kapitel V der Charta über Kartelle und Trusts gezwungen, zum Beispiel den Amerikanern über alle getroffenen Vereinbarungen der Uhren- und Maschinenindustrie vorbehaltlos Auskunft zu geben, was die amerikanische Konkurrenz unzweifelhaft schamlos auszunützen beabsichtige. Kurz: Die in Havanna konfektionierte Ware sei für die Schweiz nicht tragbar.

Stuckis Darlegungen vor dem Bundesrat – wenn er sie denn so ausgesprochen wie zuvor zu Papier gebracht hat – waren klar und deutlich in der Sprache, selbstsicher betreffend den eigenen Standpunkt und parteiisch gegenüber denjenigen, die in Wahrung ihrer spezifischen eigenen Interessen eine andere Meinung vertraten. Stucki verstand seinen Auftrag in Havanna wie eh und je als uneingeschränkte Wahrnehmung des schweizerischen Standpunkts. Altruismus lag ihm fern. Für die Länder, die man wenig später unter der Sammelmarke «Dritte Welt» zusammenfasste, zeigte er weder Verständnis noch Konzessionsbereitschaft; ihre Vertreter erschienen ihm mehrheitlich als diplomatisch ungebildete Wilde, deren Interventionen er als störend und deren Reden anzuhören er als Zeitverschwendung empfand. Seit den Verhandlungen um das Abkommen von Washington legte er zudem eine leicht zu erkennende Abneigung gegen die Amerikaner an den Tag, deren Hegemonieanspruch ihn ärgerte und deren impertinentes Auftreten ihn manchmal sogar so weit reizte, dass er die ihm eigene Contenance verlor und sich zu bissigen Kommentaren hinreissen liess.

Bei aller Kritik an der Charta verlieh Stucki in verschiedenen Vorträgen und Zeitschriftenartikeln, die er in den auf Havanna folgenden Monaten hielt oder schrieb, doch immer wieder seiner Hoffnung Ausdruck, dass es – entweder aufgrund der Ergebnisse von Havanna oder auf anderer Grundlage – gelinge, eine internationale Organisation zu schaffen, in der die Zahlungs- und Währungsprobleme diskutiert und gelöst werden könnten und die von ihrer Organisation her der Schweiz einen Beitritt ermögliche, damit das Land aus seiner Isolierung heraustreten und seinen Willen zur internationalen Zusammenarbeit unter Beweis stellen könne. Stucki, dessen Tätigkeit in Havanna in der Schweiz lange Zeit kritisch, wenn nicht gar argwöhnisch beobachtet worden war, fand letzten Endes doch noch breite Anerkennung und Zustimmung für die Art und Weise, wie er seinen Auftrag in der kubanischen Hauptstadt erfüllt hatte, einen Auftrag, der, wie ihm der Schweizerische Bauernverband attestierte, ganz besonders schwierig gewesen sei. Man hoffe nun in Brugg (wo das Verbandssekretariat der Bauern angesiedelt war), «dass das Werk jener Konferenz bald in den Akten der Vergangenheit verschwinden und nie in Kraft treten möge». Auch die NZZ reihte sich jetzt in die Phalanx der Gratulanten ein und bescheinigte Stucki, sein Standpunkt sei nüchtern, sachlich und realistisch und überzeuge durch seine auf Geschichte und Erfahrung gründende Gradlinigkeit.[9]

Mit «Havanna» hatte Stucki seine letzte wirklich grosse Mission im Ausland hinter sich gebracht. Von nun an zählte man in Bern weniger auf seine Durchschlagskraft, Energie und Ausdauer als vielmehr auf seine Erfahrung und seinen international bekannten Namen, weniger auf seinen autoritären Führungsstil und seine eminente Selbstsicherheit als auf seine in über 30 Berufsjahren erworbene Klugheit und Weisheit zur Lösung grenzüberschreitender politischer und wirtschaftlicher Probleme. Dabei gedachte man nicht nur in der Schweiz von seiner Reputation zu profitieren, vielmehr trug man ihm auch aus dem Ausland verschiedene ehrenvolle Mandate an. Im Herbst 1947 meldeten die Zeitungen, Stucki sei beim Sicherheitsrat der Uno in New York von China und England zur Wahl für den Posten eines Gouverneurs von Triest vorgeschlagen worden, habe die Berufung aber dankend abgelehnt.[10] Die NZZ kommentierte Stuckis Absage angesichts des ewigen Streits um die Stadt Triest in vier Worten: «Man versteht Herrn Stucki!» Übrigens hatten die Regierungen in Moskau und Belgrad als Kandidaten für den Posten des Uno-Gouverneurs den Schweizer Gesandten in der Sowjetunion, Minister Zellweger, vorgeschlagen.

1949 informierte Bundesrat Petitpierre Stucki mit Schreiben vom 28. März darüber, dass gemäss einer vertraulichen Nachricht des Schweizer Gesandten in Dehli, Minister Daeniker, die Namen von Stucki und von Minister Paul Ruegger auf der Kandidatenliste für den Posten des Uno-Administrators bei der Volksabstimmung in der zwischen Indien und Pakistan heftig umstrittenen Grenzregion Kaschmir figurierten. Auch diese Berufung zerschlug sich frühzeitig sowohl an Stuckis Absage als auch an den anderslautenden Intentionen des Uno-Generalsekretärs Trygve Lie. Bis 1955, als Stucki angeblich von der Westeuropäischen Union auf die Liste der möglichen Kommissare für das Saargebiet gesetzt wurde, gab es immer wieder Vermutungen, Gerüchte oder Hinweise dafür, dass Stucki für ein anspruchsvolles internationales Mandat zur Diskussion stehe. Er hat jedoch alle Anfragen, falls sie überhaupt bis an ihn selbst herangetragen wurden, abschlägig beantwortet.

Keine Absage erhielt hingegen der Gemeindepräsident von Konolfingen, Georg Schmalz, der Stucki vertraulich anfragte, ob er gewillt sei, das Ehrenbürgerrecht seiner Heimatgemeinde anzunehmen. Am 31. Mai 1947 verlieh die Gemeindeversammlung des Dorfes am Ausgang des Emmentals einstimmig und erstmals in ihrer Gemeindegeschichte den Titel des Ehrenbürgers, und zwar an Minister Dr. Walter Stucki. Sie würdigte damit die Verdienste, «die er während einer langen Reihe von Jahren und in Zeiten, da Not und Gefahr der Heimat drohten, in der Erfüllung unzähliger schwieriger Missionen als Wirtschaftssachverständiger und als Staatsmann um das Wohlergehen und Gedeihen unseres Vaterlandes erworben hat.» Stucki freute sich, mehr als über die Laudatio, über den Spruch, der die Urkunde umrahmte: «Mir hei e schöni Heimet – mir syn ere ne ganze Ma schuldig!»

In seiner Dankesadresse wies er darauf hin, dass er nicht den üblichen Lebenslauf schweizerischer Politiker vorweisen könne, die erst über ihre Leistungen in Parlamenten oder Exekutiven von Gemeinden und Kantonen zu Posten auf Bundesebene gelangten. Dass er vor 30 Jahren direkt in den Bundesdienst berufen worden sei, habe er immer als schweren Mangel in seiner Biografie empfunden, der nur teilweise ausgeglichen werde durch die Tätigkeit seines Vaters als Lehrer und Schulinspektor im Kanton Bern. An dessen Beruf und Berufung anknüpfend interessiere er sich ganz besonders für das Projekt, in Konolfingen eine Sekundarschule zu errichten, erklärte er vor den versammelten Gemeindebürgern und übergab ihnen 1000 Franken, die für die künstlerische Ausschmückung oder für die Bibliothek des neuen Erziehungsinstitutes zu verwenden seien.

Kurz zuvor war Stuckis Buch über die Rettung der Stadt Vichy, die er vor Krieg und Zerstörung bewahrt hatte, erschienen und hatte ihm nochmals breite Aufmerksamkeit und, mit einigen wenigen Ausnahmen, europaweit positive Reaktionen eingetragen. Doch daneben gab es für ihn nach «Havanna» bei seinen Auslandmissionen nur noch kleinere Brötchen zu backen: Er war vornehmlich mit Verhandlungen über die Zwangsverwaltung von Auslandsguthaben (sogenannten Sequesterkonflikten) mit Holland, Schweden, England, Norwegen und Frankreich beschäftigt, das heisst mit einer Materie, die reichlich kompliziert war, den Journalisten meist als zu trocken erschien, um darüber in den Zeitungsspalten zu berichten und die ihm deshalb im breiten Publikum wenig Aufmerksamkeit und kaum noch neue Anerkennung eintrug.

Stucki hätte sich nun eigentlich, in seinen Verdiensten sonnend, auf den 60. Geburtstag freuen können. Doch einen knappen Monat vor dem 9. August 1948 wurde er bei Lachen im Kanton Schwyz mit seinem Auto in einen Unfall verwickelt, für den er zwar hinterher als unschuldig erklärt wurde, der jedoch für das Opfer tödlich ausgegangen war. Und dann, zehn Tage vor seinem Geburtstag, erreichte ihn die Nachricht, sein Schwiegersohn Ernst Hopf, Vater seiner vier- und zweijährigen Enkel Bernhard und Thomas, sei zusammen mit zwei Kameraden auf einer Bergtour am Grosshorn von einer Lawine überrascht und in den Tod gerissen worden. Die Gratulationsschreiben, die er unter anderem von den meisten Bundesräten und alt Bundesräten zugesandt erhielt, waren demzufolge über weite Strecken als Kondolenzbriefe abgefasst. Es war ein «trauriger Geburtstag», wie Stucki in seinen Notizen festhielt und zu dem ihm der 80-jährige befreundete Berner Kunstmaler Cuno Amiet mit den folgenden Worten seine Anteilnahme ausdrückte: «Ein Fest der Dankbarkeit hätte es werden müssen. Aber für das, was Sie der Gesamtheit des Schweizer Volkes Gutes getan haben, mussten Sie in Ihrer Familie die schwersten Schicksalsschläge erleiden. Ihr Sinn kann nicht auf Feste gerichtet sein.»

Das Jahr 1949 brachte eine Reihe weiterer familiärer Veränderungen: Ein Jahr nach dem tödlichen Bergunfall ihres Mannes zog Stuckis Tochter Evy mit ihren zwei Söhnen wieder ins elterliche Haus, in die Villa Stucki, wo Bernhard und Thomas unter der Obhut ihres Grossvaters aufwuchsen und von wo aus sie das Progymnasium am Waisenhausplatz[11] und das Gymnasium an der Kirchenfeldstrasse besuchten. Die Frau seines verstorbenen Sohnes Jürg, die von Stucki stets sehr geschätzte Rosmarie Beck, heiratete in zweiter Ehe den Dirigenten Luc Balmer. Der bisher eher wenig beachtete zweite Sohn Stuckis, Lorenz, der sich später als Redaktor und Publizist einen Namen machen sollte, schloss zur Genugtuung seines Vaters das Studium erfolgreich mit dem Doktortitel ab und zog nach Wien, wo er ebenfalls noch im Jahr 1949 die Schauspielerin Lucia Scharf heiratete.

Mit der Unterstützung seines Chefs, Bundesrat Petitpierre, wurde Stuckis finanzielle Situation nochmals verbessert, indem das Gehalt des Delegierten für Spezialmissionen, alle Zulagen eingeschlossen, vom Bundesrat im Spätsommer 1949, rückwirkend auf den 1. Januar, auf rund 38 000 Franken erhöht wurde. Nicht ganz klar wird aus den Dokumenten, wie weit dabei die Tatsache zumindest mit entscheidend gewesen ist, dass Stucki, seit er in die Villa seiner Schwiegereltern gezogen war, sein Haus im Kirchenfeld an den mit zehn Kindern gesegneten Bundesrat Philippe Etter vermietet hatte. Da der Mietzins, den ihm Etter bezahlte, gemäss Rechnung Stuckis nicht einmal mehr kostendeckend war, verlangte er im Herbst 1948, (nach Festlegung des amtlichen Werts der Liegenschaft auf 174 000 Franken) vom kinderreichen Bundesrat einen höheren Mietzins von neu mindestens 14 000 Franken pro

Jahr. Etter wurde daraufhin beim Chef des Eidgenössischen Finanzdepartements, Bundesrat Ernst Nobs vorstellig, um sich mit ihm, wie es in den Akten heisst, «über die finanzielle Situation von Minister Walter Stucki» zu unterhalten. Der Verdacht ist indessen nicht von der Hand zu weisen, dass die Unterhaltung der beiden sich ebenso sehr wie um Stuckis auch um Etters offenbar nicht gerade rosige finanzielle Situation gedreht hat. Man kann deshalb nicht ausschliessen, dass der Bundesrat beschlossen hat, bei der Lohnrunde im September 1949 die Mietkosten seines Mitglieds Philippe Etter indirekt über eine Lohnerhöhung an Minister Stucki, der die Erhöhung weder verlangt noch erwartet hatte, rückwirkend auf 1. Januar zu subventionieren, damit dieser auf die Mietzinserhöhung für Etter verzichte.[12]

Die Mandate, die Stucki jetzt neu anvertraut wurden oder die er aufgrund früherer Tätigkeiten noch wahrnahm, wie zum Beispiel das Präsidium der Überwachungskommission zur Ausführung der Washingtoner Verträge, waren wohl vielfältig und erforderten Sachkenntnis und Erfahrung; doch spektakulär wie die Verhandlungen mit Deutschland, die «Schlacht von Washington» oder das «Palaver von Havanna» waren sie nicht mehr. Zu den Stucki neu anvertrauten Mandaten gehörte zum Beispiel (im Rahmen der Spar- und Abbaumassnahmen in der Bundesverwaltung) die Durchleuchtung des Politischen Departements im Hinblick auf Personaleinsparungen. Das EPD hatte im Verlauf des Zweiten Weltkriegs angesichts eines stark angewachsenen Aufgabenkatalogs in grossem Stil diplomatisches Personal rekrutieren müssen und stand dann bei Kriegsende, als zum Beispiel alle Schutzmachtmandate hinfällig wurden, personell massiv überdotiert und aufgebläht da. Man tat sich dann offenbar recht schwer mit der Entlassung von Mitarbeitern. Noch im Juni 1953, nach über fünf Jahren fast permanenter Reorganisation, machte die parlamentarische «Commission Clottu» in der Verwaltung des EPD (ohne Aussendienst) einen Überbestand von 60 Personen aus, die innerhalb eines halben Jahres hätten «eliminiert werden» sollen, wie Stucki in einem streng vertraulichen, mit «Richtlinien» überschriebenen Papier vom 13. Juni 1953 festhielt. Stucki wäre mit seinem autoritären Stil sicher der richtige Mann gewesen, um die «Verschlankung» des Departements mit den unumgänglichen Entlassungen innerhalb nützlicher Frist zu vollziehen. Ihm kann kaum angekreidet werden, dass es immer wieder zu Verzögerungen kam; seine Haltung in Personalfragen war hart, denn gemäss seinem Auftrag war er bestrebt, die «Säuberung» möglichst speditiv und ohne finanzielle Abgeltungen zu vollziehen. In einem Privatunternehmen hätte sich Stucki als Sanierer hervorragend bewährt; er hätte eine ausufernde Bürokratie in Kürze zahlenmässig zurückgestutzt und auf Effizienz getrimmt. In der öffentlichen Verwaltung jedoch fielen ihm zu seinem Ärger immer wieder Bremser und Bedenkenträger in den Arm, bis er den Juristen in der Personalabteilung des Eidgenössischen Justiz- und Polizeidepartements (EJPD) schliesslich massiv an den Karren fuhr: Sie verstünden nicht oder wollten nicht verstehen, um was es eigentlich gehe; sie gefielen sich sichtlich als Hüter des Rechts und als Schutzherren der Verfolgten und übersähen vollkommen, dass bei der von ihnen befürworteten Gutheissung von Rekursen oder Wiedererwägungen ganz einfach andere Opfer bestimmt werden müssten, gegen die weniger oder überhaupt nichts Negatives vorliege.[13] Das war in Ton und Ausdrucksweise wieder oder noch immer der alte Stucki, wie wir ihn seit Beginn seiner Karriere im Bundesdienst kennengelernt haben.

In den Kreisen der jüngeren Diplomaten jedoch gerieten Stuckis Stil und seine Wortwahl dem einen oder anderen manchmal in den falschen Hals. Es mag Zufall gewesen sein, vielleicht aber auch Absicht, dass sich Stucki bei einem offiziellen Essen anlässlich des Besuchs des ägyptischen Aussenministers im Jahr 1951 in der Tischordnung hinter jüngeren Berufskollegen, weiter vom ägyptischen Gast entfernt platziert sah. Am nächsten Morgen schritt er hocherhobenen Hauptes, aber unangemeldet ins Büro von Bundesrat Petitpierre und machte ein für allemal klar, dass er es nicht nötig habe, hinten anzustehen; er verzichte deshalb in Zukunft auf eine Einladung, wenn man ihm nicht den ihm gebührenden Platz freihalte. Petitpierre regelte das Problem selbstverständlich im Sinne Stuckis.[14] Als 1953 der indische Premierminister Nehru oder ein Jahr später Kaiser Haile Selassie von Äthiopien der Schweiz einen Besuch abstatteten, stand Stucki wieder direkt neben oder hinter den amtierenden Bundesräten und dem Bundeskanzler. Im selben Jahr war er, begleitend oder stellvertretend für den Bundesrat verschiedentlich mit repräsentativen Aufgaben betraut, unter anderem «das einzige Mal», wie er festhielt, als

Stucki als begnadeter, mit Sachlichkeit und Intellekt überzeugender Redner war an Veranstaltungen aller Art gefragt – hier bei der Festansprache vor den Ryfflischützen in Riggisberg 1948.

Gast bei einem Déjeuner in der russischen Gesandtschaft; wenig später dinierte er mit dem japanischen Kronprinzen. Zu seinen «Trophäen», das heisst den Gästen, mit denen er sich anlässlich ihres Besuches in Bern an den Tisch setzte, gehörten ferner Tschu En-lai, Mendès France und der amerikanische General Bedell Smith.

Je länger desto deutlicher wurde, dass Stuckis eindrückliche Karriere langsam ihrem offiziellen Ende entgegenging. Noch hatte er verschiedene Mandate und Sitze in mehr oder weniger wichtigen und einflussreichen Kommissionen inne, darunter das Präsidium der prestigeträchtigen Konsultativen Kommission für Handelspolitik; noch gab es immer wieder neue Aufgaben, die ihm anvertraut wurden, so zum Beispiel 1952 der Vorsitz der 5. Europäischen Konferenz zur Revision der Internationalen Eisenbahnübereinkommen, mit dem er gezwungen wurde, sich in ein ihm bisher nicht unbedingt naheliegendes Thema einzuarbeiten. Aber angesichts der sich nähernden Altersgrenze waren es häufig «Aufwischarbeiten», die ihm zufielen. Grosse, zukunftsweisende Aufgaben waren kaum noch darunter. Er hielt seinen Namen trotzdem im Gespräch, und zwar mit unzähligen Vorträgen, Ansprachen und Reden, vorwiegend zu (aussen-)politischen und wirtschaftlichen Themen der Nachkriegszeit. Dabei sprach er vor Studenten ebenso wie vor Hausfrauen, vor Delegiertenversammlungen verschiedenster Vereine und Verbände wie vor Politikern aller Stufen – und immer wieder, das lag ihm besonders am Herzen, in Staatsbürgerkursen.

Zunehmend machten ihm gesundheitliche Probleme zu schaffen. In seinen Briefen und Notizen tauchten dazu regelmässig stichwortartige, meist beiläufig angebrachte Bemerkungen auf, so zum Beispiel in einem Brief aus den Sommerferien in Pontresina an Bundesrat Petitpierre: «Leider konnte ich meine verlorene Stimme noch nicht wieder finden», womit er seinem Chef auch ankündigte, dass ihm nach den Ferien eine intensive medizinische Kur und damit weitere Abwesenheit vom Arbeitsplatz bevorstehe. Krank, Maulfäule, Curlingunfall, Kieferoperation, Heiserkeitskur, Darmstörung, Kur in Schinznach sind einige weitere Stichworte, mit denen er seinen labil gewordenen Gesundheitszustand in den frühen 1950er-Jahren umschrieb. Trotzdem unterzeichnete er im Herbst 1953, als er altersmässig die 65-Jahr-Grenze bereits überschritten hatte, einen Vertrag, mit dem ihm der Bundesrat eine

Verlängerung seines Mandats als Delegierter für Spezialmissionen bis Ende 1954 zugestand, um verschiedene Aufträge und Mandate zu erledigen und abzuschliessen.

Aber mit 66 Jahren war dann endgültig Schluss: Am 26. August 1954 reichte Stucki dem Bundesrat sein Gesuch um Entlassung aus dem Bundesdienst auf Ende Jahr ein, übrigens ein Gesuch, das nicht an einen einzelnen Bundesrat gerichtet war, sondern – in Bestätigung seines ständigen Bestrebens – an den Bundesrat als Gesamtbehörde: Formal hatte er bis zuletzt sieben Vorgesetzte, wie er sich das immer gewünscht hatte, und er genoss in seinem eigenen Büro, das ausserhalb des Bundeshauses in einem Aussenquartier lag, in den letzten acht Jahren seiner Berufstätigkeit grosse Unabhängigkeit und Bewegungsfreiheit. Doch das Erstaunliche war, dass er genau in diesen acht Jahren ein immer engeres – beide sprachen wiederholt von einem «freundschaftlichen» – Verhältnis zu seinem faktischen Chef, Bundesrat Max Petitpierre gewonnen hatte, sodass die nach den Erfahrungen mit Pilet-Golaz erwünschte Distanzierung ihm in diesen acht letzten Jahren immer weniger wichtig erschien.

18 **Verspäteter Rentner**
Golf und Coaching fürs Diplomatenkorps

Bevor Stucki jedoch seinen eigenen verspäteten Rücktritt feiern konnte, fiel ihm noch eine eher unübliche Aufgabe zu: Er musste seinen Nachfolger verabschieden. Minister Jean Hotz war in der Direktion der Handelsabteilung vom Mitarbeiter Stuckis zu dessen Stellvertreter, und, als Stucki in den Nationalrat gewählt wurde, zu dessen Nachfolger ernannt worden. Es ist ausserordentlich spannend zu beobachten, wie sich die Beziehung zwischen den beiden völlig unterschiedlichen Persönlichkeiten entwickelte. Solange Stucki klar der Chef war und Hotz sein «ausführendes Organ», verstanden sie sich, zumindest nach Stuckis Meinung, prächtig. Die ersten Spannungen zwischen den beiden tauchten auf, als Hotz wegen Stuckis häufigen Auslandabwesenheiten in der Funktion des Stellvertreters in Bern weitgehende Kompetenzen erhielt und diese offenbar nicht durchwegs im Sinn und Geist des abwesenden Direktors, sondern manchmal auch nach seinen eigenen Vorstellungen und Prioritäten nutzte. Die Meinungsdifferenzen nahmen zu, als Stucki aus dem Bundesdienst ausschied, um sein Nationalratsmandat wahrnehmen zu können: Hotz als Nachfolger Stuckis an der Spitze der Handelsabteilung vermochte den Ansprüchen seines Vorgängers selten zu genügen und wurde von Stucki verschiedentlich mit vernichtenden Kritiken und Qualifikationen bedacht.

Hotz blieb nach seiner Ernennung zum Nachfolger Stuckis zwanzig Jahre lang auf dem Direktorenstuhl der Handelsabteilung in Bern sitzen, während Stucki zur Erfüllung verschiedenster Aufträge und Missionen in der Welt herumreiste. Aber das Schicksal wollte es, dass sich die Wege der beiden immer wieder kreuzten und dass man sie, insbesondere nachdem zu Stuckis Ärger auch Hotz mit dem Ministertitel ausgezeichnet worden war, oft als

Konkurrenten betrachtete. Daran störte sich Stucki, weil er sich nicht gerne mit demselben Massstab messen liess wie sein ehemaliger Untergebener.

Stucki war zwar zwei Jahre älter als Hotz, aber Letzterer hatte sich vorzeitig in den Ruhestand versetzen lassen, während Stuckis Mandat als Delegierter des Bundesrates um mehr als ein Jahr verlängert worden war. Hotz, der in Bern am Hauptsitz der eidgenössischen Verwaltung auch als «Bundeskellermeister» bekannt gewordene Zürcher, scheint kein Kind von Traurigkeit gewesen zu sein. Sein Rücktritt aus gesundheitlichen Gründen hing vermutlich, wie sein Biograf andeutet, nicht zuletzt mit den Auswirkungen seines «Nebenamts» zusammen, oder anders ausgedrückt: «Kellermeister» Hotz unterschied sich auch in der Freizeit eklatant von seinem schon äusserlich asketisch anmutenden ehemaligen Vorgesetzten. Wessen Lebenswandel letztlich gesünder war: jener des ruhelosen, unsteten, manchmal unzufriedenen, herumreisenden und nie sich irgendwo zu Hause fühlenden Delegierten oder jener des mit sich und der Welt zufriedenen, in Bern residierenden und sich hier nach getaner Arbeit auch den Genüssen des Daseins hingebenden Direktors, sei hier nicht näher untersucht. Tatsache ist, dass Hotz den guten Ratschlägen seiner Ärzte folgte und sich zwei Jahre vor seinem 65. Geburtstag aus dem Berufsleben zurückzog, während Stucki, zeitlebens von seinem Pflichtbewusstsein getrieben, die Mahnungen und Warnungen seiner Doktoren meist in den Wind schlug und mit 65 sein Arbeitsverhältnis um 16 Monate verlängerte. So kam es, dass sich eine Reihe von Persönlichkeiten aus Politik, Verwaltung und Diplomatie innerhalb von drei Monaten gleich zweimal zusammenfand, um zuerst einen bis vor Kurzem noch amtierenden und wenige Wochen später einen ehemaligen, seither mit zahlreichen anderen Aufgaben und Missionen betrauten Direktor der Handelsabteilung zu verabschieden.[1]

Stuckis Worte in jenem Brief, den er am zweitletzten Arbeitstag von Hotz Ende Juli 1954 aus den Ferien in Pontresina an die Adresse seines ehemaligen Mitarbeiters und angeblichen Rivalen schickte, konnten die ambivalente Haltung des um zwei Jahre Älteren gegenüber seinem Nachfolger, trotz einigen ebenfalls mitgelieferten Komplimenten, nicht ganz überzuckern. Man vermeint eine gewisse Herablassung des «grossen Stucki» für den zugegebenermassen in der Öffentlichkeit nicht derart bekannt geworde-

Walter Stuckis Stellvertreter, zeitweise von ihm wenig geschätzter Nachfolger und Rivale: Minister Jean Hotz.

nen und somit ausserhalb seines Freundeskreises weniger populären Jean Hotz aus den Briefzeilen herauszuspüren: «Ich hatte Sie seinerzeit als ersten Mitarbeiter sehr geschätzt und dann, es ist dies ja eine allgemein menschliche Schwäche, als Nachfolger zuerst unterschätzt. Allein Ihr gewaltiges Werk während des Krieges habe auch ich nur anerkennen und bewundern können.» Hatte Hotz nur während des Krieges Erwähnenswertes geschaffen? Und sprach mit den folgenden Formulierungen wirklich nur der einsichtige und staatsmännische Minister Stucki, der sich vorbehaltlos und herzlich freute über die «grossen Ehrungen» für seinen Nachfolger, oder ist darin auch eine Prise Spott für die bürokratische Karriere eines Sesselklebers und Schreibtischhelden enthalten? Es ist zu vermuten, dass Stucki in seinem Brief aus Pontresina den Gegensatz der zielgerichteten, geradlinigen Karriere Hotz' zu seinem vielseitigeren, abwechslungsreicheren und auch abenteuerlichen Lebenslauf bewusst herausgestrichen und betont hat, wenn er wörtlich ausführte: «Ich weiss dabei sehr wohl, dass mir ein so schöner Abgang nicht beschieden sein wird. Ich bin so sehr auf verschiedenen Haupt- und Nebengeleisen herumjongliert worden, dass ich schlussendlich nirgends mehr zu Hause bin und, Ende dieses Jahres, nicht werde, wie Sie, auf ein abgegrenztes, grosses und wichtiges Gesamtwerk zurückblicken können.» An der Verabschiedungsfeier für Hotz nahm Stucki das Bild vom Sesselkleber nochmals auf, wenn er auf die rhetorische Frage, was ihnen beiden denn die Zeit seit 1935, also seit seiner eigenen Demission als Direktor der Handelsabteilung, gebracht habe, als Antwort sagte: «Ihnen, lieber Herr Hotz, fast zwanzig Jahre immer schwieriger werdende Arbeit auf dem gleichen Gebiet, vom gleichen Stuhl aus (...) Bei mir eine Zickzackreise mit immer neuen Aufgaben in immer wieder vollkommen geänderten Verhältnissen.»

Es war aber sicher nicht nur spöttische Herablassung, die in solchen zweideutigen Anspielungen gegenüber seinem Berufskollegen Jean Hotz zum Ausdruck kam, sondern – wenn man zum Beispiel an die langen allein verbrachten Abende weit weg von der sich ihm entfremdenden Familie in der Trostlosigkeit des Hotelzimmers in Vichy denkt – auch ein gewisser Neid Stuckis auf den leichtlebigeren Zürcher, der in den Restaurants Berns zwischen unterer Altstadt und Schweizerhof (beim Bahnhof) ein häufiger und gern gesehener, meist von einem Freundeskreis umlagerter

Gast war, der bei einem Schluck Rotwein und einem Jass auf seine Umgebung jene Gemütlichkeit und Geselligkeit ausstrahlte, die Stucki völlig abging. Die beiden unterschieden sich ja nicht nur in ihrer Wesensart, sondern ebenso in ihrer äusseren Erscheinung voneinander: Hier der drahtige, asketische Stucki, der meist alle anderen überragte und schon allein durch seine Körpergrösse distanziert und damit kühl, wenn nicht gar abweisend wirkte; da der kleinere Jean Hotz, der mit seiner zur Ründe neigenden Figur und dem sich unter dem Gilet abzeichnenden Bäuchlein die personifizierte Aufforderung war, sich mit ihm an den Tisch zu setzen, um es sich bei einem guten Essen und dem dazugehörigen Tropfen wohl sein zu lassen.

Überhaupt legte Stucki in jenen letzten Tagen offizieller Berufstätigkeit eine auffällige Unzufriedenheit an den Tag. In seinem Rücktrittsschreiben an den Bundesrat betonte er: «Ich habe den Staatsdienst nie gesucht. Meine Wünsche und Pläne gingen in ganz anderer Richtung.» Und in Anspielung darauf, dass er 1917 der Berufung zum Generalsekretär des Volkswirtschaftsdepartements (EVD) Folge geleistet hatte: «Ich konnte ja nicht ahnen, dass dieser Schritt mich praktisch für mein ganzes Leben an den Staat fesseln sollte. Ich habe diese verschiedenartigen Aufgaben einzig übernommen, weil ich jeweils glaubte, eine Pflicht erfüllen zu müssen.»[2]

Gerade in der Zeit, in der sein Rücktritt Schlagzeilen machte und sich die Zeitungen mit der Publikation seiner Verdienste gegenseitig überboten, müsste er sich eigentlich bewusst geworden sein, dass ihm eine Karriere in der Privatwirtschaft im Vergleich mit dem Bundesdienst zwar vermutlich mehr Geld, aber kaum so viel öffentliche Aufmerksamkeit, Anerkennung und Dankbarkeit eingebracht hätte. Natürlich hatte er als Staatsdiener, Diplomat und als Politiker bisweilen auch Rückschläge und Niederlagen zu verkraften, zum Beispiel als Nationalrat mit seinem Projekt, das unter der Bezeichnung «Stuckismus» nationale Bekanntheit erlangte. Aber Stucki konnte ja auch nicht als selbstverständlich annehmen, dass er in der Privatwirtschaft, zum Beispiel in den Jahren der Weltwirtschaftskrise, immer ungeschoren davongekommen wäre. Sicher wäre er als Wirtschaftsanwalt mit verschiedenen Verwaltungsratssitzen namhafter Firmen in konjunkturell guten Zeiten, wie man annehmen kann, materiell wesentlich besser dagestanden denn als Bundesbediensteter. Aber auch als vom

Staat Besoldeter und nicht zuletzt dank des von seiner Frau eingebrachten Vermögens auf einem soliden finanziellen Unterbau gründend, hat er seit dem Abschluss des Studiums nie um seine wirtschaftliche Existenz bangen oder gar wirklich darben müssen, wie es bei vielen Schweizer Familien während der Krise der 1930er-Jahre oder während des Aktivdienstes der Fall und wie es auch für seine Vorfahren an der Tagesordnung gewesen war. Und schliesslich hatte Stucki die Belohnung, die ihm zeitlebens die wertvollste war, nämlich den Ministertitel, nur im öffentlichen Dienst erwerben können. «Ich glaubte, dass eigentlich nur mir dieser prächtige Ministertitel gehöre» sagte er zu Jean Hotz anlässlich dessen Verabschiedung; und in der Tat hatte sich Stucki nie ganz damit abfinden können, dass nach ihm bald noch andere hohe Wirtschaftsdiplomaten damit ausgezeichnet wurden.

So rückte der Tag immer näher, an dem der legendäre Minister Stucki, der seine Arbeitszeit auf vielen verschiedenen Sesseln an zahlreichen Schreibtischen in manchen Ländern verbracht hatte, zum letzten Mal sein offizielles Büro räumen und von der Thunstrasse 50 im Kirchenfeldquartier in privat gemietete Räume ganz in die Nähe seines früheren Wirkens, nämlich an die Bundesgasse 18 ziehen sollte. Das geschah Ende 1954 unter grosser Anteilnahme nicht nur der Zeitungen, deren Redaktoren bei der Bekanntgabe seines Rücktritts zur Feder gegriffen hatten, um Stuckis Verdienste zu würdigen, sondern auch zahlreicher mehr oder weniger prominenter Persönlichkeiten aus dem In- und Ausland, die sich in die lange Schlange der Gratulanten einreihten – unter ihnen ein junger Diplomat, der Stucki 1946 nach Washington begleitet hatte und beeindruckt gewesen war «vom unerschütterlichen Vertrauen in den Sieg der guten Sache», vom Optimismus und von der Gewissheit Stuckis, dem schweizerischen Standpunkt zum Durchbruch verhelfen zu können, von den Talenten und Fähigkeiten, mit denen der grosse Stucki seinen jüngeren Begleitern und Assistenten Respekt eingeflösst habe: «Ich habe dabei erfahren», schrieb Paul Jolles, nachmaliger Staatssekretär im EVD und damit eigentlich auch einer der Nachfolger Stuckis, «dass die Belange des Staates nicht nur mit Taktik und Geschicklichkeit, sondern vor allem auch mit Mut und Würde zu vertreten sind.»[3]

Einen weiteren handschriftlich verfassten Brief zu seinem Rücktritt erhielt Stucki von Bundesrat Petitpierre, der ihm, über die offiziellen Dankesfloskeln der Regierung hinaus, mit warmen

Worten seine «Dankbarkeit für die höchst wertvolle und loyale Zusammenarbeit» zum Ausdruck brachte. Petitpierre sorgte auch gleich dafür, dass sich Stucki nach dem 31. Dezember 1954 als Rentner nicht langweilen müsse: Der Chef des «Aussenministeriums» ersuchte den langjährigen und erfahrenen Unterhändler und Repräsentanten der Schweiz nämlich darum, das Präsidium der Kommission zu übernehmen, die sich künftig um die Rekrutierung und Ausbildung des diplomatischen Personals kümmern sollte.

Quasi in letzter Minute, als Stucki schon damit rechnete, «zwar unter Verdankung der geleisteten Dienste, aber sonst sang- und klanglos vom Schauplatz abzutreten», auf dem er während langer Jahre so mannigfaltige Rollen übernommen und meist erfolgreich interpretiert hatte, und als er sich bereits mit dem bekannten Wort Gottfried Kellers tröstete, «dass derjenige, der von der Demokratie Dank erwartet, nicht würdig ist, ihr zu dienen», also erst wenige Tage vor Weihnachten lud der Bundesrat ihn und seine Frau dann doch noch zu einem offiziellen Abschiedsessen ins von Wattenwyl-Haus, den repräsentativen Sitz der Schweizer Regierung für Empfänge in der Berner Altstadt, ein. Als offizieller Redner ergriff beim Apéro, bei dem Malvoisie 1947 gereicht wurde, Bundespräsident Rodolphe Rubattel das Wort und versuchte in seiner Ansprache ein Bild von der vielschichtigen Persönlichkeit Stuckis zu zeichnen: «Sie sind einer jener Menschen, die – nur um der Ehre und der Wahrheit zu dienen – allein gegen einen Waldbrand, eine Überschwemmung oder gegen tausend Gegner kämpfen würden», sagte er zu Stucki und fuhr fort: «Es war nie Ihre Absicht, allen Leuten oder mindestens möglichst vielen zu gefallen. Der Mut, mit dem Sie manchmal ganz allein antraten, wenn Ihr äusserst empfindliches Pflichtgefühl es Ihnen auferlegte, ist nur eine der zahlreichen Facetten, die Ihre Persönlichkeit prägen.»[4]

Stucki seinerseits zeigte sich im Dankeswort an die Adresse des Bundesrates nun wieder versöhnt mit seinem noch kurz vorher so heftig beklagten beruflichen Schicksal, das ihn zum Diener der Öffentlichkeit anstatt wie geplant zum privaten Wirtschaftsanwalt gemacht hatte: Er erinnerte die Tischgesellschaft an seinen väterlichen Freund und Mentor, Bundesrat Schulhess, der ihn mit seiner sprichwörtlichen «douce violence» aus der Anwaltskanzlei ins Bundeshaus beordert habe und auf dessen Grabstein nun jene Worte stünden, die er selbst inzwischen zu beherzigen gelernt habe, nämlich: «Dem Vaterland zu dienen ist das Höchste». Dann liess es sich Stucki nicht nehmen, mit seinem «siebenköpfigen Vorgesetzten» anzustossen, bevor sich die Festgesellschaft den «Fruits de mer» und den «Trois filets grillés» widmete.

Im September 1955 hatte sich erstmals die neue Generation der Diplomatenanwärter den mündlichen und schriftlichen Prüfungen zu stellen, wie sie von da an gemäss den Vorstellungen der von Stucki präsidierten Kommission zur provisorischen Zulassung in den diplomtischen Dienst des Politischen Departements durchgeführt wurden. Diese neue Reglementierung über die Zulassung und Ausbildung im diplomatischen Dienst entsprach zwar weitgehend den Ideen und langjährigen Erfahrungen Stuckis, wurde aber daneben sowohl von französischen als auch von deutschen Erkenntnissen beeinflusst, hatte doch Stucki den Monat Juni als Beobachter der dortigen Prüfungen und Lehrgänge in Paris und in Bonn verbracht. Zweck der neu eingeführten Prüfungen war, wie sich Stuckis Bewunderer Edgar Bonjour in einem Brief an den Übervater aller Unterhändler jubelnd ausdrückte, die «Demokratisierung der Diplomatie»: Nicht mehr primär Angehörige privilegierter Familien, sondern die Besten und Tüchtigsten sollten künftig zum Zuge kommen. Dabei waren in der Zulassungsprüfung nicht etwa Kenntnisse über diplomatische Belange gefragt, sondern Sprachen und Wissen über die Schweiz; denn – und das stand für Stucki im Vordergrund und entsprach auch seinem in vielen Referaten vorgetragenen Credo – es sei für die Berufsausübung von fundamentaler Bedeutung, «dass der schweizerische Diplomat Vertreter und Fürsprecher seines Landes ist, und diese Aufgabe kann er nur erfüllen, wenn er die so unendlich vielfältige Schweiz wirklich à fond kennt.»[5] Erst mit dem Bestehen einer Schlussprüfung, in der sie sich nach zwei Jahren im Dienste des Politischen Departements über das Gelernte auszuweisen hatten, wurden die Kandidaten zu Diplomaten befördert, die zu Stuckis Genugtuung dank ihrer guten Ausbildung nicht nur im schweizerischen «Aussenministerium», sondern in zunehmendem Masse auch bei internationalen Organisationen eine interessante Anstellung finden konnten.

Neben drei weiteren Sitzen in Kommissionen, die er vorläufig beibehielt,[6] war Stucki jetzt auch frei, Mandate in der Privatwirtschaft zu übernehmen. Er tat dies in bescheidenem Umfang und gezielt bei Unternehmen, an denen die Eidgenossenschaft, zum Beispiel als wichtiger Kunde, ein besonderes Interesse hatte. So sass Stucki im Verwaltungsrat der Maschinenfabrik Oerlikon und er präsidierte die Albiswerk Zürich AG, «die als Lieferantin der SBB, der PTT und der Militärverwaltung für die schweizerischen Landesinteressen von grosser Bedeutung ist, weshalb eine Verstärkung des schweizerischen Einflusses sowohl in persönlicher Beziehung wie auch kapitalmässig sehr wünschbar schien».[7] Aber nicht nur an Kommissions- und Verwaltungsratssitzungen war Stucki mit kompetent begründeten und von den anderen Teilnehmern aufmerksam verfolgten Wortmeldungen und Anträgen präsent; nach wie vor bemerkte man ihn, immer noch unübersehbar aus der Menge herausragend, an diplomatischen Empfängen, sei es für den österreichischen Bundeskanzler Raab, sei es für das griechische Königspaar.

Auch nach seinem offiziellen, altersmässig bedingten Rücktritt aus dem Bundesdienst wird Stucki beim Golfspiel regelmässig unterbrochen, weil er an Kommissions- oder Verwaltungsratssitzungen teilnehmen muss.

Zwar übte er alle diese amtlichen und privatwirtschaftlichen Mandate mit grosser Zuverlässigkeit und Gewissenhaftigkeit aus; er dürfte kaum je an einer offiziellen Sitzung gefehlt haben; sein Pflichtgefühl verliess ihn zeitlebens nie. Trotzdem nahmen jetzt die privaten Aktivitäten in seiner Agenda auf Kosten der beruflichen immer breiteren Raum ein: Golfspiel, Autoreisen durch die Schweiz und durchs benachbarte Ausland (jetzt nicht mehr im Mercedes-Dienstwagen, sondern im privaten Buick), Ferien, vorzugsweise im vertrauten Pontresina und hin und wieder eine grosse Schiffsreise, so zum Beispiel im März/April 1958 nach Brasilien oder ein Jahr später eine Kreuzfahrt durch die Antillen. An seinen Heimatort Konolfingen kehrte er zurück, um nach der neuen Sekundarschule, die ihm ein grosses Anliegen gewesen war, 1958 auch den neu gestalteten Aussichtspunkt Ballenbühl einzuweihen, jenen Fleck Erde, von dem aus man zwischen alten Lindenbäumen stehend einen weiten Rundblick geniesst. Auf dem Ballenbühl hat sich Walter Stucki über die Schönheit seiner bernischen Heimat gefreut, hier fühlte sich der Weitgereiste, der Wurzellose zu Hause. Ballenbühl wurde deshalb auch zu jenem Ort gewählt, an dem ihm 50 Jahre nach seinem Tod in Form einer Bronzetafel ein kleines Denkmal gewidmet werden soll (siehe Kapitel 19).

Der 70. Geburtstag brachte, neben einer wiederum unübersehbaren Zahl von Würdigungen in Zeitungsartikeln und privaten Schreiben, als besondere Überraschung einen in der *Weltwoche* publizierten, weit über 100 Druckzeilen langen «offenen Brief» von Bundesrat Petitpierre an Minister Walter Stucki (siehe Kasten). Das war ungewöhnlich und deshalb auffallend und gab zu reden und wiederum zu schreiben, denn dass ein Bundesrat einem ehemaligen Mitarbeiter und Untergebenen in dieser Form zum Geburtstag gratulierte, wurde als ein starkes Zeichen der Sympathie und der Hochachtung gewertet. Knappe drei Monate später hatte Bundesrat Petitpierre schon wieder Anlass, Stucki einen – diesmal persönlichen und privaten – Brief zu schreiben, nämlich einen Kondolenzbrief zum Tod der Mutter, die nach einem reich erfüllten Leben über 93-jährig gestorben war. Dieser Todesfall war seit dem frühen Ableben seines Sohnes Jürg das für Walter Stucki wohl am schmerzvollsten empfundene Ereignis in der an Höhe- und Tiefpunkten reichen Familienchronik.

Walter Stucki hat seine Mutter nur um wenige Jahre überlebt. Am 8. Oktober 1963 ist er nach kurzer schwerer Krankheit im Alter von 75 Jahren gestorben. An der Trauerfeier in der zentral gelegenen Heiliggeistkirche in Bern drängte sich die Prominenz: Neben Bundesrat Wahlen, der die Landesregierung vertrat, entdeckten die Berichterstatter verschiedenster Zeitungen auch ein halbes Dutzend alt Bundesräte, eine grosse Zahl von Chefbeamten der Bundesverwaltung, aus dem Ausland angereiste schweizerische Botschafter und Gesandte, zahlreiche Angehörige des diplomatischen Korps in Bern, darunter der französische Botschafter,

Stucki schätzte schöne und komfortable Autos – sei es als Passagier in einer Staatskarosse der Eidgenossenschaft (Bild), sei es, wenn er selbst am Steuer seines Privatwagens sass.

Argumente so solid wie ein gut fundamentiertes Bauwerk
«(...) Es war Ihr Schicksal, schwierige und manchmal undankbare Aufgaben zu übernehmen. Routine und Monotonie lagen Ihnen nicht. Es mussten, damit Sie Ihre volle Kraft entfalten konnten, Hindernisse zu überwinden, Kämpfe auszutragen, Gegner zu bekämpfen sein. Demensprechend hatten Sie auch den Ruf eines gefürchteten Verhandlungsgegners, der in der Verteidigung der ihm anvertrauten Interessen unnachgiebig war. Bei Debatten oder Diskussionen schätzten Ihre Gesprächspartner die Klarheit, mit der Sie Ihre Gedanken auszudrücken verstanden und konnten sich nie der Kraft Ihrer Argumente und Überlegungen entziehen, deren Festigkeit einem nach mathematischen Gesetzen erstellten Bauwerk entsprach. Unser Land als sein hervorragender Diener würdig und wirksam zu vertreten, das war Ihr stetes Bestreben, der Leitfaden, der Ihnen den Weg wies, von dem Sie nie abgewichen sind. Sie haben der Eidgenossenschaft Ihre besten Kräfte und Ihre ganze Persönlichkeit gegeben. Sie verdienen ihre Dankbarkeit (...)»

Aus «Bundesrat Petitpierre gratuliert», offener Brief an Minister Walter Stucki, in: Die Weltwoche, Nr. 1291, 8. August 1958.

ferner Parlamentarier und Regierungsräte, Repräsentanten der grossen Landesverbände, unter ihnen der 93-jährige Bauernsekretär Professor Ernst Laur, und eine Fahnendelegation der Zofingia.

Alt Bundesrat Petitpierre würdigte den Verstorbenen als einen «grossartigen Anwalt unseres Landes», der die Geschichte unseres kleinen Landes mit seinen Fähigkeiten und Talenten geprägt habe. Dafür schulde ihm die Schweiz Anerkennung und Dankbarkeit. Anschliessend wandte sich der Berner Münsterpfarrer Ulrich Müller an die Trauergemeinde und erinnerte daran, dass «der Titel Minister, welcher sich so eng mit Walter Stuckis Namen verbunden hat, nichts anderes bedeutet als ‹Diener›. Indem Minister Stucki mit ganzer Hingabe Diener unseres Landes gewesen ist, war seine Lebenszeit aufs engste verflochten mit unserer eigenen Zeit, mit jenem Stück Geschichte der Eidgenossenschaft, welches hinter uns liegt.» Pfarrer Müller rief dann die dunkeln Zeiten der 1920er- und 1930er-Jahre ins Gedächtnis seiner Zuhörer zurück, als die Schweiz in grosser Niedergeschlagenheit zu versinken drohte: Damals habe man im ganzen Land mit wachsendem Vertrauen auf Minister Stucki geschaut, der in einer Angst machenden, für die meisten undurchsichtig gewordenen Situation als Unterhändler für die Schweiz eine schwere Verantwortung getragen und der damals für unser Land und alle seine Bewohner das Menschenmögliche getan habe. Dabei sei nach aussen, in der Öffentlichkeit von seinem vielschichtigen Charakter vor allem die Härte und Strenge zum Ausdruck gekommen. Oft sei er deshalb allein dagestanden, oft sei er seiner Zeit voraus und deshalb einsam gewesen. «Aber – gross und aufrecht – hat er warten können, bis sich seine Sicht der Dinge später doch noch durchgesetzt hat.»[8]

Stucki ist anschliessend an die Trauerfeier auf dem Bremgartenfriedhof in Bern beigesetzt worden, wo man sein Grab heute noch finden kann.

Stucki studiert zusammen mit Sohn Lorenz die zu seinem 75. Geburtstag erschienenen Zeitungsartikel.

19 Epilog
Warum diese Biografie geschrieben werden musste

Der Aussichtspunkt Ballenbühl eröffnet dem Wanderer den Blick auf ein grandioses Panorama, das von den schneebedeckten schroffen Alpengipfeln des Berner Oberlandes bis in die weite Ebene des Mittellandes und Berner Seelandes reicht. Der durch zwei mächtige Linden und eine kleine Terrasse gekennzeichnete Platz liegt auf einem in die voralpine Hügellandschaft gebetteten Höhenzug über Konolfingen. Hier wird für Walter Stucki von seiner Heimatgemeinde ein bescheidenes Denkmal in Form einer Bronzetafel gesetzt.[1] Lange haben sich die Verantwortlichen Gedanken gemacht über den Text, der in Zierschrift auf dieser Tafel Leben und Werk des Geehrten beschreiben soll. Es standen dafür allerdings bloss einige wenige Zeilen zur Verfügung. Man einigte sich schliesslich auf die folgende Formulierung:

Minister Walter Stucki
1888–1963
Ehrenbürger von Konolfingen
für die Schweiz in schweren Zeiten
an lebenswichtigen Fronten
im diplomatischen Einsatz

Das wird zwar beim zufällig des Weges kommenden Wanderer mehr Fragen auslösen als ihm Informationen vermitteln, und auch der zielstrebige Pilger, der sich vorgängig mit den wichtigsten Daten der Biografie Stuckis vertraut gemacht hat, kann der Inschrift nur eine ganz allgemeine Umschreibung all der Titel und Tätigkeiten entnehmen, die man kennen müsste, um der Persönlichkeit Stuckis gerecht zu werden: Bernischer Fürsprecher, international tätiger Wirtschaftsanwalt, Generalsekretär und Direktor der Handelsabteilung im Eidgenössischen Volkswirtschaftsdepartement und damit Chefbeamter in der höchsten Klasse der Bundesverwaltung, erfolgreicher Chefunterhändler für alle von der Schweiz abgeschlossenen Wirtschaftsverträge, Nationalrat, Delegierter des Bundesrates, Gesandter der Schweiz in Frankreich, Vermittler zwischen den Kriegsparteien in den Wirren des Zweiten Weltkriegs, Chef der Politischen Abteilung und damit oberster Beamter des «Aussenministeriums», Oberst der Artillerie in der Schweizer Armee, Ehrendoktor der Universität Basel, Ehrenbürger der Gemeinde Konolfingen, Präsident unzähliger Kommissionen und Delegationen, Vorsitzender zahlreicher Konferenzen im In- und Ausland. Die Liste, die kaum vollständig ist, könnte ergänzt werden durch die Ämter und Funktionen, die Stucki immer wieder angetragen wurden, die er indessen abgelehnt hat: So hätte er etwa mehrmals Bundesrat werden oder sich vom Uno-Generalsekretär in ein hohes Amt der Weltorganisation wählen lassen können. Es ist offensichtlich, dass eine solche Aufzählung den Rahmen der Bronzetafel bei Weitem sprengen würde. Selbst der viele Tonnen schwere Findling, der vor Millionen Jahren vom Aaregletscher auf dem Rückzug hier auf dem Ballenbühl liegen gelassen worden ist und auf dem die Gedenktafel montiert wird, wäre zu klein gewesen, um einer gebührenden Würdigung aller Erfolge und Verdienste Stuckis Platz zu bieten.

Stucki konnte allerdings in seinem derart reich erfüllten, vielfältigen Berufsleben unmöglich in allen seinen Funktionen jeder der oben aufgezählten Aufgaben dieselbe Aufmerksamkeit widmen. Die militärische Laufbahn zum Beispiel, die sich mit den Beförderungen bis zum Grad eines Oberstleutnants sehr vielversprechend angelassen hatte, musste er zugunsten seiner anderen Pflichten vorzeitig abbrechen. Auch seine spektakulären Aktionen als Vermittler zwischen Kriegsparteien, insbesondere jene in Vichy, die vermutlich am meisten zu seinem bleibend hohen Bekanntheitsgrad beigetragen hat, sind bloss Episoden in seinem reich erfüllten Leben geblieben. Wenn man indessen nach dem Kern, dem zentralen Punkt, dem nachhaltigsten Erfolg der abwechslungsreichen Stucki'schen Karriere sucht, kommt man selbst nach nur kurzem Überlegen zu einer klaren Antwort: Es sind ohne Zweifel die von Stucki verantworteten, meist selbst geleiteten und geführten Wirtschaftsverhandlungen mit dem Ausland, die in seiner Berufstätigkeit am höchsten zu werten sind. Das Ergebnis dieser Verhandlungen war ein Netz von Veträgen, dank dem die Schweiz

1939 beim Ausbruch des Zweiten Weltkriegs im Hinblick auf die Landesversorgung mit Nahrungsmitteln und Energieträgern weit besser dastand als 1914; und erst recht war es Stuckis Verhandlungsgeschick zu verdanken, dass die Schweiz bei Kriegsende wieder mit Getreide und Kohle beliefert wurde, dies trotz ihrem Beharren auf der in den Augen der Siegermächte wertlosen, ja, wie diese aus ihrer Siegeroptik meinten, gar schädlichen Neutralität.

Man übersieht heute leicht, dass Stucki vor, während und nach dem Zweiten Weltkrieg wahrscheinlich von den meisten seiner Landsleute und Zeitgenossen dank seinen Verhandlungserfolgen, die er mit seinem Können und Wissen, mit seiner Hartnäckigkeit und seiner Selbstsicherheit auch gegen machtmässig der Schweiz weit überlegene Grossmächte erzielte, in die Galerie jener grossen Persönlichkeiten eingereiht wurde, denen man wie General Guisan als oberstem Chef der Armee oder Friedrich Traugott Wahlen als dem «Vater der Anbauschlacht» zuschrieb, sie hätten das Leben und Überleben der Schweiz im Zweiten Weltkrieg ermöglicht und sichergestellt. Dass Stuckis Leistungen und Verdienste inzwischen wieder weitgehend vergessen worden sind, ist keineswegs zu rechtfertigen. Dieses Buch soll deshalb dazu beitragen, dass er seinen verdienten Platz in der Geschichte wieder einnehmen kann.

Hans Frölicher in Deutschland, Walter Stucki in Frankreich und Paul Ruegger in Italien «bildeten in der Kriegszeit das Spitzentrio der eidgenössischen Gesandten», schreibt Paul Widmer in der kürzlich erschienenen Biografie des umstrittenen Schweizer Vertreters in Berlin.[2] Das stimmt für Stucki nur bedingt, denn der «grosse Stucki» hatte seine «grossen Jahre» recht eigentlich vor und nach dem Zweiten Weltkrieg: Von 1925 bis 1938 als Direktor der Handelsabteilung und als Unterhändler für alle von der Schweiz in jenen äusserst schwierigen Zeiten abgeschlossenen Wirtschaftsverträge sowie ab 1944 als hartnäckiger Vertreter der schweizerischen Interessen in den Verhandlungen mit Laughlin Currie, dem persönlichen Abgesandten von Präsident Roosevelt, in Bern und schliesslich 1946 bei seiner ungemein schwierigen Mission in der amerikanischen Hauptstadt, die mit dem Washingtoner Abkommen in einen der wichtigsten und geschichtsträchtigsten Verträge mündete, den die Schweiz im 20. Jahrhundert unterzeichnet hat.

In den Kriegsjahren hingegen sass Stucki auf der Provinzbühne der provisorischen Hauptstadt Frankreichs in Vichy fest und konnte für die Schweiz nicht annähernd so viel bewegen wie in den Jahren zuvor oder danach. Natürlich spielte er auch in dieser irrealen Scheinwelt einer Hauptstadt, die einzig dem Namen nach eine solche war, eine Hauptrolle. Aber Vichy blieb eben, verglichen mit Berlin, London, Rom oder Washington eine Provinzbühne, die von den Vasallen Deutschlands beherrscht war und auf der die meisten Darsteller nach dem in Berlin verfassten Drehbuch tanzten. Für Stucki und seine Karriere sollte sich insbesondere seine Vertrauensstellung am «Hof» von Marschall Pétain als alles andere denn förderlich erweisen. Mit seinen Sympathiebekundungen für den «Alten», die menschlich zwar verständlich und auch humanitär begründet waren, die sich politisch-diplomatisch jedoch nachteilig auswirkten, verbaute er sich unter anderem die Rückkehr auf den Gesandtenposten in Paris. Er wurde, wie sich Neider und Spötter im EPD mokierten, nach seinem Einsatz in Vichy und mit der Wahl zum Abteilungschef «zur politischen Entgiftung in der Verwaltung in Bern zwischengelagert». Es waren demnach nicht in erster Linie seine Taten zwischen 1938 und 1944, sondern vielmehr die Wirkungen seiner vorherigen Tätigkeit, die Stucki zu einer Spitzenkraft der Schweizer Diplomatie im Zweiten Weltkrieg machten. Zwar fällt Stuckis wohl bekannteste Aktion, nämlich die tollkühn zu nennende Vermittlung des ungehinderten Abzugs der Deutschen aus Vichy und damit die Verschonung der Stadt vor Beschiessung und Strassenkämpfen, in die von Paul Widmer angesprochene Kriegszeit. Doch das war nicht mehr als eine Episode, eine spektakuläre zwar, aber eine auf wenige Wochen beschränkte, die vor allem Stucki selbst viele Jahre lang Genugtuung und Freude bereiten sollte, brachte ihm doch die Stadtmusik von Vichy im Park der Villa Stucki in Bern, nicht zuletzt zum Vergnügen seiner Enkel, noch Jahrzehnte später ein Ständchen dar. Seine wesentlichen Verdienste aus Sicht seines Landes bleiben jedoch seine überragenden Auftritte auf dem Parkett der internationalen Wirtschaftsdiplomatie.

Walter Stuckis Karriere war also, angesichts der Rückschläge, die er erdulden und angesichts der beruflichen und persönlichen Tiefpunkte, die er überwinden musste, keine kontinuierlich aufwärts führende. Aber übers Ganze gesehen war Walter Stucki ein hoch professioneller Unterhändler und Diplomat, im Bereich der

Stucki, 1961 am Fenster mit seiner Frau Gertrud, wird von der Stadtmusik von Vichy mit einem Ständchen überrascht – immer noch als Dank für die Rettung der Stadt im Sommer 1944.

Aussenwirtschaft wohl mit Abstand der Beste, den die Schweiz zwischen 1925 und 1946 an die Verhandlungsfront entsenden konnte. Für seine Vorgesetzten und Mitarbeiter war der Umgang mit dem «grossen Stucki» jedoch bei Weitem nicht immer einfach. Denn Minister Stucki war sich seines Werts bewusst: Er war in gewissen schwierigen Situationen unersetzlich, und er konnte sich deshalb Dinge leisten oder ein Verhalten an den Tag legen, das jeden anderen die Stelle gekostet hätte. So scheute er sich keineswegs, seine politischen Vorgesetzten – das war normalerweise der Vorsteher des Volkswirtschaftsdepartements oder des Aussenministeriums, zeitweise auch der Gesamtbundesrat – zu desavouieren, zu belehren oder ihnen, insbesondere dem ungeliebten Bundesrat Pilet-Golaz, schlicht den Gehorsam zu verweigern und, statt die an ihn ergangenen Weisungen und Befehle zu befolgen, seine eigenen Pläne und Überzeugungen, nämlich das, was er selbst für richtig hielt, zu verwirklichen und durchzusetzen. Einer seiner Mitarbeiter sagte einmal über den Chef, dessen Erfolge er vorbehaltlos bewunderte: «Stucki ist hoch intelligent und ausserordentlich erfolgreich. Wenn er das nicht wüsste, wäre er auch noch ungemein sympathisch.» Ein ähnliches lautendes Bonmot zirkulierte angeblich im Bundesrat, wo man sich gegenseitig zuflüsterte, der «grosse Stucki» sei zweifellos eine grosse Persönlichkeit, aber er wäre noch grösser, wenn er sich dessen nicht bewusst wäre.

Egal ob sein Gegenüber ein persönlicher Abgesandter des Präsidenten der Vereinigten Staaten von Amerika, ob ein Mitglied der schweizerischen Landesregierung, ein deutscher Nazigeneral oder ein französischer Marschall war: Stucki verhandelte nie aus der Position des Schwächeren, des Bittstellers, des Vertreters eines zweitrangigen Kleinstaates heraus. Mit klar formulierten sachlichen Argumenten, rechtlich solid abgestützten Anträgen und Vorschlägen, mit persönlicher Überzeugungskraft, Geduld und Hartnäckigkeit, allenfalls auch das eine oder andere Mal mit einem publikumswirksam und mediengerecht inszenierten Eklat und Verhandlungsabbruch, dann wenig später wieder als zuvorkommender, aufmerksamer Gastgeber, hielt er sich stets mindestens auf Augenhöhe mit seinen Verhandlungswidersachern und liess sich nie auf eine niedriger eingeschätzte Position zurücksetzen. Ein äusserst gesundes Selbstbewusstsein, erwachsend aus dem Vertrauen in die eigenen Fähigkeiten, war dazu unerlässliche Voraussetzung.

Aber Stuckis stets nach sachlich-argumentativer Dominanz strebende Haltung, wie sie sich in den Kontakten mit dem Ausland als grosser Vorteil für die Schweiz erwies, äusserte sich gegenüber Kollegen, Mitarbeitern und Untergebenen notwendigerweise als Distanziertheit, mochte manchen als Überheblichkeit, ja sogar als Arroganz erscheinen. Mit Stucki war nicht gut Kirschen essen, wenn man anderer Meinung war als er; denn er wurde rasch ungeduldig, wenn man ihn mit Einwänden und Bedenken von der Verfolgung seines Ziels abhielt. Dennoch blieb er in seinen Äusserungen meistens insofern sachlich, als seine Kritik und Gegnerschaft nicht Personen galt, sondern deren Auffassungen oder Handlungen, die er, oft mit den guten Argumenten des älteren Routiniers, für falsch hielt und deshalb strikt ablehnte. Bezeichnend ist das Verhalten der Bundesräte, zumindest in den Jahren vor dem Zweiten Weltkrieg, ihrem nicht selten renitenten Chefbeamten gegenüber: Im schriftlichen Verkehr mit Stucki übten sie sich zeitweise in einem für die vorgesetzte Behörde seltsam anmutenden, bittstellerhaften Stil. Wenn sie sich persönlich mit Stucki auseinandersetzen mussten, traten sie ihm möglichst zu zweit, zu dritt oder gar in bundesrätlicher Vollbesetzung entgegen.

Bundesrat Petitpierre, der sich 1945 im ersten Halbjahr seiner Amtszeit als Aussenminister in seinem Departement einem unverhohlen den Chef markierenden Abteilungsleiter Stucki gegenübergestellt und von diesem in seiner Führungsrolle offen konkurrenziert sah, schützte mindestens zweimal körperliches Unwohlsein vor, um ein vereinbartes Treffen mit dem ihm gemäss hierarchischer Ordnung unterstellten Stucki vermeiden und an den Bundespräsidenten delegieren zu können.³ Stucki mag seine Überlegenheit manchmal allzu stark betont und die Meinungen anderer allzu schnell als irrelevant abgetan haben, sodass sich, obwohl er am Schluss meistens doch noch recht erhielt, seine persönliche Beliebtheit in Grenzen gehalten hat. Man zollte ihm den Respekt, der dem Erfolgreichen zusteht, man schätzte seine Durchschlagskraft nach aussen, aber als Chef fürchtete man ihn mehr, als dass man ihn verehrt oder gar geliebt hätte, und als Untergebener war er unbequem, nicht an der Leine zu führen, aber gleichzeitig unentbehrlich, denn es gab keinen Zweiten, wie er einer war.

Die Vorbehalte und Reserven, die man in Regierung und Verwaltung gegenüber Stucki an den Tag legte, teilte die grosse Mehrheit des Schweizervolkes nicht. Im Kleinstaat Schweiz, der in der

Zwischenkriegszeit immer drückender die Überlegenheit und Arroganz der grossen Mächte und ihrer Vertreter zu spüren bekam, begrüsste man den starken, furchtlosen Auftritt eines Repräsentanten der Eidgenossenschaft gegenüber seinen ausländischen Verhandlungspartnern mit Begeisterung, ja mit Euphorie: Da war endlich einer, der sich nicht scheute, als Schweizer einen Ton anzuschlagen, wie wenn auch er Vertreter einer Grossmacht wäre. Seine Landsleute merkten rasch, dass sie in Stucki einen Repräsentanten hatten, der, wenn er sich an der Verhandlungsfront herumschlug, nicht allein schon wegen seiner Zugehörigkeit zu einem Kleinstaat aufs Maul hockte und das Feld den Vertretern derjenigen Staaten überliess, deren Territorium, Bevölkerungszahl oder Armeestärke ein Mehrfaches der schweizerischen betrug. Stucki betonte bei seinen öffentlichen Auftritten, insbesondere an Pressekonferenzen oder als Vortragsredner regelmässig, dass er es als Privileg empfinde, an internationalen Verhandlungen oder bei bilateralen Gesprächen die Eidgenossenschaft zu vertreten. Er spielte damit weniger auf sich selbst und seine Art der offensiven Verhandlungsführung an als vielmehr auf das Verhalten einiger seiner Schweizer Kollegen, die sich offenbar benahmen, als ob es eine Strafaufgabe wäre, in den rot-weissen Farben der Schweiz in einen Verhandlungssaal einzulaufen. «Deutliche Worte gepaart mit Sachkompetenz sind oft zielführender als diplomatische Leisetreterei: Wir könnten gegenüber dem Ausland allezeit offensiver auftreten»: Das könnte, und zwar wortwörtlich, Walter Stucki gesagt haben. Die zitierte Feststellung wurde allerdings erst zwei, drei Generationen später vom Schweizer Handelsdiplomaten Luzius Wasescha in einem Gespräch mit der NZZ am Sonntag zu Protokoll gegeben. Wasescha diagnostizierte damit ein offensichtlich seit Stuckis Zeiten bis heute andauerndes, chronisches Leiden der Schweizer Diplomatie: das sich selbst Kleinmachen.[4]

Stucki mit seiner aufrechten Haltung und seinen klaren Worte an die Adresse der meist ausländischen Verhandlungspartner (die oft mehr Verhandlungsgegner waren) erntete in der Schweiz breite Zustimmung, identifizierte man sich als Schweizer Bürger doch viel lieber mit der Siegermentalität des «grossen Stucki» als mit der von vornherein auf Kompromisse und Rückzüge ausgerichteten Haltung jener Schweizer Diplomaten, die sich selbst gerne – angeblich der Rolle der kleinen Schweiz entsprechend – als «verantwortungsvoll vorsichtig agierend» bezeichneten und die vor allem darauf ausgingen, den Widersacher nicht zu reizen, nicht vor den Kopf zu stossen. Für ihr Musterschülerverhalten hofften sie jeweils aus der Hand der Grossen ein paar Brosamen zu empfangen, die man zu Hause als Verhandlungserfolg präsentieren konnte. Stucki war da von ganz anderem Kaliber: Wo immer er auftrat, gefiel er sich darin, in die Rolle des unbestechlichen, hart ringenden Anwalts der Schweiz zu schlüpfen und gegen alle Widerstände mit Kopf und Herz deren legitime Interessen zu vertreten. Dabei waren es gerade die Widerstände, die Hindernisse, die Schwierigkeiten und Komplikationen, die ihn erst recht zu Höchstleistungen anspornten. In Verhandlungen wirkte er bereits durch seine Präsenz, ja sogar durch den Ruf, der ihm vorauseilte. Aber ihm genügte nicht, was ihm von selbst in den Schoss fiel; er wuchs vielmehr an den Herausforderungen; man erhielt den Eindruck, dass er sich am liebsten auf die hoffnungslosesten Fälle stürzte, und so wies man ihm denn auch zunehmend die undankbarsten und schwierigsten Aufgaben zu: Wenn die Situation auf dem Feld der Aussenwirtschaft, die in vielem auch Aussenpolitik war, brenzlig wurde, schickte man aus der Berner Zentrale Stucki vor, um die Lage zu bereinigen. Mit seiner asketischen Selbstdisziplin, seiner calvinistischen Seriosität, seiner Bereitschaft, sich für das Allgemeinwohl aufzuopfern und persönliche Interessen hintanzustellen, wurde er dank der grossen Publizität, die ihm und seinen Missionen angesichts deren nationaler Bedeutung vonseiten der Medien zugemessen wurde, zu einer Art Vorbild und Identifikationsfigur mancher Schweizer seiner Generation: Man anerkannte seine Autorität, man respektierte sein Urteil. Die Zustimmung von «Minister Stucki» zu einem Projekt, einem Plan galt weiterhum gleichsam als Gütezeichen. In der Bundesverwaltung erfragte man gerne Stuckis Meinung auch zu fachtechnischen oder politischen Traktanden, die gar nicht auf seiner Aufgabenliste standen und nicht in seine Zuständigkeit fielen: Chefbeamte rechneten sich grössere Erfolgschancen aus, wenn sie ihre Anträge und ihre Dossiers dem Bundesrat mit einem «Einverstanden» Stuckis unterbreiten konnten. Journalisten prüften neue Vorschläge aus Politik und Verwaltung, indem sie die Meinung Stuckis über deren Tauglichkeit erfragten. Auf den Höhepunkten seiner Karriere – es gab davon mehrere, weil Stuckis Biografie dazwischen auch Tiefschläge zu verzeichnen hatte – galt Stucki als eine Art «Instanz», deren günstig lautendes Urteil man je nach Plan oder Absicht besser rechtzeitig einholte. So jedenfalls empfanden es etliche seiner Zeitgenossen und jüngeren Kollegen; denn es konnte sich bitter rächen, wenn man sich seines «Einverstanden» nicht oder nicht rechtzeitig versichert hatte: Nicht nur galt Stuckis Zustimmung als Erfolgsgarantie, sondern seine Aufforderung «Ablehnen!», wie man sie hin und wieder auf dem Rand von Aktenstücken findet, bedeutete mit grosser Wahrscheinlichkeit das Ende eines Projekts.

Eine derartige breite öffentliche Inanspruchnahme, die je nach Betrachtungsweise und eigenem Standpunkt von den einen als ein breit gefächertes Engagement für den Staat und für die Allgemeinheit, von den anderen – einer wohl vorwiegend aus Neidern bestehenden Minderheit – als Einmischung in Angelegenheiten, die ihn eigentlich gar nichts angingen, interpretiert wurden, ein solches umfassendes jederzeit Zur-Verfügung-Stehen war notgedrungenermassen mit grossem zeitlichen Aufwand verbunden und bedeutete auch, dass sich Stuckis privates Leben, Familie, Freizeit und Hobbies seinen klar beruflich gesetzten Prioritäten anzupassen, notfalls unterzuordnen hatten. Stucki hat, soweit das nachträglich überhaupt eruierbar ist, neben Bittstellern und Schmeichlern wenig echte Freunde gehabt, die ihm quasi lebenslänglich zugetan gewesen wären. Das war sicher nicht nur auf seine vielen berufsbedingten Abwesenheiten und Ortsveränderungen sowie auf mangelnde Freizeit, wie sie zur Pflege von Freundschaften unentbehrlich ist, zurückzuführen. Vielmehr war es auch eine Folge seiner Dominanz, die fast in jedem Kreis, also auch im Privaten zum Tragen kam. Wer zu sehr dominiert, und sei es auch dank Intelligenz, Beredsamkeit und Schlagfertigkeit, schafft sich selten Freunde.

In den Glanzzeiten seiner beruflichen Tätigkeit war Stucki selten zu Hause anzutreffen. Aber wenn er von einer Mission aus dem Ausland zurückkam, wurde alles – Zeitplan, Haushalt, Besuche – auf ihn ausgerichtet. «Der Minister kommt» war ein Alarmzeichen für alle Bewohner in der Villa an der Seftigenstrasse, die Dinge in Ordnung zu bringen und dem Familienoberhaupt zur Verfügung zu stehen, zum Beispiel um Auskunft zu geben über alles, was man in seiner Abwesenheit getan und erlebt hatte. Stucki war, wie am Arbeitsplatz so auch in der Familie der unangefochtene Chef. Er lobte, tadelte und bestrafte, zum Beispiel die seit dem Tod ihres Vaters bei ihm wohnenden Enkel mit Zimmerarrest und

mit Ausschluss von den Spielen, die man im Schosse der Familie abends gemeinsam zu machen pflegte. Er begnadigte die Verurteilten dann aber auch wieder, indem er sie mit einer ernsten Ermahnung selbst aus ihrem Zimmer holte und in den Familienkreis zurückführte. Kinder und Enkel profitierten viel vom kulturell eindrücklich hohen Niveau in der Villa Stucki. Am Esstisch wurden wichtige aktuelle politische, kulturelle und historische Themen abgehandelt. Hochrangige Politiker und Spitzenbeamte aus dem In- und Ausland, aber auch bekannte Künstler verkehrten regelmässig im Hause des Ministers. Richard Strauss, eine Ferienbekanntschaft Stuckis, dedizierte dem Musikliebhaber, der ihm vermutlich aus einer finanziellen Patsche geholfen hatte, «zur Erinnerung und in dankbarer Ergebenheit» ein grossformatiges Notenblatt mit einer handschriftlichen «Skizze zur Oper Capriccio». Der Maler Cuno Amiet hielt sich nicht nur als Gast und Freund der Familie im Haus an der Seftigenstrasse auf, er führte vielmehr auch Aufträge des Ministers aus und hielt die Familienangehörigen, darunter Stucki selbst, aber auch Sohn Jürg und Tochter Evy,

Musikliebhaber Walter Stucki hat dem Komponisten Richard Strauss angeblich in den Ferien einmal aus einer finanziellen Klemme geholfen. Als Dank dafür erhielt er ein grossformatiges Notenblatt mit einer «Skizze zur Oper Capriccio» und der Widmung: «Zur Erinnerung und in dankbarer Ergebenheit.»

in Porträts fest, die anschliessend in den Zimmern und Gängen der Villa Stucki die Wände zierten. Mäzenatentum und klassische Bildung, aber auch Leistungswille sowie schulischer und beruflicher Erfolg wurden im Hause Stucki grossgeschrieben.

Über der Villa des Ministers wehte der grossbürgerliche konservative Geist des erfolgreichen Staatsbediensteten, der dank Begabung, Fleiss und eiserner Selbstdisziplin, dank professionellen Höchstleistungen, aber auch durch seine Einheirat in eine sozial und vermögensmässig höhere Gesellschaftsschicht und durch bewusst standesgemässen Umgang sowohl in Hinsicht auf seine berufliche Stellung als auch materiell das Beste aus seinen Möglichkeiten machte. Obwohl ihm auch einiges misslang, obwohl es das Schicksal nicht immer gut mit ihm meinte und ihn weder im beruflichen noch im Privatleben vor schweren Schlägen verschonte, darf man – angesichts seiner familiären Herkunft und wenn man die finanzielle Notlage in Rechnung stellt, in der sich seine Familie wiederholt befand, das letzte Mal, als er 20-jährig war – die Biografie von Minister Stucki bedenkenlos als «Erfolgsgeschichte» ausgeben.

Die Bilanz, die Stucki selbst aus seinem beruflichen Leben zog, ist, soweit man das anhand der vorliegenden schriftlichen und mündlichen Zeugnisse ergründen kann, sowohl von Stolz auf das Erreichte als auch von Bitterkeit über das Verpasste und über die erlittenen Rückschläge gekennzeichnet. Hin und wieder fühlte er sich in seinen Entfaltungsmöglichkeiten behindert und unzufrieden, weil er glaubte, er hätte es eigentlich noch entscheidend weiterbringen können, wenn er rechtzeitig aus der Verwaltung in die Privatwirtschaft gewechselt hätte oder wenn er nicht durch unfähige (wie Pilet-Golaz) oder noch unerfahrene (wie Petitpierre 1945) Bundesräte in seinem Wirken zurückgebunden worden wäre. Es lässt sich nicht übersehen, dass sich Stucki in seiner Selbstsicherheit und mit seinen Überlegenheitsgefühlen mindestens zeitweise als über das Durchschnittsmass hinausragend fühlte. Das sagte er zwar so nicht direkt und auf sich bezogen, aber zum Beispiel in seinem Standardvortrag über die Diplomatie[5] erklärte er seinen Zuhörern anhand historischer Beispiele verklausuliert, dass sich wahrhaft grosse Männer in der Schweiz nicht entfalten könnten, sondern dass man alle, die über das Mittelmass hinauswüchsen, auf den Durchschnitt zurückstutze: «Ragte aus dem Wald der Eidgenossen hie und da eine Tannenspitze allzu bedrohlich empor, so wurde sie rasch gekappt: Der Berner Adrian von Bubenberg musste ins Exil nach Spiez, der Zürcher Bürgermeister Waldmann wurde um einen Kopf kürzer gemacht.» Stucki hatte, genau wie die von ihm genannten von Bubenberg und Waldmann, autoritäre Allüren und deshalb Mühe, sich irgendjemandem zu unterziehen. Sogar sein väterlicher Freund und seinerzeit Vorgesetzte Bundesrat Edmund Schulthess, der selbst von seiner Umgebung als selbstbewusst und robust wahrgenommen wurde, fühlte sich von seinem stürmisch vor- und aufwärts strebenden Schützling zeitweise an die Wand gedrängt und genötigt, ihm ein «suaviter in modo» zuzurufen.[6] Indem Stucki als Abteilungschef im EPD abgesetzt und wieder zu Verhandlungen ins Ausland geschickt wurde, wurde ihm ja gewissermassen auch der «Kopf abgeschlagen», damit er im Politischen Departement nicht zu viel Macht und Einfluss erhalte.

Aber trotz seinen gelegentlichen Unzufriedenheitsausbrüchen war für Stucki, vom Studienabschluss bis zur Pensionierung, der Beruf zugleich Berufung. Er identifizierte sich wie kaum ein zweiter mit seinem Arbeitgeber. Als solchen betrachtete er indessen nicht etwa den ihm vorgesetzten Departementschef oder gar den Bundesrat, sondern er fühlte sich als erster Diener des Staates, den er als Gemeinschaft aller Bürgerinnen und Bürger verstand und in dessen Dienst er sich stellte. Er tat dies, wie er es vor allem den Bundesräten regelmässig darlegte, nicht zu seinem eigenen Nutzen und Frommen, sondern aus Pflichtgefühl gegenüber seinem Land und seiner Heimat. Und Pflichten nahm er ernst – die eigenen ebenso wie diejenigen der anderen. Pflichterfüllung war ihm oberstes Gebot, wobei er gegenüber den vielen Beamten und Mitarbeitern niedrigeren Ranges den Vorteil hatte, dass er sich seine eigenen Pflichten selten vorschreiben liess, sondern sie weitgehend selbst definierte.

«Ich verehre in Ihnen eines der stärksten politischen Talente und Temperamente unseres Landes», hat Professor Edgar Bonjour in einem Brief an Walter Stucki zu dessen Rücktritt aus dem Bundesdienst geschrieben,[7] und diesem zweitletzten Satz dann noch einen letzten angefügt: «Es wäre hochwillkommen und verdienstvoll, wenn Sie die Denkwürdigkeiten Ihres Lebens schreiben wollten.» Stucki hat diesem Wunsch nicht mehr entsprochen. Er hat – wenn man von seinem Buch über die letzten Tage des Pétain-Regimes in Vichy einmal absieht – ausser einer stichwortartigen,

Entwurf zu einem Familienwappen der Stuckis von Hürselen, heute Ursellen in der Gemeinde Konolfingen.

in der Auswahl der darin aufgeführten Fakten etwas zufällig wirkenden Liste biografischer Angaben keinen Lebensbericht hinterlassen. Und bis 50 Jahre nach seinem Rücktritt hat auch kein Historiker, kein Journalist und kein Doktorand der aussergewöhnlichen, aus dem Durchschnitt weit herausragenden Persönlichkeit Stuckis die für eine Biografie nötige Aufmerksamkeit und Zeit gewidmet. So kam es, dass Stuckis Stellvertreter und Nachfolger in der Direktion der Handelsabteilung, Jean Hotz, noch vor seinem ehemaligen Chef mit einer ausführlichen Biografie geehrt wurde,[8] obwohl das berufliche Leben von Hotz viel geradliniger, berechenbarer und weit weniger dramatisch und spektakulär verlief als dasjenige von Stucki. Zudem hat Hotz in seiner Heimatgemeinde Uster-Nänikon bereits ein Denkmal und eine nach ihm benannte Strasse erhalten. Aber, und das dürfte den Ausschlag gegeben haben: Hotz war Zürcher, und in den Zürcher Wirtschaftskreisen lässt sich Geld, wenn man solche Würdigungen und Ehrungen wie Biografie oder Denkmal vorfinanzieren will, offenbar bedeutend leichter auftreiben als im Kanton Bern.

Seit dem vom Basler Historiker Bonjour geäusserten Wunsch betreffend eine Autobiografie Stuckis hat es nun beinahe 53 Jahre gedauert, bis das höchst verdienstvolle Wirken des Berner Wirtschaftsdiplomaten im Rahmen einer Beschreibung seines an Höhe- und Tiefpunkten reichen Lebens gewürdigt worden ist – allerdings nicht von ihm selbst, wie Bonjour es sich gewünscht und angeregt hat, sondern von einem Dritten verfasst. Der Autor ist dabei durchaus mit dem nötigen Respekt vor der erbrachten Leistung, aber dennoch nicht blind angesichts einiger unübersehbaren menschlichen Schwächen Stuckis ans Werk gegangen. Des Verfassers Ziel war von Anfang an, diese zeitgeschichtlich bedeutende, aber seines Erachtens bisher zu wenig gewürdigte Persönlichkeit einer neuen Generation von Geschichts- und Politik-Interessierten zugänglich zu machen. Über die Gründe, warum dies in einer Zeit, in der das Aussergewöhnliche normalerweise sofort Schlagzeilen macht, nicht schon früher geschehen ist, lässt sich nur spekulieren. Denn Stucki hat in den rund 40 Jahren seiner Tätigkeit zugunsten der Eidgenossenschaft, sei es auf hohen Kaderposten der Bundesverwaltung, als Unterhändler beim Abschluss wichtiger Wirtschaftsverträge oder während etwas mehr als zwei Jahren als Nationalrat, zahlreiche, für den Historiker unübersehbare Spuren in den Archiven der Verwaltung, der politischen Tageszeitungen und von Privaten hinterlassen.

Deshalb ist Quellenmaterial als Grundlage für eine Stucki-Biografie in Form von Akten der Bundesverwaltung, von persönlichen Papieren und Dokumenten, als Tagebuch oder als Korrespondenz reichlich vorhanden. Stuckis hoher Bekanntheitsgrad, die aussergewöhnlichen Aufträge und Missionen, die ihm anvertraut wurden sowie sein zumindest anfänglich ungewohnt fortschrittlich-offener Umgang mit der Presse sorgten dafür, dass die Zeitungen – oft auch ausländische – regelmässig über seine Tätigkeiten berichteten, seine Aussagen zitierten und seine Absichten, Erfolge und Misserfolge kommentierten. Dem Verfasser dieser Biografie fehlte es deshalb nicht an Material; vielmehr musste er in der Fülle der ihm zur Verfügung stehenden Unterlagen sein Augenmerk auf eine vertretbare Auswahl und Gewichtung richten, denn nicht immer entsprach die Zahl der ihm vorliegenden Dokumente der Bedeutung des Anlasses. So dauerte zum Beispiel Stuckis innenpolitisches Gastspiel im Nationalrat nur kurz; doch der Historiker könnte Bände füllen mit den Berichten und Kommentaren allein über Stuckis – damals zumindest vorläufig misslungenen – Versuch, unter Einbezug der Sozialdemokraten in der «politischen Mitte» eine breit abgestützte, verlässliche und regierungsfähige Mehrheit zu bilden, die den Bundesrat in den absehbaren schwierigen Zeiten auch bei den nötig werdenden unpopulären Entscheiden unterstützen sollte. In den Zeitungen fand dieser innenpolitische Exkurs des Aussenwirtschaftsspezialisten Stucki ein Echo in tausenden von Artikeln und Kommentaren. Andererseits befasste sich Stucki nach dem Zweiten Weltkrieg während annähernd einem Dutzend Jahren intensiv mit den sogenannten «Sequesterkonflikten»[9], die zwar für die beteiligen Staaten von eminenter wirtschaftlicher Bedeutung, wegen ihrer fachtechnischen Kompliziertheit für den lesenden Laien jedoch nicht verständlich waren und deshalb, ausser in den entsprechenden Dossiers der Verwaltung, kaum schriftlichen Niederschlag fanden.

Es gibt in der langen Liste des aufgefundenen Quellenmaterials aber auch «schwarze Löcher», das heisst es gibt Themen und Zeitabschnitte, über die in diesem Buch nicht oder zumindest nicht dem vom Autor vermuteten öffentlichen Interesse entsprechend und den quellenkritischen Anforderungen professioneller Historiker genügend berichtet werden kann, weil das dazu nötige Grundlagenmaterial fehlt. Auffallend ist zum Beispiel der Mangel an Zeugnissen über Stuckis Haltung zur «Judenfrage» während des Zweiten Weltkriegs. Als Schweizer Gesandter in Vichy hat Stucki in den letzten Monaten des Pétain-Regimes dank seiner für einen Ausländer wohl einmaligen Vertrauensstellung in zahlreiche wichtige Dokumente, die über den Schreibtisch des Marschalls gingen, Einblick nehmen, hat davon Kopien anfertigen lassen oder gar die Originale behalten können.[10] Er muss auch die Berichte über die Transporte französischer Juden in die im Osten Europas gelegenen Vernichtungslager gekannt und sich dazu eine Meinung gebildet haben. Doch zu diesem heiklen Thema finden sich in den öffentlichen und privaten Archivbeständen (mit zwei, drei im Text erwähnten Ausnahmen, die den Augen des kritischen Historikers indes kaum zu genügen vermögen) keinerlei verlässliche Unterlagen. Bei Durchsicht der Akten erhält man den Eindruck, die Judendeportierung aus Frankreich habe für Stucki gar nicht existiert oder er habe sie für ein ihn und seinen Auftrag nicht bertreffendes innenpolitisches Problem betrachtet. Ein vom Autor befragter alt Botschafter und ehemaliger Mitarbeiter Stuckis meinte allerdings zu diesem Thema: «Über die wirklich heiklen Fragen kann man als Diplomat zwar mit allen Betroffenen sprechen; man legt aber über solche heissen Themen besser keine Dossiers an!»[11]

So bleibt das Bild dieses aussergewöhnlichen Menschen und erfolgreichen Unterhändlers selbst nach vierhundert Buchseiten unvollständig. Zu kurz kommen auch die privaten, familiären Seiten des Ehemanns, Vaters und Grossvaters Stucki, sei es, weil er zu Zeiten seiner beruflichen Höhepunkte kaum ein Privatleben führen konnte, sei es, weil in einer für die Öffentlichkeit bestimmten Biografie das Interesse an seiner beruflichen Karriere überwiegt und weil heute lebende direkte Nachkommen ein Anrecht auf die Wahrung der Privatsphäre haben. Auch die zahlreichen Geschichten und Anekdoten, die sich um die Figur des Ministers, seine Familie und die Villa Stucki ranken und die von der bis heute andauernden Bekanntheit Stuckis zeugen, konnten in diesem Buch nur in beschränkter Zahl Niederschlag finden. Erwähnt sei hier beispielsweise das unverkrampfte Verhältnis Stuckis zum Auto, das unter anderem in seiner Freude über den kurz vor der Pensionierung erworbenen Strassenkreuzer zum Ausdruck kam: «Neuen Wagen gekauft: Buick! Nationalrätliche Kommission für Auslandschweizer in Locarno. Dorthin im Auto übers Centovalli!» Legendär war aber nicht nur die Karosse von Minister Stucki selbst, sondern mindestens ebenso sehr der Fiat-Topolino von Frau Stucki, der nach Aussagen mehrerer Augenzeugen von seiner Besitzerin bei Fahrten ins Stadtzentrum jeweils am «Loeb-Egge», dem damals verkehrsreichsten Engpass der Stadt Bern, parkiert worden sei. Denselben Topolino versteckten die Enkel einmal, als die Grossmutter mit dem schwach motorisierten Zweisitzer zur Einkaufstour aufbrechen wollte, unter verschwörerischer Mithilfe Walter Stuckis im weitläufigen Park der Villa. Wenn man sich den «grossen Stucki» vorstellt, wie er mit seinen zwei halbwüchsigen Enkeln zusammen heimlich den Kleinwagen seiner Frau ins Gebüsch schiebt und mit Ästen und Zweigen zudeckt, glaubt man eine völlig neue Seite des von den meisten Leuten als abweisend und humorlos empfundenen Mannes zu entdecken. Das in der Öffentlichkeit bekannt gewordene Bild des hoch kompetenten, aber in seiner Härte und Strenge unnahbaren, bisweilen arrogant wirkenden Spitzendiplomaten erfährt somit, vor allem für die späteren Jahre, eine mildernde Ergänzung, die sich allerdings eher im kleinen privaten Kreis offenbarte: Walter Stucki hatte eine heitere, von feinem Humor und menschlicher Güte geprägte Seite.

Diese erste umfassende Biografie über den «Minister Stucki» ist nun einerseits zwar später erschienen, als es angesichts der Bedeutung des «grossen Stucki» zu erwarten gewesen wäre. Und trotzdem masst sich andererseits der Verfasser keineswegs an, jetzt, 50 Jahre nach Stuckis Tod, bereits das endgültige Urteil über diese in mancher Beziehung weit über das Mittelmass hinausragende Persönlichkeit festzuschreiben. Das Bild Stuckis hat – von der Zeit seines eigenen Wirkens bis zum Erscheinen des Bergier-Berichts und der unvermeidlichen Bergier-Kritik – bereits verschiedene Retouchen erfahren, und die hier vorgelegte Sichtweise wird nicht die letzte sein. Denn jede Biografie wird ebenso sehr durch den Verfasser wie durch die beschriebene Persönlichkeit geprägt.

Noch fehlt hier also das letzte Wort über die faszinierende Persönlichkeit Stuckis, dessen Biografie uns derart fesselt, weil in seinem von Höhen und Tiefen gekennzeichneten Lebenslauf neben den zahlreichen Stärken auch Schwächen, neben viel Bewundernswertem auch Allzumenschliches, gar Kritikwürdiges zutage tritt. Das kann dieses Buch, so hofft der Verfasser (obwohl er zeitweise vom Charisma, das noch immer von Stucki ausgeht, beinahe vereinnahmt worden wäre), zum Ausdruck bringen. Biografische Verherrlichungen und Glorifizierungen sind langweilig und der Geschichtsschreibung in einem demokratischen Staat unwürdig.

Doch der letzte Satz, das Fazit eines Buches über den «grossen Stucki», die Bilanz eines Lebens, das dem Wohlergehen der Schweiz gewidmet war, darf, ja muss positiv lauten. Deshalb überlassen wir diesen letzten Satz jenem Bundesrat, dessen Urteil besonders glaubwürdig ist, weil er sich in einer harten, Monate dauernden Auseinandersetzung gegen den damals bereits legendären «Minister Stucki» durchsetzen musste, und der schliesslich wider alle Prognosen zum einzigen Vorgesetzten wurde, den Stucki je vorbehaltlos anerkannt und offen bewundert hat. Bundesrat Petitpierre sagte am 11. Oktober 1963 an der Abdankungsfeier für Walter Stucki in der Heiliggeistkirche in Bern:

«In der Geschichte unseres kleinen Landes gibt es zu Zeiten jeder Generation eine oder höchstens zwei Persönlichkeiten, die auf ihrem Lebensweg das Schicksal der Schweiz durch ihre Fähigkeiten, durch ihr Handeln und durch die Rolle, die ihnen auferlegt wurde, massgeblich zu beeinflussen und zu verbessern vermochten. Minister Stucki war eine dieser aussergewöhnlichen Persönlichkeiten.» Und: «Er hat unserem Land seine besten Kräfte geopfert. Dafür sind wir ihm unseren Dank schuldig.»[12]

Anhang
Anmerkungen

Kapitel 1

1. Schreiben Stuckis an Petitpierre, Washington, 14.3.1946.
2. Zeugnis von Prof. Dr. med. Luzius Rüedi vom 9.3.1946.
3. Vom Currie-Abkommen zum Vertrag von Washington. Manuskript für Vortrag in Basel, o.D.
4. NZZ vom 30.5.1946: Bericht über eine Erklärung Stuckis in Washington vor seinem Abflug in die Schweiz. Vgl. dazu Kapitel 16.
5. Vertragstext gemäss Botschaft des Bundesrates an die Bundesversammlung über die Genehmigung des in Washington abgeschlossenen Finanzabkommens vom 14.6.1946.
6. Bundesrat Max Petitpierre, s. dazu Kapitel 14 und 16.

Kapitel 2

1. Stammbaum der Familie Stucki von Gysenstein, Konolfingen, Kanton Bern, angeregt von Minister Stucki, erabeitet von Arthur Hänni, Zürich, im Juli 1936.
2. Das Haus in Hinterkappelen, um einige Räume erweitert und (allerdings nur in geringem Masse) umgebaut, steht heute noch; es beherbergt die Gärtnerei Stucki. Seine Bewohner weisen auf einen Balken hin, der die Namen von Walter Stuckis Grosseltern Johann Samuel Stucki und Anna geb. Gerber trägt.
3. Gemäss einer handschriftlichen biografischen Notiz, o.O., o.D., vermutlich von Gottlieb Stucki selbst verfasst (aus den privat aufbewahrten Akten der Familie).
4. Vgl. Kindheitserinnerungen von Helene Stucki, Manuskript datiert vom Juni 1969, im Nachlass Helene Stucki im Gosteli-Archiv.
5. 1898–1938, Festschrift zur Feier des 40-jährigen Bestehens des Berner Sportclubs Young Boys, gewidmet seinen Mitgliedern, Freunden und Gönnern (u.a. im YB-Archiv, Bern-Wankdorf).
6. Dokumente wie Maturitätszeugnis, Dienstbüchlein, Ehschein, Reisepass, Mietverträge u.a.m. befinden sich in den privat aufbewahrten Akten der Familie.
7. Stichwortartiger Lebenslauf von Hermann Sahli, auf zwei Schreibmaschinenseiten DIN A4, ohne Angaben betreffend den Verfasser, aber mit handschriftlichen Korrekturen, in: BAR, Bestand J.I., 131, Bd. 2.

Kapitel 3

Darstellung der Tätigkeit Stuckis als Generalsekretär EVD vor allem nach den Akten BAR, J.I. 131, 16–20.

1. Schulthess hat u.a. folgende Berner Fürsprecher auf Chefposten in seinem Departement berufen: Hermann Rüfenacht (Direktor des

Bundesamtes für Sozialversicherung, später Gesandter in Berlin), Hans Pfister, Paul Renggli und Hans Kaufmann für die Leitung der Bereiche Industrie, Gewerbe und Arbeit (später BIGA) und Eugène Péquinot (Generalsekretariat).

2 Protokolle der Kommission für wirtschaftliche Fragen (u. a. vom 10.9.1917, 29.9.1917, 8.10.1917, 16.10.1917, 19.11.1917, 21.1.1918, 4.2.1918, 18.2.1918, 15.4.1918).

3 «Die Kohlenkrisis», in: Monatsbericht Nr. 9 des Schweizerischen Bankvereins, November 1919. «Weltkohlennot», in: Zürcher Post, Nr. 399, 2.11.1919. «Die Kohlenkatastrophe», in: Economist/deutsche Übersetzung in: Neue Freie Presse vom 20.9.1919. Protokoll der Konferenz betreffend der Gründung einer Kohlen-Einfuhr-Genossenschaft vom 26.2.1919 in Bern. Erster Geschäftsbericht der Schweiz. Kohlen-Genossenschaft, umfassend den Zeitraum 1.4.–31.12.1919.

4 NZZ, Nr. 953, 26.6.1919, Sonderseite «Export».

5 Berichte und Protokolle der Wirtschaftskommission. Kopien in: BAR, Bestand J. I. 131, D, 16–18.

6 «Es gab keinen treueren Diener seines Volkes», Würdigung von Edmund Schulthess durch Walter Stucki anlässlich der Einweihung von Schulthess' Gedenkstätte in Brugg am 8.4.1961. Reden von Walter Stucki und Bildhauer Max Fueter in einem Sonderdruck der Hauszeitung von Brown, Boveri & Cie, Baden. Schulthess war vor seiner Wahl in den Bundesrat Direktor bei der BBC, nach seinem Rücktritt aus der Landesregierung 1938–1944 Verwaltungsrat.

7 Der Bund, 18.12.1919.

8 NZZ, Nr. 1991, 19.12.1919.

Kapitel 4 Darstellung der Tätigkeit Stuckis als Direktor der Handelsabteilung gemäss Akten BAR, J. I. 131, 21–22.

1 Liste der von Stucki ausgehandelten Verträge vom 5.12.1935; ohne Titel, ohne Angabe des Verfassers, in den Akten aus Privatbesitz.

2 Reden Stuckis und Hotz' anlässlich der Abschiedsfeier vom Personal der Handelsabteilung vom 27.11.1935 in Worb, in: Erinnerungsblätter an die Zusammenkunft in Worb, 27.11.1935.

3 In den «Baranoff-Kursen» werden die Kader der Artillerie an einem Schiesssimulator ausgebildet und beübt. Der erste dieser Simulatoren wurde von einem 1918 nach Frankreich gezogenen zaristischen Offizier namens Valentin André Baranoff konstruiert.

4 Bemerkungen zur Interpellation Grimm, 24.9.1931.

5 Edgar Bonjour, Geschichte der schweizerischen Neutralität, Bd.II, S. 279 und Bd. III , S. 40.

6 Gemäss Notizen in Stuckis Tagebuch (in Privatbesitz).

7 Berner Tagblatt, 13.1.1932; Der Bund, 12.1.1932.

8 Gemäss Notizen in Stuckis Tagebuch.

9 NZZ, 13.12.1933.

10 Kopie eines Zeitungsartikels o. O., o. D. (vermutlich aus dem Berner Tagblatt): «Das Kapitol der Krankenpflege, Ein Haus und seine Geschichte», sig.: Th. A. Die Villa Stucki gehört heute der Stadt Bern; ein grosser Teil des einst weitläufigen Parks wurde von der Stadt als Bauland verkauft. So befindet sich heute z. B. eine Migrosfiliale auf dem ehemaligen Parkgelände; die Villa selbst wird als Quartierzent-

rum genutzt und beherbergt neben einem kleinen Restaurant Räume für verschiedene u. a. soziale Aktivitäten. Auf unvoreingenommene Besucher macht die Villa Stucki einen heruntergekommenen, vernachlässigten Eindruck.

11 Philippe Etter, in: Die Schweizer Bundesräte, hg. von Urs Alter___
S. 389–399. Vgl. auch Kapitel 17 und dazu Anmerkung 12.
12 Die vollständige Fassung lautete: «Erfülle all' Tag deine ___ denn etwas Höheres gibt es nicht! / Wie deine Pflicht sic___ wird vom Gewissen dir diktiert. / Ist dein Gewissen ___ kannst mit dem Tag zufrieden sein.»

Darstellung der Verhandlungen mit Deutschland ge___
J. I. 131, 24, Bd. 1, 2 und 3.
1 NZZ, Nr. 1066, 14.12.1933.
2 BRB, 22.3.1935 und 1.4.1935; Memorand___ in Berlin, 9.5.1936.
3 Protokollnotiz über die Presseorient___
4 Der Locarnopakt legte die deuts___ gischen Grenzen fest und b___ Rheinlandes. Mit dem Einma___ Hitler den Pakt von 1926 ___
5 Protokoll vom 14.5.193___ der deutschen Regier___ alter Stucki nahmen ho___ Natio-nalbank, des Vo___ rsverban-des und des V___ teil.
6 Tätigkeit St___ J. I. 131, 22.
7 Irredenti___ Vereinigung abgetren___ and anstrebt. Ihre Blüt___ er Gründung des Kö-ni___ aschismus im Zweiten
8 ___ en Gesandten in Rom, Minis-___
___ gemäss Nationalratsprotokollen im

Kapitel 6

1 R___ in: Bundesratslexikon, S. 361 ff.
2 Alle ___nten Zeitungen in den Ausgaben vom 14. und 15. M___
3 Alt Ständera___ enz an Stucki, Brief vom 20.6.1945; Stucki an alt Ständerat Löp___ -Benz, Brief vom 27.6.1945.
4 Brief publiziert in: NZZ, Nr. 1163, 28.6.1934, Sonderbeilage «Export», Blatt 4.
5 Bund, Nr. 317, 11.7.1935.
6 Korrespondentenbericht aus Deutschland, in: NZZ, Nr. 593, 6.4.1935.
7 Schreiben des EVD vom 22.11.1935 an den Bundesrat.
8 Stucki an Fürsprecher Erich Lohner, Thun, in: Akten BAR, J. I.131, Bd. 32.
9 Edgar Bonjour, Geschichte der schweizerischen Neutralität, Bd. IV, S. 263 f.

Kapitel 7 Darstellung der Ratsverhandlungen, wo nichts anderes erwähnt, gemäss Nationalratsprotokollen im Bundesarchiv.
1. Der Bernermarsch, Nr. 5, Oktober 1935.
2. Vertrag zwischen dem schweizerischen Bundesrat, vertreten durch das Eidgenössische Volkswirtschaftsdepartement, und Walter Stucki in Bern vom 11.11.1935.
3. Nationalrat Hans Hoppeler (EVP) im Rückblick auf die erste Sessionswoche in den Neuen Zürcher Nachrichten, 14.12.1935.
4. Nationalrat, Wintersession 1935, Auszug aus dem stenografischen Protokoll vom 9.12.1935.
5. Vaterland, Nr. 23, 28.1.1936.
6. Der Bund, 1.2.1936.
7. Aus den Berichterstattungen über die 1.-August-Feier in Pontresina von NZZ, Bund, Freier Rätier und Engadiner Express, 2., 5. und 7. 8.1936.

Kapitel 8
1. Zu den ursprünglichen Verfassern der Richtlinien gehörten der Schweizerische Gewerkschaftsbund, der Jungbauernverband, der Schweizerische Angestelltenverband und die Organisation evangelischer Arbeiter.
2. Berner Tagwacht, 23.12.1936.
3. Freisinnig-Demokratische Partei der Schweiz, Protokoll der 4. Sitzung des Zentralvorstandes vom 13.2.1937, im Hotel Bristol in Bern.
4. Zum Beispiel am 31.5.1937 an die Basler Nachrichten oder am 2.6.1937 mit einem an mehrere Redaktionen gerichteten Schreiben.
5. NZZ, Nr. 1001, 3.6.1937, Abendausgabe.
6. Basler Nachrichten, 29.6.1937.
7. NZZ, 12. und 13.7.1937.
8. Schreiben Stuckis an die Redaktion der Tat und an Bundesrat Obrecht vom 24.11.1937; Pressedienst des Generalsekretariates der Freisinnig-Demokratischen Partei der Schweiz, Sendung Nr. 295, 17.12.1935; Auszug aus dem Protokoll des Nationalrats vom 10. und vom 13.12.1937.
9. S. Ernst Nobs: Breitlauinen, Novellensammlung, mit Illustrationen des Autors, Zürich 1953.
10. Ernst Nobs, Bundesrat, an Walter Stucki, Bern, 23.12.1948.

Kapitel 9
1. Vallotton war 1938/39 Präsident des Nationalrats; sein Name lebt bis heute im Café Vallotton weiter, in dem von ihm initiierten kleinen Restaurantbetrieb innerhalb des Bundeshauses, wo sich Parlamentarier während der Session bei einem Kaffee oder einer bescheidenen (Zwischen-)Mahlzeit der Zeitungslektüre widmen oder jemanden treffen können, ohne ihre Wirkungsstätte verlassen zu müssen.
2. Der Botschaftertitel wurde in der Schweiz erst Jahre nach dem Ende des Zweiten Weltkriegs verliehen, und zwar zunächst nur an die Missionschefs auf den «grossen» Posten wie Washington oder Paris. Hingegen trugen die Abgesandten Frankreichs schon sehr früh den Titel des «Ambassadeurs», was Solothurn, seinerzeit Sitz des französischen Botschafters, denn auch den Namen «Ambassadorenstadt» eintrug.

3 Vom 24.5. bis 25.11.1937 fand mitten in der Stadt Paris eine Weltausstellung zum Thema «Kunst und Technik im modernen Leben» statt. 44 Länder, darunter die Schweiz, waren mit einem eigenen Pavillon vertreten. Stucki besuchte die Ausstellung mehrere Male.
4 Siehe Kapitel 8 und Tagebuch Stucki, Eintrag vom 8.10.1937.
5 An den Bundesrat: Schweizerische Gesandtschaft in Paris. Undatierte Kopie vom Frühjahr 1938.
6 Jean-Marie Musy wurde am 11.12.1919 als Vertreter der Freiburger Katholisch-Konservativen in den Bundesrat gewählt, womit die Katholisch-Konservativen erstmals zwei Vertreter in der Landesregierung hatten. Er übernahm, zunächst recht erfolgreich, das Finanzdepartement, provozierte indes mit der «Politik der leeren Kassen» die Vertreter der Linken. 1934 trat er aus dem Bundesrat zurück, vermutlich den Einflüsterungen der Frontenbewegung folgend, die ihm weismachte, sein Rücktritt werde eine derart heftige Reaktion hervorrufen, dass er als Erneuerer gestärkt auf die politische Bühne zurückkehren und dort seine rechtspopulistische Politik in die Tat umsetzen könne. Musy geriet während des Zweiten Weltkriegs immer mehr in den Dunstkreis der Naziführer, verkehrte z. B. regelmässig mit Himmler und Schellenberg. Dank diesen guten Beziehungen gelang es ihm dann kurz vor dem Untergang des Dritten Reichs, 1210 Juden aus dem Konzentrationslager Theresienstadt die Ausreise in die Schweiz zu ermöglichen. S. auch: Politische Berichte, Vichy, 20.11.1940 und 14.11.1941.
7 Als Stucki später sein Amt als Gesandter in Vichy ausübte, stattete ihm alt Bundesrat Musy mehrere Besuche ab; Stucki berichtete darüber im November 1940 nach Bern: «Herr Musy hat hier erzählt, er sei seit langem mit Himmler befreundet und werde diesen in Paris treffen». Und ein Jahr später: «Ich füge bei, dass man auch in Paris viel von Herrn Musy spricht und dass er in gewissen, allerdings unverantwortlichen französischen Kreisen, als der zukünftige Gauleiter der Schweiz bezeichnet worden ist.»
8 Silvester und Neujahr 1937/38 feierte Stucki im Palace-Hotel in Adelboden und notierte ins Tagebuch: «Prächtiges Wetter, ich lerne wieder etwas Ski-fahren. Hotel gut, aber teuer. Am Sylvesterabend haben wir Fam. Prof. Waldkirch am Tisch und Liselotte Im Obersteg – blöder Fratz!»
9 Kein Wunder, dass bei den Beamten des Volkswirtschaftsdepartements der folgende Spruch zirkuliert haben soll: «Weckt die Verhandlung Missbehagen / und schlägt dem Obrecht auf den Magen, / soll man deshalb nicht verzagen, / um guten Rat bei Stucki fragen, / um ihn, bevor man ganz geschlagen, / an den Verhandlungstisch zu jagen; / die Deutschen sehn's mit Missbehagen, / jetzt geht's ihnen an den Kragen, / und wieder einmal kann man sagen: / in allen Lagen Stucki fragen!» Quelle: Bundesarchiv JI131 Nachlass Minister Walter Otto Stucki.

Die Darstellung der Ereignisse beruht, wo nicht anders angegeben, auf den im Bundesarchiv aufbewahrten Politischen Berichten Stuckis aus Paris und auf Kopien dieser Berichte in den Privatbeständen Stuckis.

Kapitel 10

1 Übersetzung gemäss Bund und NZZ vom 2. und 6.3.1938.
2 Edgar Bonjour, Geschichte der schweizerischen Neutralität, Bd. III, Kap. 4: Rückkehr zur absoluten Neutralität, S. 203–281.
3 S. dazu auch Edgar Bonjour, Geschichte der schweizerischen Neutralität, Bd. III, S. 337–344.
4 S. Bericht Stuckis über die Debatte vom 22.3.1939.
5 Edgar Bonjour, Geschichte der schweizerischen Neutralität, Bd. IV, S. 25. Ferner: BRB vom 31.8. und 3.9.1939.
6 Markus Somm, General Guisan, Widerstand nach Schweizerart, S. 63 f.
7 Die «Graf Spee» galt als das modernste Schlachtschiff der Welt, als Prunkstück der deutschen Kriegsmarine, als Schreck der alliierten Handelsschiffe und dank ihrer Panzerung als unbesiegbar und unversenkbar. Auf ihrer letzten Fahrt wurde sie von drei ihr an Schnelligkeit und Feuerkraft weit unterlegenen englischen Kreuzern verfolgt und schliesslich dank einer taktischen Glanzleistung der Engländer am 17.12.1939 im Mündungsgebiet des Rio de la Plata vor Montevideo versenkt.
8 Akten BAR, Privatbestand J. I., 131, Walter Stucki. Korrespondenz: 19.1.1940 Stucki an Wetter, 24.1.1940 Wetter an Stucki, 4.2.1940 Grimm an Oprecht, 6.2.1940 Oprecht an Stucki, 10.2.1940 Stucki an Oprecht, 10.2.1940 Stucki an Wetter, 12.2.1940 Wetter an Stucki.
9 Celio sei ein mittelmässiger Regierungsrat und tauge absolut nicht als Bundesrat, schrieb alt Ständerat Löpfe-Benz an Stucki. Er werde als Staatsmann mit philosophischer Bildung und von geistig hohem Niveau gepriesen, doch fehle ihm genau das, was es im Bundesrat jetzt brauche, nämlich Tatkraft und der Wille zum Entscheid. Löpfe-Benz, Rorschach, am 11.3.1940 an Stucki.
10 Politischer Bericht vom 20.4.1940, Stucki an Pilet-Golaz.

Kapitel 11
1 Bericht Stuckis an Pilet-Golaz vom 24.7.1940.
2 Die Darstellung der Odyssee des Schweizer Gesandten von Paris über Tours und Bordeaux nach Vichy folgt im wesentlichen Stuckis Darstellung in den Berichten vom 12. und 13. Juni aus Ballan an die Abteilung für Auswärtiges und an Bundespräsident Pilet-Golaz, vom 28. Juni aus Bordeaux an Pilet-Golaz und vom 18. Juli aus Vichy an de Torrenté in Paris. Die Berichte finden sich im Bestand «Politische Berichte» sowie als Kopien im Depositum J.1.131 Walter Stucki und in den privat aufbewahrten Aktenbeständen.
3 S. dazu auch Korrespondenz General Guisans mit dem Bundesrat, in: Edgar Bonjour, Geschichte der schweizerischen Neutralität, Bd. VII, S. 115 ff.
4 NZZ Nr. 1791 vom 24.10.1940.
5 Personalakte des Auswärtigen Amts: «D.II. 1543/EOG, E242854-56 Stucki Walter, Schweiz».
6 Bericht des dritten Sekretärs der amerikanischen Botschaft in Vichy, Woodruff Wallner, im American Foreign Service Journal, erwähnt in der NZZ, Nr. 862, 22.5.1944 und zusammengefasst in der Gazette de Lausanne, 13. und 14.2.1945.
7 Berichte Stucki an Pilet-Golaz, Vichy, 1.3.1941, 17.9.1942, 8.10.1942, ferner Stucki an die Abteilung für Auswärtiges, Vichy, 16.2.1942.

8 Le Monde vom 29.6.1968 unter dem Titel «D'après des documents diplomatiques publiés à Washington: Pierre Laval se félicitait en 1942 de pouvoir se débarasser des juifs étrangers». Ferner Politischer Bericht aus Vichy vom 6.2.1941.
9 Politischer Bericht Stuckis an Pilet-Golaz vom 27.1.1943.
10 Stucki an Pilet-Golaz, Schreiben vom 26.6.1943 und Politischer Bericht vom 9.7.1943.
11 Die Darstellung folgte hier weitgehend den Notizen Stuckis in seinem Tagebuch.

Kapitel 12

1 Tagebucheintrag vom 1.1.1944.
2 Tagebucheintrag vom 1.12.1943.
3 Politische Berichte Stuckis aus Vichy an Bundesrat Pilet-Golaz 1941–1944.
4 Tagebucheintrag zu Walter Stampfli: 21.12.1943; zu Ernst Wetter: 28.12.1943; zu Marcel Pilet-Golaz: 28.12.1943 und 28.3.1944; zu Ernst Nobs: 29.1.1944; zu Heinrich Rothmund: 31.3.1944; verschiedene 1943/44 zu Hotz.
5 Siehe auch Paul Widmer, Minister Hans Frölicher, S. 62 und 81.
6 Aus den handschriftlichen Notizen von Bundesrat Dr. Ernst Wetter unter den Daten vom 16.4.41, 9.6.41 und 28.7.42; dem Verfasser von privater Seite zur Verfügung gestellt.
7 Brief von Stucki an Nationalrat Roman Abt, Wohlen AG, vom 11.2.1942.
8 Akten BAR, J. I., 131, Bd. 80.
9 Auszug aus dem Protokoll der Sitzung des Bundesrates vom 19.11.1943.
10 Die vorliegende Darstellung folgt nun bis zum 8.8.1944 im Wesentlichen den Politischen Berichten Stuckis aus Vichy und seinem handschriftlich geführten Tagebuch.
11 Am 9.8.1944, am Vortag seines 56. Geburtstages, enden die Eintragungen in Stuckis handschriftlich geführtem Tagebuch mit der erlösenden Bemerkung, er habe einen sehr lieben Brief seiner Gattin G. erhalten. Die spektakulären Erlebnisse Stuckis in den darauffolgenden Tagen sind im gedruckten und unter dem Titel «Von Pétain zur Vierten Republik» (s. Literaturverzeichnis) herausgegebenen Tagebuch für jedermann zugänglich. Sie werden daher hier in stark gerafftter Form wiedergegeben.
12 Walter Stucki, Von Pétain zur Vierten Republik, S. 102 ff.
13 A. s. O., S. 118–128.

Kapitel 13

1 Walter Stucki, Manuskript (ohne Titel) vom 11.6.1951 für einen Artikel vermutlich für die Schweizerischen Monatshefte, S. 11.
2 Politischer Bericht, Stucki an Pilet-Golaz, 4.5.1944.
3 Vortrag Pétains vom 3.2.1939 zur Eröffnung des Lehrganges «Défense Nationale» an der École Libre des Sciences Politiques.
4 Diplomaticus (Pseudonym für Walter Stucki): «Pétain», in: Schweizer Monatshefte, Bd. 7, Oktober 1951, S. 291 ff.
5 Schreiben des Kommandanten Huss, Chef des Verbindungsdetachements bei der deutschen militärischen Mission in Vichy, an den schweizerischen Gesandten, vom 21.8.1944. Darin wörtliches Zitat von Hauptmann Wessig, Verbindungsoffizier im Stab von General von Neubronn.

6 Schriftliche Erklärung des Ministers von Renthe-Fink an den Marschall vom 19.8.1944.
7 Erklärung des Marschalls an den Chef Grossdeutschlands (gemeint ist Adolf Hitler) vom 20.8.1944.
8 Kleine Anfrage Miville vom 26.9.1944.
9 Stucki an Nationalrat Dr. Meierhans, Chefredaktor des Volksrecht, 20.9.1944.
10 Marschall Pétain, Bemerkungen von Stucki. Streng vertraulich; undatiert, vermutlich März/April 1945.
11 Laval gelang im Mai 1945 die Flucht nach Spanien, wo er in Barcelona verhaftet, auf Antrag von General de Gaulle am 30.7.1945 an Frankreich ausgeliefert und dort wegen Hochverrats zum Tode verurteilt wurde. Nachdem er mit einem erfolglosen Selbstmordversuch (mit Zyankali) im Gefängnis von Fresnes (bei Paris) versucht hatte, sich seiner Hinrichtung zu entziehen, wurde er medizinisch versorgt und dort am 15.10.1945 erschossen.
12 Paul Keller, «Marschall Pétains Reise durch die Schweiz», in: NZZ Nr. 94 vom 24.4.1985 aufgrund von unveröffentlichten Unterlagen im Archiv von alt Bundesrat Petitpierre.
13 Hans K. Frey an Walter Stucki, handschriftlicher Brief, Oberhofen, 21.6.1950.
14 Besuch bei Marschall Pétain. Bericht von Walter Stucki an die Mitglieder des Bundesrates vom 28.4.1945.
15 S. auch: Pierre Bourget, Der Marschall. Pétain zwischen Kollaboration und Résistance, Berlin 1968.
16 Sitzung des schweizerischen Bundesrates; Auszug aus dem Protokoll vom 3.7.1945: Dépositions de M. le ministre Stucki dans le procès Pétain.
17 Centenaire du Maréchal Pétain, 1856–1956, Livre d'or.
18 Carl J. Burckhardt, Überlegungen zu einem Prozess, Paris, 17.1.1946, persönlich und vertraulich, an Walter Stucki.

Kapitel 14

1 Edgar Bonjour, Geschichte der schweizerischen Neutralität, Bde. IV–IX; ferner: Jean-Claude Favez / Michèle Fleury, «Marcel Pilet-Golaz», in: Die Schweizer Bundesräte. Ein biografisches Lexikon, hg. von Urs Altermatt, Zürich 1991.
2 Minister Walter Stucki an Bundespräsident Walter Stampfli, Vichy, 10.8.1944, BAR J.I.131, Bd. 38.
3 Gemäss Bericht von Bundesrichter W. Stauffer vom 27.12.1945 gab es unter den schweizerischen Diplomaten mehr Homosexuelle, als zuvor angenommen worden war. Der Bericht listet detailliert 19 einzelne Fälle auf, nennt summarisch etliche weitere Namen und schlägt disziplinarische Massnahmen vor. Bonna, der 1938–1944 ein intimes Verhältnis mit einem gewissen Hans Seiferle unterhielt, diesen für seine Dienste nicht nur bezahlte, sondern ihm 1943 auch noch eine Stelle in der Bundesverwaltung verschaffte, galt als verhältnismässig schwerer Fall; denn Seiferle war, was Bonna offenbar gewusst hatte, 1938 «wegen Unzucht mit einem 17 Jahre älteren Mann auf der Bundesterrasse und wegen öffentlicher Verletzung der Schamhaftigkeit zu einer Busse von Fr. 20.– verurteilt» worden. Der

Bericht hielt zur Causa Bonna abschliessend fest, eine weitere Untersuchung erübrige sich, nachdem inzwischen Bonnas Tod eingetreten sei.
4 Zahlreiche Gratulationsschreiben zur Ernennung zum Abteilungschef in: BAR, J.I.131, Bd. 80.
5 S. auch: Die Schweiz in der Nachkriegswelt. Vortrag von Minister Dr. W. Stucki vor der volkswirtschaftlichen Gesellschaft Zürich am 26.1.1949. Manuskript.
6 NZZ, Nr. 5, 4.1.1945. Bundesrat Stampfli wollte damit, ohne Namen zu nennen, zum Ausdruck bringen, dass die jetzigen Pressionen der Alliierten gegenüber der Schweiz jenen des nationalsozialistischen Deutschlands in den Jahren 1941–1943, als Hitlers und Mussolinis Armeen die Schweiz fest umschlossen hatten, in nichts nachstünden.
7 Zusammenfassung des Berichts von Pat Frank in: NZZ, Nr. 5, 5.1.1945.
8 NZZ, Nr. 247, 11.2.1945, Sonntagsausgabe.
9 Parlamentssekretär im britischen Ministerium für wirtschaftliche Kriegsführung, dann Minister für Kriegswirtschaft.
10 Französischer Delegierter für Wirtschaftsfragen.
11 Antwort Stuckis vom 13.2.1945 an C. Koechlin auf dessen Brief an Bundespräsident von Steiger vom 12. Februar.
12 Bundesrat Nobs, Vorsteher des Finanzdepartements, an Bundesrat Kobelt, Vorsteher des EMD, 19.2.1945, BAR, Handakten von Bundesrat Kobelt. Nobs hatte als Vertreter des Bundesrates am Ausflug ins Berner Oberland teilgenommen und sich speziell um den amerikanischen und den französischen Delegationsleiter gekümmert.
13 Eine gute Darstellung der Verhandlungen mit den Alliierten findet man in René Bondt, Der Minister aus dem Bauernhaus. Wir begnügen uns deshalb hier mit einer knappen Zusammenfassung, die insbesondere die Leistungen Stuckis beleuchtet.
14 Die erwähnten Dokumente zur Auseinandersetzung zwischen Stucki und von Steiger befinden sich im Bundesarchiv bei den «Handakten von Steiger».
15 Der Bund, Nr. 118, 11.3.1945; NZZ, Nr. 424, 11.3.1945.
16 Die Anzahl der Schutzmachtmandate widerspiegelt die Ereignisse des Zweiten Weltkriegs: Bei Kriegsausbruch vertrat die Schweiz nur einige wenige Staaten; doch der deutsche Westfeldzug und der Kriegseintritt Italiens brachte einen raschen Zuwachs an Mandaten. Mit dem Kriegseintritt Japans schnellte die Zahl noch einmal gewaltig in die Höhe, denn die Schweiz übernahm nicht nur die Wahrung gewisser Interessen Japans und der Vereinigten Staaten, sondern auch sämtliche vorher den USA anvertrauten Mandate. Der Höchststand wurde in den Jahren 1943/44 mit 35 Vertretungen in ebenso vielen Staaten, total mit 219 Einzelmandaten erreicht. Dabei ist nicht nur die grosse Zahl von Mandaten von Bedeutung, sondern auch die Tatsache, dass sich darunter die Interessenvertretung fast sämtlicher wichtigen Mächte befanden. Das erforderte den Aufbau einer leistungsfähigen Organisation: Die Abteilung für fremde Interessen zählte allein in der Zentrale in Bern bis zu 153 Beamte und Angestellte; im Ausland waren es über 1000.

17 Walter Stucki, Unsere Beziehungen zu den Alliierten, Manuskript vom 15.10.1945, und Walter Stucki, Die Schweiz in der Nachkriegszeit, Vortrag, gehalten vor der Volkswirtschaftlichen Gesellschaft Zürich am 26.1.1949.
18 Edgar Bonjour, Geschichte der schweizerischen Neutralität, Bd. VIII, S. 310.
19 Carl J. Burckhardt an Walter Stucki, Genf, 17. und 19.2.1945. Vgl. auch Kasten «Die Wahl des IKRK-Präsidenten zum Nachfolger Stuckis in Paris».
20 Die Tat Nr. 84 vom 26.3.1946; Notiz an Petitpierre vom 22.9.1954, sig. Stucki.

Kapitel 15
1 Diverse Zeitungen Ende Mai 1945, u. a. Der Bund Nr. 242 vom 28.5.1945.
2 Die Schutzmachttätigkeit der Schweiz in Japan zugunsten der USA wurde immer wieder behindert; in Japan fehlte das Verständnis dafür, dass jemand die Interessen des Feindes wahrnehmen konnte, ohne Partei für diesen Feind ergriffen zu haben.
3 Die Originaldokumente zu dieser Waffenstillstandsvermittlung, auf denen die vorliegende Darstellung beruht, findet man im Archiv für Zeitgeschichte der ETH Zürich unter folgenden Dossierbezeichnungen: 1. Grässli, Max 1902–1985, Dokumentensammlung, WWZ/SWA, Magazin SWA, Sign: Biogr. Graessli Max; 2. Stucki, Walter 1888–1963, Dokumentensammlung, WWZ/SWA, Magazin SWA, Sign: Biogr. Stucki Walter.
4 Aktennotiz «Japanische Kapitulation», Chef der Abteilung für Auswärtiges zur Kenntnis an Petitpierre und Celio, Bern, 10.8.1945.
5 Wir verdanken es der Umsicht des schweizerischen Geschäftsträgers in Washington, der einen Mitarbeiter mit der Buchführung über die Ereignisse jener dramatischen Tage beauftragte, dass wir heute ziemlich genau darüber Bescheid wissen, wie sich die Dinge in Washington abspielten.
6 S. dazu auch: BAR, J.I.13 Nachlass Stucki, Nr. 91.
7 Barbara Gail, Four Exciting Days at the Legation of Switzerland in Washington D.C., during the Japanese Surrender Appeal, from August 10th to August 14th 1945 (Barbara Gail ist das Pseudonym für Elsa B. Helfenstein, die Sekretärin von Geschäftsträger a.i. Max Grässli).
8 Die Darstellung der Ereignisse in Japan basiert u. a. auf folgenden Publikationen: Iriye Akira, Power und culture: The Japanese-American War 1941–1945, Cambridge (Massachusetts) 1981; Willliam Craig, The Fall of Japan, London 1968; Leon V. Sigal, Fighting to a Finish: The Politics of War Terminations in the United States and Japan, Ithaca 1988; Harry S. Truman: Memoiren, Scherz Verlag, Bern. 1. Auflage 1955.
9 S. dazu: Jacques Rial, Le bicorne et la plume. Les publications des diplomates suisses de 1848 à nos jours. Un essai de bibliographie. Diplomats as writers, Institut de hautes études internationales et du développement, Genf 2008.
10 Im Archiv für Zeitgeschichte liegt bei den Akten Biogr. Grässli auch ein Tonband des TA-Kolloquiums FFAZ/12 vom 14.8.1975 mit alt Botschafter Dr. Max Grässli über seine Vermittlungsdienste bei der japanischen Kapitulation im August 1945.

11 Die Tat, Zürich, 23.8.1945.
12 Heute inszenieren die Bundesräte ihre Politik für die Medien, z. B. mit publikumswirksamen Auftritten wie demjenigen von Micheline Calmy-Rey, als sie in Korea, verfolgt von Fernsehkameras, die Demarkationslinie zwischen Nord und Süd überschritt.

Kapitel 16

1 Die Schweiz in der Nachkriegszeit, Vortrag gehalten von Stucki vor der volkswirtschaftlichen Gesellschaft Zürich am 26.1.1949.
2 Vgl. Kapitel 1 und 14.
3 Etwa 30 Aktennotizen über die von Stucki empfangenen Besucher in BAR, E 2800, 1967/59, 93/9.
4 Urteil von Daniel Trachsler in seiner Biografie über «Bundesrat Max Petitpierre», S. 47 f.
5 S. Kasten «Wahl des IKRK Präsidenten zum Nachfolger Stuckis in Paris» in Kapitel 14.
6 Zu den Washingtoner Verhandlungen und zu Stuckis Rolle: BAR, J.I,131, Dossiers Nr. 106–112.
7 Zitat aus den Memoiren von Ernst Schneeberger, zitiert gemäss Sebastian Speich: «Das politische Multitalent Walter Stucki wies der Schweiz den Weg in die Nachkriegszeit», in: Cash, Nr. 5, 31.1.1997.
8 S. Bergier-Bericht.
9 Presseschau des Politischen Departements, am 27. Mai per Radiogramm an die Schweizer Gesandtschaft in Washington übermittelt.
10 Ob diese vernichtende Darstellung Stuckis von Frederik Vinson zutreffend war, ist zumindest fraglich. Die NZZ (Nr. 1024, 11.6.1946) schildert Vinson als jovialen und gewandten Politiker, zwar weniger Jurist oder Philosoph als vielmehr Pragmatiker, der von Präsident Truman mit dem zweithöchsten Amt betraut wurde, das in den USA zu vergeben ist, nämlich mit demjenigen des Präsidenten des Obersten Gerichtshofes, nachdem er sich in der Verwaltung als Secretary of Treasury (Finanzminister) einen Namen gemacht hatte.
11 Zitiert nach Daniel Trachsler, «Bundesrat Max Petitpierre», aus: Linus von Castelmur, Schweizerisch-alliierte Finanzbeziehungen, Zürich 1992.
12 Die hier sehr stark verkürzte Darstellung stellt einerseits eine Zusammenfassung der verschiedenen Vorträge und Zeitschriftenartikel dar, die Walter Stucki selbst zum Thema verfasst hat und stützt sich ferner auf die einschlägige Literatur ab (L. v. Castelmur, G. Graf, W. Hug, R. Moser).
13 Die Rechnung lautete (vereinfacht) wie folgt: Den Alliierten wurde als Ablösesumme der gleiche Betrag zur Verfügung gestellt, den sie nach Plan vom Frühjahr 1951 erhalten hätten. Nach Abzug der sogenannten Ostguthaben sowie der kleinen Vermögen unter 10 000 Franken wurde das Liquidationsergebnis auf 360 Millionen Franken geschätzt. Auf ein Viertel davon war schon früher verzichtet worden. Von den verbleibenden 270 Millionen Franken hätten die Alliierten die Hälfte erhalten. Bei einem Diskont von 10 Prozent bei Barzahlung ergab sich eine Ablösungssumme von 121,5 Millionen Franken. Um diese Summe aufzubringen, wurde jedem Deutschen nahegelegt, auf ein Drittel seiner in der Schweiz liegenden Vermögenswerte zu verzichten, um im Gegenzug die völlige Freigabe der verbleibenden zwei

Drittel zu erreichen. Die Ansprüche jener Deutschen, die dieses Opfer nicht erbringen wollten, sollten gemäss der ursprünglichen, im Washingtoner Abkommen vorgesehenen Lösung nicht in Schweizer Franken, sondern in Deutschen Mark und unter Abzug aller in der deutschen Gesetzgebung vorgesehenen Besteuerung abgefunden werden. Die Schweiz ging bei dieser Lösung zwar leer aus, konnte sich aber damit trösten, dass sie gemäss Ergebnis der Londoner Konferenz über die deutschen Auslandschulden für ihre Forderungen gegenüber dem ehemaligen Deutschen Reich mit ebenfalls 121,5 Millionen Franken abgefunden wurde. Dieser Betrag wurde gemäss Antrag des Bundesrates denjenigen Schweizern zur Verfügung gestellt, die vom Krieg in besonders starkem Ausmass betroffen waren.

14 BAR, J.I., 131, Dossier Nr. 109 / Dossier 110, Bd. 1–4 / Dossier 111, Bd. 1–2.

Kapitel 17
1. Stucki, Bern, «Die Schweiz und die Welthandels-Charta von Havanna», in: Die Schweiz, Ein nationales Jahrbuch, Jahrbuchverlag der NHG 1949.
2. Walter Stucki, Entwicklung der schweizerischen Stellungnahme zur Charta von Havanna und zum GATT, Manuskript vom 7.9.1950 (ohne Hinweis auf Ort oder Datum der Veröffentlichung).
3. NZZ, Nr. 2246, 15.11.1947.
4. Berichte aus Havanna, Stucki an Bundesrat Petitpierre, 29.11. und 5.12.1947.
5. Berichte aus Havanna, Stucki an Bundesrat Petitpierre, 22.1. und 27.1.1948.
6. Telegramm Stuckis aus Havanna an das Politische Departement in Bern, 14.2.1948, 13.39 Uhr.
7. NZZ, Nr. 784, 14.4.1948.
8. Charta von Havanna, mündlicher Bericht an den Bundesrat vom 15.4.1948.
9. Schweizerischer Bauernverband, Brugg, 10.8.1948, an Walter Stucki. NZZ, Nr. 2803, 30.12.1948.
10. Triest blickt auf eine wechselhafte Geschichte mit häufigen Änderungen seiner Unterstellung unter verschiedene Herrscher und Staaten zurück: 1382 bis 1891 mit Unterbrechungen bei Österreich, dem es mit seinem Hafen den Zugang zum Mittelmeer gewährleistete und der k. u. k.-Monarchie die Rechtfertigung verlieh für ihren Anspruch, eine Seemacht zu sein; 1719–1891 Freihafen; 1919 an Italien, 1947 Freistaat unter einem Uno-Hochkommissar, 1954 Teilungsabkommen zwischen Italien, das den Hafen und die Stadt mit Umgebung (Zone A) zugeschlagen erhält, und Jugoslawien, das sich ganz Istrien einverleibt. Heute gehört die Stadt mit dem grössten Teil der ehemaligen sog. Zone A weiterhin zu Italien, in der ehemaligen Zone B streiten sich Slowenien und Kroatien um den Grenzverlauf.
11. Der Verfasser dieser Biografie konnte vom Vertrauen der zwei Enkel Stuckis profitieren, weil er vor 50 Jahren im Progymnasium mit einem der beiden in derselben Klasse sass, ihn aber inzwischen völlig aus den Augen verloren hatte.

12 Im Oktober 1948 legte Minister Stucki seinem Mieter Bundesrat Etter mündlich dar, dass die von Etter bezahlte Miete die Unterhalts- und Zinskosten für das Haus an der Kirchenfeldstrasse nicht mehr decke. Am 2. November sprach Etter bei Stuckis Vorgesetzten Bundesrat Petitpierre vor und eröffnete ihm, dass er mit dem Chef des Finanzdepartements Bundesrat Nobs über die finanzielle Situation von Stucki gesprochen habe und dass Nobs offenbar bereit sei, Stuckis Gehalt auf total rund 37 000 Franken zu erhöhen. Ein Aussenstehender hätte sich vermutlich gefragt, warum ausgerechnet «Innenminister» Etter, der von Amtes wegen kaum mit Stucki in Berührung kam, sich derart um das Gehalt des Ministers kümmere. Petitpierre hielt es immerhin für angemessen, den Sachverhalt schriftlich festzuhalten, und zwar in einem am 3. November an die Adresse von Bundesrat Nobs verfassten Brief. Am 22. November lieferte Minister Stucki, Bezug nehmend auf die frühere mündliche Besprechung, seinem Mieter Bundesrat Etter tabellarisch aufgelistet die genaue Berechnung der ihm vom Haus an der Kirchenfeldstrasse verursachten Lasten. Im Begleitbrief unterstrich er nochmals, dass mit der von Etter bezahlten Miete nicht nur das investierte Kapital ohne jede Verzinsung bleibe, sondern dass er sogar noch zulegen müsse. Wie Etter diese Zahlen verwendet hat, lässt sich nicht nachweisen. Man könnte indessen vermuten, dass er damit an Bundesrat Nobs gelangte (nicht unbedingt auch an alle anderen Bundesratskollegen), um darzulegen, dass eine Mietzinserhöhung in der von Stucki geforderten Höhe für ihn nicht mehr tragbar sei. Das heikle Dossier dürfte dann etwas herumgeschoben oder liegengelassen worden sein. Mit einer Notiz vom 28.3.1949 erinnerte Stucki seinen Departementschef daran, dass «ohne mein Zutun die Frage meines Gehaltes zur Erörterung gelangt ist (...) Für mich selber ist die Stellungnahme klar: Ich habe keine Begehren gestellt und bin mit dem vom Finanzdepartement gemachten Vorschlag einverstanden.» Aus dieser Formulierung liesse sich schliessen, dass Bundesrat Nobs, nach Kenntnisnahme der Situation Etters und der begründeten Forderung Stuckis betreffend die Erhöhung des Mietzinses für das Haus an der Kirchenfeldstrasse, von sich aus an Stucki gelangt ist und ihm, wenn er auf die Mietzinserhöhung für Etter verzichte, eine Lohnerhöhung offeriert hat. Tatsache ist, dass Stuckis Gehalt bei der nächsten Lohnrunde – mit Bundesratsbeschluss vom 30.9.49 – auf die erwähnten 37 000 Franken erhöht wurde (Grundlohn: 18 848 Franken, Teuerungszulage: 9291 Franken, Ortszulage: 600 Franken, Honorar als Präsident der Überwachungskommission für das Washingtoner Abkommen: 6500 Franken, Spezialzulage wegen Nichtmitgliedschaft in der Versicherungskasse: 1500 Franken. Dazu kamen fixe und variable Spesen, je nach Tätigkeit), und zwar rückwirkend auf den 1. Januar 1949 – d.h. auf ein Datum ziemlich genau zwei Monate, nachdem Stucki von Etter mehr Miete verlangt hatte.

13 Personalabbau im Politischen Departement, Richtlinien. Streng vertraulich, 13.6.1953. Ferner : Walter Stucki, Bemerkungen zu den neuen Vorschlägen des Justiz- und Polizeidepartements, Bern, 22.2.1954, sig. Stucki.

14 Notiz vom 20.3.1951; ohne Unterschrift, aber sicher von Bundesrat Petitpierre (für Petitpierres Briefe und Notizen benutzte sein Sekretariat eine besondere Schreibmaschine mit einer sonst in der Bundesverwaltung unüblichen kursiven Schrift. Kombiniert mit der leicht von der damaligen Büronorm abweichenden Titel- und Abschnittgestaltung ergab sich ein Erscheinungsbild, das die aus Petitpierres persönlicher Kanzlei stammenden Dokumente unverwechselbar macht).

Kapitel 18

1 Zahlreiche Angaben über Minister Jean Hotz verdanke ich dem Verfasser seiner Biografie, René Bondt (s. Literaturverzeichnis).

2 Aus dem Demissionsschreiben sig. W. Stucki «an den Bundesrat, Bern» vom 26. August 1964.

3 Paul Jolles war 1966–1984 Direktor des Bundesamtes für Aussenwirtschaft, ab 1979 mit dem Titel eines Staatssekretärs, und damit (in einem neu organisierten Eidgenössische Volkswirtschaftsdepartement) ein Nachfolger von Stucki und Hotz.

4 Allocution prononcée par M. le Conseiller fédéral Rodolphe Rubattel, Président de la Confédération à l'occasion du départ de M. le Ministre Walter Stucki, délégué du Conseil fédéral pour des missions spéciales, le 23 décembre 1954, Manuskript in Privatarchiv.

5 In diversen Vorträgen Stuckis, u.a. in: «Von den Aufgaben der Schweizer Diplomaten», Vortrag im Staatsbürgerkurs Bern, gehalten am 1.2.1952 und in St. Gallen am 10.10.1952, Manuskript, S. 25.

6 Kommission für Nationalisierungsentschädigungen (Vorsitz), Verwaltungsausschuss des Internationalen Eisenbahnzentralamtes und Überwachungskommission für die deutschen Vermögenswerte in der Schweiz (Vorsitz).

7 Stucki an Nationalrat Gottlieb Duttweiler, Bern, 26.3.1957.

8 Manuskript Pfarrer Ulrich Müller, Trauerfeier für Dr. h.c. Walter Stucki, 11.10.1963 (Kopie).

Kapitel 19

1 Die Gedenktafel für Walter Stucki auf dem Ballenbühl wird von der Gemeinde Konolfingen erst nach Erscheinen dieser Biografie angebracht. Geplant ist die Enthüllung anlässlich eines auf den 13.9.2013 terminierten Festakts.

2 Die von Botschafter Paul Widmer verfasste Biografie Hans Frölichers ist erst nach Fertigstellung des Manuskripts zu diesem Buch erschienen; seine Anmerkungen zu Walter Stucki und die Vergleiche Stuckis mit Frölicher konnten deshalb hier nur noch in knappster Form gewürdigt werden.

3 Bundesarchiv, Handakten von Steiger, Dossier Walter Stucki, 1945.

4 Zitiert nach NZZ am Sonntag vom 12.8.2012.

5 Walter Stucki, «Von den Aufgaben der Schweizer Diplomaten», Vortrag, mehrfach gehalten, u.a. im Staatsbürgerkurs Bern am 7.2.1951 und in St. Gallen am 30.10.1952.

6 Schulthess schien sich offenbar gerne mithilfe lateinischer Zitate auszudrücken. Fortiter in re, suaviter in modo (lat.): Stark in der Sache, zurückhaltend in der Art und Weise. Das Zitat wird Claudio Aquaviva zugeschrieben. Aquaviva war der fünfte General der Societas Jesu, des Jesuitenordens.

7 Paul Widmer weist in seiner Biografie über Frölicher ausdrücklich darauf hin, wie einseitig Prof. Edgar Bonjour die guten und schlechten Noten verteilte: Stucki kommt beim Basler Historiker durchwegs gut weg, Frölicher wird für seine (nicht zuletzt im Auftrag des Bundesrates) in Berlin praktizierte deutschfreundliche Haltung ausschliesslich mit Kritik eingedeckt.
8 René Bondt, Der Minister aus dem Bauernhaus (s. Literaturverzeichnis).
9 Sequesterkonflikte: Meinungsverschiedenheiten über die Zwangsverwaltung von Auslandguthaben. In den hier erwähnten Konflikten ging es vor allem um deutsche Auslandguthaben in den Niederlanden, in Schweden, England, Norwegen und Frankreich.
10 Im Aktenbestand J.I.131 im Bundesarchiv (Nachlass Stucki) lagern unter der Ziffer 8/79 auch drei Bände Schriftgut der Vichy-Regierung.
11 Diese und zahlreiche andere Angaben und Meinungen zur Praxis der Schweizer Diplomatie und zur Funktionsweise des Eidgenössischen Politischen Departementes in den 1940er- und 1950er-Jahren verdankt der Autor seiner langjährigen Bekanntschaft mit Heinz Langenbacher. Das letzte ausführliche Gespräch mit alt Botschafter Langenbacher fand am 28.4.2010 (in Anwesenheit von alt Botschafter Pierre Nussbaumer) in Ferenberg bei Bern statt.
12 Bericht über die «Tauerfeier für Minister Stucki» in NZZ vom 12.10.1963, Nr. 4117; ferner Kopie des Manuskripts der Rede von Bundesrat Petitpierre, «Allocution prononcée par M. le Conseiller fédéral Max Petitpierre à l'occasion du décès de M. le ministre Walter Stucki» (in Privatarchiv).

Kurzbiografie

1888 Geboren am 9. August in Bern als erstes von sechs Kindern des Gottlieb Stucki, Seminarlehrer, von Gysenstein-Konolfingen, und der Maria-Luise geb. Rothacher

1894 Primarschule in Bern

1898 Gymnasium in Bern

1907 Juristisches und volkswirtschaftliches Studium an der Universität Bern

1912 Studien in München, Paris und London; bernisches Fürsprecherpatent; Tätigkeit als Rechtsanwalt in einer privaten Anwaltspraxis in Bern

1914 Heirat mit Gertrud Sahli, Tochter des Professor Dr. med. Hermann Sahli, Bern; Kinder: Evy, geb. 1915; Jürg, geb. 1918; Lorenz, geb. 1922

1917 Generalsekretär des Eidgenössischen Volkswirtschaftsdepartements

1919 Rückkehr in eine private Anwaltspraxis in Bern, u. a. als Rechtsberater und Verwaltungsrat wirtschaftlicher Unternehmungen; Mitglied verschiedener Expertenkommissionen

1925 Wahl zum Direktor der Handelsabteilung im Eidgenössischen Volkswirtschaftsdepartement; Leiter aller Handelsvertragsverhandlungen der Schweiz; Vorsitzender zahlreicher schweizerischer und internationaler Kommissionen; Delegierter an internationalen Wirtschaftskonferenzen; Mitglied der Schweizer Delegation beim Völkerbund und verschiedener Gremien und Ausschüsse des Völkerbundes

1935 Wahl in den Nationalrat auf der Liste der bernischen FDP; Rücktritt als Direktor der Handelsabteilung; Wahl zum Delegierten für den Aussenhandel; Ablehnung der ihm angetragenen Kandidaturen für den Bundesrat; Scheitern der Bestrebungen zur Bildung einer starken politischen Mitte unter Einbezug der Sozialdemokraten in die Regierung («Stuckismus»)

Rücktritt aus dem Nationalrat; Wahl zum Gesandten in Frankreich	**1937**
Amtsantritt in Paris, Errichtung einer neuen Residenz	**1938**
Flucht vor den in Paris einrückenden deutschen Truppen auf Umwegen nach Vichy; Gesandter in Vichy, Vertrauter von Marschall Pétain	**1940**
Zeuge der Verschleppung Pétains durch die Deutschen; Rettung Vichys vor Beschiessung und Zerstörung mittels einer waghalsigen Vermittlungsaktion (festgehalten in dem 1947 erschienenen Buch «Von Pétain zur Vierten Republik»); Rückkehr nach Bern	**1944**
Leiter der Abteilung für Auswärtiges im Eidgenössischen Politischen Departement; Verhandlungen mit den Alliierten («Currie-Mission») in Bern; Technisch-organisatorische Vermittlung der japanischen Kapitulation	**1945**
Delegierter des Bundesrates für Spezialmissionen; Delegationsleiter bei den Verhandlungen zum Abschluss des Washingtoner Abkommens, anschliessend Durchführung des Abkommens (bis 1960)	**1946**
Leiter der Schweizer Delegation an der Welthandelskonferenz in Havanna; Zahlreiche Mandate als Delegierter und Delegationsleiter bei internationalen Konferenzen und Organisationen; Mitglied und Vorsitz zahlreicher ausserparlamentarischer Kommissionen	**1947**
Rücktritt als Delegierter des Bundesrates	**1954**
Präsident der Kommission zur Rekrutierung und Ausbildung des diplomatischen Personals; Verwaltungsrat Maschinenfabrik Oerlikon und Albiswerke Zürich AG; Golf und private Reisen	**1955**
Gestorben am 8. Oktober	**1963**

Stammbaum Familie Stucki (Auszug)

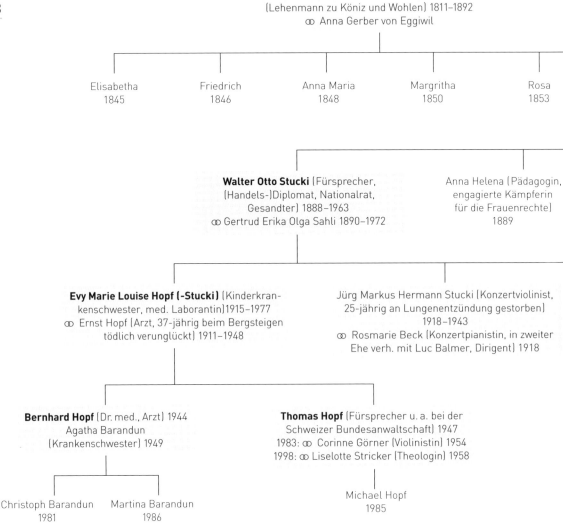

409

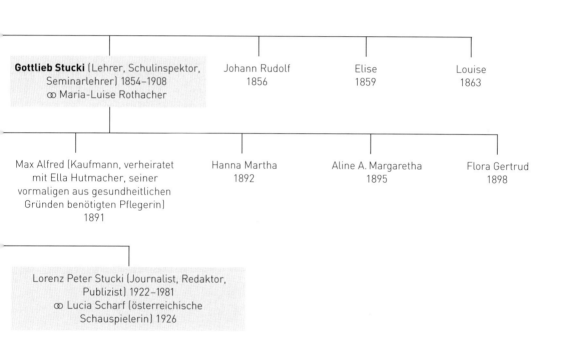

Personenverzeichnis

Abt, Heinrich Roman (Nationalrat): 117, 219
Ador, Gustav (Bundesrat): 37
Allmen, Fritz von (Nationalrat): 107

Bachmann, Gottlieb (Nationalbankpräsident): 78 f.
Bard, François (Admiral, Botschafter von Vichy-Frankreich in Bern): 224, 226
Bärtschi, Ernst (Gemeinderat, Schuldirektor der Stadt Bern): 106
Baumann, Johannes (Bundesrat): 92, 95, 119, 172
Bibra, Sigismund von (deutscher Gesandtschaftsrat in Bern): 148
Bonjour, Edgar (Professor, Historiker): 102, 155, 294, 319, 370, 385 f.
Bonna, Pierre (Minister, Abteilungs-Chef EPD): 273 f.
Bratschi, Robert (Nationalrat, Präsident SBB): 173
Brecht, Bertolt (Schriftsteller): 55
Bruggmann, Karl (Schweizer Gesandter in Washington): 278 f., 303, 318, 327, 332
Bullitt, William C. (US-Botschafter in Paris): 176
Burckhardt, Carl Jacob (Professor, Diplomat, Schweizer Gesandter in Frankreich, Präsident IKRK): 144, 262, 264, 295 f., 325

Currie, Laughlin (Abgesandter des US-Präsidenten Franklin D. Roosevelt, Chef der US-Delegation in Bern): 278–284, 287, 291–294, 316, 320, 339, 376

Daladier, Edouard (französischer Premierminister): 150, 159, 161 f., 173, 177, 196
Dawes, Charles G. (US-Vizepräsident): 56
Decroux, (Vorname dem Verfasser nicht bekannt) (Gesandtschaftssekretär in Paris und Vichy): 186 f., 190 f.
Dinichert, Paul (Schweizer Gesandter in Berlin): 84, 90
Dunant, Alphonse (Schweizer Gesandter in Paris bis 1938): 136, 138 f.
Duttweiler, Gottlieb (Nationalrat, Migros-Gründer): 110, 118, 120, 130 f., 138, 169 f.

Egger, Walter (Chefredaktor *Der Bund*): 106
Etter, Philippe (Bundesrat): 70 f., 214, 285, 295, 359 f.

Feldmann, Markus (Bundesrat): 173

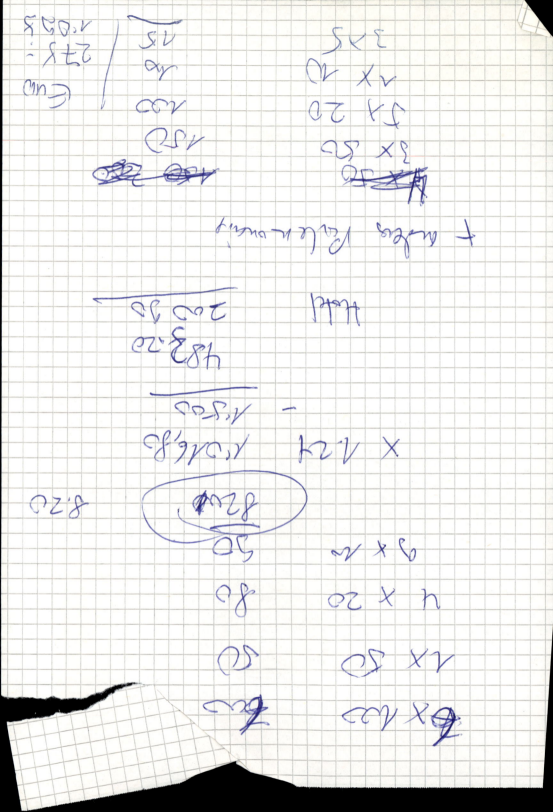

Frey, Alfred (Nationalrat): 52
Frey, Hans K. (Mitarbeiter Stuckis im EPD): 256
Frölicher, Hans (Schweizer Gesandter in Berlin): 84, 144, 155, 217, 224, 275, 376
Fuad I., König von Ägypten: 65 f.

Gamelin, Maurice (General, Oberbefehlshaber der französischen Armee): 177 f., 196
Garteiser, André (Oberstleutnant der französischen Armee): 164
Gaulle, Charles de (General, französischer Staatspräsident): 198, 224, 229, 245 f., 255, 258, 264, 323
Gorgé, Camille (Schweizer Gesandter in Tokio): 144, 312
Gossweiler, Hermann (Oberst der Schweizer Armee): 282
Graf, Otto (Nationalrat): 106 f., 118
Graffenried, Egbert von (Diplomat im EPD): 333
Grässli, Max (Legationsrat, Schweizer Gesandtschaft in Washington): 303, 305 ff., 310–316, 318
Grew, Joseph C. (US-Unterstaatssekretär): 307 ff.
Grimm, Robert (Nationalrat): 36, 62, 107, 117, 140 ff., 169–172
Guisan, Henri (General, Oberbefehlshaber der Schweizer Armee): 164 f., 192, 255, 268, 294, 376

Häberlin, Heinrich (Bundesrat): 91–95
Harrison, Leland (US-Gesandter in Bern): 203 f., 303, 309, 313 ff., 321
Hirs, Alfred (Direktor der Schweizerischen Nationalbank): 328
Hoffmann, Arthur (Bundesrat): 36 ff.
Homberger, Heinrich (Direktor Handels- und Industrieverein): 146, 274
Hoppenot, Henri (französischer Botschafter in Bern): 260
Hotz, Jean (Direktor der Handelsabteilung im EVD): 58, 60, 141, 166 f., 215, 220 f., 364–368, 386
Hull, Cordell (US-Staatssekretär, Aussenminister): 66, 203
Hunziker, Otto (Nationalrat): 113

Jeanprêtre, Raymond (Gerichtspräsident Neuenburg): 333

Kase, Shunichi (Minister, japanischer Gesandter in Bern): 298, 301–305, 308, 314
Keller, Paul (Professor, Delegierter für Handelsverträge): 140, 167, 279
Kerenski, Alexander (Chef der prov. Regierung Russlands 1917): 36
Kern, Johann Konrad (Schweizer Gesandter in Paris): 179
Kobelt, Karl (Bundesrat): 172, 282, 285, 332
Köcher, Otto (deutscher Gesandter in Bern): 217, 274
Koenig, Hans (Vertreter der Deutschen Reichsbank): 333
Krug von Nidda, Roland (deutscher Gesandter in Vichy): 205 f.

Lattre de Tassigny, Jean de (französischer General, Kommandant der 1. französischen Armee): 253, 255
Laval, Pierre (Premierminister von Vichy-Frankreich): 192 ff., 201 ff., 211–214, 223–229, 244, 248 ff., 253 f.
Leimgruber, Oskar (Schweizer Bundeskanzler): 285, 332
Ligne, Charles Joseph de (belgischer Adeliger am Wiener Kongress 1815): 68
Löpfe-Benz, Ernst (Ständerat): 95, 138

Ménétrel, Bernard (Leibarzt von Marschall Pétain): 232, 250, 258
Merz, Leo (Fürsprecher): 32 f., 35, 37
Minger, Rudolf (Bundesrat): 93–96, 100 f., 139, 150, 161, 168–172, 283
Morand, Paul (französischer Diplomat, Aspirant für den Posten des Botschafters von Vichy-Frankreich in Bern): 228
Mosimann, Hugo (Fürsprecher): 250
Motta, Giuseppe (Bundesrat): 63, 86, 89, 136 ff., 141, 144, 156 ff., 168, 170, 172, 178, 268
Müller, Hans Gottfried (Nationalrat): 143
Mussolini, Benito (faschistischer italienischer Diktator): 87 f., 161, 210
Musy, Jean-Marie (Bundesrat): 53, 63, 142

Nef, Victor (Schweizer Generalkonsul in New York): 293
Neubronn, Freiherr von (deutscher Generalleutnant): 232, 235, 237 f.
Nobs, Ernst (Bundesrat): 133 f., 214, 285, 360

Obrecht, Hermann (Bundesrat): 108, 119, 123, 131, 140 f., 161, 168, 172, 219
Oprecht, Hans (Nationalrat, Präsident SPS): 168–173

Pétain, Philippe (französischer Marschall und Staatspräsident von Vichy-Frankreich): 189, 191–198, 200 f., 204, 207, 211 f., 214 f., 221, 223–228, 232–238, 243–266, 310, 323, 340, 377, 385, 388
Petitpierre, Max (Bundesrat): 9, 16, 254, 257, 259, 261, 263, 270 f., 273–276, 280, 285 f., 288 ff., 295–298, 302 f., 322–326, 329, 331 f., 340, 342, 345 f., 350 f., 357, 359, 361 ff., 368 f., 372 f., 379, 384, 390
Pilet-Golaz, Marcel (Bundesrat): 85, 119, 136, 139, 141 f., 158, 168, 175, 184, 192, 202, 205, 214, 217 ff., 220–224, 228, 234, 238, 257, 267 ff., 270–275, 290, 296, 322, 339, 363, 378, 384
Poincaré, Raymond (französischer Premierminister, Präs. der Reparationskommission): 55
Puhl, Emil (Vizepräsident der deutschen Reichsbank): 328

Rappard, William (Professor für Internationale Beziehungen, Diplomat, Nationalrat): 144, 279, 294, 327, 331
Reynaud, Paul (französischer Premierminister): 247
Renthe-Fink, Cécil Karl-August Timon Ernst Anton (diplomatischer Sonderbeauftragter Hitlers bei Marschall Pétain): 225 f., 232, 251, 256
Roosevelt, Franklin D. (US-Präsident): 12 f., 66, 277 ff., 281, 376
Rothen, Fritz (Gründer und Direktor von Radio Schweiz AG): 309
Rüedi, Luzius (Prof. Dr. med.): 9
Rundstedt, Gerd von (deutscher Generalfeldmarschall, Oberbefehlshaber West): 198

Sahli, Gertrud: s. Stucki-Sahli
Sahli, Hermann (Prof. Dr. med.): 30–34, 70
Sahli, Olga: 31, 69
Schacht, Hjalmar (Präsident der Deutschen Reichsbank, deutscher Wirtschaftsminister): 75, 78, 80 ff.
Scheurer, Karl (Bundesrat): 33
Schmalz, Georg (Gemeindepräsident von Konolfingen): 357

Schneeberger, Hans-Heinz (Konzertviolinist): 208
Schnurre, Karl (deutscher Delegationsleiter in Bern): 285
Schulthess, Edmund (Bundesrat): 37, 40, 42, 44, 48 f., 51, 53 ff., 63, 78 f.,
    85, 89, 97 ff., 108, 138, 140, 142, 148, 173, 218 f., 222, 225, 385
Schwab, Max (Direktor der schweiz. Verrechnungsstelle): 327, 333
Stampfli, Hermann (Regierungsrat Solothurn): 172
Stampfli, Walter (Bundesrat): 214, 219, 269, 281
Stanley, Sir Oliver (britischer Minister, Präsident der britischen
    Handelskammer): 146
Steiger, Eduard von (Bundesrat): 172 f., 274, 278 ff., 285–289
Steinmann, Ernst (Parteisekretär FDP): 106
Stosch-Sarrasani, Trude (Besitzerin des Zirkus Sarrasani): 336 f.
Stucki, Adam: 18
Stucki, Gottlieb: 19–23, 29
Stucki, Helene: 23 f., 29
Stucki, Johann Emanuel (I.): 19
Stucki, Johann Emanuel (II.): 19 f.
Stucki, Jürg: 52, 69, 72, 145 f., 159, 206–209, 212, 215, 225, 359, 372, 383
Stucki, Lorenz: 52, 69, 215 f., 263, 359, 373
Stucki, Niklaus: 18 f.
Stucki-Gerber, Anna: 19
Stucki-Hopf, Evy: 35, 52, 70, 72, 206, 209, 359, 384
Stucki-Rothacher, Maria-Luise: 22 f., 29
Stucki-Sahli, Gertrud: 31–35, 66 f., 69, 72, 140, 166, 168, 186, 195, 215,
    220, 228, 345, 377
Stucky, Comte de Saint Marcel: 18
Suetens, Max (belgischer Vorsitzender der Vorbereitungskonferenzen
    für Havanna): 245 f.

Theunis, Georges (belgischer Politiker): 61
Torrenté, Henry de (Schweizer Botschaftsrat in Paris): 168, 179
Trygve, Lie (norwegischer Uno-Generalsekretär): 347, 357

Vallotton, Henry-François (Nationalrat): 126
Végh, Sandor (Konzertviolinist): 208
von May (bern. Patriziergeschlecht): 70

Wagnière, Georges (Schweizer Gesandter in Rom): 86 f.
Wahlen, Friedrich Traugott (Bundesrat): 274, 283, 372, 376
Waldkirch, Eduard von (Prof. Dr.): 106, 395
Werro, Henry (Instrumentenhändler): 208
Wetter, Ernst (Bundesrat): 53, 117, 133, 170 ff., 214, 217–220
Weygand, Maxime (französischer General): 195, 247
Wille, Ulrich (Korpskommandant): 165

Zehnder, Alfred (Schweizer Gesandter in London): 335

Quellen- und Literaturverzeichnis

Quellen Akten im Bundesarchiv
- Bestand J. I. 131 (Depositum Walter Stucki)
- Bestand E2001 (D) Politische Berichte, Paris/Vichy
- Bestand E2001 (E) 1978/84//7230 (Handakten Walter Stucki)
- Bestand E4001 (C) 1945 (Handakten Bundespräsident von Steiger)
- Ferner verschiedene einzelne Dossiers, vorwiegend aus Beständen des EPD (EDA)

Unterlagen, die während des Entstehens dieser Biografie bei Nachkommen und Verwandten von Walter Stucki oder in Hinterlassenschaften von Familienangehörigen Stuckis zum Vorschein kamen, darunter im Besonderen ein Tagebuch Stuckis, das allerdings nur sehr beschränkte Zeitabschnitte beinhaltet.

Unterlagen im Young-Boys-Archiv, Bern
- Jubiläumsschriften
- Matchberichte im Centralorgan der Schweizerischen Football Association

Akten im Gosteli-Archiv, Worblaufen
- Nachlass Helene Stucki

Akten im Archiv für Zeitgeschichte der ETH Zürich (zu Kapitel 15)

Literatur (Auswahl)
- Altermatt, Urs (Hrsg.): Die Schweizer Bundesräte. Ein biografisches Lexikon. Artemis Verlag, Zürich/München 1991.
- Bonjour, Edgar: Geschichte der schweizerischen Neutralität, 6 Bände und 3 Dokumentarbände, Helbling und Lichtenhahn, Basel 1970–1976.
- Bondt, René: Der Minister aus dem Bauernhaus. Handelsdiplomat Jean Hotz und seine turbulente Zeit. Verlag Neue Zürcher Zeitung, Zürich, 2010.
- Bourget, Pierre: Der Marschall. Pétain zwischen Kollaboration und Résistance. Ullstein-Verlag, Berlin 1968.
- Diplomatische Dokumente der Schweiz, Bände 7 bis 15, Benteli Verlag, Bern 1979–1992.
- Gautschi, Willi: General Henri Guisan. Die schweizerische Armeeführung im Zweiten Weltkrieg. Verlag Neue Zürcher Zeitung, Zürich 1989.

- Hofer, Walther und Reginbogin, Herbert R.: Hitler, der Westen und die Schweiz 1936–1945. Verlag Neue Zürcher Zeitung, 3. Auflage, Zürich 2003.
- Martin, Bernd: Deutschland und Japan im Zweiten Weltkrieg 1940–1945. Vom Angriff auf Pearl Harbor bis zur deutschen Kapitulation. Droste, Düsseldorf 1976.
- Shirer, William L.: Der Zusammenbruch Frankreichs. Aufstieg und Fall der Dritten Republik. Ex Libris, Zürich 1969.
- Spahni, Walter: Der Ausbruch der Schweiz aus der Isolation nach dem Zweiten Weltkrieg. Verlag Huber, Frauenfeld 1977.
- Stamm, Konrad: Die Guten Dienste der Schweiz. Aktive Neutralitätspolitik zwischen Tradition, Diskussion und Integration. Europäische Hochschulschriften, Reihe III, Band 44, Verlag Herbert Lang / Peter Lang, Bern / Frankfurt 1974.
- Stucki, Walter: Von Pétain zur Vierten Republik. Vichy 1944. Verlag Herbert Lang & Cie., Bern 1947.
- Tscharner, Benedikt von: Inter Gentes. Staatsmänner, Diplomaten, politische Denker. Reihe Schweizer in der Welt. Editions de Penthes, Prégny-Genève 2012.
- Trachsler, Daniel: Bundesrat Max Petitpierre. Schweizerische Aussenpolitik im Kalten Krieg 1945–1961. Verlag Neue Zürcher Zeitung, Zürich 2011.
- Widmer, Paul: Minister Hans Frölicher. Der umstrittenste Schweizer Diplomat. Verlag Neue Zürcher Zeitung, Zürich 2012.

Zeitungen

Systematisch ausgewertet wurden für diese Biografie die Neue Zürcher Zeitung, Zürich, und Der Bund, Bern.

Bildnachweis

Autor und Verlag haben sich bemüht, die Urheberrechte der Abbildungen ausfindig zu machen. In Fällen, in denen ein exakter Nachweis nicht möglich war, bitten sie die Inhaber der Copyrights um Nachricht.

- Associated Press: 303 oben und unten
- ATP: 314 unten
- Berner Sport Club Young Boys: 26
- Die Tat, Zürich: 314 oben, 315
- En Famille, Lausanne: 282
- ETH-Bibliothek Zürich, Bildarchiv/Stiftung Luftbild Schweiz: 14
- Gemeindearchiv Wohlen BE: 20
- Keystone/Photopress-Archiv/Str: 325, 327, 330, Keystone/Photopress-Archiv: 333 oben
- Privatarchiv Stucki/Hopf: 22, 23 oben und unten, 28, 29, 30, 31, 33, 34, 54, 59, 66, 67, 68, 69, 70, 71, 72, 85, 88, 97, 114, 144, 149 (Henri Manuel, Paris), 150 (Henri Manuel, Paris), 151, 152, 153, 160, 190, 191 oben und unten, 200, 206, 208, 230, 231, 239, 241 oben und unten, 266, 281 oben und unten, 283, 284, 333 unten, 338, 348, 349, 362, 371, 372, 373, 377, 383, 385 sowie Umschlagabbildungen
- Quelle unbekannt: 17, 110, 126, 255, 259
- RDB: 37, RDB/ATP/Rötheli: 171
- Schweizerisches Bundesarchiv Bern (BAR): CH-BAR#J1.131/Nachlass Walter Stucki: 78, 81, 133, 140, 145, 167, 188, 189, 244, 249, 257, 309, 329
- Servir, Lausanne: 280
- Stadtarchiv und Paul-Kläui-Bibliothek, Uster, Persönlicher Nachlass Hotz: 365
- Fritz Stucki, Hinterkappelen: 19
- SuperStock, Inc.: 317

Dank

Eine Biografie, wie sie hier über Walter Stucki vorgelegt wird, bei welcher der Verfasser auf keine bereits bestehenden Werke zurückgreifen konnte, verursacht einen grossen Aufwand, den ich ohne tatkräftige Unterstützung zahlreicher mir und meinem Projekt wohlgesinnter Personen nicht hätte erbringen können. Zu diesen Förderern gehörten in erster Linie

- Thomas und Bernhard Hopf, Enkel von Walter Stucki, die mir grosszügig den Zugang zum bisher kaum bekannten schriftlichen Nachlass Stuckis geöffnet und die selbst mit Nachforschungen in Papieren und in ihren Erinnerungen manche Episode wieder ans Tageslicht gebracht haben.

- Hans-Peter Thür, Leiter des Buchverlags Neue Zürcher Zeitung und sein Team, darunter vor allem Alexandra Korpiun und Beate Becker, denen ich eine nachhaltige Unterstützung während der ganzen Projektdauer und zahlreiche Anregungen verdanke.

- Die Mitarbeiter und Mitarbeiterinnen des Bundesarchivs, insbesondere Christine Moser und (in alphabetischer Reihenfolge) die Herren Peter Fleer, Rudolf Leuenberger und Marcel Schönenberger, die mir mit ihrem Service die Recherchen im Bundesarchiv wesentlich erleichtert haben.

- Marthe Gosteli und Regula Schär vom Gosteli-Archiv in Worblaufen BE, die mir den ungehinderten und freien Zugang zum Nachlass von Helene Stucki, insbesondere den darin enthaltenen Jugenderinnerungen gewährt haben.

- Ernst Baumeler vom Archiv der Neuen Zürcher Zeitung, der für mich die NZZ als reichhaltige Quelle nach Artikeln und Meldungen über Walter Stucki durchforstet hat.

Für die zahlreichen mir zum Teil mündlich dargelegten und zum Teil schriftlich zugestellten Erinnerungen an Walter Stucki sowie für zahlreiche nützliche Unterlagen verschiedenster Art danke ich

- Max U. Balsiger, Meikirch
- Charles Beuret, Bern (Young-Boys-Archiv)
- Beatrice Bloch, Biel
- René Bondt, Männedorf
- Gerhard Bösiger, Hinterkappelen
- Franz von Graffenried, Bern
- Heinz Langenbacher, Ferenberg
- Hanspeter Leuenberger, Thun
- Willi Loepfe, Weinfelden
- Pierre Nussbaumer, Zollikofen
- Francesca Pometta, Genthod
- Fritz Stucki, Hinterkappelen
- Hans Weidmann, Ostermundigen
- Paul Widmer, Bern

Schliesslich danke ich meiner Lebenspartnerin Jeannette Rieder nicht nur für das grosse Verständnis, das sie meiner Arbeit stets entgegenbringt, sondern auch für ihre (arbeits-)technische Unterstützung – zum Beispiel im Kampf mit dem Computer.

Konrad Stamm

Marokko-Müller
Ein Schweizer Oberst im Reich des Sultans (1907–1911)

Eine Tatsachenerzählung
384 Seiten, gebunden
28 s/w Abbildungen
ISBN 978-3-03823-456-2

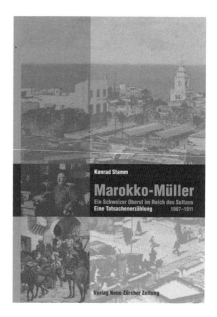

«Ganz und gar glaubwürdig erzählt Journalist Konrad Stamm die kuriose Geschichte des ‹Marokko-Müller›. Stamms Tatsachenerzählung ist so detailliert lebendig, als wäre er dabei gewesen.»
Buchjournal

«Es ist der Verdienst von Konrad Stamm, als Erster detailliert auf das damalige Marokko-Engagement der Schweiz und damit auch auf die Persönlichkeit des (seither vergessenen) Obersten Müller eingegangen zu sein.»
Der Bund

«Der Autor beherrscht sein Metier, und er hat Müllers Geschichte als ausgebildeter Historiker gründlich recherchiert. Stamm gesteht, es habe ihm ‹Spass gemacht, den Marokko-Müller zu neuem Leben zu erwecken›, und dieser Spass springt auf den Leser über und macht die Lektüre zum Genuss.»
Neue Zürcher Zeitung

NZZ Libro – Buchverlag Neue Zürcher Zeitung
www.nzz-libro.ch

hinüber durch, 1.) ob u. wann Leibacher in der Schweiz angekommen sei. 2.) es gehe uns gut, man solle Familien benachrichtigen.

Abends General v. Menthonn, Oberst v. Hohlleben u. Herrn v. Salzer zu Tisch, dann Bridge mit den 2 letzteren. 23ʰ telefl. dass Radio Schweiz melde, Kurier Halser sei bei Bellegarde verwundet worden u. befinde sich Spital Genf.

11. Juni (Sonntag)

Ich schicke Dupont zu Denborn u. Rochat, sie präzisieren, dass eine deutsche Patrouille bei Bellegarde, wo Kämpfe mit dem Maquis im Gange waren, auf unser Kurierauto geschossen habe. Ein Begleitmann Halsers sei verletzt. Das Kurierauto sei nach Genf zurückgekehrt. Rochat behauptet nochmals, die Deutschen hielten in Paris unsere Telegramme auf. Denborn: "bien conduite de mauvaises nouvelles, mais cela ça va bien."

Man erwartet für die Nacht Handstreich auf Vichy. Zu unserer Sicherung 1 Zug Helmwacht mit Masch. Gewehren.

Spanischer Minister, in Gueret gefangen, dann befreit, immer noch nicht der Deutsche melden, dass sie ohne Verbindung mit Bellegarde – Pougny

12. Juni

Ich schicke Blonay zu Oberst Hagen mit Auftrag für: Antw.:

1. Wenn möglich Tf. mit Bern.   nein
2. Prüfung ob unsere Telegr. Nr. 759–64 durch   ja, 12.6
3. drahtlos telegraphieren von Roanne   nein
4. Organisierung Convoi zur Grenze   nein
5. Annemasse statt Pougny.   ? ja